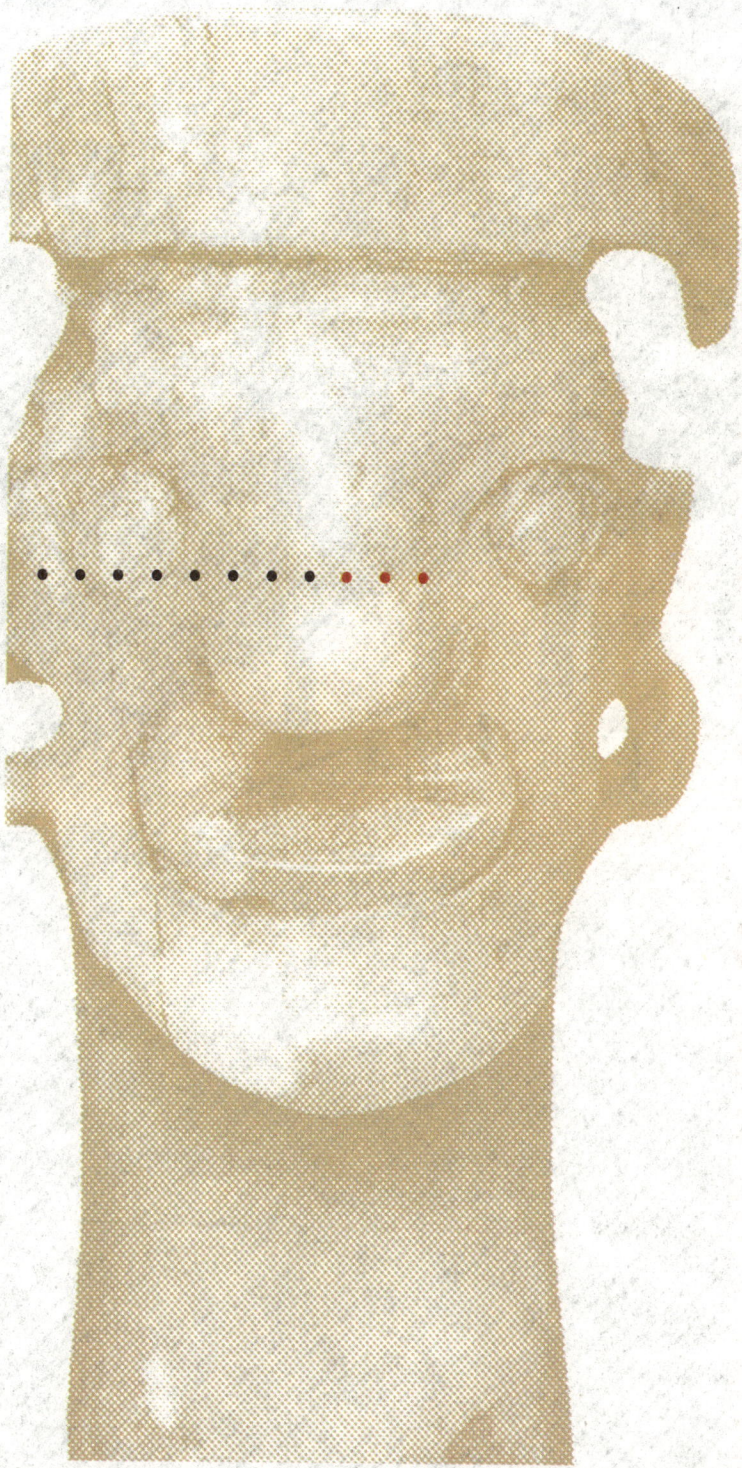

话说中国

春秋巨人

公元前770年至公元前403年的中国故事

陈祖怀 著

上海文化出版社

上海故事会文化传媒有限公司

上

总顾问：李学勤
总策划：何承伟

本卷顾问：李学勤

主编　　刘修明
副主编：陈祖怀

正文作者（按卷次先后排列）

《创世在东方》　　　杨善群　郑嘉融
《诗经里的世界》　　杨善群　郑嘉融
《春秋巨人》　　　　陈祖怀
《列国争雄》　　　　陈祖怀
《大风一曲振河山》　程念祺
《漫漫中兴路》　　　江建忠
《群英荟萃》　　　　顾承甫
《空前的融合》　　　刘精诚
《大唐气象》　　　　刘善龄　郭　建
《变幻中的乾坤》　　金尔文　郭　建
《文采与悲怆的交响》程　郁　张和声
《金戈铁马》　　　　程　郁　张和声
《集权与裂变》　　　马学强
《落日余晖》　　　　孟彭兴
《枪炮轰鸣下的尊严》汤仁泽

辅文作者（按姓氏笔画排列）

马学强　田　凯　仲　伟　江建忠　刘善龄
刘精诚　汤仁泽　杨善群　李　欣　李国城
张　凡　张和声　陈先行　陈祖怀　苗　田
金尔文　郑嘉融　宗亦耘　孟彭兴　赵冬梅
秦　静　顾承甫　殷　伟　郭立暄　程　郁
程念祺

图片提供

文物出版社、河南博物院等单位
及（按姓氏笔画排列）田　凯　仲　伟
孙继林　李国城　何继英　陈先行　欧阳爱国
殷　伟　徐吉军　郭立暄　郭灿江　崔　陟
翟　阳　薄松年等
本页长城照片由陈健明拍摄

梦想与追求

上海文艺出版总社编审　何承伟

为最广大读者编一部具有现代意识的历史百科全书

出版说明

> 中国是一个拥有五千年灿烂文明史、又充满着生机与活力的泱泱大国。中华民族早就屹立于世界的东方，前赴后继，绵延百代。

> 作为中国人，最为祖国灿烂的过去与崛起的今天感到骄傲。

> 作为中国的出版人，应义不容辞地以宏大的气魄为广大热爱中国历史的读者，承担起传播这一先进文化的责任：努力使中国历史文化出版物，与中国这样一个拥有五千年文明史的过去相适应，与当代中国日新月异的发展现实相适应，与世界渴望了解中国的需求相适应。

> 人民创造了历史，历史又将通过我们的出版物回赠给人民，使中华民族数千年积累起来的灿烂文化成为当今中国人取之不尽的思想宝库，让更多的读者感悟我巍巍中华五千年光辉历史进程和整个中华民族灿烂的文明成果。

> 为此，我们作了大胆的探索：以出版形态的创新为抓手，大力提高这套中国历史读物的现代意识的含量，使图书能够真正地"传真"历史；以读者需求为本位，关注现代人求知方式与阅读趣味的变化，把高品位的编辑方针和大众传播的形式有机结合起来，独辟蹊径，创造一种以介于高端读物与普及读物的独特的图书形态，努力使先进的文化为最广大的读者所接受。

> 经过多年的努力，这套融故事体的文本阅读、精彩细腻的图片鉴赏、便捷实用的检索功能于一体的中国历史百科全书——《话说中国》终于将陆续与读者见面。这套书计15卷，卷名分别为：《创世在东方》、《诗经里的世界》、《春秋巨人》、《列国争雄》、《大风一曲振河山》、《漫漫中兴路》、《群英荟萃》、《空前的融合》、《大唐气象》、《变幻中的乾坤》、《文采与悲怆的交响》、《金戈铁马》、《集权与裂变》、《落日余晖》和《枪炮轰鸣下的尊严》。

> 在《话说中国》这部书里，你将看到以故事体文本为主体的感性与理性的统一。

> 现代人对历史的感悟，最能产生共鸣、最能感到激动的文学样式是什么，是故事。是蕴涵在故事里的或欣喜或悲切或高亢或低回的场面。这些经典场面令人感慨唏嘘，荡气回肠。记住了一个故事，也就记住了一段历史。故事是一个民族深沉的集体记忆，容易走进读者的心灵世界，它使读者在随着故事里主人公的命运起伏跌宕之时，不知不觉地与中国历史文化进行了"亲密接触"，从而让历史文化的精华因子，潜移默化地影响着我们的行为，净化着我们的心灵。因此，《话说中国》以故事体的文本作为书的主体。同时，它还突破了传统历史读物注重叙述王朝兴衰的框架，以世界眼光、一流专家学者的史识来探寻中国历史的发展脉络与规律；以密集的信息，弥补故事叙述中知识点不足的局限，从而使故事的感性冲击力与历史知识的理性总结达成高度的统一。它让读者既见树木，又见森林；既享受了故事所带来的审美快感，同时又能寻绎历史的大智慧。

> 在《话说中国》这部书里，你将看到互为表里的图与文的精彩组合。

> 当今社会已进入"读图时代"，这一说法尽管片面，但也反映了读者的需求。在这套书里的图片与通常以鉴赏为主的图片有很大不同：

> 图片内容涵盖面广。这些图片能够深入再现历史现实，立体凸现每一不同历史时期社

会生活各方面的发展变化。透过生动的"图片里面的故事"，可以体味其中蕴涵着的深刻内容，堪称是历史文化的全息图像。它们与故事体文本相关联，或是文本内容的画面直观反映和延伸，或是文本内容的背景补充，图与文珠联璧合、相得益彰。同时，纵观整套书的图片又分别构成了一个个独立的专门图史，如服饰图史、医药图史、书籍图史、风俗图史、军事图史、体育图史、科技图史等等。

> 图片的表现形式极其丰富。这套书充分顾及现代读者的读图口味，借助现代化手段尽量以多种面貌出现，汇集了文物照片、历史遗址复原图、历史地图与示意图、透视图以及科学考古发掘现场照片在内的六千余幅图片。既有精炼简洁的故事，又有多元化的图像，读者得到的是图与文赋予的双重收获。

> 创造了一种新的读图方式。书中的图片形象丰富，一目了然，具有"直指人心"的震撼力，但在阅读过程中，尤其是在欣赏历史文化的图片中，这种震撼力很难使读者感悟到。原来他们是凭自己的文化底蕴和生活积累在品味和理解书中的图片。两者一旦产生矛盾，就不可能碰撞出火花。本书作为面向大众的出版物创造了一种全新的阅读环境：改造我们传统的图片的文字说明，揭示图片背后的信息，让读者在读完这些文字后，会产生一个飞跃，对第一眼所看到的图片有一种新的发现和新的认识。

> 在《话说中国》这部书里，你将看到一个充满数字化魅力的历史百科知识体系。

> 数字化给我们的社会生活带来了许多崭新的变化，作为文化产品的创新也不例外。为此，我们在这套信息密集型的中国历史百科全书里，大量运用了在电脑网络上广泛使用的关键词检索方式，以关键词揭示故事内核，由此来检索和使用我们的故事体文本与相关知识性信息。这套书的信息化、网络化、数字化，充分表现了中华民族不但有自强不息的过去时，前进中的现在时，而且还有充满希望的将来时。

> 一则故事，一幅图片，一个关键词，都是某个有代表性的"点"，然而这个点不是孤立的存在，而是一个有意义的叙事单位。它是中华民族的文明亮点，折射了我们民族的文化性格。把这些亮点连接起来，就会构成一条历史之"线"，而"线"与"线"之间的经纬交织，也就绘成了历史神圣的殿堂。点、线、面三维一体，共同建构着上下五千年的民族大厦。

> 著名科学史家贝尔纳曾说："中国在许多世纪以来，一直是人类文明和科学的巨大中心之一。"我们知道，印刷是中国引以为傲的四大发明之一，中国出版在世界出版史中，曾留下许多脍炙人口的灿烂篇章。然而近代中国出版落后了，以至于到今天与发达国家相比，无论是在出版技艺上，还是在出版理念上，都存在着不小的差距。我们在本书的出版过程中善于学习、消化与借鉴，"洋为中用"，充分发挥"后发优势"，努力把世界同行在几十年中创造的经验，学习、运用到这套书的编辑过程中，以弥补两者之间的差距。事实证明，只要我们努力了，只要我们心中有了读者，我们一样可以后来者居上。

> 中国编辑中的一位长者曾说过这样一段话："我们没有显赫的地位，却有穿越时空的翰墨芬芳；我们没有殷实的财富，却有寄托心灵的文化殿堂。"

> 在编辑这套书的过程中，我们深深感到，中国历史文化太伟大了，无论你怎样赞美，都不为过；中国历史文化又太神奇了，无论你以何种方式播种，都会有意想不到的收获。今天，我们所撷取的，只不过是其中的一朵小花，还有更多更美的天地需要人们进一步去开拓。

现代人与历史

上海社会科学院研究员　刘修明

总　序

> 历史与现代人有什么关系？历史对现代人有什么用？这并非每一个现代人都能正确回答的问题。

> 过去的早就过去了。以往的一切早已灰飞云散，至多只留下遗迹和记载。时光不能倒流，要知道过去干什么？历史无用的混沌和蒙昧，不是个别现象。在科学技术高度发达的现代社会，人们更易对远离现实的历史轻视、淡漠。对历史无知而不以为然的人，不在少数。

> 不能简单地指责这种现象。一旦通过有效途径缩短了现代人和历史的距离，人们就会从生动形象的历史中取得理性的感悟，领悟历史的哲理，开发睿智，从而加深对现代社会文明的认识，使现代人的认识和实践达到一个新的层次。那时，人们就会有一个共识：历史和现代是承续的。历史是现代人生存和发展不可缺少的内容。历史和现代人是不可分的。

> 祖国的历史是一部生动的、博大精深的启迪心智的教科书。中国历史是独树一帜的东方文明史。承载中华文明的中国历史，在她形成发展的曲折而漫长的过程中，从未中断过（不像埃及、两河流域、印度文明或中断或转移或淹没）。她虽然历尽坎坷，备尝艰辛，却始终以昂首挺立的不屈姿态，耸立在亚洲的东方。即使从 19 世纪上半叶开始的对中华文明一个多世纪的强烈冲击和重重劫难，也没有使曾创造过辉煌的中华文明沉沦，反而更勃发了新的生机。中国的历史学家从孔子、左丘明、司马迁开始，持续不断地以一种不辜负民族的坚韧精神，把中华民族放在辉煌与挫折、统一与分裂、前进与倒退、战争与和平、正义与邪恶的对立统一的辩证过程中，将感悟到的一切，记录在史册上。以一笔有独特美感并凝结高超智慧的精神财富，绵延不绝地传承给一代又一代炎黄子孙，从而成就了中华民族及其创造的文明的延续和发展。中华文明的创造和中国历史的记载是不可分的。中国历史是兼容时空又超越时空的中华文明有形和无形的载体。

> 英国哲学家培根说过："历史使人明智。"历史的经验是前人付出巨大的代价（甚至生命的代价）才总结出来的。历史经验包蕴着发人深思的哲理。要深刻地了解现实，理智地面对将来，就应当自觉地追溯历史。现代人只有了解历史，才能感受历史启迪

现实的无穷魅力。唯有从历史的经验与哲理感知杂乱纷纭的现实，才能体会历史智慧的美感和简洁感。

> 这种由历史引发的智慧、魅力和美感，对丰富一个人的生命内涵，提升人的素质，是非常重要的。我们强调人的素质，但素质的基本内涵是什么，却未必很清楚。我认为，人文素质应该是人的素质的基本内涵。一个人的人文素质是由他所属的民族几千年文化创造的基因，积淀在他的血液和灵魂中形成的。以文史哲为主体的人文教育，对人的素质提高具有特别的价值。而中国历史往往又是文史哲三位一体的糅合和载体。只重视外语、电脑教育而忽视人文教育的偏向应引起重视并加以纠正。这种素质教育应当起步于一个人的青少年时代。对祖国的热爱，民族自信心的树立，正确的人生观、价值观的确立，都离不开对祖国历史的了解。只有这样的人，才能立志报效祖国和中华民族，并以他们的不断传承和新的创造，继续为人类文明的发展作出新的贡献。在共同文化血脉上发展起来的13亿中国人和5千万在世界各地的华人，都应有这样的共识，都应承担这样的责任。

> 了解祖国的历史，可以从简明的历史教科书入手，也可以从浩瀚的史籍中深究。关键是引起读者的阅读兴趣。我们这里提供的是一本图文并茂用故事形式编写的中国历史。中国有一本几乎家喻户晓、发行量达几百万册的出版物：《故事会》。这是上海世纪出版集团的名牌刊物，在社会上有很大的影响。何承伟先生从几十年编辑的成功实践中，提出了这样一部以图文并茂的故事形式并包涵巨大信息量的中国历史百科全书的设想。在众多学者的参与和合作下，成就了这样一部新体裁的中国通史《话说中国》。它生动形象、别开生面的编写方式，使包括老中青在内的现代中国人，都可以轻快地从这部书中进入中国历史宏伟的殿堂，从中启迪心智，增加知识，开拓眼界，追溯历史，面对未来。它把传统的教育和未来的展望，有机而和谐地结合在一起，引导当代中国人顺应悠久古老的中国文明融注世界发展的现代潮流，以期为世界的文明发展作出新的贡献。我们相信，凝聚了几十位学者和编者多年努力的这部书，一定会为这种贡献尽其绵薄之力，发挥其应有的作用。

目录（上册）

这是一片历史的高原，中国文明之河，由此开始奔涌澎湃，泻流浩瀚，绵延数千年。这是一个人文观念渐次觉醒的时代，先哲为谋国祉民福，提出了极为深刻的社会学说与改革方案，结果却令人扼腕叹息。

目录（下册）

专家导言

中国先秦史学会理事长　清华大学教授　李学勤

> 周代是中国整个历史上历年最长久的一个朝代。共和元年是公元前 841 年，从这一年起，周史有准确纪年可稽。东周开始于周平王元年，即公元前 770 年。整个东周时代大体分为春秋和战国两大时期。所谓春秋时期，本得名于传经孔子改削的鲁史《春秋》一书。为方便起见，现在学者们多借用《史记·六国年表》的起点，即周元王元年，公元前 475 年，作为战国之始；虽然从考证角度来说是有不少问题的。

> 春秋时期，习惯说有五霸，究竟指哪几个诸侯，前人说法不一。这一时期最主要的诸侯国，当推鲁、齐、晋、秦、楚、宋、郑、吴、越等，所谓五霸即指其间代兴的一些国君。诸侯国中，居处于中原一带的华夏诸国，与被视为蛮夷的楚、吴、越以及秦又有矛盾。华夏诸侯的霸主，如齐桓公、晋文公，以匡扶王室为旗号，尽力遏制所谓蛮夷之国，特别是楚国势力的发展。诸侯与诸侯之间，有时联合结盟，有时纷争颉颃，更增剧了局势的复杂混乱。古人说"春秋无义战"，意即指此。由统一走向分裂，是春秋时期的总趋势。

> 然而在文化史上，这一时代却是前所未有的繁华绚丽的黄金时期。春秋中期以后的中国，是人们所熟知的"百家争鸣"的伟大时代，诸子百家的涌现，使思想文化的面貌为之一新。学派的流传分布有其地域上的特点，如儒家起于鲁国，传布于齐、晋、卫。这个时代可与西方历史上的古典希腊媲美，在科学、哲学、历史、艺术、文学等各个方面都出现了杰出的人才，取得了丰硕的成果。

> 研究春秋时期，《左传》是最重要的一部著作。《左传》传为鲁国人左丘明所作，记述当时历史事件，备极详明，于史学史有很高的地位。此书传到汉代，属于古文经的范围，在两汉的经学学派争端中，受到今文的攻击，其影响及于清代汉学，酿成怀疑《左传》的风气。经过多年辩难，《左传》的可靠性已为多数学者所公认。事实说明，司马迁《史记》关于春秋史的叙述几乎均出自该书，绝不像今文学派所说系后人伪作。《左传》的注本，杨伯峻同志所著《春秋左传注》，博洽而简明，是最便于阅读的本子。

> 外国学者有时用"原史时期"（protohistory）一词，以称呼古代文献少、考古材料的重要性超过或等于文献材料的时期。很显然，春秋和更早的商和西周不同，已经脱离了这种"原史时期"而跨入真正意义的"历史时期"了。不过这一时代的文献大都古奥费解，而且由于传流久远，难免后世窜易增删，有失真之处。为了揭示历史的真相，考古材料仍有其不可缺少的重要性。春秋的考古研究，已有长时期的积累，内容异常丰富。中国传统的金石学，包括金文、石刻、古镜、古钱、陶文、玺印等各个方面，都为这一时代以及以后战国的研究准备了相当数量的材料和可继承的成果。尤其是建国以来的五十多年，有关春秋的考古发现真是数不胜数。这方面的工作，目前仍在迅速发展之中。在本卷中，我们可以看到对这些丰富多彩的考古成果的切实而完整的表达。

把中国历史的秀美景致尽收眼底
本书导读示意图

《话说中国》作为融故事体的文本阅读、精彩细腻的图片鉴赏、便捷实用的检索功能于一体的中国历史百科全书，其中包含着无数令人神往的中国历史的秀美景致，它们经纬交织，互为表里，形成了中华民族上下五千年的灿烂文明。

如同游览名山大川离不开导游和地图的指点，通过以下图例的导读提示，读者定能够尽兴饱览祖国历史美景，流连忘返。

随时感受历史文化的魅力与编纂创意的匠心

整个版面构成充分体现出本书以故事体文本为主体的特点，体现出本书作为历史百科全书的知识信息密集、图文并重、检索便捷的特点，使读者在本书任何一个页面上，都能感受到历史文化的魅力与编纂创意的匠心。

导读、段落标题与编号，能更好地理解故事精髓，更好地运用故事

为了更好地理解故事，在实际学习生活中运用故事，本书在故事体文本中，特地为读者准备了故事导读、故事段落标题与故事编号等三个重要内容。故事导读是概述故事精要，它与故事段落标题，都是为了让读者更好地理解故事的精髓，同时让读者以一种轻松便捷的方式快速获得文本重要信息。故事编号则与检索系统有关。

人物、典故和关键词索引具有很大信息量和实用性

在每一则故事中，都含有故事核心内容（即故事内核）、故事人物和故事典故等基本要素。本书将此三要素提炼出来，标注在每则故事的右上角（加上故事来源），并汇编成索引于书末。故事编号则是与书后编制的"人物""典故""关键词"等三个索引相联系。索引的巨大信息量和实用性，是本书的一个重大特点。

建构多元、密集的知识性信息，构成了全书另一个重要组成部分

以密集的信息，弥补故事叙述中知识点不足的局限，从而使故事的感性冲击力与历史知识的理性总结达成高度的统一。它让读者既见树木，又见森林；既享受了故事所带来的审美快感，同时又能寻绎历史的大智慧。如"中国大事记""世界大事记""历史文化百科""历史大考场"和图片说明文字等专栏中的有关内容，都是经过精心选择的练达的知识板块，既是历史知识的精华，又是广泛体现"活"的历史，体现当时社会人生百态，体现当时寻常百姓的寻常生活。与此相配伍的，是便捷的"中国历史文化百科"检索系统。

再现历史现实的图片系统

图片内容涵盖面广泛，能够深入再现历史现实，观赏效果细腻独到，立体凸现了每一不同历史时期社会生活各方面的发展变化。透过生动的"图片里面的故事"，可以体味其中蕴涵着的深刻内容，堪称是历史文化的全息图像。

《话说中国》以精美绝伦的文字和图片，将中华民族最可宝贵的民族精神和生生不息的文化传统，演绎得生动而传神。看了这张导读图，你就开始一程赏心悦目的中国历史文化之旅吧。

● 故事标题。

● 故事编号：与卷末的"人物""典故""关键词"等三个索引相联系，每个索引里的数字，即为故事编号，使检索更为便捷。

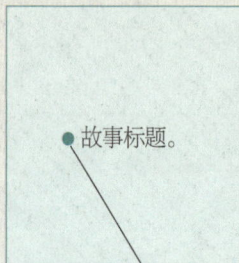
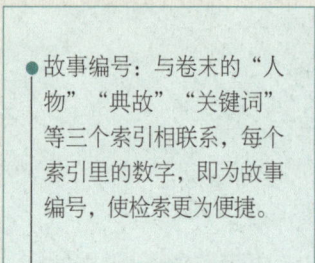

前516年

○五○

中国大事记

天鬼之祸

赵氏孤儿

夫义忠仆

146 历史大考场

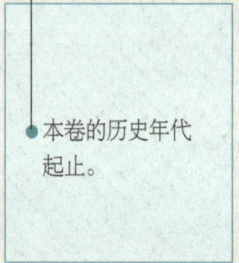
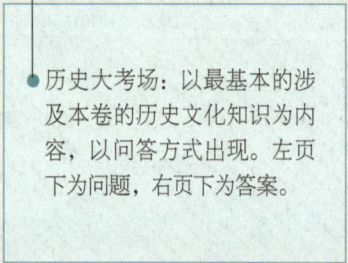

● 本卷的历史年代起止。

● 历史大考场：以最基本的涉及本卷的历史文化知识为内容，以问答方式出现。左页下为问题，右页下为答案。

中国大事记：以每卷所在历史年代为起止，精选与故事相应相近年代的中国历史文化重大事件，以此体现中国历史发展的基本脉络。

故事导读：概述故事精要，更好地理解故事精髓。

世界大事记：以中国大事记为参照，摘选相应年代的世界各国历史文化重大事件，以此体现本书"世界性"的理念。

人物、典故、关键词、故事来源：将故事的三要素人物、典故、关键词提炼出来，标注于此（加上故事来源），并汇编成索引于卷末，具有很大的信息量与实用性。

故事段落标题：揭示本段故事主题，具有阅读提示和增加阅读悬念的作用。

以直观的表格形式，便于读者对分散信息作系统的查考。

图片说明文字：深入揭示图片"背后"的历史文化内涵，读完这些文字，就会对图片有新的发现和新的认识。作为"历史文化百科"的组成部分，在卷末的检索系统中列出。

图片：涵盖面广泛，能够深入再现历史现实。纵观整套书的图片，又分别构成了一个个独立的专门图史。

历史文化百科：是精选的历史文化百科知识，分别涉及政治、经济、文化、科技等十余个知识领域，在卷末附有分类检索系统。

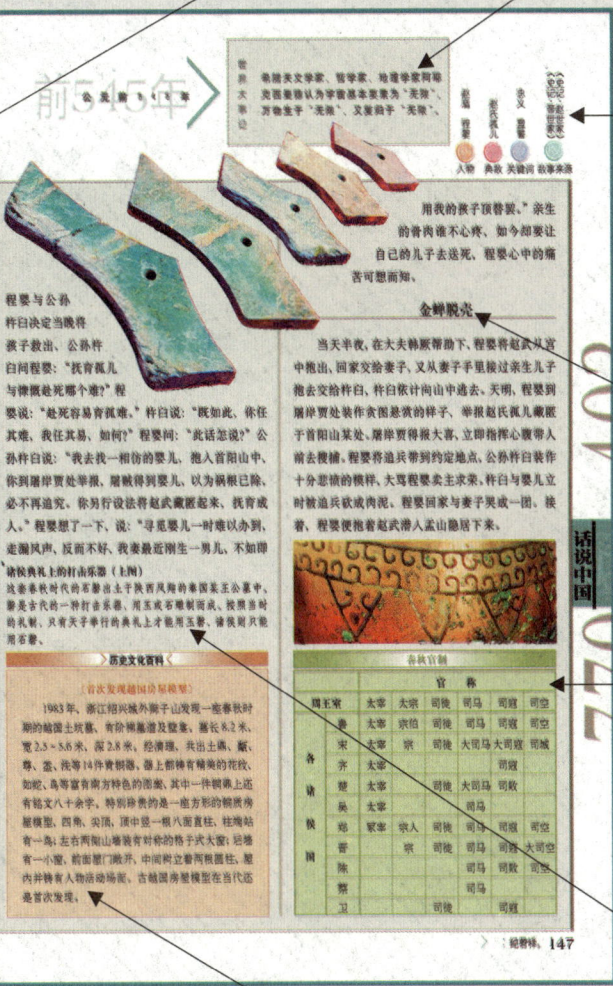

前545年

羲隶夫文学家、哲学家、哈瑞学家阿瑙克西曼德拉斯认为宇宙基本要素为"无限"，万物生于"无限"，又复归于"无限"。

用我的孩子顶替婴儿。"亲生的骨肉难不心疼，如今却要让自己的儿子去送死，程婴心中的痛苦可想而知。

金蝉脱壳

程婴与公孙
杵臼决定当晚将孩子救出，公孙杵臼问程婴："抚育孤儿与赴死哪个难？"程婴说："赴死容易育孤难。"杵臼说："既如此、你任其难，我任其易，如何？"程婴问："此话怎说？"公孙杵臼说："我去找一相像的婴儿，抱入首阳山中，你到那里将我处举报，屠贼得到婴儿、以为赵氏已除，必不再追究。你为行设法养起赵氏藏匿起来、抚育成人。"程婴想了一下，说："寻觅婴儿一时难以办到、走遍风声、反而不好、我妻最近刚生一男儿、不如即

当天半夜、在大夫韩厥帮助下、程婴将起武从宫中抱出、回家交给妻子、又从妻子手里接过亲生儿子抱去交给杵臼、杵臼依计向山中逃去、天明、程婴则率领屠贼兵装作贪图悬赏的样子、举报赵氏孤儿藏匿于首阳山某处、屠岸贾得报大喜、立即指挥心腹带人前去搜捕。程婴将追兵带到约定地点、公孙杵臼装作十分悲愤的模样、大骂程婴卖友求荣、杵臼与婴儿立时被追兵砍成肉泥、程婴回家与妻子哭成一团、接着、程婴便抱着起武潜入盂山隐居下来。

诸侯典礼上的打击乐器（上图）
这套春秋时代的石磬出土于风翔的秦国东王公墓中、磬是古代的一种打击乐器、用玉或石雕制而成、按照当时的礼制、只有天子举行的典礼上才能用玉磬、诸侯则只能用石磬。

历史文化资料

首次发现越国公房模型

1983年、浙江绍兴城外狮子山发现一组春秋时期的船国土坑墓、有阶梯墓道及墓室、墓长8.2米、宽2.5～5.6米、深2.8米、经清理、共出土鼎、簋、尊、盘、浅等14件青铜器、器上都饰有精美的花纹、如鼎、鸟等富有南方特色的图案、其中一件铜鼎上还有铭文八十余字、特别珍贵的是一座方形的铜质房屋模型、四角、尖顶、顶中竖一根八面直柱、柱端站育一鸟、左右两侧山墙各有对称的格子形式大窗、远望有小窗、前面皆门洞开、中间树立着两根圆柱、屋内特有人物活动场面、古越国房屋模型在当代还是首次发现。

	官称					
周王室	太宰	太宗	司马	司寇	司徒	司空
各诸侯国	鲁	太宰	宗伯	司马	大司寇	司城
	宋	太宰	宗	司徒	大司马 大司寇	司城
	齐			司徒	大司寇	
	楚	太宰		司马		
	吴	太宰		司马		
	郑		宗人	司马	司徒	司空
	晋		宗	司马	司寇	大司空
	陈			司徒	司马	司空
	蔡			司徒	司马	司空
	卫			司徒		司空

147

话说中国

015

公 元 前 7 7 0 年 ＞ ＞ ＞ ＞ ＞公 元 前 4 0 3 年

前言

公元前 770 年至公元前 403 年
巨人辈出的时代
春秋

上海社会科学院历史所副研究员　陈祖怀

"春秋"的基本概念及上下时限 ＞ 公元前 770 年，周平王将周朝国都从西边的镐京迁到了东边的雒邑。后人依方位划分，将周朝在镐京时的统治称为"西周"，将迁都雒邑后的统治称为"东周"。公元前 256 年，东周最后一任"天子"周赧王去世，周朝结束。为方便起见，学术界将公元前 221 年秦统一前这段时间也划归东周。＞ 历史上的东周又分为春秋、战国前后两个时期。"春秋"之称源出鲁国编年体史书《春秋》。春秋上限为公元前 770 年，其下限，学术界有不同说法，最常见的有两种：1. 承袭司马迁在《史记》中提出的周元王元年（公元前 475 年）一说；2. 沿用司马光《资治通鉴》中提出的周威烈王二十三年（公元前 403 年）的观点。前者理由是中国社会性质发生了变化，实现了由奴隶制向封建制的转变；后者理由是韩、赵、魏三家分晋，战国七雄局面正式形成。为直观与稳定起见，本书采用后者说法。

春秋时期的政局演变 ＞ 平王东迁后，周王室陷于十分困窘的境地。雒邑虽名义上一直是周朝的"东都"，但长年失修，残败凋零，呈现一派难以掩盖的没落颓废色彩。经济上失去昔日关中王畿支持的周王室，只能依靠郑国的支持维持统治。于是，诸侯势力开始坐大。公元前 707 年，周桓王亲率周、卫、陈、蔡四国军队讨伐郑国，不料王师大败，桓王本人也被郑军弓箭所伤，又无力追究。从此，天子威信扫地，诸侯们不再定期向天子朝觐、纳贡、述职。＞ 王室衰微，社会秩序呼唤新形式，在此背景上，春秋五霸逐一登场。首先称霸的齐桓公在管仲襄助下，推行一系列政治、经济、军事改革，国力迅速强盛。面对异族入侵、社会动荡的局面，以"尊王攘夷"为旗号，九合诸侯，一匡天下，挟天子以令诸侯，形式上仍维持诸侯子孙"世世无相害"的周王朝传统。晋文公时，称霸开始带有明显的兼并血腥，以后愈演愈烈。秦、楚格于形势，前者主要向西发展，后者主要向南发展。为适应战争的需要，约公元前 680 年后，楚国率先设置县、郡政区，晋国紧紧跟上，各国相继仿效。不过，此时县、郡中的县大夫和县公，基本由卿大夫及其子弟担任，与战国时期县令全由国君任免不同。〉大国不停争霸，使夹在中间的各小国吃尽苦头。公元前 546 年，宋大夫向戌倡议"弭兵"，晋楚齐宋卫等 12 国会盟于商邱，议定除齐、秦外，其余小国分别向晋楚朝贡，实现彼此和平。向戌弭兵是春秋时期形势发展的一个转折点，各国间的兼并暂时平息了，但诸侯国内部卿大夫势力乘机崛起，把持国政，并开始了彼此间的兼并斗争。晋国由六卿主政，发展到四卿、三卿，最后三家分晋。鲁国三桓专政，齐国田氏代姜。残杀征伐成为常态，战国时期大规模的兼并战争渐渐临近。

春秋时期的经济发展〉春秋时期以大国争霸为表现形式的社会动荡，实质上是当时经济发展不平衡导致的矛盾运动。这种矛盾运动的原始动力与基本出发点，是铁器与牛耕技术的投入使用。铁农具与牛耕的结合，极大地提高了当时的农业生产力，许多以往要靠集体劳动才能完成的工作，现在一夫一妻的小农家庭就能胜任。同时，铁制农具与牛耕的使用，使更大面积的荒地开垦成为可能，为深耕及兴修水利提供了工具保障。据史书记载，当时几乎所有的诸侯国或民族都在开垦荒地，增加农业生产。〉私田开垦、物质丰富，促进手工业和商业飞速发展，社会上开始出现一个专事流通的商人阶层。春秋初期，各国承袭西周"工商食官"制度，手工业、商业都以"国有化"形式控制在贵族统治者手中，并直接为贵族生活服务。随着私田的大量开垦，人们有了可以自由支配的剩余产品，于是交换就悄悄地、不可阻挠地发展起来。原本封闭时的拮据与开放后的暴利形成正比，在巨大利润的刺激下，商人成群结队匆匆奔走于各大城市之间，韩非用"熙熙攘攘"形容忙碌的商旅可谓生动传神。在传统的世袭贵族领主制下，血统与权力决定一切，而当时却不论出身，有钱就能与权贵们"分庭抗礼"，表明社会正在发生深刻的变化。

春秋时期社会形态的变化〉春秋时期，以"井田制"为赋税对象的旧制度走到了历史的尽头。道理十分简单：私田越多，不纳税的田地也就越多，国家财政的流失也就越大。

为了扩大税源、增加政府收入，各国诸侯先后都进行了赋税制度改革，"井田制"时代的劳役地租逐渐转化为实物地租。新型的"书社"组织开始，并成为各国统治者对农民征税与力役的管理依据。到公元前594年，鲁国实行"初税亩"，公元前538年郑国"作丘赋"，实物地租已成为各国财政收入的主流形态。这一主流形态形成的重大社会意义，是各国事实上承认了土地私人占有的合法存在。 ＞同土地私有、工商业发展共生的，是春秋时期社会阶级关系发生了深刻变化。自"私田"与商品出现后，奴隶、庶民与手工业者的流徙再也无法阻止，"国"、"野"关系渐趋消亡，以往的"庶人"或"野人"开始被统称为"国人"，开始服兵役、出兵赋。贵族领主阶层像冰雪消融般日趋衰亡，社会主流成员迅速被新兴的地主、雇农或自耕农及具有自由身份的商人、手工业者代替。昔日"刑不上大夫，礼不下庶人"的旧制不再适合新形势的要求。公元前536年郑子产"铸刑书"。23年后晋赵鞅、荀寅"铸刑鼎"。成文法走上了历史舞台。

老子与孔子 ＞原有秩序的瓦解引起连绵不断的社会动荡，加深了民众的苦难。如何重新规范社会，使天下苍生有一个安定生活的社会环境，成了当时有责任心的知识者特别关注的时代命题。在这一历史背景下，中国产生了两个伟大人物，即作为道家学派创始人的老子和作为儒家学派创始人的孔子。＞老子，春秋晚期楚国苦县(今河南鹿邑东)人，姓李名耳，字聃，为周王室守藏史。从孔子曾向其问礼的史载分析，老子应为孔子的同时代人而稍长。老子吸纳先人的学识与智慧，就宇宙论、本体论、人生论、政治论诸方面的本质内容，作出了极为冷峻、深刻、睿智与精辟的论述，其著作称为《道德经》。老子从大千世界的生成及生生不息的矛盾运动法则出发，强调所有行为遵循客观规律的重要性。在肯定矛盾双方自在的合理性及深刻剖析了社会与人性的本质后，提出了独特的"小国寡民"的政治设想。老子提出的"小国寡民"主张反映了高踞于国家观念之上的民本思想：削弱政府为"小国"，折射了老子对暴虐政权的否定和深刻的民本关怀；以"寡民"的设定表示了对人的生存权利及基本财产不可侵犯的观念肯定。＞孔子(前551—前479)，春秋晚期鲁国陬邑(今山东曲阜东南)人，名丘，字仲尼。孔子对社会采取温和的改良方式，他以人为本，提出了"仁"与"礼"的学说。所谓"仁"与"礼"，就是"爱人"，就是一种普遍的民众同情，体现的是一种对弱势群体的社会关怀，以知识与道德为本位。以此为依据，孔子强调知识分子人格独立性的必要，他说："天下有

道则见，无道则隐。邦有道，贫且贱焉，耻也。邦无道，富且贵焉，耻也。" ＞ 从我国社会的文明史角度看，春秋时期是我国历史上第一次人文觉醒与思想解放时期。老子与孔子的学说虽都不免带有古典初始的色彩，但其内涵的深刻人性无疑具有永恒的魅力。

教育面的拓宽与"士"阶层的出现 ＞ 春秋之前，平民没有教育，教育是贵族的特权，时称"学在官府"。春秋中期以后，新式地主、自耕农及私营工商业主的大量出现，"学在官府"的旧体制成了他们谋求进一步发展的障碍。孔子率先打破"学在官府"的旧习，提出"有教无类"（不管什么人，都可以接受教育）的口号，将教育之门向社会公众开放。孔子的开创性举措很快获得了社会的广泛响应，私人办学成为时尚。史书记载，仅孔子一人，就有弟子三千。＞大量新生的知识分子渐渐形成一个独立的社会阶层——"士"。以知识与理性为本位的士阶层的出现，是社会文明进步的根本表现。它比我们传统以为的主要根据某些生产关系的变革，具有更本质、更持久、更活跃的生命意义。

古文献整理与"五经"、"三传" ＞ 春秋时期文化成就的另一标志，是孔子对古文献的整理及"五经"、"三传"的形成。"五经"是指《诗》、《书》、《易》、《礼》、《春秋》五部经典。《诗》也称《诗经》，是我国最早的诗歌总集。《书》也称《书经》、《尚书》，是我国最早的一部文集。《易》也称《周易》或《易经》，是我国最早的占卜用书，事实上包含了我国先民对大千世界本质及其一般规律的认识。《礼》包括《仪礼》、《周礼》和《礼记》，是周代礼仪制度的汇编，它是我国最早的一部官制著作。《春秋》是我国最早的一部编年体历史著作。因《春秋》一书十分简约，为利于阅读，后来左丘明、公羊高、谷梁赤分别就孔子编定的《春秋》加以不同的注释，从而形成了"三传"：《春秋左传》、《春秋公羊传》、《春秋穀梁传》。它们除了在史料上作了巨大补充外，儒家的世界观、历史观、伦理观、价值观等思想也在注释中作了积极阐扬。

本书部分篇章由杨善群等学者撰写。

琴瑟上反映了楚人重巫习俗（局部）

春秋形势图

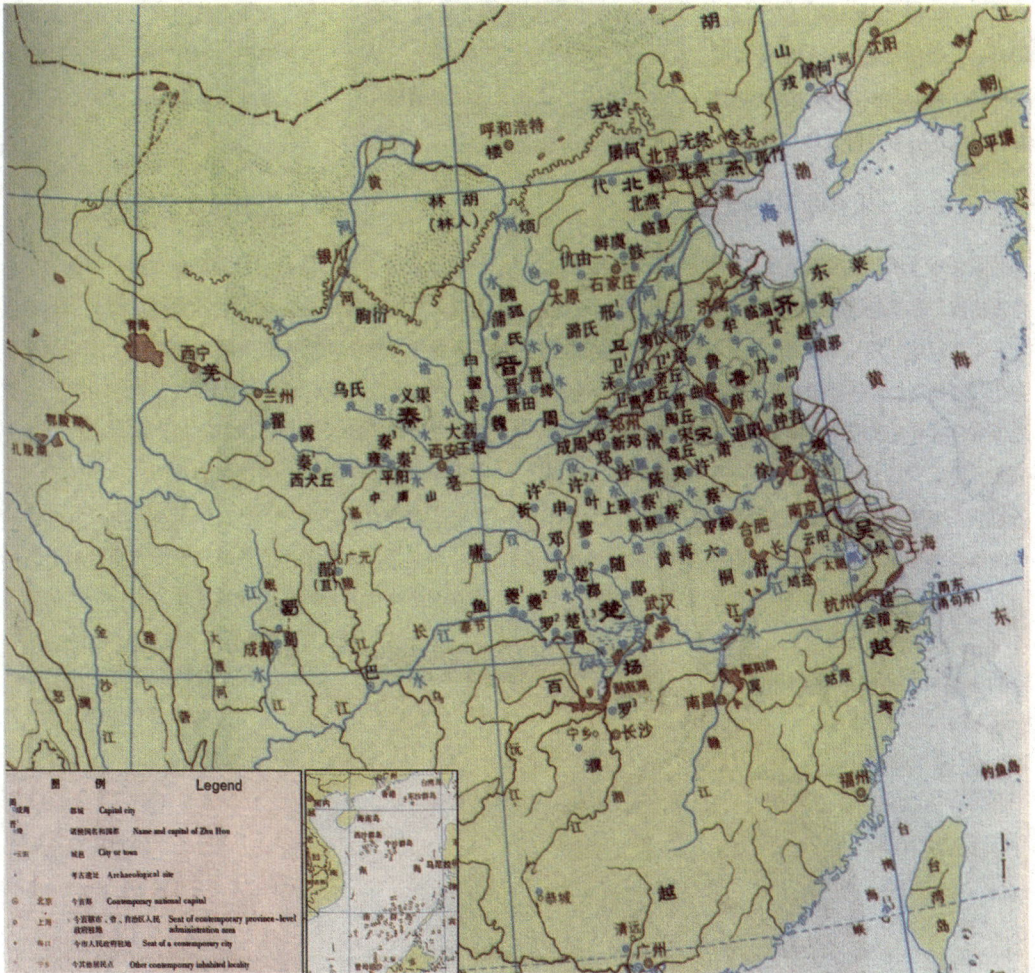

选自谭其骧主编《中国历史地图集》第一册：原始社会、夏、西周、春秋、战国时期

春秋世系表

1 周平王 → 2 周桓王 → 3 周庄王 → 4 周釐王 → 5 周惠王 → 6 周襄王 → 7 周顷王 → 8 周匡王 → 9 周定王 → 10 周简王 → 11 周灵王 → 12 周景王 → 13 周悼王 → 14 周敬王 → 15 周元王 → 16 周贞定王 → 17 周哀王 → 18 周思王 → 19 周考王 → 20 周威烈王

曲沃篡晋

晋昭侯封叔父成师于曲沃，想不到曲沃的力量不断壮大，竟大逆不道，篡夺了晋国的政权。

春秋时代，社会秩序混乱，各国互相兼并，国内臣弑其君的事也经常发生。居于今山西中南部的晋国，一开始就发生了旁系的封君攻杀国君、篡夺政权的事。这事的原委还得从西周末年的晋穆侯说起。

起出奔的人众袭杀殇叔，当上了晋国的国君，就是晋文侯。文侯在位三十五年，其间发生了周平王东迁的大事件。文侯当政的时间不算短，可是他并不能消弭君位旁落的潜在危机。

乐官师服的预言

晋穆侯娶齐国的姜氏为妻，生了儿子，因当时正与戎狄作战，穆侯为他取名为"仇"，立为太子；过了几年，又生了第二个儿子，因伐戎狄取得胜利，就为他取名为"成师"。晋国的乐官师服知道后觉得奇怪，就像拆字先生一样为晋穆侯的两个儿子分析起他们的未来，说："国君为自己的儿子所起的名字，就象征着他们未来所得的'物'，也就是他们各自的结果。'仇'是怨仇；'成师'是一个了不起的名字，意味着成就大业。太子与少子的名字如此反逆，今后的晋国能不乱吗？"师服之所以作这样一番预言，主要的依据当然是他看到了晋国统治集团内部的矛盾。

晋穆侯在位二十七年，去世后，其弟殇叔就自立为君，太子仇出奔他乡。过了几年，太子仇带领同他一

美观实用的陶容器
这件春秋时期的陶容器小口、低颈、深腹圆鼓。体表由菱纹、方格纹组成。是一件美观实用的器皿。广西壮族自治区博物馆藏。

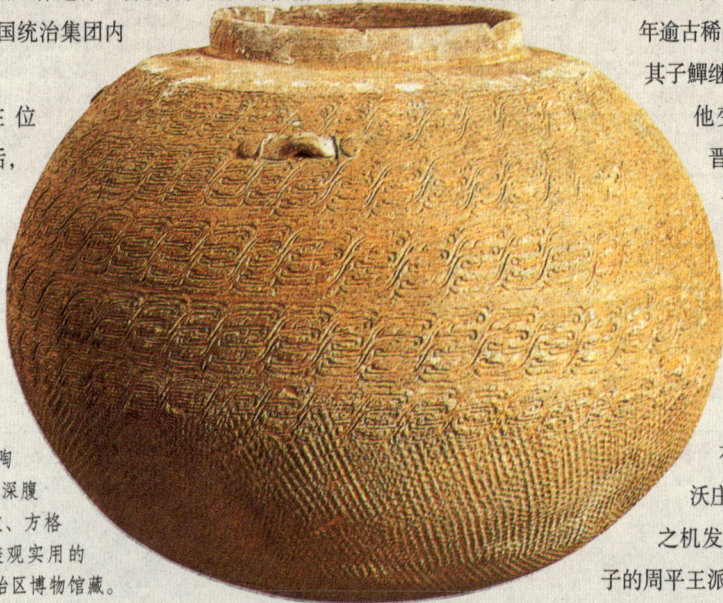

封君扩张势力而攻杀国君

晋文侯去世，子昭侯伯继位。大概晋昭侯为了利用叔父成师的力量同殇叔一系的力量抗衡，就分封成师于曲沃，称为曲沃桓叔。曲沃的邑地大于晋国都城翼。晋昭侯万万没有想到这是"前门驱虎，后门引狼"的败着。因为曲沃桓叔不但没有帮助昭侯，而且借此机会施尽各种手段笼络晋国的旧贵族，拉拢民心，扩张自己的势力。

晋昭侯七年（前739年），大臣潘父弑其君昭侯而迎立曲沃桓叔。可是遭到其他贵族的抵抗，他们杀死叛乱的祸首潘父，拥立昭侯之子平为君，即晋孝侯。年逾古稀的曲沃桓叔病死，其子鱓继位为曲沃庄伯。他变本加厉地争夺晋国的君位，先弑晋孝侯，想当国君，遭到晋国贵族的抵制。晋国拥立孝侯之子郄为君，即晋鄂侯，鄂侯在位仅六年，曲沃庄伯又乘晋有国殇之机发兵攻晋。作为天子的周平王派兵讨伐曲沃，并

前757年 公元前757年

世界大事记 斯巴达监察官纪年从此年开始。

文侯仇 成师 武公称

狡诈 残忍

《史记·晋世家》

人物 关键词 故事来源

春秋战国时期男子服饰

帮助晋国立鄂侯之子光，即晋哀侯。庄伯没有实现自己的国君梦，在忧病中死去，其子称继立，为曲沃武公。

此时的曲沃已经过桓叔和庄伯两代人的苦心经营，实力已经壮大。曲沃武公又经过数年的努力，终

历史文化百科

〔古人对祖先的供奉与祭祀〕

古人将祖先看得极重，民间有"宗祠"，天子有"祖庙"（也称"太庙"、"宗庙"）。统治者将自己的宗庙与社稷并列，视作国家的根本，有"建国之神位，右社稷，左宗庙"的礼制规定。庙的多少，以等级递降，所谓天子七庙，太祖之庙加三昭（父）三穆（子），共为七；诸侯五庙，太祖之庙加二昭二穆；大夫三庙，太祖之庙加一昭一穆；士一庙，庶人无庙，只在家中祭祀父亲。祭祀的祭品也有等级规定：天子用"会"（相当于三个"太牢"）；诸侯用"太牢"（牛、羊、猪各一称一个太牢）；卿用牛，称"特牛"；大夫羊、猪并用，称"少牢"；士用猪，庶人用鱼。祭祀规格依时间间隔的不等分为大祭、中祭与小祭。大祭每五年一次，称"禘祭"；中祭每三年一次，称"祫祭"；小祭依季进行，春祭名祠，夏祭称礿（或禴），秋祭叫尝，冬祭为烝。上述皆为正祭，此外还有一些"荐新"性质的零星祭，如瓜果成熟、新粮上市等，让祖先尝个新鲜。

于忍耐不住，发兵攻打晋国，俘获了晋哀侯，继而派人把他杀死。晋国贵族只能拥立哀侯之子年幼的小子为君，称为"小子侯"。仅过四年，武公设计诱杀小子侯。正当晋国嫡系缺乏继承人时，刚继位为天子的周桓王再次派兵干预，确立晋哀侯的弟弟缗为晋侯。

篡夺者的最终胜利

周天子的干预使得曲沃武公有所收敛，在相安了二十余年后，曲沃武公再次率军攻打晋国，并攻进晋国的都城翼。这一次他真的大获全胜，不仅消灭了晋侯缗所有的势力，而且全部获得晋国的宝器，并把它们献给了天子周釐王。上台不久的周釐王也只得承认这一既成的事实，派大臣册命曲沃武公为晋君，并确认晋国拥有一个"军"的军队。武公有恃无恐，不仅尽并晋国的土地而有之，且更号为"晋公"。这一结果似乎正是师服预言的实现。

根据《周礼》的规定：天子可以拥有六军；大诸侯国三军；中诸侯国二军；小诸侯国一军。晋武公虽然仍列为小的诸侯国，但其子献公扩展为二军，其孙文公扩展为三军，于是就称霸中原。曲沃武公吞并晋国，两股势力合二为一，晋国开始强大，为晋文公成为霸主打下了基础。　〉王仁巍

精心制作的虎形尊

虎形尊在陕西宝鸡斗鸡台出土。作品在总体写实、比例结构准确的基础上，注重轮廓和局部线条的规整化处理，并结合躯体结构装点以不同纹饰，作品富于装饰性。从头至尾，形成一条单纯的波状线，增加了活泼、流动的韵味。

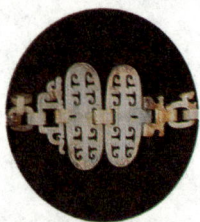

〇〇二

郑庄公伐弟

郑武公夫人感情用事，想让小儿子段继承王位，阴谋策划，包藏祸心。兄长郑庄公机智果断，击败狂悖的弟弟，使郑国免除了一场内乱的灾难。

春秋初年，在郑国发生了一件由于母亲的策划而兄弟争位、互相攻伐的事。这个故事很具有戏剧性，表现了各种人物的特点，给人以深刻的教训。

长子继位，母亲大人不满

郑武公夫人武姜生了两个儿子，大的叫"寤生"，小的叫"段"。寤生出生时难产，

净手的器皿
铜匜1972年出土于河南罗山高店，匜是与盘配合使用的铜器，主要在宴会或祭祀前做净手之用。这件铜匜器形略呈椭圆形，一侧有流，另一侧器口与下腹之间附有兽头状鋬。

> **历史文化百科**

〔王公诸侯的礼服衣饰：服物、采饰、文章、比象〕

服指冕服。物指表示等级的旗章。采饰指代表身份地位的旌旗车舆服饰上的彩色饰物。文章是色彩的搭配，古时青赤相配称文，赤白相配称章。文章两字连用则指在衣裳上织绣黑白相配的黼（fǔ，一对斧头形），青黑相配的黻（fú，两弓相背形）花纹。比象指比照物象，用青、黄、赤、白、黑五种正色绘山、龙、花、虫形象。文章比象连用，则指在礼服上绘绣花纹图样以区别不同等级。服饰等级制度从先秦开始一直流传到清朝灭亡，是我国政治制度和服饰文化的重要组成部分。

差点要了武姜的命，所以取这个名字，每回叫他，武姜就生气。而段不仅顺产，又从小健康活泼、聪明伶俐，因此受到武姜的格外宠爱。

公元前744年，郑武公病重，眼看不起，武姜几次进言要立段为世子，武公没答应。不久，武公去世。按照嫡长继位的制度，寤生被立为郑国国君，即郑庄公。

逼封京城，埋下危机

武姜见段一无所有，就要新继位的郑庄公将制封给段。制即今河南荥阳市汜水乡，当时也称虎牢关。庄公对武姜说："制是父王灭虢后设置的军事重镇，地势险要，制度规定不能作为封地，请母亲在其他城邑中任选一个吧。"于是，武姜选择了京城，在今荥阳市东南。这样，段便封于京城，人称"京城太叔"。

郑大夫祭仲得到这个消息，第二天上朝时就出班上奏说："京城规模大于国都，按祖制规定，封给臣庶的领地，大的不能超过国都三分之一，中的不能超过五分之一，小的不能超过九分之一。现在大王将京城封给段，今后万一形成尾大不掉之势，将直接威胁国家的安全，请大王三思！"郑庄公无奈地叹了口气说："这是武姜要这样做，我有什么办法呢？"祭仲说："武姜及太叔贪得无厌，不如及早处置他们。"庄公道："多行不义必自毙，君且等着瞧！"

勾结武姜，阴谋篡位

太叔段没能继承君位，终日闷闷不乐，武姜便设下一计，她密嘱让太叔段先到京城就封，然后伺机夺取君位，自己则在宫中作内应。太叔段来到京城后，马上征调民夫，加固城墙，日夜操练甲兵，同时下令

西鄙、北鄙两邑属于自己管辖，又出兵侵占了鄢、廪延等城邑。

太叔段扩疆掠地的举动，引起大臣们的纷纷议论。大夫公子吕对郑庄公说："主公如果打算让位于段，就请允许我们去辅佐他，如不打算让位，就请发兵除掉他，以安朝野人心。"郑庄公答道："大家稍安毋躁，他将自及于祸。"

时机成熟，突然出击

这样，双方对峙了二十二年。公元前722年太叔段已经36岁，没有耐心再等了，他自恃兵精粮足、城厚壕深，决定偷袭新郑，夺取君位。行动之前，他先派心腹送密信给武姜，要她届时打开宫门接应。郑庄公闻讯此事，知道时机已经成熟，便说："可以行动了。"乃令公子吕率兵车二百乘进攻京城，京城的百姓叛变太叔段。太叔段就出逃至鄢，郑庄公的追兵紧追不放。太叔段无处立足，只得逃出郑国，至共国（今河南辉县市）暂避。后流浪四方，穷困潦倒。

郑庄公班师回朝时，想起二十多年来窥视在侧的母夫人武姜，祸根实在由她而起，越想越恼，不愿再见到她，就让人先一步回到都城，将武姜押送到城颍，即今河南临颍县西北，并立誓说："不及黄泉，无相见也！"意思是不到死，再不相见。郑庄公从小受到母亲的冷遇，养成了他刚强果断的性格。这次他攻伐封于京城的胞弟太叔段，消除了分裂叛乱势力，使郑国集权统一，成为春秋初期的强国。

繁丽精美的铜方壶

山西省侯马市出土了春秋时晋地的文物，一青铜盛酒或盛水器。器体本身采用了雕刻镂空纹饰，器的上中下三部分别镶有多条雕刻精细的龙形装饰，整体显得繁丽精美。

> ：称作祭酒。古代祭祀或宴会时，由年高望重的一人举酒祭神，原是一种荣誉之称。

东周王室的银制洗手洁具

公元前754—前509年

前754年
前509年

世界大事记 | 罗马王政时代。

郑庄公　武姜　　纳谏　掘地见母　善行　《左传·隐公元年》《史记·郑世家》

人物　典故　关键词　故事来源

○○三

掘地见母

天良战胜了仇怨，郑庄公决定到地府黄泉去接回生母。

在人的情感中，最难割舍的是母子的亲情。郑庄公虽然因母亲武姜包庇弟弟、制造分裂、差一点被弟弟夺权而恨透了母亲，但母亲的养育之恩总是不能忘怀。请看春秋时期郑庄公掘地见母的动人故事。

落落寡合，郑庄公想起母亲

郑庄公得胜回到新郑，兴奋了一阵子后，渐渐地感到了宫中难耐的孤寂与凄凉：父亲死了，母亲走了，弟弟逃了。原先父君未听母亲谗言，执意立自己为世子，正是看重自己的厚道，以为以后会善待家人、国人。想不到如今逃的逃、走的走，伴随在身边的大臣、宫女们也常以一种闪烁、躲避的神情对待他，没有一个推心置腹之人，成了一个实实在在的孤家寡人。如此冬去春来，日复一日，想想母亲风烛残年，别居冷宫，后悔之意与日俱增。

假借尝食，颍考叔阐说孝道

当时，镇守郑国边境颍谷，即今河南省登封市西南的将军，名颍考叔，素以孝敬父母、善待朋友闻名，听说郑庄公逐母别居，很感不安，心想，一国之君当为民表率，国君没有德行，怎能安抚百姓、振兴家邦呢？他决定借述职为名，前去劝谏郑庄公。颍考叔带了些礼物献给庄公，庄公也按礼仪向颍考叔赐食。颍考叔进食时将肉取出，细心包好藏入怀中，然后才慢慢品尝余下的羹汁。庄公问他为何这样？考叔说："臣自幼家境贫寒，靠母亲辛苦织洗为生。今蒙主公赐佳肴，臣念及老

东周王室的银制洗手洁具（左页图）

河南洛阳出土东周时的洗手洁具（古称匜），为纯银制造，底部针刻"甘游（同游）"二字，疑是官观之名。是现在发现的中国最早的一件银制器皿，很可能是东周王室用器。

母，不忍下咽，故取出待回家供母亲品尝。"郑庄公听罢，更加触动心事，不禁泪流满面，说："你有母亲孝敬，我却无法恪行孝道。"颍考叔假装不知，故意问其缘由。

掘地见母

郑武公夫人武姜先后生下两个儿子，长子寤生和次子段，因寤生是难产出世的，得不到母亲的喜爱，武姜甚至想让段取代寤生的太子地位。寤生继位后，把段封在大邑京，段到任后，号称京城太叔，并秣马厉兵，准备与母亲里应外合，夺取君权。公元前722年，段和母亲武姜向郑庄公发起攻击，郑庄公将计就计，击败了段，并将武姜送颍地看管起来，发誓说："不及黄泉，无相见也！"颍谷封人颍考叔以孝顺母亲之举打动了郑庄公，又为郑庄公出主意，掘地见泉，建一隧道，先迎武姜入内，然后，郑庄公在隧道中与母亲武姜相见，这样一来，郑庄公既见了母亲武姜，接回奉养；又未违反黄泉之誓，母子重新和好。此图出自清末石印本《东周列国志》。

郑庄公掘隧见母

前**743**年　公元前 7 4 3 年

考叔献计，"黄泉"中母子相见

郑庄公沉思片刻，将过去发誓"不及黄泉，无相见也"，如今悔之不及的事如实相告。颍考叔说："如今太叔段不知去向，死活不明。姜夫人只剩下主公一个儿子，怎能忍心再让她独居别宫呢？臣有一计，既可不违誓言，又能圆主公孝思之念。"庄公急问有何妙计，颍考叔笑着说："这事不难。

形如凤翼、声似凤鸣的乐器

把十三根长度依次递减的竹管，用竹夹缠缚制成。在黑漆地上以朱漆绘制三角雷纹和条纹图案。排箫是春秋时期的重要乐器，人们形容它外形犹如凤鸟的羽翼，声音犹如凤鸟的鸣啸。传说孔子欣赏了用箫演奏的韶乐后，久久不能忘怀，至于三月不知肉味。

颍地有座山，泉水呈黄色，可派人测一暗泉，掘地建立隧道。你们母子二人在隧道中相见，谁人会说不对呢？"庄公听了大喜，立即命颍考叔依计办理。

不久，隧道建成，上书"黄泉"二字。郑庄公急匆匆赶往隧道，母子相见，抱在一起。郑庄公当即赋诗道："大隧之中，其乐融融。"郑庄公携母而出隧道，武姜也情不自禁，赋诗附和道："大隧之外，其乐泄泄。"母子遂和融洽，消除了隔阂。

时人评论说："颍考叔，真是个孝子，爱其母，而施及庄公。孝子多了，我们的族类将繁荣发展啊！"

春秋时期实行贵族世袭制，史称"世卿执政"，卿大夫会议为事实上的最高权力机构。贵族分卿、大夫、士三等，每等又分上、中、下三级。周王室的卿等同诸侯，王室大夫等同诸侯国之卿，侯国卿以上贵族由周天子册命，侯国大夫以下由诸侯任命。卿大夫会议的首长称执政卿或上卿，其副手称右卿、左卿，其余各卿分任各下设政务官，各国称谓有所不同，详见下表：

春秋官制							
		官　称					
周王室		太宰	太宗	司徒	司马	司寇	司空
各诸侯国	鲁	太宰	宗伯	司徒	司马	司寇	司空
	宋	太宰	宗	司徒	大司马	大司寇	司城
	齐	太宰				司寇	
	楚	太宰		司徒	大司马	司败	
	吴	太宰			司马		
	郑	冢宰	宗人	司徒	司马	司寇	司空
	晋		宗	司徒	司马		大司空
	陈				司马	司败	司空
	蔡				司马		
	卫			司徒			司寇

> **▶ 历史文化百科 ◀**
>
> **〔古代的伦理教育：七教〕**
>
> 春秋战国时期流行的一种伦理教育术语，包括父子、兄弟、夫妇、君臣、长幼、朋友和宾客七个方面的内容。孟子曾将它归纳为"父子有亲，君臣有义，夫妇有别，长幼有序，朋友有信"五项准则。其中兄弟归于长幼，宾客归入朋友。所以也有称"五教"的。
>
> 此外，孔子也有七教一说，即敬老、尊齿、乐施、亲贤、好德、恶贪和廉让。

　后世法官戴一种獬豸冠，獬豸是什么？

〇〇四

大义灭亲

卫大夫石碏不徇私情，为振朝纲，处死了亲生儿子。

故事发生在春秋初期的卫国。卫庄公先娶齐国公主庄姜为夫人。庄姜美貌，但没有生育，所以庄公又娶陈国女子厉妫为妃，不久便生下一子，取名"晋"。厉妫的妹妹戴妫陪嫁庄公，也早生一子，取名"完"。不幸姐妹俩生了儿子后相继去世。庄公便将长子完交由庄姜抚养，自己又宠幸上一个年轻的宫女，生下一子，取名"州吁"。

恃宠骄横，幼子自小跋扈

三个儿子渐渐长大。与两位老实本分的哥哥不同，州吁自小性格暴戾，喜欢骑马射箭，舞刀弄棒。庄公对他十分溺爱，他更恃宠骄横，为所欲为。大夫石碏劝庄公说："臣听说爱护子孙的最好方法，是教育他懂得道义和行事做人的规范，太过宠爱，就会骄横，骄横必生祸患，请主公三思！"卫庄公听了不以为然，

番君家里的炊煮用具

鬲是古代的炊煮用具，外形一般为侈口（口沿外倾），有三个中空的足。商代至春秋均流行铜鬲，但形制有所变化。西周后期至春秋的鬲大多无耳，番君鬲即是如此。口沿有十七字铭文，记番君自作此器，祈望万年无疆，子孙永用。

对石碏的劝告一笑置之。

石碏的儿子石厚偏偏是州吁的铁哥们，整天在一起飞鹰走狗，惊扰百姓。一天，他们又闯了祸，石碏将石厚鞭笞五十，反锁在家。石厚仗着有三公子撑腰，竟翻墙而出，干脆住到州吁家去了。

阴结死党，州吁杀兄篡位

过了五年，庄公去世，太子完立为桓公，石碏也告老退休。桓公对弟弟州吁的骄奢淫逸十分生气，常加呵斥，州吁一怒之下竟亡奔国外。桓公十六年（前719年），天子周平王去世，周桓王继位登基。卫桓公要去洛邑参加吊唁仪式与登基典礼。州吁感到机会来了。经过一番策划，由石厚率领几百名敢死队员埋伏城外，待卫桓公一行刚出城门，州吁收聚的一批卫国的亡命之徒即蜂拥而上，发动突然袭击，将卫桓公杀死。州吁由此夺得君位。公子晋闻讯连夜逃奔邢国。

暗藏机锋，暴君落入圈套

州吁品行不端，又弑兄夺位，无法得到大臣拥戴。为了慑服人心，他答应逃亡在外的郑庄公弟段的请求，发起卫、宋、陈、蔡联盟，发动讨郑战争，但人心依然不服。万不得已，只能让石厚去向父亲石碏请教。石碏回答说："人心不服，原因很多，但诸侯的名位正当与否，天子的册命是根本，州吁如能获得周桓王封赐，问题自然解决了。"

听了石厚的回报，州吁犯难了：天子原来册封的是卫桓公，自己弑兄夺位，如何向天子去说？石碏又提议说："陈侯颇受天子信任，一向朝聘不缺，关系亲密。州吁如能亲自去陈国央求陈侯代向周天子通报，或许能解决册封问题。"州吁闻言大喜，马上张罗玉帛礼品，准备择日亲自拜访陈国。石碏知道后，抢先

前741年

修血书一封，派心腹连夜送往陈国。

卫桓公完与公子晋都是陈国女子所生，陈侯自然亲近完、晋，厌恶州吁，接到石碏的血书，正合心意，马上暗暗作好准备。这天，州吁和石厚来到陈国，陈侯令太庙相见。州吁、石厚上得殿来，只听一声令下，两厢甲士涌出，将州吁、石厚二人一举擒获。陈侯取出石碏血书当殿宣读，将二人分别拘押起来。

维护纲纪，老臣处死儿子

石碏接到陈侯送来的信，马上分头通知各位大夫朝中相见。卫国百官听说老大夫相招，纷纷前来，开启陈侯书信一看，方知州吁、石厚已被拘禁于陈国，只等卫国大臣公议如何处决。暴君被除，百官自然高兴异常，一致认为州吁叛君谋命，罪在不赦；石厚仅是从犯，老大夫石碏定国有功，功过相抵，可免一死。石碏却说："身为大臣者，自当以公正无私为先，石厚不死，如何警策后世乱臣贼子？老夫自当亲自处理，以无愧皇天后土、列祖列宗。"于是大伙公推右宰丑前往陈国诛杀州吁，石碏另派家臣杀了石厚。卫人又去邢国迎回公子晋，立为卫君，即宣公。

历史文化百科

〔春秋时期家长制家庭公社的解体〕

家长制家庭公社是春秋时期普遍存在的一种社会组织形态，西周时已经出现，战国秦汉后由于铁器使用，生产发展和商品经济的活跃而逐步趋向瓦解。春秋前期，社会生产力发展水平不高，广大土地上还没有完全改变原始自然面貌，一切社会活动仍然要依靠集体，以家族为单位，在族长支配下从事集体生产与生活，商品也以自给自足为主。春秋中期开始，由于社会生产力的进步和扩大兵源的需要，晋国首先实行田制改革，促使集体耦耕向个体生产转变，土地占有亦逐渐向个体家庭转移，家族公社趋于瓦解。

亲义碏卫
减大石

大义灭亲

卫桓公异母弟州吁发动突然袭击，杀死卫桓公，登上君位。篡位上台的州吁一贯骄横跋扈，又不断对外用兵，引起贵族们极大反感。州吁就让他的同党石厚向他父亲石碏讨个计策。石碏一向反感州吁，建议州吁去见陈侯，让陈侯代为疏通周王接见州吁，以使其地位合法。当州吁和石厚到达陈国后，石碏又派人把州吁篡权的实情告诉了陈侯，卫桓公之母正是陈国女子，于是，陈侯将州吁和石厚拘押起来听候卫国处理，卫国人杀死州吁，石碏不徇私情，为振朝纲，处死了亲生儿子石厚。左丘明修传称石碏"为大义而灭亲，其纯臣也"。此图出自清末石印本《东周列国志》。

卫国老臣石碏，不能容忍儿子石厚参与州吁弑君夺位的罪行，派家臣赴陈国将其处死，真正实践了"大义灭亲"的壮举。他将名垂千古，为人们所敬仰！

春秋

公元前744—前727年

前744年
前727年

世界大事记　亚述国王提格拉·帕拉萨三世在世。

《史记·宋微子世家》
《左传·桓公元年》

华督　孔父嘉　恶行　残忍

人物　关键词　故事来源

○○五

宋华督肆虐

华督杀人夺妻，又弑己君，大逆不道。

春秋初期，宋国有个风流贵族华督，他杀人夺妻，又弑其君，作恶横行，然而依靠着他诡计多端的策略和八面玲珑的手段，竟然不受惩罚，反而升了官，这在当时是一种奇特的现象。

外患内忧

当时宋国君殇公与夷是穆公的侄子，穆公的王位

谋色害命

宋宣公临死不立儿子与夷，而让弟弟和继位，和继位，是为宋穆公，当宋穆公病重时，又让与夷继位，成为宋殇公。可是，宋殇公坐上君位，却年年打仗，百姓怨声载道。宋国大司马孔父嘉的妻子由于美貌，被大夫华督看中。于是华督造舆论说，正是由于孔父嘉，宋国才屡屡用兵，又动手杀死孔父嘉，抢走了孔父嘉的妻子。宋殇公大怒，华督担心自己的命运，索性杀了宋殇公，迎回在郑国避难的穆公之子公子冯，拥立为新君。此图出自清末石印本《东周列国志》。

是他的哥哥宣公让给他的，所以穆公病逝前将君位还给宣公的儿子与夷，而让自己的儿子公子冯到郑国去居住。殇公当上国君后，郑国想将公子冯送回宋国。郑国的目的很明确，想拥立公子冯当宋国的国君，殇公当然不同意。因此两国结了怨，并互相攻伐。郑国联合齐国、鲁国共同讨伐宋国，宋国也联合卫国、蔡国共同反击郑国。但由于蔡和宋、卫有矛盾，不能统一行动，交战就极其不利，导致宋国军队节节败退。正在宋国对外战争不断失败的时候，它的国内又发生了祸乱。

见美色起杀心

宋国大司马孔父嘉的妻子，既年轻又美丽。有一次在路上与华督相遇。华督是宋国的太宰，手中握有

玉剑首

在礼制森严的西周时代，玉器是为礼制服务的一个重要载体，玉被神化和人格化；在社会生活中，玉常常是等级和身份的标志，也是社会地位和道德的象征。春秋时代的玉器见之于墓葬的极多，出土玉器数量大、种类多，制作精美。春秋时代的玉器种类，主要有：簪、琮、璜、管、珠、珮、瑗、环、玦、璋、带钩、匕等等，多数为礼器，少部分为生活用具。孔子对玉曾有过深刻的阐述，见《礼记·聘义》。图为春秋晚期玉剑首。

很大的权势。他虽然家里妻妾成群，可仍然不满足。华督当场为孔父嘉妻子的美貌所倾倒，目光直愣愣盯住她不放，直到看不见她。

华督通过询问身边的侍卫，得知所看到年轻貌美的女子实为孔父嘉之妻。孔父嘉是朝廷的重臣，身居大司马的职位，又是殇公所宠信的人，是不可随便欺侮的。华督内心十分矛盾，但深陷于美色而不能自拔，欲得之而后快。

华督和身边的谋士们经过一番策划后，终于想出

了一个抢夺孔妻的阴谋。殇公是个好战分子，经常因一点小事和别国开战。在位仅仅十年，便发生了十一场战争。频繁的战乱，使得民众负担日重，痛苦不堪。由于孔父嘉是大司马，执掌军权，战争往往是由他去

琴瑟上反映了楚人重巫习俗

瑟是我国最古老的弦乐器，主要流行于楚国各地。出土的瑟上往往都有精美的装饰，这段残片位于瑟首，表现一位巫师持蛇作法的场景。巫师头顶鸟形冠，双手各抓一蛇大声咆哮，左右各有一个女子仓惶奔逃。巫师的形象在楚国文物中多见，反映了楚人重巫信鬼的习俗。

春秋

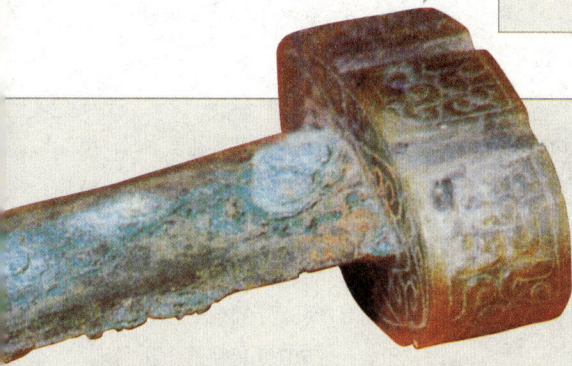

春秋晚期玉剑格

进行的。华督认为只要使民众怨恨孔父嘉，把他当作发动战争的罪魁祸首，导致贫困痛苦的根源，在这种情况下把他杀了，既不会引来杀身之祸，又可以达到抢夺孔妻的目的。于是华督派手下在国都四处诋毁孔父嘉，为他杀孔制造舆论。

时机逐步成熟，华督决定采取行动。他率领侍卫包围孔父嘉的官邸，经过激烈的搏杀，毫无防备的孔父嘉血溅当场。孔父嘉死后，华督顺利地抢到他的美妻。

恐祸弑君

宋殇公知道孔父嘉被害的事情后，大发雷霆，立即宣华督进宫，要他讲清楚为什么要刺杀孔父嘉。华督进宫后百般狡辩，列举了孔父嘉的种种不是，甚至诬说孔父嘉结党营私，打算发动政变。但殇公并没有被华督的谎言所骗倒，他始终深信孔父嘉对他忠心耿耿，他严辞指责华督身为太宰，居然如此目无朝纲，并扬言不放过华督。

华督看到殇公盛气凌人的样子，知道大祸将要临头，内心非常惶恐。在这种情况下，他必须作出抉择：假如坐以待毙，则是灭门的灾难；如果冒天下之大不韪——弑杀殇公，或许有一线生机。经过再三权衡，他毅然抽出早藏于身的凶器，刺向殇公，把他杀害了。

靠贿赂执掌朝政

华督接连害死大司马孔父嘉和国君殇公后，便到

郑国迎立穆公子冯为宋国国君，这就是宋庄公。为了安定国内的局势，他用礼物和重金贿赂齐国、陈国和郑国，请求它们支持自己执掌宋国的朝政。这些国君，因为得到了华督的礼品，也就承认了他的权力。宋庄公元年，华督为相，一人独揽朝政大权。

自华督杀人夺妻又弑君事件发生后，华氏在宋国开始掌权，一共把持宋国政权两百余年。 ＞莫波功

> **历史文化百科**

〔媵妾制：留有原始杂婚习俗的先秦婚姻制度〕

春秋时期，虽然一夫一妻制已严格确立，但在世俗生活，尤其是天子、诸侯、卿大夫等贵族的婚配上仍盛行带有明显原始杂婚色彩的制度——媵妾制。如男方为一国诸侯，娶他国女子为妻，该女子即为嫡夫人，为正妻，这可视为一夫一妻制的法的形式，但同时，女方会将该女子的娣（妹妹）与侄（兄弟之女）随嫁。此外，两个与女方同姓的国也会送女子配嫁，也各以娣、侄女相从，这些统称为"媵"。所以诸侯婚配，娶的虽是一妻，但媵的却有一群，时有"诸娣从之，祁祁如云"的说法（见《诗·大雅·韩奕》）。媵者都是庶妻。其中不论辈分的媵便是原始杂婚的习俗遗留。

妾的出现比媵晚。如果说，媵主要由贵族女子充任，那么妾主要是平民女子成分，如被俘掠的女子、罪犯的妻女、私奔而未经明媒正娶的及家贫而出卖的妻女等。所以妾的地位，起先同于奴婢，俗称贱妾。但随着社会的发展，不论辈分的媵渐渐消亡，妾的地位也渐渐提高，正嫡之外的庶妻与妾，逐渐都以妾称。

春秋时期沿袭周制，妻妾的多寡与男方地位挂钩。当时的等级制规定，天子一娶十二女，一为后，十一为妾；诸侯一娶九女，其中一妻八妾；卿大夫一妻二妾，士一妻一妾，庶民一妻，俗称"匹夫匹妇"。当然，实际上贵族们的妾多有超过上述规定者，连一般百姓中的有力者，也有一妾、二妾现象。

中国大事记 二月己巳（2月22日），《春秋》第一次记录日全食（《春秋》共记日食37次），比西方记录早135年。

〇〇六

箭射天子

天子本有天的尊严，当郑庄公的手下将兵器箭矢加于天子身上时，人们心中的"天"坍塌了！

周天子本来作为天下的共主，其地位至高无上，神圣不可侵犯。然而在春秋初年，发生了周王与郑国的大战，郑军箭射天子，大败王军，这在当时引起强烈的震动。

盛气凌人，征讨郑国

平王东迁，西周变成东周，周天子威严赫赫的光环渐渐显得苍白。公元前720年，天上日食，平王驾崩。次年，平王之孙姬林继位为周桓王。王幼政黯，谁也不再将周天子放在眼里。

郑庄公承袭周卿士世职，以天子司徒身份职掌周朝权柄，加之他比天子大两辈，所以宫内宫外，他的话无疑一言九鼎。年少气盛的周桓王受不了郑庄公的倨傲之态，便想方设法削夺他的权力。公元前715年，先以郑庄公为左卿士，另封虢公忌父为右卿士，共掌朝政。后周桓王干脆剥夺了郑庄公的执政权，由虢公忌父独掌朝政。郑庄公闻信，心存怨恨，

质朴的青铜制车马具
春秋战国时期的作品，大概是受当时工艺的影响，车马具采用流行单调的波浪状或鳞状造型，以钝重的器形装饰车或马上。该作品外形以波浪状花纹为主，单调、重复且钝重、朴实。

不再对周桓王行朝拜礼。当时，接受诸侯朝拜已是周王朝维持面子的最后一点礼仪，近在咫尺而又同宗同姓的郑庄公都不遵此礼，天子还有何尊严可言？周桓王怒不可遏，于公元前707年传令蔡、卫、陈、虢四国军队，讨伐郑国，并亲率大军为中军。

自卫反击，大败王军

郑庄公召集大臣问计，大臣们觉得以诸侯抗天子，未有先例，都不敢说话。郑庄公气愤地说："我祖父郑桓公为护卫西周幽王被犬戎所杀；先君郑武公又不惮辛劳，保驾周室东来，方才有了周王安居雒邑的今天。我自接任父职以来，辅佐周王三十多年，事无大小莫不劳心竭力。今桓王为些许小事，合四国之兵攻我，我若不敢自卫，不仅先世的功绩将付诸东流，宗社庙祭也将保不住了。"大臣们唯庄公之命是从。经过一番谋划，决定尽发郑国之兵，分三路应战。双方军队在繻葛列阵，即今河南长葛市东北二十里处。周桓王想等庄公出阵时予以训斥，夺其锐气，再挥兵出击。不料几通鼓响，不见郑国君臣露面。数番挑战，仍是按兵不动。眼见日头偏西，周朝军队已呐喊得疲乏松懈，正在此时，忽听郑国军中鼓声大作，主力从右翼突出，直向较为薄弱的陈国军队杀去。那陈国刚经历内乱，军中人心离散，见郑军来势凶猛，

春秋

前 公元前734年

世界大事记

亚述第二次西征，攻占大马士革，灭阿拉米国，其地与以色列大部置为亚述行省，地中海东岸诸国纷纷臣服。

《左传·桓公五年》《史记·郑周本五纪》《史记·郑周世家》

郑庄公 周桓王 平庸 权术 尊严

人物 关键词 故事来源

顿时四散逃跑。郑军同时出动左翼，迂回包抄。王军两面被攻，支持不住，仓皇后撤。郑庄公下令挥动大旗，左右三路并进，向周天子中军合击。王军车倾马毙，大败而逃。郑军上将祝聃见对方阵营绣旗下盔甲鲜明

箭射天子肩

公元前707年，周桓王剥夺了郑庄公卿士地位，郑庄公从此不去朝见周王。这年秋天，周桓王亲率蔡、卫、陈、虢各诸侯国的军队讨伐郑国。双方在繻葛相遇决战，当时周王的军队分为三军，周桓王亲领中军，虢公林父统率右军和蔡、卫联军，周公黑肩统率左军和陈国军队。郑庄公听从了子元的计策，同样以三军迎战，战斗开始，郑军首先进攻周王的左军，再集中左中右三军攻击周王的中军，周军大败，周桓王在后退时，被郑国的祝聃一箭射伤了肩膀，忍着伤痛，指挥军队逃出郑军的重围。此战之后，周王与郑庄公的君臣关系彻底决裂，周王也失去了天下共主、号令诸侯的地位，春秋大国争霸的局面从此开始了。此图出自清刊本《东周列国志》。

祝聃射周王中肩

之人，料是周桓王无疑。于是拉开强弓，窥个真切，一箭射去，正中桓王肩膀。王军顿时大乱。祝聃正想挥兵追击，郑庄公急令鸣金收兵。他对众将士解释说："点到为止，不可逼人太甚。我等起兵抵抗，只图自救，无损社稷足矣，怎敢追杀天子呢？"当夜，郑庄公派上卿祭足代表自己去周营，向周王及其左右表示慰问。

忍声吞气，威名不再

箭射天子，在周制礼法中属不赦之罪，郑庄公虽然获胜也不敢张扬。失败的周桓王呢，尽管怒火难捺，但打又打不过，传檄声讨吧，无异出自己的丑。再说，先前传檄讨伐郑国，响应者不过蔡、卫、陈等几国。可见其他诸侯早已不将自己的号令看在眼里。万一再传檄无人响应，小小的雒邑今后如何在强大的郑国包围下生存？于是，在众大臣的劝谏下，只得偃旗息鼓返回雒邑。

兵刃加于天子而不治罪，周王室的地位名存实亡了。

> 历史文化百科

〔诸侯拜见天子的"朝觐"制度〕

朝觐礼制的规定用意在于维系天子与诸侯的等级，加强彼此的联系，以及象征天子对诸侯的控制或诸侯对天子的归顺。诸侯朝觐天子的次数，以地域的远近决定。如王畿内的诸侯，一年朝觐四次；王畿之外五百里称之为侯服的诸侯，每年一次，以此类推，三年，四年，直至六年和一世一朝觐。

朝觐又分朝与觐两类，一般情况下春季的叫朝，秋季的叫觐，有三年、五年之别。朝见天子时，诸侯须带上玉帛、兽皮及地方特产作贡品，称为"朝贡"。如诸侯不履行朝觐的义务，便被视为大不敬，天子将派兵讨伐。所以有"一不朝，则贬其爵；再不朝，则削其地；三不朝，则六师移之"的说法。然而进入春秋时代，王室衰微，诸侯称霸，朝觐之礼渐趋混乱，一般中小诸侯晋见势力强大的诸侯也开始称朝。

话说中国

○○七

祭仲变节

郑国执政卿祭仲在被宋国囚禁后，没有骨气，投降变节，于是祸国殃民之事接踵而至。

一个人在死亡威胁来临的时候，是坚持正义、宁死不屈，还是投降变节、任人摆布，往往是考验人的试金石。这里要讲的是郑国大臣祭仲遭宋囚禁后，面对死亡威胁而丧失原则，使郑国受到重大损失的故事。

被任托孤大臣

郑国经郑庄公四十余年治理，成了最强大的诸侯国。尤其是大夫祭仲，处理政务，莫不明细清晰，深受庄公信任，由此被拜为上卿，统理朝纲。

这天，庄公将祭仲召入宫中，商议传位之事。庄公说："按嫡长制我百年后应传位太子忽，但太子忽性格懦弱，处事不知权变，不如幼子突机警勇悍。当今列国竞争，不进则退。以忽的才能，只怕难以维持郑国这份家业！"说罢长长地叹了口气。祭仲深知庄公宠爱幼子生母、小妾雍姞，爱屋及乌，因而生此废立之念。多年来祭仲与太子相处极好，太子对大臣的礼数也很周全，祭仲不愿太子受到伤害，便向庄公提起当年太叔段的事。郑庄公想想不无道理，如再出现兄弟相残的局面，郑国的前景岂不堪忧！因而打消了废立的念头。为防止以后发生政争，郑庄公忍痛将幼子突送往宋国外公家寄居，外公雍氏为宋国望族，深得宋庄公倚信，想必不至于吃亏。安排停当，郑庄公于公元前701年去世，太子忽继位，为郑昭公。

反手出卖郑昭公

然而，这回郑庄公和祭仲都失算了。宋庄公对郑国一向深怀敌意，现在郑庄公将幼子突寄养宋国，正合其心意，他和太宰华督密谋一番后，即假惺惺地派使臣去郑国礼聘，邀请祭仲到宋国访问，商谈国事。祭仲万万没有想到，他一到宋国，就落入圈套，被打入囚牢。

祭仲怕死误国

郑庄公在位43年是郑国最盛之时，公元前701年庄公去世后，国内发生变化，郑国开始走下坡路。当初，祭地的封人仲足很得庄公的宠信，庄公任命他为卿，他为庄公娶了邓国之女邓曼，生了太子忽。庄公死后，祭仲拥立太子忽为君，是为郑昭公。在此之前，宋国贵族雍氏女雍姞也嫁给庄公，生子名突。雍氏得到宋庄公的宠信。郑庄公去世后，宋国用计诱捕了郑国执政卿祭仲，威胁他说："不立突，将要你的命。"祭仲怕死，只好与宋人盟誓，带着突回到郑国立为国君，是为郑厉公，郑昭公不得不逃奔卫国。其后郑国一直处在一系列外患和内乱之中，国力日衰，失去小霸地位。此图出自清末石印本《东周列国志》。

春秋

公元前734—前714年

前734年
前714年

世界大事记

乌拉尔图国王鲁萨一世在世。

《史记·桓公》
《史记·宋微子世家》
十二年~十五年

郑庄公
祭仲
郑厉公
华督

狡诈
卖国

人物　关键词　故事来源

春秋时期的铁头盔

春秋时期铁头盔的出土说明当时冶铁技术已经应用于军事战争中。这不仅说明当时王室衰落，战伐不断，也从一个侧面反映了冶铁技术的发达程度。

这时已是深秋季节，北国苦寒。祭仲在牢房中饥寒交迫，又急又怕。半夜时分，华督来到牢房，对他说："我们君主对你极力主张拥立太子忽非常不满，致有今日之事。眼下有两条路供你选择：一是废掉郑公忽，另立公子突为君；一是将你斩首，趁郑国不备率兵突袭，杀郑公突即位。"望着浑身发抖的祭仲，华督又用缓和的语气说："立忽立突乃他们兄弟间之事，身为臣子，除了荣华富贵，还图什么呢？祭大夫只要答应我们主公要求，定让主公转告公子突，继续让你执掌郑国全权，何乐而不为呢！"祭仲想想家中的美宅娇妻，实在舍不得死，在华督的软硬兼施下，终于答应了宋庄公的要求。

落难的突忽然听说宋庄公将助他登上郑国君位，不由对着宋庄公捣蒜般地叩头不止，宋庄公脸色一变，对突说："且慢叩头，我助你登上郑国君位，你必须答应我三个条件：一是割让与宋接壤的三座城邑；二是答谢黄金万镒、白璧百双；三是每年进献宋禾谷三万钟。"突谋取王位心切，对宋庄公勒索的分量不加细想，一一答应。

宋庄公贪心不足

宋庄公于是安排突与祭仲相见，由华督监督，歃血为盟，议定：祭仲助突登位；突以祭仲为正卿，统揽政务；突登基完毕即实施对宋的承诺。一切就绪后，公子突、祭仲悄悄回到郑国，突暂藏祭仲府中。

祭仲回国后称病不朝。百官到他府中探视，祭府中甲兵突出，团团围困，百官无奈，只得投降，拥立公子突为国君，即郑厉公。郑昭公闻讯逃往卫国。宋庄公得悉突已登位，马上要求割城交金。君位到手的郑厉公，此时感到兑现诺言无异于自毁郑国，和祭仲商议后，就拼凑了黄金千镒、白璧百双充数，不提割城之事。宋庄公岂肯罢休，竟亲率大军，一举攻入新郑城内，直逼郑国太庙，下令军士拆了郑太庙屋顶上的椽子，运回架在宋国城门上。

郑厉公得报，在朝廷上号啕大哭，群臣无不陪着落泪。祭仲更是如雷轰顶，目瞪口呆，自己的贪生怕死，不仅葬送了郑昭公的君位，同时又使郑国蒙难，自己怎么对得住宋庄公的在天之灵啊！

> **历史文化百科** <

〔**以大为名的官：大田、大行、大史、大阍**〕

四者皆是官名。大田是朝廷中职掌农事的官，春秋时齐、秦等国设置。大行，又名行人，职掌礼宾与出使交往之事。大史也称太史，总揽文诰、册命、图籍和记载史事等事务。大阍为守卫城门之官。

话说中国

〇〇八

丈人与女婿，没有血缘关系，他们可以成为好朋友，也可因各种利害关系而发生冲突。春秋时期的郑卿祭仲与大夫雍纠这一对翁婿，因在官场上争权夺利而发生恶斗，互相残杀，是翁婿关系的一个特例，引人深思。

翁婿恶斗

祭仲与雍纠，原是一对翁婿，由于官场上利益的驱使，竟然各施阴谋，互相残杀。

祭氏暗想："君主命父亲出郊安民，也是平常政务，何需设席饯行？再说父亲同雍纠朝夕相见，又何必于东门外饯别？"这祭氏从小受父亲熏陶，心细如发，见雍纠神情恍惚，料想必有隐情。于是，暗藏心机，把酒相劝。雍纠喝得酩酊大醉，迷

郑厉公不甘当傀儡，杀机萌动

郑卿祭仲专权，朝政事无巨细，全由他说了算。郑厉公因此暗暗恼恨，一心想杀了祭仲。

这天散朝后，郑厉公独自一人来到后花园，默默徘徊，郁郁不乐。大夫雍纠看在眼里，见左右无人，就试探着对厉公说："主公处处受人掣肘，为臣心中十分不安，臣听说君臣如父子，子不能为父分忧，是为不孝；臣不能为君排难，即为不忠。如主公不以纠为外人，有所任命，臣一定百死不辞。"厉公听了这番话，心中不觉一动，但又不放心，假意说："贤弟是祭卿爱婿，我怎敢开口？"雍纠一听厉公以贤弟相称，自然会意，马上接口说："女婿是实，爱则未必。祭仲对我百般提防，貌合神离，主公有话尽管直说。"厉公听他如此说，放下心来，就对雍纠说："贤弟如能设法除去祭仲，我定拜贤弟为执政卿，另以美女相赠。但不知贤弟有何妙计？"雍纠说："东郊被宋国兵马破坏，百姓住屋尚未修复，主公可借口令祭仲出郊安民，臣于东门外设席相送，乘机以鸩酒毒死他。"厉公沉思片刻，说："好！千万要小心从事，不可露出马脚。"

女婿争权心切，决定谋杀岳父

雍纠回家，与妻亲热时难掩其别扭，祭氏不禁起了疑心，问道："今天上朝回来这么晚可有何事？"雍纠支支吾吾说："没有什么大事，主公将命令父前往东郊安抚灾民，我准备于东门外设席为岳父饯行。"

杀婿逐主

郑厉公是祭仲辅立的，祭仲凭此在国中专权，郑厉公对此忧心忡忡，便指使祭仲的女婿雍纠预谋在郊外设宴击杀祭仲。雍纠的妻子雍姬知悉后，问其母："父与夫孰亲？"其母回答："人尽夫也。父一而已，胡可比也。"雍姬听了此言，就告知雍纠要杀祭仲的阴谋。祭仲抢先杀了雍纠，暴尸在郑大夫周氏水池中示众。郑厉公知道事情败露，吓得驱车逃奔蔡国。于是，郑昭公回国复位。此图出自清末石印本《东周列国志》。

前731年
公 元 前 7 3 1 年

世界大事记 | 巴比伦爆发反亚述起义，到前728年被平定，并其地，帕拉萨三世自封巴比伦王，称"普鲁"。

《左传·桓公十五年》
《史记·郑世家》

祭仲 郑厉公

杀婿逐主

愚蠢 谎骗

人物　典故　关键词　故事来源

糊间喃喃自语："杀了祭仲，我就是……正卿……"祭氏至此恍然大悟，但兹事体大，未敢造次。

酒色面前难把持，泄了机密

一夜无话，次日醒来，祭氏察言观色，假装死心塌地的样子对雍纠说："夫君，妾闻妻以夫贵，母以子贵，朝结连理，荣辱同命。妾已是雍家之人，如此大事怎不与妻仔细商量？"雍纠挡不住花言巧语，便把昨日花园中的事和盘托出，并对祭氏说："一旦事成，我为郑国上卿，夫人便是上卿夫人，请夫人助我一臂之力。"祭氏假作高兴，心中犯愁，便先回娘家，问母亲："父亲与丈夫谁亲？"母亲答道："当然是父亲了。父亲只有一个，丈夫失去还可再找。"说者无意，听者有心。祭氏在权衡利弊之后，遂将雍纠密谋杀害祭仲之事全部告诉父亲。

祭仲将计就计，杀婿逐主

祭仲将计就计，在设席处预先埋伏武士，随身数十名侍从个个暗藏利刃，到时一声令下，雍纠当场被刺身亡。祭仲下令将雍纠暴尸示众。郑厉公得信大惊，急忙带着几名亲信，驾车出宫，逃往蔡国。临行时厉公放话说："与妇人为谋，自找死路啊！"祭仲也不追赶，只派人前往卫国接回昭公复位。

形神兼备的玉虎

这件黄色玉器总体是一只伏虎形象，只见它脊背和臀部隆起，腹部下垂贴，伸颈探头，张口大吼，准确地把握了老虎行走时的神情步态。

政局又回到郑厉公篡位之前，但是先前变节从敌，后来又杀婿逐主，使祭仲的名声一落千丈，昭公也不能不防他一手，于是大臣们心灰意冷。曾经强盛一时的郑国，在诸侯的激烈竞争中，就此渐渐衰败下去。

历史文化百科

〔先秦时期的社会政权细胞：里、里司、里长〕

我国古时候地方设乡、里组织，乡有乡长，里有里正，战国时，里正改称里长。里的管理人各地称谓也有差异，里宰、里旅、司里等都是。里作为我国古代最基层的行政单位，管辖人口随丁口繁衍而有所扩大。据史书记载，最初是"五家为邻，五邻为里"，也有"八家为邻，三邻而为闾，三闾而为里"，其他还有八十家、一百家等说法。

春秋时期齐国管仲整顿地方基层组织，规定："五家为轨，轨为之长；十轨为里，里有司；四里为连，连为之长；十连为乡，乡有良人焉。"此处的里辖民户五十家，平时服徭完赋，战时每家出一人，由里司率领，随军出征。

话说中国

以金錞和鼓

前730年
前715年

公元前730—前715年

世界大事记　埃及第二十四王朝。

《左传·庄公二十一年》《国语·周语上》《左传·庄公十九年》
王子颓　周惠王
宠客　昏庸

人物　关键词　故事来源

〇〇九

王子颓之乱

作为天子的周惠王无端地强占大臣的田地和住宅，引起了动乱。按制度无法继承王位的王子颓却轻而易举地成了天子，其结果又会怎样呢？

周王室在春秋时期不仅土地狭小，权威丧失，而且内部还经常发生争夺王位的战乱，闹得周围诸侯也不得安宁。春秋初期的王子颓之乱，充分表现了周王室的腐败。

宠妾之子

周庄王十分宠爱小妾姚氏，生下儿子取名为颓，对他倍加喜爱。并专门请了大夫艻国当他的老师，一方面是为了培育他成才，另一方面也是辅佐他。可是周庄王没法改变王子颓是庶出，不能继承王位的命运。庄王死，传位于太子，是为釐王，釐王死，传位于太子，是为惠王。作为惠王叔父的王子颓就在惠王时作乱篡位。

祸起地产

艻国有一片园圃，种的菜蔬瓜果都长势良好，可是周惠王为了自己建成养麋鹿的园囿，竟然不顾祖父遗老艻国的利益，强行把艻国的园圃占为己有。另一个老臣边伯的住宅靠近惠王的宫殿，惠王为了扩建宫苑，也强行把边伯赶走了。不久又接二连三地强占了大臣子禽祝跪和詹父的田地，无端没收掌管周王室饮食的膳夫石速的俸禄。利益大受损害的五个大夫串通一气，并联合

以金錞和鼓（左页图）

錞于是乐器的一种，起源于春秋时期，《周礼·地官·鼓人》记"以金錞和鼓"。此器身呈圆角方筒状，盘上设桥形钮，周体饰对称涡纹，底部外缘一周饰夔龙纹，与同类錞于相比，其设计较为精致。

先前已遭受损害的老贵族苏氏的力量作乱。他们请出王子颓为首领，一起攻打周惠王。虽然是七个贵族联合的力量，但毕竟不是周王室的对手，失败后纷纷出逃。

苏氏和王子颓逃到卫国，请求卫国出兵相助。也有人逃到燕国，请求燕国出兵。卫国和燕国本来对周王室有宿怨，此时也顾不得什么兄弟之国了，真的共同出兵，讨伐无道的周惠王。周惠王失败，出逃到郑国。获胜的一方拥立王子颓为"天子"。

篡位宴乐

周庄王小妾所生的王子颓，真是做梦也不会想到自己会这么容易地当上天子。他当然得好好地感谢那五大夫，于是在宫殿里举行盛大的答谢宴会。在宴会上，除了应有尽有的美味佳肴外，还演奏了规格最高的"遍舞"，就是把黄帝时的《云门》、《大卷》、尧的《大咸》、舜的《大韶》、禹的《大夏》、商汤的《大濩》、周武王的《大武》，六代的七个代表性乐舞统统演奏一遍。依礼制，只有在周天子举行最盛大的庆典场合才演奏这种规格的乐舞。王子颓一方面是为了答谢各位大夫，另一方面也是想好好地享受一下作为天子的乐趣，当然，可能还会对惠王的出逃感到幸灾乐祸。

快乐无比的王子颓万万没有想到这样的纵情欢乐激怒了郑厉公。从骨子里看不起王子颓的郑厉公去见虢国之君，说："犯上作乱的王子颓竟敢如此乐祸忘

春秋早期玉龙纹玦（上图）

话说中国

043

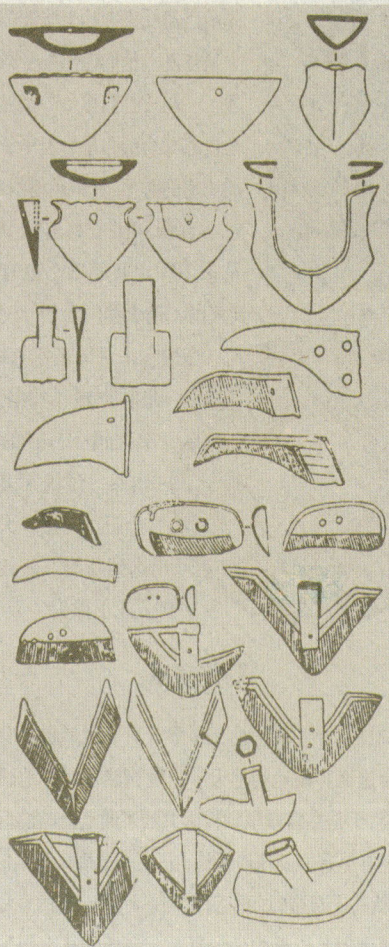

铜、铁农具广泛使用

春秋时农业生产工具比西周时大有进步，主要标志是青铜和铁等金属农具代替了石、骨、蚌等原始农具，成为农业生产中的主要工具。考古工作者在吴、越地区发掘出成批的青铜农具，如在苏州城东北一次出土了12件锄、5件锸、6件斤、6件镰、1件耰。苏州城东南葑门内城河出土了4件铜锯镰、2件铚、1件锸、1件锛、4件凹口锄，这说明青铜农具已不再是礼器，而是农业生产中普遍使用的农具。随着冶铁手工业的出现，春秋时也开始制造铁农具，陕西、湖北、湖南、河北、河南、江苏等地先后出土大批春秋时代的铁制农具臿、铲、馒、镰、锛、凹口锄等。图为吴、越出土铜农具。

春秋

忧，我们何不联手纳王复位？"虢君表示同意，并约定了进攻王城的军事行动。

郑、虢两国依约行事，郑厉公率军攻打王城的南门，虢君攻北门。攻进王城后，就把沉浸在欢乐中的王子颓和五个大夫都杀了。

惠王无能

郑、虢两国的军事行动成功后，厉公和虢君到郑国接周惠王回王城，并设宴为惠王庆贺。周惠王为答谢厉公，就把王后用的镜子作为礼物送给他。虢公也请求一件纪念品，惠王送给他一个爵，即精致的饮酒器。在一旁的厉公太子捷，对此大为不满。因为郑国是这次使周惠王复位的主谋，惠王送给郑国的却是一件小小的日用品，送给虢国的却是当时人们都重视的礼器。勤王有功的郑厉公见惠王如此看不起他，十分恼恨，不久就老病而死。从周惠王赠送的两件器物上反映出他处事无能，实是一个不成器的天子。

此后，东周王室在春秋时期又发生过王子带之乱和王子朝之乱，两次王子作乱均因争夺王位，持续的时间都很长，使东周王室更加衰弱。 〉王仁巍

〉**历史文化百科**〈

〔先秦王宫规制：三朝三门二社〕

春秋战国时期，天子、诸侯的宫屋都分为外、中、内三部分，时称"三朝"，即外朝、治朝、燕朝。与三朝相应，诸侯宫屋中有"三门"，分别称"库门"（即外门）、"雉门"（即中门）、"路门"（即寝门）。库门内为外朝，供群臣议政决狱之用，君王不常去；雉门内为正朝，君臣每天会见、商议之所在，一般是群臣先进，君王则从路门中出来，在门首稍站，遍揖群臣，称为朝礼。朝礼毕，然后商议国事。路门内为燕朝，也称内朝，群臣非召不得擅入。雉门之外，左右两旁分别有亳社、周社，两社之间便是外朝所在。古音社、辅同音，所以两社即是外朝侧室，是辅政大臣处理政务、休息之所。

公元前730─前656年

前730年
前656年

世界大事记　埃及第二十五王朝。

《左传·庄公二十二年》
《史记·田敬仲完世家》　故事来源

陈公子完　齐桓公　人物

机遇　灵感　关键词

○－○

陈完奔齐

陈公子完因国内的动乱投奔齐国，不接受卿的高官，从基层官做起，他的后代不断地发展壮大。

陈国的公子完因为内乱而出奔到齐国，他的后代在齐国不断发展壮大，经过若干代的努力，他们竟然篡夺齐国的姜氏政权，取而代之。这在春秋、战国时代是个奇闻，但它是的的确确的事实。且看当年的历史状况。

因内乱而避居他国

陈国争夺君位的内乱要追溯到公子完的祖父陈桓公。桓公死后，其弟他杀桓公太子免而自立；接着，蔡人又杀他而立免弟跃，即陈厉公。这厉公便是公子完的父亲。厉公去世，君位传给其弟林，为庄公；庄公去世，君位又传给其小弟杵白，为宣公。公子完因叔父林、杵白的篡位而不得立。宣公杵白原来已

立太子御寇，后又有宠姬生子款，便立款而杀太子御寇。厉公子完与宣公太子御寇交往甚密。御寇被杀后，公子完担心会祸及己身，于是携家带眷，投奔到了齐国。

周太史占卜的灵验

原来陈厉公生下儿子不久，有一个周太史经过陈国。陈厉公款待后就请周太史为儿子占一卦。周太史清心通神后用蓍草进行演算，占得了《观》卦，并演变为《否》卦。《周易》说这一变卦的爻辞为"观国之光，利用宾于王"。深通《易》理的太史进行了阐述：认为这个孩子具有光大一个国家的运气，就是"观国之光"；不过不在陈国本国，而有利于在异国他乡发展，就是"利用宾于王"。公子完成年时，陈国的大夫懿氏想把女儿嫁给他，也进行了占卜，说他将在姜姓之

春秋时期青铜酒尊
酒器是古代祭祀所用的重要器具。这座青铜酒尊铸造精美，是春秋时期青铜铸造技术的典范作品。它不仅说明当时对于祭祀仪式的重视，也表明了春秋时期青铜铸造技术的发达程度。

春秋

国发展壮大，到第五代开始昌盛，地位及于正卿，到第八代就没有人能比得上了。

陈公子完由于国内的动乱，真的投奔到姜姓的齐国，也真的在第五代时有实力来拉拢民心，控制齐国国政，结果在第八代时演出了一幕"田氏代齐"的历史剧。古代"田"与"陈"音义略同，公子完死后谥号为敬仲，他的后代改姓田。

史书记载了一些通过算卦、占卜而作出的预言，预言又应验了。这些记载反映了那个时代的人们相信算卦、占卜的状况。而史官当然要把一些应验的卦占记录下来，而摈弃了那些不灵验的部分。

镶嵌兽纹方豆

盖盘四边形，柄为八棱柱，圈足覆盆形，盖上共有四钮，二耳，腹两侧也有环耳，盖与盘以子母口扣合。器身饰红铜镶嵌的兽纹，作跳跃状。此器同出两件。

公子完后代的发展路线

陈国的公子完投奔到齐国，桓公就封公子完为卿。公子完却说："我是出逃而来的臣子，若能获得大王的宽恕，宥免罪过，已经是我的福分了，岂敢接受这一高官。"于是齐桓公改授他掌管各种手工业的基层官工正，公子完接受了。

陈公子完的后代之所以在齐国成为一国之主，是因为他正确地接受了工正一职，脚踏实地，从基层官吏做起，不断努力，逐渐谋求发展。而齐国姜姓家族贪婪地剥削民众，严刑重罚，失去民众的支持，走向衰落。一者以衰，一者以盛，田氏代齐是历史的必然。 》王仁巍

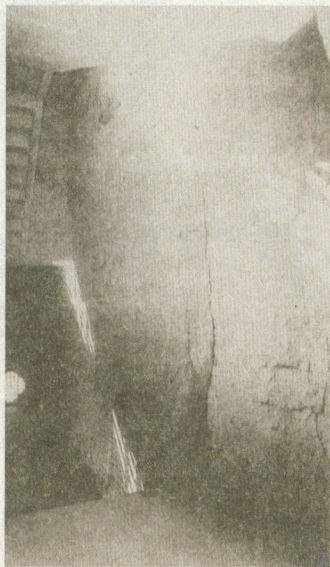

春秋齐国故城遗址

历史上极富传奇色彩的人物姜太公助周灭商后，被封于山东北部的齐地，在薄姑建国，即齐国。到了第七代国君齐献公迁都临淄，经春秋战国至秦国灭齐，临淄作为齐国都城长达630多年，姜太公的后裔将临淄经营成当时中国规模最大、最繁华的城市之一，《战国策·齐策一》云："临淄之中七万户……临淄甚富而实，其民无不吹竽、鼓瑟、击筑、弹琴、斗鸡、走犬、六博、蹴鞠者；临淄之途，车毂击，人肩摩，连衽成帷，举袂成幕，挥汗成雨；家敦而富，志高而扬。"可见齐都临淄在当时早已成为人们心目中的名都。图为临淄故城遗址和故城排水道和排水口，以及城墙角剖面，城墙历经两千多年的风风雨雨至今仍继续存在，足见当初夯筑得十分牢固。

> 历史文化百科

〔贵族阶层及其祭祀活动：公族、大袷、大询〕

庶民卑称小人，与此相对的是被尊称为大人的王公卿大夫贵族阶层。春秋初期，王仅周天子一人，各国诸侯皆算公，所以诸侯的儿子便是公子，公子之子便是公孙，与其同族的子弟便是公族。

族中后人祭祖，每年一小祭，五年一大祭，称合祭或袷祭，也称大袷。大袷时，族中各房子弟把远近各代祖先的神位全部搬到太庙内，让历代祖先一起接受所有后辈的祭祀。

按祖制，凡遇国家大事，国君须征求庶民的意见，特别是国家遇到危险时、迁都移民时及议立新君时。开明君主往往将事关百姓利益的事项先向百姓咨询，然后再决定。这称为大询。

春秋

兄弟情义

同父异母的兄弟，有的互相帮助，情同手足；也有的互相仇视，设计陷害，欲置之死地而后快。卫宣公的太子伋，有两个同父异母的兄弟，他们的性格、感情绝然不同，上演了一出兄弟争斗和救助的戏剧，成为人们议论的话题。

卫宣公时的太子伋和公子寿，是同父异母的兄弟，在宫廷阴谋的残酷斗争中，他们患难与共，互相救助，其精神感人至深。

荒淫卫宣公，霸占儿媳成妃子

卫宣公是个无耻之徒，他先爱夫人夷姜，生下一子名伋，立为太子，并指定右公子当伋的师傅。转眼间伋已十六岁，由右公子作媒，说合齐僖公长女为妻。卫宣公派使臣赴齐下聘，使者回来后说齐女姿容绝世，卫宣公不由动了淫心，下令在淇河边建造一座美轮美奂的"新台"。迎亲之日，遣开太子，自己亲往观察，见齐女果如仙女一般，于是卫宣公当夜就宿于新台，一夜之间，儿媳成了妃子，史称"齐姜"。

后母狭隘，恃宠陷害太子

齐姜后来给宣公连生二子，一名寿，一名朔。宣公偏爱齐姜，视太子伋母子如同敝屣，夷姜一气之下含恨而死，太子更加失去依靠。此时齐姜与公子朔串通一气，不断地在宣公面前说太子伋的坏话。

适逢太子生日。伋设宴款待寿、朔两位弟弟。心性仁厚的公子寿与伋互敬互爱，谈笑甚欢；阴损刻毒的公子朔却以为冷落了自己，便到后宫齐姜处哭诉，造谣说："我们兄弟好意向太子贺寿，不想他竟趁酒意说母亲原本是他的妻子，要我们叫他父亲。我们说了他几句，他依仗身高力大挥拳要打我们。"齐姜对朔的话全然不疑，一五一十去向宣公诉说，并挑拨说："君主健在，太子尚且这般污辱我母子，一旦君主百年，太子继位，我母子如何得活！"宣公听了大怒，杀心顿起，一时找不到理由，朔在一旁见了，对宣公说："前几天外公齐僖公来书，邀我国一同出兵讨伐纪国，不如叫太子持节先去，我有朋友，与边境强人有联系，让他们在半路上结果了他，不就除了祸根？"卫宣公点头同意。

兄弟情深，急难赴救忘生死

公子寿得知这个情况，急忙

人头金像饰

金人头上戴帽，卷发披散，浓眉大眼，唇上胡须上翘。形貌具有当时典型的北方游牧民族的特征。燕国位于中原最北部，和游牧地区毗邻，其文化不可避免地带有混合性。

不能再往前，快到别国逃生去吧！"太子泪如雨下，说："我逃往他国，有背君命，是为叛臣；回宫质问父亲，便为逆子。母亲已死，剩我一人，他们都容我不得，我不如就此前去，死了留个忠臣孝子的名声。"说完和公子寿道别，继续前进。

公子寿见劝说无效，心想：哥哥若死于盗贼之手，即使我被立为太子，今生今世心灵如何得安？今天，父母弟弟冤屈哥哥，我怎能不顾仁义，袖手旁观！想到这里，再次叫住太子，取过酒食，对伋说："既然哥哥执意要去，为弟不便强留，念我俩仁爱一场，今为哥饯行，请哥哥别再推辞。"伋为寿的情义所感，

卫宣公筑台垒纳媳

卫宣公自纳齐女

卫宣公未即位时与庶母夷姜私通，生子伋，卫宣公即位后，立伋为太子。伋迎娶齐国女子宣姜，卫宣公见宣姜绝色美貌，就自取为妻，宣姜生子寿、子朔。夷姜失宠自杀，宣姜与子朔合谋中伤太子伋，卫宣公听信宣姜的诬告后，让伋拿着白旄去齐国，又暗中买通强盗在中途见到持白旄的人就杀。子寿将此阴谋告知伋，见伋不肯逃走，就乘饯行将伋灌醉，持旄先行，代伋而死。伋酒醒后急忙赶去向强盗请死，于是强盗又把伋杀了。同父异母兄弟为维护纯洁的手足之情双双献出了生命。此图出自清刊本《东周列国志》。

返回太子宫，不料太子已乘船出发。寿不及细想，急呼随从备快艇追赶。伋正乘船向齐国进发，见寿乘快艇追来，便落帆等候，问寿何事？寿把宣公与朔的阴谋说了一遍，忧急万分地说："哥，前有盗贼埋伏，

> 历史文化百科 <

〔表示长大成人的"冠礼"〕

春秋战国时期的冠礼是由父系家长制时期的"成丁礼"转变而来，所以男女虽然都有冠礼，男性的冠礼明显占有主角地位，而女姓只是辅角。成人的年龄，周代的礼仪规定："男子二十而冠，女子十五而笄"。贵族男子年满二十，由父亲主持，到宗庙中举行冠礼，行冠礼前请巫师择定日期和参加加冠的来宾，届时由来宾给该男子取"字"。按当时的习惯，男婴生下三个月后，要择日剪发，到时由父亲执着儿子的右手，宣布儿子的"名"。而他的"字"则须等到年满二十，行冠礼时，由宾客取定，所谓"男子二十冠而字"。取"字"的方式如下，其全称有三个字，第一个字是长幼行辈的标志，如伯、仲、叔、季（老大、老二、老三、老四）之类。第二个字是与"名"相联系的某一个"字"，如孔子弟子司马耕复姓"司马"，名"耕"，宾客给他取的"字"便是"子牛"。第三个字是父亲的假借字，一般都以"甫"称呼。

女性取字则相对简单，除了在前面冠以国名或氏之外，第一个字也是长幼行辈的称呼，第二个字是姓，第三个字乃至第四个字皆以"某母"称呼。当时还有一种女子及笄后未嫁前称为"待字闺中"的说法，出嫁后再以丈夫的称号为字。女子出嫁后都用字相称，不再以名行。

就与寿大杯大杯对喝起来。寿敬酒有心，伋狂饮无意，不觉酩酊大醉。寿取过符节，跳上使船，急令扬帆疾驶。

同归黄泉，义举传遍民间

船近边境，两岸盗贼见船上旌旗飘扬，料是使船无疑，便认准船头的持节使者，百箭齐发。公子寿已有替死之心，与蜂拥而上的匪徒格斗，力尽被杀。后面船上的太子伋酒醒后，不见了公子寿与使船。知道事情不妙，急令快艇飞速前进。赶到边境，见贼人已

杀了公子寿。太子伋眼若喷火，大声喝道："我乃卫国太子伋也。"说罢挥起佩剑向贼人杀去。贼人聚众围攻，太子伋力竭而死。

盗贼连夜赶回卫都，将两颗首级一同呈给卫宣公，宣公即以朔为太子。一举杀害两个儿子，卫宣公的良心受到责备，不久也命归黄泉。

伋、寿兄弟舍生忘死、互相救助的义举，传遍民间。人们赋诗歌颂他们兄弟的情谊。

春秋

春秋战国古今地名表			
大梁	魏国都城，于今开封西北。	东虢	周代国名，姬姓，在今河南荥阳东北。公元前767年为郑所灭。
山东	战国时称华山或崤(山)函(谷关)以东地区。	代	一为古国名，在今河北蔚县东北。公元前476年为赵襄子所灭。一为赵国郡名，治所代县(今河北蔚县东北)，辖今河北、内蒙、山西三省相接的长城内外地区，有三十六县。
上党	战国时韩国郡名，治所壶关(今山西长治市北)，辖今山西和顺、榆社等县以南，沁河以东地区。		
马陵	战国齐地，在今山东郯城县。		
巨鹿	赵地，因巨鹿泽得名，在今河北平乡西南。		
留吁	也称屯留，古邑名，在今山西屯留南，春秋时为赤狄居住地。	汉中	一为楚国郡名，辖今陕西省东南角，湖北省西北角。一为秦国郡名，秦灭巴蜀后，将之与楚汉中之地合并为汉中郡，治所南郑(今陕西汉中东)。
云中	赵国郡名，范围包括今内蒙古大青山以南，黄河南岸及长城以北地区。		
云阳	一为战国秦邑，在今陕西淳化西北。一为战国楚邑，在今江苏丹阳。	兰陵	战国楚县，治所在今山东苍山西南。
		巩	古邑名，在今河南巩义西南。
		夹谷	春秋齐鲁会盟之地，在今山东莱芜南。
云梦泽	古泽薮名，范围包括今江陵以东，云杜、沌阳以西江汉之间的一片地区。	芍陂	战国时淮水流域著名水利工程，在今安徽寿县南。唐代重修，宋以后渐堙废。今安丰塘即其残余。
中山	古国名，白狄所建，又称鲜虞，在今河北正定东北。		
长平	赵国邑名，在今山西高平西北。	成周	一为西周时的东都，即雒邑，在今河南洛阳金村一带。一为春秋时，周敬王七年(前510年)所建，与王城成为两城。
长勺	鲁地，在今山东莱芜东北。		
巴郡	原巴国之地，治所江州(今重庆市北嘉陵江北岸)，辖今阆中以东，巫山以西，武隆、江安以北地区。	西河	战国魏地，今陕西东部黄河西岸一带，包括陕西华阴以北，黄龙以南，洛河以东，黄河以西地区。
艾陵	今山东莱芜东北。		
平阳	一为都城名，在今山西临汾西南，传为帝尧之都；一为战国赵邑，在今河北临漳西南。	西虢	周代国名，姬姓，在今陕西宝鸡东。随平王东迁于上阳(今河南陕县东南)，称南虢，下阳(今山西平陆北)称北虢。公元前655年，为晋所灭。

曲沃	一为晋邑，在今山西闻喜东北。一为魏邑，在今河南灵宝东北。
延陵	春秋吴邑，今江苏常州。
会稽	战国秦郡，因会稽山而得名，辖今江苏长江以南，安徽黟县、旌德以东，浙江金华以北地区，治所吴（今江苏苏州）。
华阳	古邑名，在今河南新郑北。春秋郑地，战国韩地。
伊阙	地名，在今河南洛阳东南。
关中	古地区名，一般包括函谷关以西秦地。
安平	古邑名。一在今山东淄博东北，春秋时齐地，田单复国后即其封地。一在河北安平，战国赵邑。
安陵	战国魏地，在今河南鄢陵西北。
辰陵	古地名，今河南淮阳。
杜邮	战国秦地，又名杜邮亭、孝里亭，在今陕西咸阳东。大将白起自杀于此。
巫郡	战国楚置，辖今湖北省清江中、上游及四川东部地区。治所巫（今重庆巫山北）。
鄄	春秋齐邑，齐桓公时所筑。在今河北临漳西南。
郯	春秋时晋楚战场，在今河南荥阳东北。
陆浑	古地名，原陆浑戎居留地，在今河南嵩县北。
砀郡	战国末秦郡，因砀山得名，治所砀在今安徽砀山县南，辖今砀山以西、亳州以北，河南开封以东、山东巨野以南地区。
武关	战国时秦国所置的关隘，在今陕西商南东南。
苦县	老子出生地，今河南鹿邑东，属楚国。
昆阳	战国魏邑，在今河南叶县。因在昆水之阳而得名。
制	也称虎牢关，郑地，在今河南荥阳汜水镇。
函谷关	战国时秦国所置的关隘，在今河南灵宝东北。因关城在谷中，深险如函而名。
城濮	春秋时期晋楚之战发生地，在今山东鄄城西南。
栎阳	战国时曾为秦都，在今陕西西安临潼东北武屯镇附近。
郢	楚国都城。在今湖北荆沙西北。后楚因故先后迁都鄀（今湖北宜城东南）、鄢（今湖北宜城）、陈（今河南淮阳）、巨阳（今安徽阜阳北）、寿春（今安徽寿县），于当时都被称为郢。
临邛	古邑名。战国秦地，以产盐铁著名。在今四川邛崃。
禹王城	即魏安邑故城，战国前期魏都城。在今山西夏县西北7公里处青龙河畔。城分大、中、小三部分，中、小城在大城之内。
济阳	战国魏邑。在今河南兰考东北。
桂陵	著名古战场。一说在今山东菏泽东北，一说在今河南长垣西北。
黄池	吴王夫差争霸处，在今河南封丘西南。
渔阳	战国燕郡，地域包括今内蒙古赤峰以南，北京通州、怀柔以东及天津以北地区。
雁门	战国赵郡，治所善无（今山西右玉南），辖境约当今山西西北部神池、五寨、宁武等县以北到内蒙古部分地区。
葵丘	春秋时齐桓公盟会所在地，在今河南兰考东，为宋境。
韩原	春秋时晋地，在今山西稷山西。
践土	晋文公称霸之地。春秋时郑地。在今河南原阳西南。
殽	晋秦交战地。在今河南三门峡市东。
颍谷	今河南登封西南。
颍川	战国韩地，因颍水得名。秦灭韩后置郡，治所阳翟（今河南禹州），辖今河南登封以东，尉氏以西，包括舞阳、临颍等地区。
鄢	战国楚地，在今湖北宜城东南。
鄢陵	战国楚地，在今河南鄢陵西北。
榆中	战国赵地，一说为榆溪塞所在地，即今陕西东北角，或今内蒙古河套东北岸。一说为今甘肃兰州市榆中县。
督亢	燕国著名膏腴之地，今河北涿州东，包括涿州、固安、高碑店等县市地界。
稷门	战国时齐国聚集学士、说客居留处。一说即齐都临淄北门。一说为"侧门"之讹，指西门侧。一说指稷山下之门。
槜李	春秋时吴越交战地，在今浙江嘉兴西南。
黔中	战国楚郡，治所临沅（今湖南常德），辖区包括今湖南西部及贵州东部。

〇一二

昏君齐襄公

齐襄公不知权力的使用也应有个"度"，他作恶多端，滥杀无辜，结果，怨愤的臣属操起了凶器。

历史上的昏君，大都昏庸无道，草菅人命；又好色纵欲，荒淫乱伦。他们名声丑恶，积怨甚多，受到各阶层官吏和人民的普遍反对，最后落得可悲的下场。春秋前期的齐襄公，便是这样一个昏君的典型。

积怨毙命

齐襄公迷信权力，施政无常，朝令夕改，戏弄了大夫连称、管至父，襄公又将叔父夷仲年的儿子公孙无知的待遇降低，使公孙无知产生怨恨。于是，连称、管至父就拥戴公孙无知酝酿作乱。公元前686年冬，齐襄公到姑棼游玩，在贝丘田猎，见到一只大野猪，侍从说："公子彭生也。"襄公怒道："彭生敢见！"即用箭射，野猪直立起来哭叫，襄公以为遇见了鬼，吓得从车上摔下来，摔伤了脚丢掉了鞋。回到宫中不久，连称等人攻入宫中，将藏在门后的襄公拖出来杀了，另立公孙无知为新君。当初鲍叔牙曾预言："君使民慢，乱将作也。"果然言中。左图出自明刊本《片壁列国志》。右图出自清末石印本《东周列国志》。

淫乱内宫，杀人灭口

当齐襄公还是太子时，见同父异母妹文姜长得漂亮，便勾搭成奸，淫乱内宫。即位前两年，嫡亲叔叔夷仲年去世，留下独子公孙无知，先君齐僖公怜其年幼失怙，领回宫中抚养。某次二人一同游戏发生了一些冲突，他便记恨在心，公元前697年，登上君位就削去无知所有爵秩，放逐郊地葵丘，即今山东淄博市西。大臣稍有词色不恭，动辄诛杀，搞得满朝文武噤若寒蝉。他的几位弟弟公子纠、公子小白等都为避祸纷纷逃往国外。公元前694年，早已嫁作鲁国夫人的文姜随鲁桓公来齐国省亲。淫欲成性的齐襄公竟又同文姜重续旧好，

鬼遇獵出公襄齊

春秋

世界大事记

亚述国王辛那赫里布在世。

《左传·庄公八年》
《史记·齐太公世家》

荒淫　怨愤

齐襄公

人物　关键词　故事来源

多种纹样的和谐搭配

豆是古代盛物的器皿，木胎豆一般都用斫制法为主制成，这件春秋时期的波纹豆以挖制辅以斫制，豆口微微内敛，盘浅柄短，内髹红漆，外表则在黑漆底上用红黄二色描画点纹、三角纹、勾纹、变形窃曲纹等纹样，层次分明，又变化多端。

被鲁桓公发觉。为了掩人耳目，齐襄公令力士彭生假装抱鲁桓公上车，双臂紧箍，鲁桓公肋骨尽断，当场吐血而死。鲁国随臣群起责问，他下令杀彭生加以搪塞。彭生狂呼要变厉鬼找他算账。

言而无信，群情震怒

为了防御敌国侵扰，齐襄公派大夫连称、管至父为主、副将，率重兵赴葵丘戍守。二将问襄王何时换防，齐襄公说："及瓜而代。"当时正值农历七月瓜熟时分，意即明年瓜熟时换防。戍边日子十分艰苦，好不容易熬到第二年瓜熟，连、管派亲随回都探讯。不料齐襄公竟翻脸不认账，说："何时换防，等我想到了再说。"亲随只得回葵丘如实禀报。全营闻听，顿时哗然。管至父与连称合计，决定颠覆齐襄公。他们派人同公孙无知联系，协议事若成功，拥无知为齐君。

这一天，齐襄公正率车骑在姑棼，即今山东博兴县东北围猎。突然林中窜出一头野猪，体大如牛，不畏弓

矢，直奔襄公，像人一样立起，哀啼尖嗥，其声犹如被冤杀的力士彭生。军士大惊，失口狂呼："彭生的鬼魂！彭生的鬼魂！"齐襄公吓得从车上倒栽下来，一只鞋子被野猪叼了去。齐襄公返回驻地依然心悸不已，满腔怒火出到管衣帽的侍从费的头上，一顿皮鞭打得费血流不止。

叛兵骤至，揪出斩首

费逃亡出宫，正遇上率军奔袭齐襄公的连称、管至父。费连忙表示愿当向导。人马抵达齐襄公寝宫，连称指挥士兵四面固定，同意费先进去探明情况。不料费入宫后直奔齐襄公寝所，报告叛兵已包围寝宫。襄公急忙中让一侍卫冒充自己躺在床上，自己则躲到门背后帷幕里，想躲过叛兵搜寻后再伺机逃出宫去。

连称久等费不回，情知有变，便指挥军士撞开宫门向里闯，正碰上费带着几名侍卫持刀出来抵抗，几个照面，都被砍死在门口。将士们拥入宫中，只见床上躺着一人，管至父一步上前砍下脑袋，连称提起一看，却不是襄公，急令军士四处搜寻。连称在隐隐烛光中见门后帷帘下有两只脚，揪出一看，正是昏君齐襄公，于是历数昏君背盟乱政的种种罪状，挥刀将他斩为数段。

齐襄公把齐国搞得大乱，又在混乱中被人斩杀，结束了他荒淫无耻的一生。

> 历史文化百科

〔巫婆神汉及其惩戒：巫、觋、暴焚巫尪〕

春秋战国时期祈卜占相之人称巫觋。女的称巫，男的称觋，从事诸如相阴阳，占祲兆，钻龟布卦，攘择五卜等迷信活动。史书记载，巫觋多由残疾人担任，故有"伛巫跛觋"一说。巫觋的职业也有很大风险，当时有一种称为"暴焚巫尪"的习俗：凡遇大旱不雨，祈雨之人会将巫尪（觋）放在烈日下暴晒，如还不下雨，就将巫尪放在柴堆上焚烧，以为这样做就可使天下雨。

话说中国

〇一三

诈死夺君位

千钧一发中，公子小白倒伏装死，由此躲过敌人的追杀，抢先登上了齐国的王位。

君位历来是公子贵戚争夺的目标，因为一旦夺得君位，大权在握，便可进行各种活动；反之，失去君位，将处于不利的境地。春秋前期齐公子小白，也就是后来的齐桓公，以诈死夺得君位，反映了他的机智灵活。故事还得从鲍叔牙和管仲辅佐齐公子说起。

两个好友，旷世才惺惺相惜

齐国的鲍叔牙和管仲是一对好朋友。鲍叔牙敦厚、诚恳，管仲机智、明辨，两人都博学强记，又互相敬佩。

简中有繁的青铜尊

春秋时代的酒器作品，出土于江苏武进。该尊底座和上部未加装饰，腹部及上下有带状蟠虺纹饰。蟠虺为蛇的一种，以当时流行制造工艺，无数的蛇形状纹饰纠结成网目，纹饰单调重复。整体上简中有繁，颇具当时工艺特征。

管仲家境贫寒，又有老母需要奉养，相对富裕的鲍叔牙每有能赚钱的机会，就借钱给管仲一起经营，赚钱后又把大头分给管仲，管仲也不推辞。一天，鲍叔牙对管仲说："兄满腹经纶，有经邦治国之才，埋没了太可惜。现齐襄公暴政虐民，淫乱内廷，总有垮台之日，今后谁为国君尚难预料，我俩不如各去辅佐一位公子，助其成事，一旦成功，再互相提携，共享富贵，如何？"管仲同意。于是，管仲去辅佐齐襄公同父异母的长弟公子纠，鲍叔牙去辅佐其次弟公子小白。不久，齐襄公无端诛杀臣僚，管仲、鲍叔牙随避祸的公子分别逃亡鲁国和莒国。

各为其主，遭逢乱世显身手

公元前686年十二月，齐大夫连称、管至父杀掉襄公拥立公孙无知为君。两个月后，公孙无知和连称、管至父又被大夫雍廪、高傒所杀。为立新君，雍廪等分遣使者到鲁、莒二国，请公子纠和公子小白回国商议继位大事。高傒与公子小白少年时就是好友，密遣心腹嘱小白快速回国，抢先一步登上君位。不料事情被鲁国得知，鲁庄公也马上发兵护送纠回国争夺君位。管仲对鲁庄公说："出使鲁、莒的齐国使者一定同时从临淄出发，

世界大事记

公元前8世纪左右，雅典"提修斯改革"，制定雅典首部宪法，设立中央议事会及行政机构，并将阿提卡公民分为贵族、农民、手工业者三个等级，规定贵族方可任官。

齐桓公　管仲　鲍叔牙

机智　果断

《史记·齐太公世家》《左传·庄公八年》《左传·庄公九年》

人物　关键词　故事来源

郑伯盘

箭中带钩

公元前685年春，公孙无知出游时被大夫雍廪所杀。当初，齐襄公即位后，政令无常，襄公的弟弟公子小白的师傅预感要出内乱，就拥奉小白逃到莒国，而管仲则拥奉襄公另一个弟弟公子纠逃到鲁国。公孙无知被杀后，齐国议立新君，大夫高傒密招小白回国。鲁国也派兵送公子纠回国，又派管仲领兵阻击小白，管仲一箭射中小白的带钩，小白装死，逃过一劫，抢先回国登上王位，是为齐桓公。鲁国乘小白立足未稳，发起进攻，鲁、齐两军在乾时交战，结果鲁军战败，齐军乘胜打到鲁国，逼鲁庄公杀死公子纠。左图出自明刊本《片璧列国志》，右下图出自清末石印本《东周列国志》。

莒近鲁远，我们即使立刻出发，已落后于莒。如今之计，主公不如一面护送公子兼程回国，一面立刻派奇兵一支，赶往莒国回齐路上截击公子小白。主公如同意，请借我三十乘兵马，我愿担当此任。"庄公欣然传令照办。

管仲率领三十乘兵马昼夜奔驰，得知小白车队刚过，马上挥兵追击。追出三十余里，见前方路旁有一彪人马正起炊做饭，驰近一看，果是小白他们。管仲见小白正端坐在车内，就在车上起身致礼问候道："公子别来无恙，不知现在准备到哪里去？"
小白答道："回国奔丧。"

鲁庄公乾时大战

>：立乘车，车厢狭小，呈长方形，置于车轴之上，四周围以栏杆，后留缺口而无车门，上不封顶，只有车盖。　055

一箭得手，岂料小白设套

鲍叔牙见了，在旁起身作揖说："主丧之事当由

漆器手工艺有提高发展

漆器早在新石器时代就已出现，商周进一步发展，并出现了早期的螺钿漆器。考古发掘春秋时代墓葬中漆器实物增多，器具门类众多，色彩华丽，工艺精细，表明当时漆器手工艺有了很大的提高发展。在湖北当阳等十多处春秋墓葬遗址中发现许多漆器随葬，尤以楚国墓出土漆器为多。春秋时漆器一般为木胎，胎壁较厚，亦有竹胎和藤胎，漆器大多彩绘鲜艳，色彩丰富，有黑、红、褐、黄、绿等多种颜色，绘有几何纹、花纹、云纹、动植物纹等，绘画采用单线勾勒加平涂技法。从中可看出漆器已从礼器为主过渡到实用器具为主的阶段。图为山东临淄郎家庄齐国墓出土的漆器图案。

齐国公卿议决，兄既非齐国公卿，还是回鲁国去吧。"两人说话间，各自兵士怒目相向。

管仲见莒兵有百乘之众，一旦冲突，自己必然吃亏。于是连忙装出听从劝说的样子，诺诺连声，趁驭手驾马之际，迅速拉开强弓，一箭向公子小白射去。莒国兵马不及防备，只听"飕"地一声，箭已射中小白，小白大叫一声，倒伏在车辕上。管仲一见得手，急令众将士飞驰离去，背后传来一片哭喊声。

公子小白被射死的消息传回鲁国，公子纠定下心来。于是一路上迎来送往，晚起早宿，速度放慢下来。其实公子小白并未死，他见管仲领兵赶到，先已心存戒意，管仲那一箭正巧射在束衣的带钩上，小白急中生智，诈死躺下。此举不仅骗过了管仲，连鲍叔牙也信以为真。等鲁军去远，小白缓缓地从车辕上抬起身来。为防鲁兵再来，鲍叔牙将计就计，让大队人马举哀缓行，又将公子小白藏进后面小车中，直奔齐国而去。

入城登基，抢先一步坐江山

车到临淄，鲍叔牙先入城与大夫高傒等联系。一则是公孙无知死后齐国无君，朝野人心思定；二则众大夫如迎小白登基，也算得拥戴有功。所以众大夫欣然出城迎接公子小白进宫即位，他就是历史上著名的齐桓公。

公子纠一行缓缓来到齐国边境，探子忽报小白未死，且已即齐君位，鲁庄公得知恼羞成怒，不听管仲劝阻，率军攻打齐国，结果大败而归。

春秋

齐桓公　管仲　鲍叔牙

管仲拜相　射钩弃嫌

识才　尊贤

《史记·齐太公世家》《左传·庄公九年》《国语·齐语》《吕氏春秋·赞能》

人物　典故　关键词　故事来源

〇一四

原来，管仲辅佐的是公子纠，鲍叔牙辅佐的是公子小白；为使公子纠得君位，管仲还向公子小白射了一箭。现在，公子小白当了齐国国君，怎么能拜管仲为相？这里面，有着一段曲折的经历。

管仲拜相

齐桓公不计前嫌、慧眼识人、以非常之举，筹划非常之功。

举才不避亲，纳贤不记仇

齐桓公即位后，拜鲍叔牙为太宰，鲍叔牙推辞说："臣跟随主公，是希望主公创立不世功勋。现蒙上天眷顾，主公登上了君位。但如何进一步发展事业，臣毫无把握。主公如仅想治理齐国，有高傒、叔牙足矣；如想成就一代霸业，则非管仲不可。"齐桓公对管仲那一箭记忆犹新，听了鲍叔牙的话，不觉瞪大了眼睛。鲍叔牙见状，继续说道："臣有五方面不如他：安定百姓、增加生产不如他；治平国家、和洽诸侯不如他；取信于民、树立权威不如他；制订礼法、规范全国不如他；鼓舞士气、克敌制胜不如他。如此天下奇才，哪国君王任用哪国就会强盛。主公切不可失去啊！"齐桓公说："他差点把我射死，可是我的大仇人啊！"鲍叔牙说："这正是他忠于自己主子的表现。如果成了主公的臣子，他就会去射主公的敌人。"

鲍叔牙的话打动了齐桓公，他想了一会，问："那么，怎样才能使管仲回来呢？"叔牙答道："请鲁国把他还给我们。"桓公摇头说："鲁国如知我将重用管仲，一定不肯还人。"鲍叔牙说："鲁国刚刚战败弃械而逃，我尚陈兵鲁国边境。我们可派人去鲁国修好，要求将主公的仇人管仲交还，作为齐军不攻鲁国的交换条件。"齐桓公一听，连说："大妙！"

将欲取之，可先贬之

齐国使者来到鲁国，递上齐桓公的书简："公子纠与寡人虽为手足，但大逆不道，寡人不忍亲手杀他，请鲁君代行死刑。管仲为我国罪臣，险致寡人死于非命，寡人欲报一箭之仇，请鲁君将管仲给使者押回。"鲁庄公战伤未愈，不敢生事，就令人杀了公子纠，又缚了管仲，给齐使者押往齐国。鲁国谋臣施伯得知此事，不由大惊，急忙进宫对鲁庄公说："据微臣观察，管仲实乃智谋超群奇才。主公将他送回齐国，无异放虎归山，齐桓公扬言要报一箭之仇，恐怕是个幌子，管仲回国，必受大用。一旦齐国大治，地隘人少的鲁国只能任其驱使了。"鲁庄公一听猛

首辅霸业的名臣管仲

管仲是春秋时期齐国的政治家和军事家，辅佐齐桓公首先称霸诸侯。他的主要思想大都体现在《管子》一书中，该书内容十分丰富，可以看出他在政治、经济、哲学等方面都有着杰出的认识，许多思想于今天仍然有着很深的教益。此图出自清末《历代名臣像解》。

话说中国

春秋

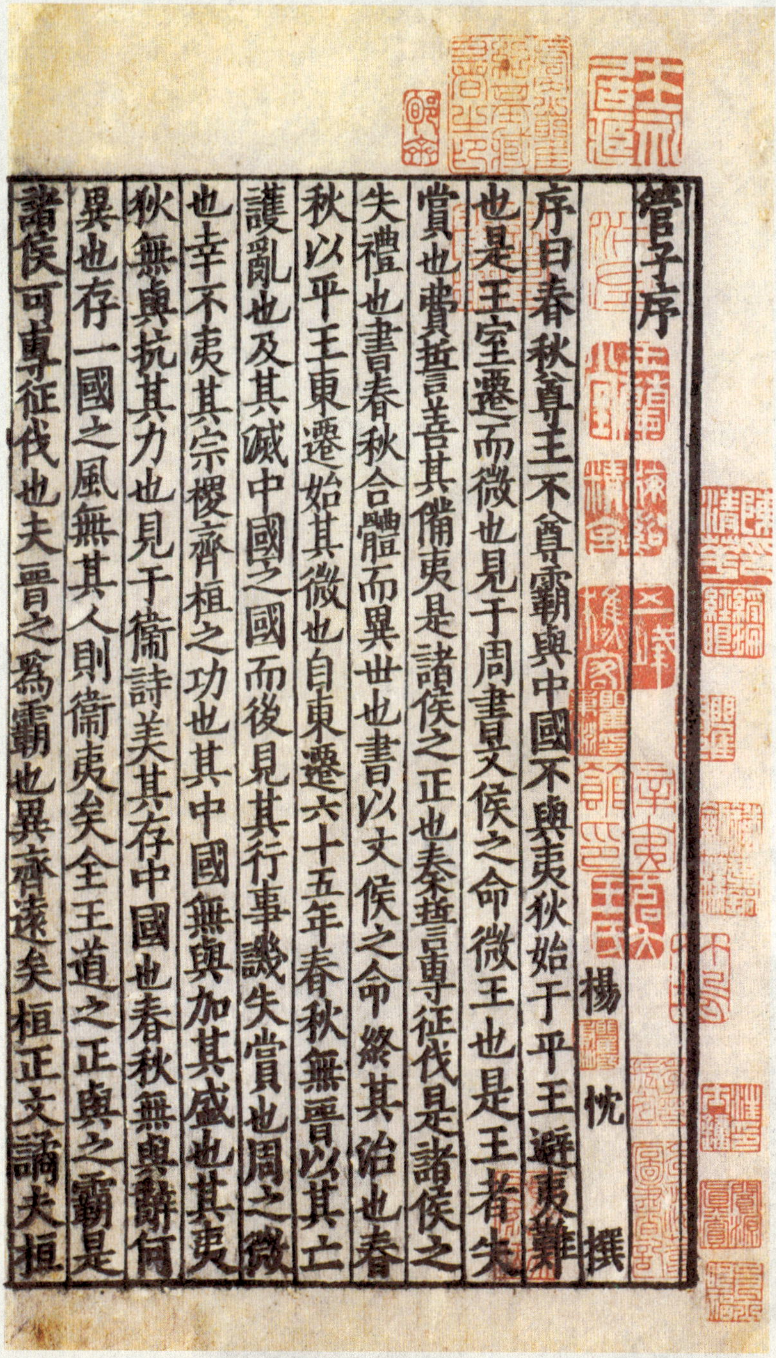

管子序

……杨忱撰

序曰春秋尊王不贺霸与中国不与夷狄始于平王避夷难也，是王室迁而微也，见于周书贾文侯之命，微王也，是王者失赏也。费誓吾其备夷，是诸侯之正也。秦誓专征伐，是诸侯之失礼也。书言春秋合体而异世也，书以文侯之命终其治也。春秋以平王东迁始其微也，自东迁六十五年，春秋无复以其亡护乱也，及其宗庙，齐桓之功也，其行事识失赏也，周之微也。幸不夷其宗櫻，齐桓之国而后见其中国无与加其盛也，其夷秋无与抗其力也，见于备诗美其存中国也。春秋无与辞，何异也，存一国之风，无其人则傥夷矣，全王道之正与之霸，是诸侯可专征伐也。夫晋之为霸也，异齐远矣，桓正文诵，夫桓

然惊悟，急问："如何是好？"施伯说："请主公即刻派兵追赶，赶上不必问话，一剑斩杀，将尸体还给齐国。"鲁庄公马上令人照办。但为时已晚。原来管仲算准了事情将起变化，唯恐速度慢误了自己的性命。他与使者商议，使车子越走越快，等鲁国追兵赶到，载着管仲的车已进入齐境。

囚徒变成了相国

齐桓公用专车隆重迎接管仲回国；燃烧芦苇把子替他驱除囚车的不祥，如同今天点放鞭炮；又为他沐浴、熏香三次，宰杀牲畜为他举行祭仪，然后，在宫中接见管仲。管仲向齐桓公稽首谢罪，齐桓公跨步上前扶起管仲，当即

保存管仲遗说的《管子》

和许多春秋战国诸子的著作一样，《管子》一书其实并非管仲一人所著，而是春秋战国时期管仲学派的总和，到了汉代又有人增加了一些内容。全书共24卷，现存76篇，分为8类，内容庞杂，包含有道家、名家、法家等思想以及天文、历数、经济、农业等知识。其中《牧民》、《形势》、《权修》等篇中保存了管仲的遗说。

春秋时期的洁具：单盘

河南罗山高店出土的单盘，系春秋早期的浅腹平底圈足铜器，下有四伏兽承托，腹饰兽体卷曲纹，圈足饰鳞纹，盘内有铭文。据考证，这是春秋时期贵族阶层用来盥洗的器具。

赐坐，向他询问治国方略。管仲就选贤任能、法规订定、经济建设、民众治理、政区划分、奖善惩恶、尊卑礼仪、攻防征战、外交谋略、尊王攘夷、成就霸业等问题侃侃而谈，提出一整套完备周密的计划。君臣一见如故，整整谈了三天三夜。

三天后，齐桓公下令清扫宗庙，自己吃素持戒三天，然后沐浴焚香，设牢祭祀，击鼓鸣钟，群集大臣。仪式过后，齐桓公手拉管仲走到列祖列宗灵前，跪拜祷告说："列祖列宗在上，我小白听了管仲之言，眼睛更亮，耳朵更灵。不敢独享获得人才的喜悦，特将他引告于祖宗灵前。"祭拜毕，齐桓公转过身来对管仲说："请管子辅助我，出任大齐相国。""子"乃是当时对男子的一

种尊称。管仲退后数步，慎重下拜，接受了齐桓公的任命。

齐桓公拜管仲为相，成为中国历史上不拘一格起用人才的典范。管仲也忠心耿耿在齐国推行了一系列改革措施，使齐国强盛起来，齐桓公成为春秋时期的首霸。

管仲拜相

齐桓公即位后，旋即打败鲁国，逼鲁庄公杀了公子纠，献出召忽，召忽殉节自杀。唯独管仲忍辱做了囚犯，被押回国。齐军主师鲍叔牙是管仲的好友，知管仲是一个有才干的人，便在路上释放了管仲，并竭力保举管仲为相，齐桓公听从了鲍叔牙的意见，不计前嫌，重用管仲，拜其为相。后来，管仲辅佐齐桓公成就了霸业。此图出自清末石印本《东周列国志》。

话说中国

> ：尊王攘夷。"尊王"就是安定王室，维护正统。"攘夷"，北阻戎狄，南除强楚，保卫华夏中小诸侯。

〇一五

曹刿论战

运用士气盛衰的规律，达到以弱胜强的目的。曹刿将一个众所周知的原理，在实战中演绎得如此出神入化。

春秋前期，鲁国出现了一位卓越的平民军事家曹刿。他的军事思想和作战策略，对当时和后世都有很大影响。在战争年代，中国的军事人才辈出，是军事学发展的黄金时期。

春秋

国家危难，隐士出山

齐桓公即位后，鲁庄公想送公子纠入齐，把齐桓公赶下台，曾于公元前685年伐齐，被齐战败。次年，齐桓公为进行报复，发大军向鲁进攻。

齐兵直入鲁境长勺，鲁国朝野震动，鲁庄公召集群臣商议退敌之计。大臣们皆因怯敌而沉默不语，鲁庄公只得指名向谋臣施伯问计。施伯沉思片刻，说："东乡之野有一隐居高人，名叫曹刿，此人精于兵法阵算，请主公允许臣聘他出山。"庄公同意。

有民众支持，不妨以弱击强

曹刿随施伯来到宫中拜见鲁庄公，庄公叹气说："漂亮的衣服，好吃的食物，我不敢一人独专，总是分给众人共享，为什么如今抗击齐军，大家却缺乏热情呢？"曹刿说："分享衣食，只是小恩小惠，且仅限于君主身边之人，人民并未分享到，所以难以感动。"庄公又说："祭祀仪典，我从不敢多向百姓索取分毫，为什么不能见信于民呢？"曹刿说："祭祀所需无几，不足以令百姓感受君主诚意。"庄公再问："案子不论大小，有事涉百姓冤情的，我都亲自过问，力争公正处理，难道百姓对我毫无感情吗？"曹刿听到这里，击掌说道："好，凭君主如此仁爱民众、清正治国，鲁国当可万众一心，同强齐一战！请主公允许臣随驾出征。"

鲁庄公让曹刿与自己同乘一辆车，率军来到长勺。布阵完毕，庄公就要下令击鼓出击，曹刿急忙劝止。他向四周观察一番，建议庄公下令全军紧缩阵形、坚守阵地，敌军来攻不得后退半步。此时齐军滞留长勺

长勺之战

公元前684年，齐军攻打鲁国，鲁庄公准备迎战，鲁人曹刿面见庄公，劝其忠信爱民，方可以跟齐国一战。齐、鲁两军在长勺交战，曹刿与鲁庄公同坐一辆兵车，把握战机，一举击溃齐军。鲁庄公问曹刿用的什么战术，曹刿自有一番妙论："夫战，勇气也，一鼓作气，再而衰，三而竭，彼竭我盈，故克之。夫大国难测也，惧有伏焉，吾视其辙乱，望其旗靡，故逐之。"这就是曹刿取胜之道，创造了历史上以少胜多、以弱胜强的著名战例。此图出自清末石印本《东周列国志》。

世界大事记

希腊阿提卡半岛约于此时形成以雅典为中心的统一奴隶制国家。

一鼓作气 曹刿论战
曹刿 鲁庄公

识才 谋略

《左传·庄公十年》
《国语·鲁语上》

人物 典故 关键词 故事来源

已有旬日，见鲁军终于露面，急欲乘其立足未稳一举击溃，于是命令击鼓进攻。不料鲁军并不出阵迎战。过了一会，齐军再次下令击鼓进攻，无奈鲁军仍然坚守阵地不动。又过了一段时间，齐军第三次下令擂动战鼓，发起攻击。

一鼓作气，再而衰，三而竭

曹刿在阵中听得齐军第三通鼓响，向鲁庄公说："主公，现在可以下令击鼓进攻了！"第三次进攻的齐军将士，以为鲁军依然怯战，不敢出击，只是坚守而已，还未交战，齐军斗志已经松懈，队形也已松散。不料此时鲁军阵中突然鼓声大作，旌旗招展，憋足了劲的鲁军将士像决堤怒潮一般，呐喊着向齐军杀来。齐军的队形顿时被冲乱，慌忙急速后退。鲁庄公见状急令全线出击。曹刿说："且慢！"

春秋皮甲胄

春秋时期征战频繁，正如季子对子期所说，各国相互交兵，让老百姓遭殃，道出了春秋时期战争的实质。故而，后来孟子云：春秋无义战，没有一场战争是彻底的正义之战。在战争中，兵士的作用十分突出，为了保护自己，皮甲胄应运而生，这是春秋时期的皮甲胄复原模型，也是春秋时期征战的珍贵历史物证。

边说边跳下车，仔细察看齐军撤退时的车辙，再登车察看齐军纵深的队形，然后对庄公说："可以追击了！"于是，鲁军全力出击，齐军大败而逃。长勺之战，兵少将寡的鲁军打败了兵多将众、装备精良的齐军。

回到曲阜，君臣振奋。鲁庄公问曹刿，为什么三鼓而击，察辙而追？曹刿答："两军对阵，在基本条件相同的情况下，全凭勇气决胜负。第一次擂鼓，士气亢奋；第二次擂鼓，锐气稍损；第三次擂鼓，士气衰竭，已是强弩之末。这叫做'一鼓作气，再而衰，三而竭'。齐军三次擂鼓，士气已竭，而我士气正盛，以强盛之气对枯竭之气，我军占上风是情理中事。齐毕竟是大国，兵多将广，虽被我挫折锐气而败退，但仍须提防他们诈败，伏兵两翼诱我深入。我下车察看其车辙，见毫无章法，可见是仓皇而逃；再登高看其纵深，见其队形混乱，旗幡混杂，完全是溃退之相，所以乘胜追击。"满朝文武听后莫不叹服。

平民出身的曹刿被鲁庄公封为大夫、将军，从此成为鲁国著名的大臣。

春秋早期玉鸟兽纹璜（上图）

> 历史文化百科 <

〔古代作战的军阵组合：八阵〕

我国古代军队战斗时的排列组合。传说"黄帝设八阵之形"，分别为天阵、地阵、风阵、云阵、龙阵、虎阵、鸟阵、蛇阵。后世又有方阵、圆阵、牝阵、牡阵、冲阵、轮阵、浮沮阵、雁行阵一说。现在能见到的最早记载，见于《孙膑兵法》，其在"八阵"篇中分为步兵三阵、车骑兵三阵、选卒一阵和下卒一阵，临战时因地制宜，分列接敌，有"散而成八，合而为一"之说。

鲁庄公去世，闵公继位。庄公庶兄庆父执政，不断制造内乱，二年后被杀乃止。

〇一六

春秋

鲁国指挥长勺之战取得胜利的曹刿，其名又作曹沫，曾经在齐鲁会盟时劫持齐桓公，迫使他归还侵鲁的土地。这件事在当时引起很大的震动，《孙子兵法》也曾谈到曹刿的勇敢。

曹沫劫盟

在齐鲁会盟时，鲁国的曹沫以匹夫之勇，劫持齐桓公，迫使其归还侵鲁的土地，成为春秋史上的英雄。

齐桓公以强凌弱，
鲁庄公被迫与盟

齐桓公拜管仲为相，整军经武、发展生产、鼓励工商、扶助贫困，又选贤任能，参与地方治理，由是齐国大治，万民归心，数年后，已兵粮充盈。有了这样的基础，齐桓公便采纳管仲"尊王攘夷"策略，开始实施称霸计划。公元前681年，周天子庄王逝世，新天子釐王即位，齐桓公趁吊、贺之机，请旨以天子名义召集诸侯，明订秩序、重整权威。可是王命发出后，遭到秦、楚、晋、鲁、宋等国的抵制，只有陈、蔡、邾等小国怯于齐国的军威如期而至。齐桓公大怒，就挑其中最弱又与齐国接壤的鲁国开刀，兴师问罪。鲁国战败，鲁庄公被迫献遂邑（今山东宁阳县西北）求和，并约定冬至日，在齐国境内的柯地（今山东阳谷

由农具脱化的空首布
东周时期，青铜铸币盛行。空首布由农具的铲演变而来，有平肩、斜肩、耸肩三种形式。说明了当时对农具的依仗和重视。

县东北50里阿城镇）举行齐鲁会盟。

所谓"会盟"，实际上是鲁国割地求和。眼看冬至日临近，被迫无奈的鲁庄公面对满朝文武，悲愤不已地说："今天寡人要跨出国界去齐境求和，自我先祖周公受封建国以来，几曾受过如此折辱。这次会上还不知会发生什么事情呢？"群臣闻言，无不唏嘘。将军曹沫哽咽稽首奏言："文臣谏死，武将战死，是臣子的职责。曹沫无能，未能以死卫国，罪责难逃。这次臣将以死保护主公的安全。"曹沫就是那位平民出身因精于兵法阵算被封为将军的曹刿。就由他陪同鲁庄公前往齐国与盟。

面对腾腾杀气，曹沫毫无惧色

齐桓公对齐鲁柯地会盟非常重视，当时楚国偏居南隅，秦国闭守西陲，中原地区敢于同齐国抗衡的只有鲁国，鲁国的最终屈服，齐桓公一匡天下的目的基本达到，所以早早地就大发徭役在柯地筑起土坛。冬至日这天，天色雾明，司礼官就开始布置。坛上中央置一巨旄，上

前683年
公元前683年

世界大事记

雅典废止"王政",并于次年实行执政官制,由贵族公选,一年一任。

勇敢　机智　宽容　盟誓
尊王攘夷　曹沫劫盟
管仲　曹沫
鲁庄公　齐桓公

《左传·庄公十三年》
《左传·庄公二十六年》
《史记·齐太公世家》

人物　典故　关键词　故事来源

书天子所赐"方伯"二字。旗杆左边置鼓,右边设钟,旗下陈一祭案,上面摆列着歃盟时使用的朱盘、玉盂等礼器。祭案前面的石柱上系着作为祭品用的白马、

悠久而发达的冶铜业

铜绿山遗址位于长江中游南岸、湖北省黄石市大冶县城南3公里的大冶湖边,遗址面积约8平方公里。铜山遗址至今已有三千年历史,是我国目前已经发现的年代久远、规模最大、采掘时间最长、冶炼工艺水平最高、内涵最丰富的采矿与冶炼相结合的铜矿遗址,地表积存了约40万吨炼铜古渣。在这里发现了8座春秋时代的炼铜竖炉和木铲,竹筷等炼铜工具,打破了"中国青铜来自西方"的传统说法。

> **历史文化百科**

〔春秋五霸的"会盟"仪式〕

会盟包括会同和盟誓两层活动,地点没有固定,通常是在京师或诸侯国的国门之外,堆土为坛,上建宫室,以邀天子和诸侯前来与会。如晋文公践土之盟前"作王宫于践土"便是。但会盟之地随季节而有变化,春季会于东门,夏季会于南门,秋季会于西门,冬季会于北门。会盟有大小之分,天子、诸侯亲自参加的称为"大会盟",各派卿大夫为代表参加的称"小会盟"。会盟从相互见面礼开始,接着升坛行献玉帛礼,祭祀宗庙社稷,日月山川礼,最后是盟誓仪式,杀牲歃血,宣读盟书,向神起誓,以示精诚团结,生死与共。然后礼毕。会盟期间,诸侯须依一定的等级缴纳贡品,称之为"盟贡"。接受盟贡的天子或霸主也备有相应不等的回赠。

乌牛,杀气腾腾、袒胸露臂的屠夫站立一旁。

鲁庄公迎着凛冽的寒风来到盟坛下面。齐国大夫东郭牙作为礼宾大臣在阶下相迎,厉声说:"国君令旨,只许鲁国一君一臣上坛,余者暂息坛下。"鲁庄公见此阵仗,脸色一阵发白,身穿暗甲的曹沫却毫无惧色,扶着鲁庄公拾阶而上,与齐桓公、管仲赞礼相见。

曹沫劫盟

公元前681年,齐桓公讨伐鲁国,眼见鲁国将败,鲁庄公请求割遂邑以谈和。齐、鲁在柯相会订定盟约,鲁庄公将要订盟时,曹沫手拿匕首在祭坛上劫持齐桓公,迫使齐桓公归还侵略鲁国的土地,齐桓公应允后,曹沫丢掉匕首,北面就臣位。齐桓公想反悔,管仲提醒他不要背信弃义,而在诸侯中丧失信誉。于是齐桓公将三次战争侵占来的土地还给了鲁国。曹沫从此被后世推为侠客之祖,可谓:三败羞颜一日洗,千秋侠客首称曹。此图出自清末石印本《东周列国志》。

最早的人工冶铁制品：铜柄铁剑

甘肃灵台地区出土的春秋时期的剑，剑柄、镡相连，均用青铜铸成，有对称纹饰，剑叶铁质，全部锈蚀，有丝织物包裹的痕迹。这是中国迄今发掘出土的最早的人工冶铁制品之一。

抽出暗藏匕首，敢以弱躯求公道

三通鼓罢，司仪开始焚香设祭，齐桓公、鲁庄公对香案行礼。屠夫刺杀牛马牺牲，齐大夫隰朋以玉盂盛牺牲血，跪请两国国君行歃血礼仪。正在此时，陪伴在鲁庄公身旁的曹沫突然一步跨上，左手扯住齐桓公的衣袖，

春秋早期玉兽面纹饰

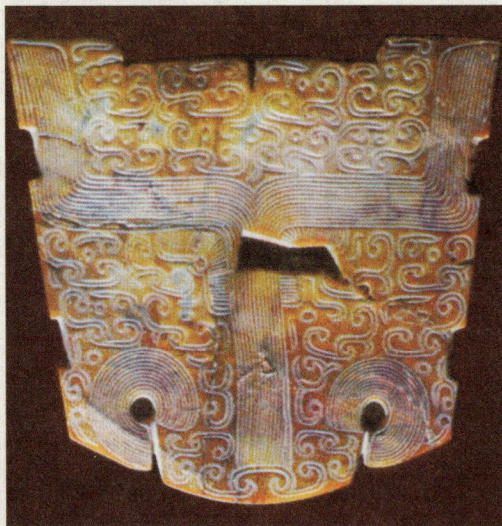

右手抽出暗藏的匕首，对齐桓公怒目而视。齐国君臣见状大惊，但武士都站在远处，祭案前只有陪祭的管仲。管仲怕伤了齐桓公，急步上前用身子挡住齐桓公，厉声喝问："将军想干什么？"曹沫说："两国会盟，公道为先。现在齐国恃强凌弱，夺我遂邑之地，又陈兵迫我就盟，请问公道何在？"曹沫顿了顿，又义正辞严地说："今天，齐君还我侵地，我便放手，不然的话，在下只能以七尺之躯求取公道两字！"管仲脑子飞快转了一下，立即对齐桓公说："主公，可以答应。"齐桓公说："请曹将军放手，我答应就是。"曹沫这才收回匕首，从隰朋手中接过玉盂，跪请鲁庄公、齐桓公歃盟。

盟仪结束，齐桓公愤恨不已，想要杀掉曹沫，收回还地的允诺，管仲劝谏说："不妥。如果天下人知道大王被劫而许盟，歃血后又背弃，以后如何取信于诸侯，成就称霸大业？"听了管仲的分析，齐桓公觉得很对，忙下令依礼接待鲁庄公一行。次日，又亲设国宴为鲁庄公送行，所夺城邑一并归还。

齐鲁会盟的消息传出后，各国诸侯敬仰齐桓公的信义，纷纷遣使请求缔结盟约。公元前679年春天，继蔡、邾、鲁国之后，宋、陈、卫、郑等国也与齐桓公会盟于鄄，即今山东鄄城县西北。这是历史上齐桓公第一次称霸。这次称霸能以和平的方式实现，可说是曹沫的勇气、管仲的智慧和齐桓公的理智三者的结合。

《左传》载，鲁庄公爱大夫党氏的女儿孟任，答应娶她，孟任于是"割臂盟公"。割臂盟婚的典故，后来被用来喻指什么？

春秋

前677年 公元前677年

世界大事记 亚述夷平腓尼基，置为行省。

《史记·鲁周公世家》《左传·闵公元年》

庆父不死 鲁难未已 恶行 残忍

庆父 季友

○一七

人物 典故 关键词 故事来源

鲁庆父之难

在鲁国王权的争夺过程中，庆父为了达到自己的目的，接连弑杀两位国君，导致鲁国实力的衰落。

庆父是鲁庄公同父异母的长弟，生性暴虐淫乱，为夺取君位，曾多次派人杀害国君，使全国上下人心惶惶，不少公室贵族逃奔他乡。多年来，庆父把鲁国推向灾难的深渊。庆父已经成为制造内乱的典型人物、罪魁祸首，历来流传着"庆父不死，鲁难未已"的成语，可见他的影响之大和祸乱之深。

为争君位杀掉公子斑

鲁庆父之难发生在鲁庄公末年。鲁庄公先娶齐女为夫人，名叫哀姜。哀姜没有生儿子。哀姜的妹妹叔姜生了一个儿子叫开。庄公又爱上本国党氏女孟任，许诺立她为夫人，孟任割破手臂，与庄公立下盟誓。孟任生有一个儿子叫做斑。庄公十分喜爱孟任，因此想让她的儿子斑作为君位的继承人。

庄公临死前，向他的几位兄弟征求意见，到底该立谁继承君位？庄公先问叔牙，叔牙与庆父是同母的兄弟，并且两人是一党，他们与庄公则是同父异母。叔牙于是就推举庆父做继承人。庄公发现他们有篡国阴谋，便赶快把拥护自己的另一个弟弟季友召来商议。季友表示愿意拥立斑，并以自己的性命作担保。庄公就把叔牙的想法告诉了季友。当时，季友是鲁国的上卿，执掌鲁国的政权。于是他以庄公的命令作为理由，让

铜器铭文风格多样

春秋时代诸侯割据，学术端绪纷繁，这一时期铜器铭文也异体朋兴，千姿百态，蔚为大观。黄河下游的齐、鲁、中山、徐、许等国盛行细长之体，文字繁简并用，书法清新秀丽。南方诸国铜器铭文也曾流行修长的书法，但风格多有不同，或故作弧曲，书写展舒；或书写随意，渐开草篆之端；或笔道刚劲，工整隽秀。春秋末年，吴、越地区发展了一种鸟虫书，以鸟兽虫来装饰文字首尾，奇诡多变，代表作有越王勾践剑等铭文，这种书体一直流行到战国初期。图为鲁伯大父簋、伯厚父盘铭文。

叔牙等待在鲁大夫针巫氏家中，派针季强迫叔牙喝下毒酒。季友当时威胁叔牙说："喝下此酒，你有后代祭祀，否则你死了连后代都没有。"叔牙喝下毒酒便死去，鲁君立他的儿子为叔孙氏。

庄公去世后，季友拥立公子斑为国君。但是，季友虽然杀了叔牙，却没能把庆父除掉，留下了祸根。庆父以前就与哀姜私通，本来就想拥立哀姜妹妹的儿子开，所以公子斑当上国君不到两个月，便被庆父派养马人荦把他杀了。季友也被迫逃到陈国去寻求保护。

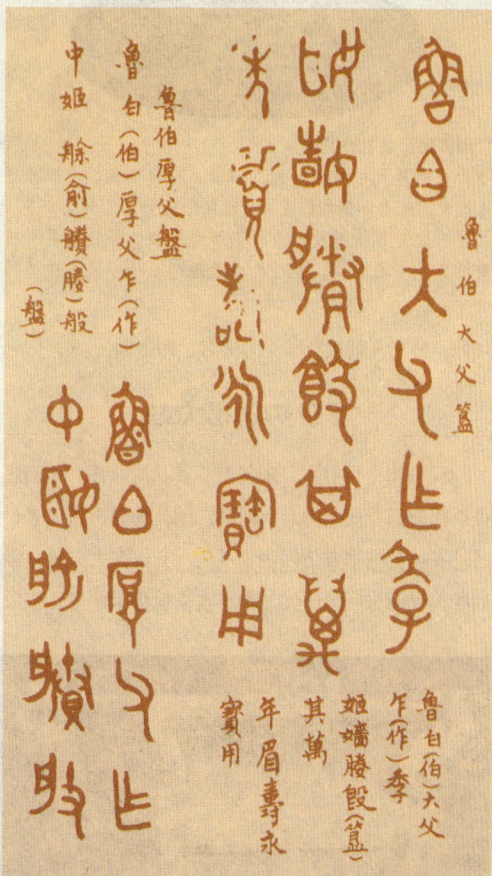

中姬 (俞) (膢) (股) (般)

鲁伯大父簋

鲁白（伯）厚父作（作）

鲁伯厚父盘

鲁白（伯）大父作（作）季姬 (簋)

其万年眉寿永宝用

鲁国贵族餐桌上的用具

鲁大司徒厚氏元所造盛食的器皿。直口浅盘，平底。盘上有盖，盖形如绽放的花朵，既便于握持，又美观大方。器身饰以变体蟠虺纹，盖的花形部位和盘下的圆足有透雕纹饰。盖器对铭，表达长寿无疆、子孙后代永宝此器的祈望。

随后，公子开就被庆父立为国君，即鲁闵公。

作恶多端引发众怒

闵公当上国君后，庆父与哀姜私通益甚，他们想谋杀闵公而立庆父为君。同时，闵公为寻求帮助者，通过齐桓公把季友请回国。不久，齐国派大夫仲孙湫到鲁国表示慰问。庆父与季友本来就势不两立，闵公

请季友回国，庆父自不会善罢甘休。所以，仲孙湫回到齐后对齐桓公说："不去庆父，鲁难未已。"意思是说若不杀死庆父，鲁国的动乱就不会结束。第二年八月庆父果然又使卜齮袭杀当上国君不到两年的闵公。季友又被迫带着闵公的庶兄公子申逃到邾国去避难。

庆父弑杀国君的行为，在鲁国引起轩然大波，朝廷上下纷纷责骂，连诸侯国也逐步疏远鲁国。在内外不利的形势下，庆父知道自己接连杀了两位国君，罪恶深重，恐怕有人会诛杀他，于是出逃到莒国，寻求帮助，以便能躲过劫难。季友便乘机回到鲁国，拥立公子申为国君，这就是鲁僖公。随后，季友用财货贿赂莒国，要求捕捉庆父。庆父被迫回国，季友派人去杀庆父。庆父请求让他出国亡命，没被接受。季友派大夫奚斯哭着前去转告庆父。庆父听到奚斯的哭声，知道未得宽恕，就自杀了。

鲁国历史上最严重的祸乱

庆父之难，几乎使得鲁国的社稷倾覆。自从庄公去世后，庆父淫乱专横，不到两年，就弑杀两位国君。这时的鲁国实在衰乱到极点，齐桓公甚至想乘乱消灭鲁国。整个春秋时期，鲁国贵戚发动的祸乱，没有比庆父更厉害的。 〉莫波功

〉历史文化百科〈

〔古时劳役者：役徒、胥靡、赭衣〕

春秋战国时期称为"役"的包括三种人：仆役、士卒和门人弟子。"役徒"则专指服役者，管役徒的官称"役司马"。在役司马的指挥下驱赶役徒从事各种繁杂的劳动，如上山伐木、砍柴，去军中服杂役，修路筑桥及为王侯营建宫室等。逃避徭役的人称"匿徒"。

胥靡是犯罪之后被绳索牵连在一起服苦役者的称谓。另外，奴隶和一无所有的贫民也称胥靡。

赭衣是罪人的别称。当时被判罪服刑的人都得穿上赤褐色的囚徒服，成为一种特殊标志。

前677年 ＞ 公元前677年

世界大事记　亚述征服埃及。

〇一八

《左传·庄公三十年》
《史记·齐太公世家》

齐桓公　仁义
管仲　德政

分沟礼燕

人物　典故　关键词　故事来源

齐桓公为建立霸业，提出"尊王攘夷"的口号：要求各诸侯国尊重周王，团结起来，抵御戎狄蛮夷等少数族的侵扰。在北方，他帮助燕国击退山戎的侵犯，还以礼割与燕国土地，因此而赢得广大诸侯的信从，一时传为佳话。

分沟礼燕

救人于危亡，予人以尊严，燕庄公热泪盈眶，齐桓公不愧"霸主"名号。

山戎杀来，北方遭殃

春秋前期，分布于我国西部、北部和东北地区的戎族开始强盛，灭亡了西周后，进一步向中原渗透，给中原诸侯国，尤其是北边的几个国家，形成巨大侵害。公元前664年秋天，北方山戎再次南下，数万铁骑攻进燕国，烧毁房屋，杀死老人和敢于抵抗的男子，将妇孺和粮食、盐巴、玉帛等全都掳回北方。苦苦死守了三个月的燕庄公难以支持，于绝望中派快马冒死突围，向"方伯"齐桓公求救。

齐桓公觉得事情很不好办，因为中原军队主要由车、步兵组成，戎族全为骑兵。行动迅捷，冲击力强。齐军越境出击，辎重庞大，行动尤为不便。因此一时难以决定，召来管仲密议。管仲想了想，对齐桓公说："主公以'尊王攘夷'号令天下，称霸诸侯，内靠实力，外靠信义。今燕国求救，若不救援，信义顿失，称霸大业岂不随水东逝？今日出兵虽有险阻，但燕戎交战已三月之久，双方都已疲惫，我全力出击，可操胜算。"听了管仲的分析，齐桓公疑虑顿消，决定亲自统率，举倾国之兵与戎军决一死战。

运筹帷幄，决胜千里

蹂躏燕国三月有余的戎兵整日寻欢作乐，早已失去斗志。听说中原方伯齐桓公率倾国之兵赶来援燕，纷纷卷起掳掠来的财物解围而去。燕庄公绝处逢生，喜出望外，率领满朝文武出城迎接齐桓公。管仲乘隙

铸有文字的货币空首布

空首布主要铸行于春秋时期的周、晋、郑、卫、宋等国。其形制主要有平肩、耸肩、斜肩三种类型。长銎上端多有一个三角形星，其下一穿孔，其布身大都铸有一字，也有四字的，但出土较少，内容多为记地名、吉语、数字等，开创了货币文字有地名的先河。

话说中国

对桓公说："据探子报告，戎主性格残暴，周边被胁小部落都有离叛之心。如若齐燕合兵，趁其兵力分散、人心离析之际，全力追击、直捣巢穴，定可歼其实力，以绝后患。"齐桓公一听有理，连夜与燕庄公商议，依计实行。此时，抢得大量财物而归的戎主，忙于思考如何瓜分、怎样享用，根本没料到齐桓公会以全部精锐衔尾追来，仓促应战，屡战屡败；又因分赃不均，部属纷纷离散。齐兵紧追不舍，连克令支（今河北迁

分沟礼燕

北方山戎入侵燕国，形势危急，齐桓公接到求救信，亲率大军北征，和燕军密切配合，打败了山戎。齐桓公回国时，燕庄公恋恋不舍，送了一程又一程，不知不觉地走出了燕国的边界，进入了齐国境内。齐桓公察觉后，就根据周王关于诸侯送诸侯不能出自己国境的规定，把齐国边境几十里内的土地割让给燕国，燕庄公激动得热泪盈眶，加入了以齐桓公为首的政治集团。齐桓公"尊王攘夷"的政策大获成功。此图出自清末石印本《东周列国志》。

齐桓公

宋景公之妹所用的木鼓

扁鼓的外壁底色髹黑漆，鼓面内圈为三条朱绘夔龙，曲身卷尾，外圈是红黄交扭的绳纹，整体彩绘黑底朱色，色泽醒目，图形构思设计具有较高的艺术水准。根据同出铜器上的铭文，可知墓主人是宋景公的妹妹，大约卒于公元前5世纪初。这些乐器，应是这位王妹生前拥有的乐队所使用。

安市西)、孤竹（今河北省卢龙、滦县一带），大胜而还。

诸侯相送，不出国界

齐桓公的援助，不仅使燕国避免了亡国之祸，救回了被俘的百姓，还为之开拓了疆域。感恩戴德的燕庄公送齐国君臣回国，送了一程又一程，不经意间已进入齐境。齐桓公坚请燕庄公回驾，并说："礼制规定，非天子，诸侯相送不出国界，寡人不可以无礼于燕。"于是吩咐就地划沟为界，割燕君所至之地归于燕国。

齐桓公还嘱咐燕君要实行西周初年召公的善政，向周王纳贡，如成康时期那样。齐桓公如此兢兢业业地帮助和礼遇诸侯，使他的声望越来越高。

> **历史文化百科**

〔古代九种见面礼中最恭敬的一种：稽首〕

古代的一种跪拜礼。那时人们席地而坐，在公共场合或一般交往场合，地位低的人大多双膝着地，臀部靠坐在自己双脚后跟上。行礼时，身体前倾，拱手于地，左手按在右手上，额头慢慢点到手前地面上，稽留一段时间。稽首礼大多见用于臣子谒见君主之时，是当时礼仪所设定的九种跪拜礼中最恭敬的一种。（九种跪拜礼依次为：稽首、顿首、空首、振动、吉拜、凶拜、奇拜、褒拜、肃拜。）

《左传·庄公二十八年
《左传·闵公二年
《国语·晋语》《史记·晋世家》

骊姬　申生　晋献公

冤狱　狡诈　善行

人物　关键词　故事来源

○一九

申生之死

买通宠臣赶出太子

申生原是晋献公所立的太子，但自从晋献公攻打骊戎，获得美女骊姬后，即鬼迷心窍、神魂颠倒。当骊姬生子奚齐后，晋献公即欲废太子申生，而立骊姬为夫人，奚齐为太子。申生在骊姬的谗言和诡计折磨下，被迫自尽。这是一个生父娶了后母虐待前妻之子的古老故事，其中献公的昏庸暴虐、骊姬的心狠毒辣和申生的温厚善良跃然纸上，读来犹感人至深。

生在王侯之家，带给他的只是耻辱与苦难，人品高尚的晋太子在"后母"骊姬的阴毒逼迫下只能自杀以殉。

献公获得美女骊姬

晋献公原有一妻两妾。妻未生育即病死，两妾各生一子，分别取名重耳、夷吾。但晋献公最宠爱的却是他父亲武公的小妾齐姜。两人乱伦，生下一子名申生。晋献公竟立齐姜为夫人，申生即以嫡出身份立为太子。不过齐姜短命，申生很快成了没娘的孩子。

晋献公即位第十一年，发兵攻打陕西骊戎，骊戎战败，献上美女骊姬、少姬求和。晋献公一见，顿时着迷，尤对艳光逼人的骊姬宠爱至极。不久，骊姬生下一子，取名奚齐，少姬也生一子取名卓子。骊姬不仅貌美如花、体轻如燕，且工于心计，深谙讨乖取巧的门道，晋献公对她言听计从。久而久之，竟萌生了立骊姬为夫人，立奚齐为太子的念头。

晋献公内宠骊姬，外宠佞臣梁五、东关五和一个名叫施的优俳。这优施年少俊美，善于察言观色，整日跟随献公出入宫禁，一来二去竟与骊姬勾搭成奸。一天，骊姬问优施如何才能挤走申生，让她母子得继权位。

优施说："申生为人矜持自重，追求高尚品行，这种人最受不了坏名声的攻击。如能设法把申生及重耳、夷吾调出京城，再离间他们同君王间的父子关系，事情就成了一半。另外，废立之事乃国家大计，无外廷大臣援助难以实现。君主所宠的'二五'都是趋炎附势的弄臣，夫人如肯屈尊，以金帛甘言结交他们，还怕不为夫人所用？"骊姬听了十分高兴，忙取出一包珍宝，让优施依计而行。

梁五、东关五早就知道晋献公对骊姬言听计从，只苦于无人接引，今见以珍宝相赠，喜出望外，立即指天画地，表示愿意效忠。次日上朝，梁五上奏说戎狄扰境，边民惊慌，如不派重臣镇守，将于国不利，建议太子申生出都坐镇曲沃，重耳、夷吾分别主持蒲地和二屈。晋献公原本已有嫌弃申生之意，便欣然同意。

精美的陶范（上图）
陶范是青铜器制作的模具。兽头陶母范出土于山西侯马，这里曾是古代晋国的都城，在这里出土了大量精美的铸铜陶范。兽头陶范铸造精美，式样古拙，是陶范中的佼佼者。

中国大事记

齐桓公率齐、鲁、陈、卫、郑国联军讨伐蔡国、楚国。楚王求和，双方盟于召陵。

设计陷害，手段毒辣

申生在曲沃仁政爱民，百姓远悦近来，朝中大臣多有赞誉者。骊姬听后，心生一计。一天晚上，骊姬对献公说："太子勤政辛苦，君王似可宣召犒劳，以示慰问。"献公依言下诏，申生回京先拜见献公，再

清人绘春秋医药家医和像

医和是春秋时期秦国的著名医家，曾以天人一体，阴阳相生相荡的理论论述疾病，开创了中医理论。他提出的阴、阳、风、雨、晦、明失和治病说成为后世风、寒、暑、湿、燥、火六气病因说的滥觞。周景王四年（前541年），在应聘为晋侯诊病时，指出其并不是由于鬼神作祟，而是由于沉溺女色所致，继而提出了著名的天气治病论，从理论上否定了巫的鬼神致病观。

春秋

生殺巧驪
申計姬

申生之死（上图及右页图）

公元前672年，晋献公攻伐骊戎，将骊君女儿骊姬及其妹妹掳为妻子。骊姬深得献公宠爱，被立为夫人，生子奚齐。骊姬想立奚齐为太子，利用自己有利地位说太子申生、公子重耳和夷吾的坏话，于是，献公把三位公子赶到了外地。公元前656年，太子申生从曲沃向晋献公献上祭肉，骊姬派人在祭肉中投毒诬陷申生，并说重耳和夷吾参与了毒死献公的阴谋。献公决定杀死三个儿子，申生为人懦弱，被逼在新城自杀，重耳和夷吾先后出逃，奚齐被立为太子。上图出自清末石印本《东周列国志》。右页图出自明刊本《古列女传》插图。

入宫参见骊姬，骊姬设宴款待，连续三日。第三天晚上，骊姬故意背卧而泣，献公惊问何故？骊姬迟迟不言，献公再三追问，骊姬才开口道："太子无礼，乘醉调戏臣妾，并说：'想当年祖父年老，无法亲近我母亲，于是父君成了我的父亲。现在情况不正相似吗？'"晋献公一听揭了他的老底，不由恼羞成怒，骊姬见献公中计，又补

充说："君王如不信，不妨令臣妾明天陪太子游园，便可一目了然。"第二天，骊姬陪申生同游后花园。预先将蜂蜜暗涂在头发上，引来蜂蝶纷纷，骊姬对申生说："请太子帮我赶赶这些蜂蝶。"申生不知是计，就用袖子去赶，骊姬乘势靠在申生身上。晋献公在假山后望见这个情景，怒火万丈，决意要杀申生，骊姬假意跪下求情说："如以此罪名杀申生，传扬出去，臣妾如何做人？"申生方免一死。他不知内中情由，隔日便辞别献公返回曲沃。

过了不久，晋献公带领人马外出打猎。骊姬见机会来了，就以晋献公的名义发信给申生，说："寡人梦见齐姜饥寒交迫，你代寡人去齐姜祠祭奠，祭毕将祭胙送来。"申生接信照办了。骊姬暗将剧毒的鸩和

乌头掺入酒和胙中。献公出猎归来，听说申生送来了祭胙，就吩咐取来食用。骊姬佯装不知，说："酒食从宫外来，按规定须试过再用。"献公称是，随手向地上倒了点酒，不料一阵白烟，着酒处地皮隆了起来。献公大惊，忙叫过一条狗来，割下一块胙肉给它吃，狗吃完就倒地死去。骊姬又从外面叫进一个小内侍，令他吃上几口酒、肉，一会儿便七窍流血而死。献公见此情形，先是吓得呆如木鸡，继而大发雷霆，立即下令"二五"率兵前往曲沃捉拿申生。

只为忠孝，自杀身亡

消息传到曲沃，申生的老师杜原款跌足叹道："都是我不好！我只教导太子要做正直、仁厚之人，却没教他如何躲避陷害！"侍从们劝申生快逃。申生说："忠孝是为人的大本，我若逃走，是对父君不忠；我若将实情宣扬于天下，是为不孝。不忠不孝，我还活着有何意义？不如就此一死，既可保住父君名声，事后世人也定会还我清白。"说罢上吊自杀了。

骊姬害死了太子，又要将计谋对准重耳、夷吾。两人情知不妙，分别逃到北狄和梁国去了。

历史文化百科

〔贵族服饰中的三款标志：玉佩、容刀、香囊〕

古代礼制中有"君子必佩玉"的说法，所以贵族为标志其特殊身份，男女老幼都佩有玉饰，而且往往不止一块，行走时佩玉碰击，发出叮当悦耳的声音。玉佩又有环、玦等不同形制。容刀即为佩刀，刀柄刀鞘都极尽装饰之华丽。战国后期，为防刺客，某些诸侯王规定臣子上朝不得携带兵刃，贵族的佩刀便制作成有刀形而无刀刃的纯装饰物，徒具其容，所以别称"容刀"。当时的贵族除了佩玉和容刀外，还喜欢在腰际挂上一个香袋，里边放置香草或香料，起先叫"容臭"，后来叫"香囊"。尤其是未成年的少男少女，身上都佩有香囊。

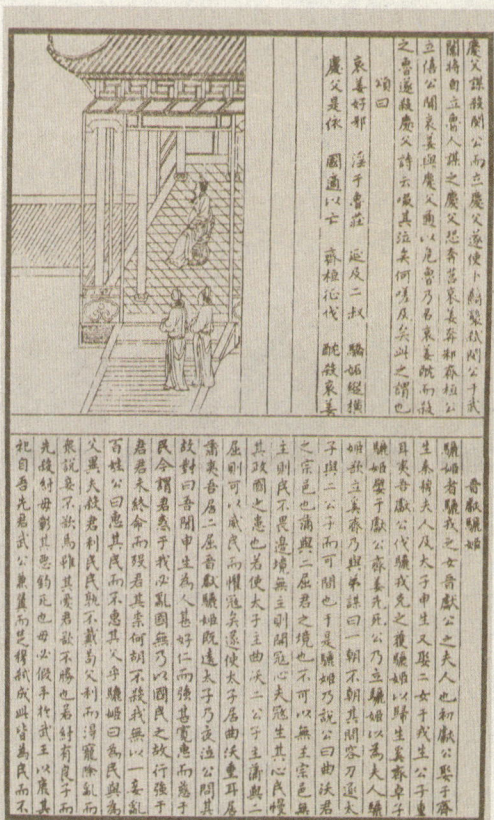

话说中国

〇二〇

挖邻国人才

邻国有贤臣，对本国显然不利。秦穆公朝思暮想、用尽心机，使西戎王冷落由余，最后归入自己麾下，助秦国拓地千里，立下不世功勋。

西戎王仰慕中土文物

春秋时，关中地区的西边居住着一个叫"戎"的游牧民族，他们分成各个部落散居在中原各国的北边，文化比较落后，时间长了，便对中原各诸侯国的文物制度产生了浓厚的兴趣。公元前 625 年，戎王听说秦国很强大，就派心腹大臣由余到秦国去修聘和考察，希望把富强的制度和经验引入戎族。

由余谈治国之道

这由余原本是中原晋国人，后因故逃亡戎地的。他来到秦国后，秦穆公热情地接待了他，引他参观秦国的宫室、库藏、城邑和街市。通过交谈，发现这位戎族使者竟是位知识非常渊博的人，就向他请教："寡人常听说古代贤王的事迹，但对他们为何而兴，又因何而亡的原因想不透，请先生有以教我！"由余说："臣以为兴亡的关键在于节俭和奢侈，节俭的君主得

邻国有贤臣

公元前 625 年，在秦国强大的军事压力下，戎人开始与秦国合作，戎王派使者由余到秦国，秦穆公看中由余的才干，听从内史廖的建议，采取离间计，决心留下由余。穆公给戎王送去女乐，一年之后，穆公才让由余回国。这时戎王迷恋于女乐，根本听不进由余的劝谏，由余大失所望，只好回到秦国，一心一意辅佐秦穆公。秦穆公采取由余的计策，攻伐西边戎族的小国，先后灭掉了十二个国家，开拓疆土千余里，秦穆公终于称霸于西方。此图出自清末石印本《东周列国志》。

獲陳寶公證夢

春秋

秦公钟

宋代《考古图》著录一件春秋时代秦国国君的青铜钟，早已失传。陕西宝鸡太公庙村出土五件秦公钟，学者认为均系秦武公所铸，五件钟的形制相同，仅大小有别，花纹也一样，钟身主要饰凤鸟纹与夔纹。五件钟均有铭文，共 135 字，记载秦公歌颂先祖立国和赞颂自己讨百蛮的战功。

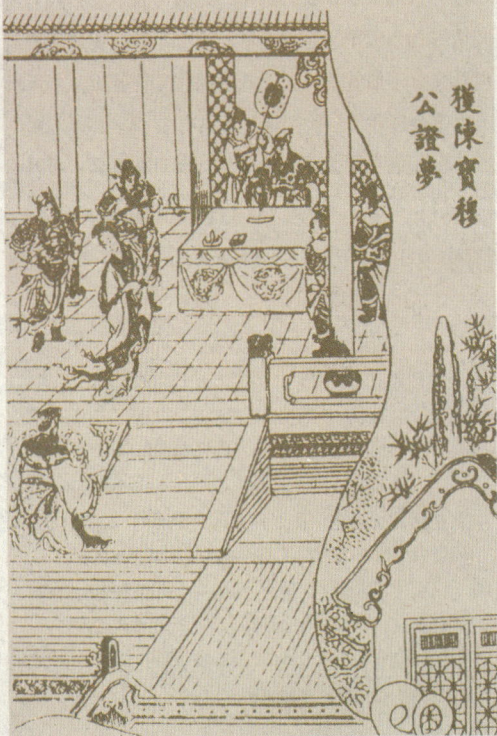

> 历史文化百科 <

〔"经天纬地"的出典〕

"经天纬地之才"是古人用以赞扬某位明君或贤臣文德显彰的政治术语。从古人"天六地五"的观点出发，他们认为天有六气：阴、阳、风、雨、晦、明；地有五行：金、木、水、火、土。以六气为经，以五行为纬，臻天下于大治的堪称经天纬地，并由此衍生出"象天、仪地、和民、顺时、供神"的五项施政原则。

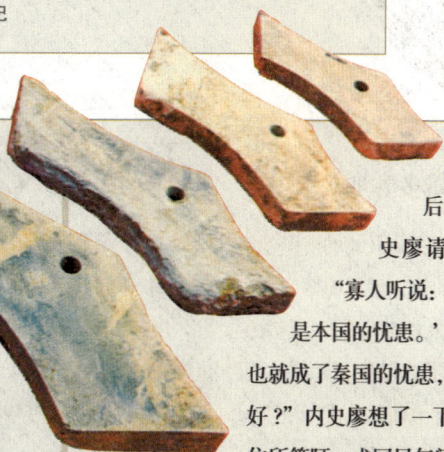

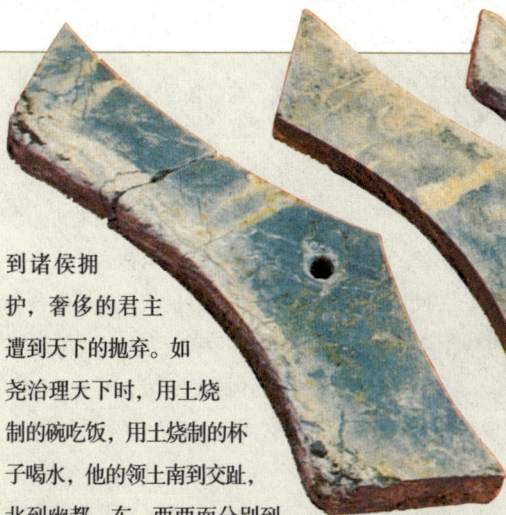

到诸侯拥护，奢侈的君主遭到天下的抛弃。如尧治理天下时，用土烧制的碗吃饭，用土烧制的杯子喝水，他的领土南到交趾，北到幽都，东、西两面分别到达太阳、月亮升起和落下的地方，没有哪个诸侯不屈服。舜治理天下时，制作饮食器皿，砍伐山上树木，先用刀、锯削割成器，再把削锯的痕迹磨光，还要在上面刷上漆和墨后再使用。诸侯便认为他已奢侈起来，不服从的诸侯国就有了十几个。禹取得了天下后，开始在祭器外面涂上黑色的墨，用红色的朱砂描画内壁；用素色花纹的丝绸做车垫；草席四周饰以斜纹的边；觞、酌等酒杯、酒勺也画上彩色的花纹；而樽、俎等酒具食器上更满布装饰。与舜相比，禹更奢侈了，因而不服从的诸侯国增加到了三十几个。夏之后是商，商王给自己制造了天子乘坐的高级车子大辂，树起了有九条飘带的旗帜，饮食器具都经过精雕细琢，觞、酌等酒器无不经过精心雕刻，墙壁涂成白色，台阶上的空地用白垩土装饰，车上的垫子、席子都编出花纹，这样更加奢侈了，因此不服从的诸侯国多达五十几个。由此可见，为王者越是奢华，反对他的诸侯越多。所以臣以为节俭是兴邦治国的根本原则。"

以腐化为手段

一席话，听得秦穆公佩服之至，自己想了那么多年没想透的道理，由余几句话就说得明明白白，真是闻所未闻啊！赞叹之余，心中不由对由余产生了敬慕之情。由余走后，穆公就把内史廖请来，对廖说："寡人听说：'邻国有贤臣，是本国的忧患。'由余就是贤臣，也就成了秦国的忧患，你看怎么办才好？"内史廖想了一下，说："戎王住所简陋，戎国风气闭塞，从未听过中原的五音，也未吃过中原的五味，主公不妨送几名女乐及厨师给戎王，让他耽于声色宴乐，搅乱他的国政。然后替由余请求延长回国时间，乘机将他扣留下来，使其君臣间产生隔阂，这样，我们就可打由余的主意了。"秦穆公觉得这个主意很好，就派内史廖带着十六名歌女乐伎和几名高级厨师去送给戎王。

拓地千里，一举成霸

戎王见了十六名妙龄歌女不禁目迷神夺，吃了高级厨师烹制的佳肴，更是乐不可支，整天神魂颠倒，饮酒作乐。搭起的华丽帐篷再也不愿拆掉，整整一年没有迁居，牛羊老呆在一个地方因缺乏水草死了一半。秦穆公见第一步目的已经达到，就放由余回去。由余回去后屡次向戎王劝谏，可过惯了安逸享福日子的戎王再也不愿恢复过去的那种逐水草而居的原始生活，对由余的劝谏不理不睬。由余见自己再也呆不下去了，就离开戎王来到秦国，秦穆公亲自迎接由余来归，拜他为上卿，向他了解戎王的兵力和戎地的地形，然后发动对戎地的进攻，先后吞并十二个国家，拓地千里，一举成了西戎地区的霸主。

诸侯典礼上的打击乐器（上图）

这套春秋时代的石磬出土于陕西凤翔的秦国某王公墓中。磬是古代的一种打击乐器，用玉或石雕制而成。按照当时的礼制，只有天子举行的典礼上才能用玉磬，诸侯则只能用石磬。

〇二一

春秋

五羖大夫

学富五车、怀才不遇、妻离子散、沦落为奴。秦穆公闻讯而动，用五张公羊皮换回了栋梁之材，秦国从此成为西戎霸主。

英雄多磨难

地处今山西平陆县北的虞国，有个名叫百里奚的人，学识渊博，却家境贫寒，三十岁才娶上老婆，不久生下一子，日子更加难过，只得告别妻儿出门闯荡。妻子杜氏杀了家中唯一的一只鸡，取出仅剩的一点小米，给丈夫钱行。临别时拉着百里奚的衣袂，含着泪对他说："富贵了，别忘了咱娘俩！"

百里奚向东来到齐国，想找齐襄公谋个事，但人地生疏，无人引见，结果流落街头，只能以乞讨为生。四十多岁时，又辗转来到宋国，一个偶然的机会结识了同乡隐士蹇叔。蹇叔先介绍他为人放牛，时间长了，觉得不能这样埋没了他，就陪他回虞国投奔当大夫的朋友宫之奇。百里奚回到阔别多年的家，只见蒿草满院，触目荒凉，街坊说，杜氏贫极不能自给，久等你不归，只得带着孩子走了。百里奚此时真是悲痛欲绝，好在终于在宫之奇的引荐下，在虞公处谋了个差事。公元前655年，晋献公假途灭虢，回头把弱小的虞国也灭了，百里奚也随着虞公当了晋国的俘虏。

贤臣不事二主

晋献公甄别俘虏时，发现百里奚学识超群，想起用他做官。百里奚认为

虞国被灭、国君被俘，是臣子的过失和耻辱，自己宁可为奴，不能背主做官，拒绝了晋献公的好意。这一年，秦穆公让公子絷(zhì)来晋国求亲，晋献公答应将大女儿嫁给他。献公觉得百里奚是个靠得住的人，就让他当了陪嫁的奴仆。两鬓花白的百里奚随着出嫁的队伍向关西进发，想想自己胸罗济世之才，却命运多舛，临老还沦落异乡为人作奴，越想越懊恼，于是乘人不注意逃走了。

百里奚离秦走宛，在今河南邓州市附近被楚国兵抓住，怀疑他是奸细。他谎称是放牛的。于是就命他放牛，幸亏百里奚放过牛，有经验，不久，他放的牛全都膘肥体壮。楚人就去向楚成王报告，楚成王说："既是人才，就要发挥更大的作用，马比牛重要，让他放马。"这样，百里奚又被派去放马。

放马的逃犯

公子絷迎亲回到秦国，秦穆公对照名单，发觉少了个百里奚，就让人去打听此人是谁。不久，打听的人回来报告：百里奚有经邦治国之才，一生坎坷，未遇明主，

合瓦形编钟

仲子受钟 1990 年出土于河南淅川县丹江口水库西岸徐家岭二号墓，共有九件。此套钟形制纹饰相同，钟体为合瓦形，此钟的征部及鼓部均铸有铭文，铭文中讲仲子受是在"亡祚东鄂"的情况下铸此编钟，并称此套钟为"歌钟"。

前664年
前551年

公元前664—前551年

世界大事记　埃及第二十六王朝。

《史记·秦本纪》
识才　逆境　机遇
百里奚　秦穆公
五羖大夫

人物　典故　关键词　故事来源

春秋铜鼎的新风格

商周青铜鼎中有圆形三足的，也有方形四足的。无论是圆形方形，鼎口有流的却较少见。这件原为北大考古系旧藏的春秋铜鼎则一反常态，在宽扁的口沿上斜向伸出了一支流，使煮食的鼎自身又有了倾倒羹汁的功能。

百里奚

秦穆公的称霸是从招贤开始的。虞国人百里奚家境贫寒，帮人养牛为生，晋国灭亡了虞国后，百里奚沦为家奴，晋献公的大女儿嫁到秦国去时，把百里奚作为陪嫁奴隶，百里奚伺机逃到了楚国，秦穆公听说他很有才德，就派人用五张公羊皮赎回百里奚。秦穆公和百里奚谈了三天三夜，更觉得他是难得的治国之才，就把国政交给他，号曰"五羖大夫"。百里奚又推荐了蹇叔，秦穆公任命蹇叔为上大夫。百里奚和蹇叔成为秦穆公左右宰相，为秦国发展作出巨大贡献。此图出自清末石印本《东周列国志》。

又死守臣节，不愿为晋献公所用，最终陪嫁为奴，半路逃跑后，现在楚国放马。秦穆公一听，不由眼睛一亮。当时的秦国，东遭诸侯挤逼，西受诸戎压迫，加之民气闭塞、人才稀缺，早就想招纳贤才来协同治理国家，找来找去找不到合意的人，如今有此人才，实在是苍天对秦国的眷顾，怎能坐失呢？秦穆公赶忙召手下商议，打算用厚礼去把百里奚赎回来。大臣公孙枝说：

历史文化百科

〔知识赋予他们独立人格：先秦时期的士〕

学界人士认为：周灭商后，提出了"敬天保民"的思想，"选贤任能"成为这一思想的重要内容。西周选士包括乡遂选士和诸侯贡士，一年一次，三年大考。这些士不得僭入贵族阶层。春秋前期士的特点为：1.受宗法制支配，以宗法原则别亲疏；2.皆为武士；3.能进士，担当一定职务；4.享有受教育的权利；5.能受封，有土地，占有少量奴隶。春秋后期宗法制动摇，庶人工商势力抬头，士的成分发生变化，出现了"弃亲用羁"的政策。羁客（士）与主子没有宗法关系，只能通过给予一定的名位、授予一定的职务而羁留使用，于是出现了"士为知己者死"的精神，出现了"良禽择木而栖，贤臣择主而事"的说法。随着宗法制度的消灭，传统的"不臣二主"的信条也趋于式微，出现了"邦无定交，士无定主"的情况。战国时期的游说之士，就在这一历史背景下产生。

话说中国

中国大事记

秦、晋韩原大战，秦大胜。晋国为重整旗鼓，在国内推行田制、兵制改革，史称"爰田制"、"作州兵"，军力明显加强。

"百里奚既在放马，可见楚国不知道他的才干。大王如用厚礼去换他，岂不是告诉楚国人百里奚是个贤才，楚王还肯放人吗？不如按眼下奴隶的价格，用五张羖（gǔ）皮去换他。"羖就是公羊。穆公一听有理，就派人带五张羖皮去楚国，对楚成王说："我们秦国有个叫百里奚的奴隶犯法逃到楚国，现在你们这里放马，请大王按价放还我们。"毕竟只是个放马的，又是逃犯，楚成王二话不说就下令将百里奚交给秦国使者。

听琴认妻

百里奚做了秦国宰相，在堂上听乐工奏乐，府上有个洗衣的老妇人自言知音律，百里奚召她到堂下，老妇人抚弦自歌："百里奚，五羊皮；忆别时，烹伏雌，炊扊扅，今日富贵忘我为？……"百里奚闻歌惊愕，召至身前询问，方知是自己的老妻，遂相拥大恸，夫妻团聚。百里奚听琴认妻传为千古佳话。此图出自清末石印本《东周列国志》。

历史悠久、充满诗意的灞桥

灞桥在陕西西安市东约十公里的灞河上，是一座历史悠久、充满诗意的桥。灞河古时称灞水，原名滋水，春秋时，秦穆公称霸西戎，改其名为灞水，并修了桥，故称灞桥。桥居于交通要冲，历来为长安通往东南各地所必经之地。汉代在桥上设稽查事，唐代则设有驿站。灞水两岸的五里长堤之上，栽柳万株。阳春时节，柳絮随风飘扬，宛似雪花飞舞，而"灞柳风雪"亦成为长安胜景之一。

妻里扊歌讥百奚

议政治国好帮手

百里奚被装在囚车里拉回秦国，秦穆公一看是个满头白发的老头子，大失所望，问："你多大啦？"百里奚答："年方七十。"穆公叹气说："可惜太老了。"百里奚看了一眼穆公，说："叫我打虎，七十岁确是太老；叫我坐而论政，比姜子牙还小十岁呢！"穆公一听来了兴趣，便请百里奚入座细谈，天文地理、兵农工商、内政处置、外交形势，一连谈了三天，两人越谈越投机。最后，穆公决定拜百里奚为大夫，执掌秦国朝政。百里奚又举荐蹇叔，穆公任他为上大夫。

百里奚由于长期身处底层，对社会弊端、民心喜恶了如指掌，所以提出的治理方案着着见效，因而百官用命，人心舒畅，秦国从而进入前所未有的富强时代。接着又西并诸戎，拓地千里，修武整兵，发展生产，为后来争霸中原，打下牢固基础。

因为这位大夫是用五张羖皮换来的，故天下相传，戏称他为"五羖大夫"。

春秋

唇亡齿寒

晋欲吞并南边两国

晋国南边有两个小国：一个是虞，一个是虢，虢又分东虢、西虢和北虢，其中北虢，在虞南边，即今河南三门峡和山西平陆县一带。晋献公一直想吞并他们，只是找不到由头。公元前658年五月的一天，边境守军报告，虢国盗贼窜入晋国抢了几家旅馆。晋献公一听机会来了，即欲出兵伐虢。大夫荀息说："虢、虞二国关系密切，我攻虢，虞必救援，再回头攻虞，虢又必援虞。以一敌二，难保胜算。"献公问："那怎么办呢？"

将欲取之，必先予之

从晋国去虢国，中间隔着条山脉，人车难行，只有借道虞国，大军才能顺利到达虢国。荀息献计说："虞国君主好货，据说见到奇珍异宝便茶饭不思。主公是否能割爱将传国玉璧及前年觅得的屈产宝马送给虞君，向其借路。他一旦答应，我们正好灭掉虢国。虢国一灭，虞国依傍尽失，我们便可以从容收拾他了。"献公一听，沉思半晌，皱着眉头说："宝马千辛万苦得来，可遇而

虞公不听劝告，捞取不义的财物。正当虞公纵情享受晋国送来的玉璧、宝马时，强兵突现，他的疆土臣民，连同他的身家性命，眨眼间成了晋献公的囊中猎物。

不可求；玉璧是寡人祖传的镇国之宝，怎可送给他国呢？"荀息笑了笑，说："玉璧、宝马又不是真送，不过是暂时存放在虞君那里，主公试想，一旦回头攻下虞国，两样东西不仍是主公的吗？"献公想想，会心地笑了。

荀息来到虞国，虞公听说晋国想借路伐虢，开始不同意，等到荀息献上玉璧、宝马，不由目痴神迷，眼珠盯着玉璧、宝马再也无法挪开了，支支吾吾地说："这是晋国至宝，为什么送给寡人呢？"荀息说："虢公不德，屡使人犯我南边，劫财俘人，数次不止，敝国君忍无可忍，决心借路贵国，以百十车骑向虢公讨个公道。敝国君有言，如偶有所获，悉归贵国，敝国君只求得一公道足矣，并愿借此与贵国世修盟好。"虞公听了大喜，并请先出兵伐虢，大夫宫之奇谏虞公，虞公不听而起师为先导。这年夏天，晋军在虞师的引导下，顺利攻取虢国的下阳，即黄河以北、今山西平陆县一带的土地。

青铜刀币

刀币是春秋战国时流通货币的一大体系，起源和流通于齐、赵、燕等地。刀币是青铜制品，由削刀演变而来。赵国流行的刀币主要是"甘丹刀"、"白人刀"；燕国的刀币则主要为"明刀"和"尖首刀"。

话说中国

春秋

有数千件陪葬物的晋国赵卿墓

公元前 8 世纪初，赵叔带投奔晋国。此后，赵氏在晋国政权中的地位蒸蒸日上，到春秋晚期，卓然而为晋国领地最广、势力最大的六卿之一，晋阳古城址是晋国赵氏的早期封地。在它的北郊，即今太原市南郊金胜村西 300 米处，发现了赵卿的墓地，从中共清理出 3421 件随葬遗物，几乎包括了当时生活所用的各种器物，这些文物的出土，为我们展示了春秋时贵族生活的丰富内容。

再次借道，虞公执迷不悟

　　过了三年，到公元前 655 年，晋国又提出要向虞借道以伐虢。大夫宫之奇再次极力劝谏说："主公不能答应！

谚语云'唇齿相依，唇亡齿寒'，虞、虢向来彼此依靠，虢国一旦受损，虞国也将不保，请主公三思！"虞公摇头说："晋国与我同姓，不会伐我的，怎么谈得上唇亡齿寒！晋若有并吞野心，按理也应由近而远，岂能越过一国去攻打另一国，打下来也是别人的地盘。我若不答应晋君之请，反倒先得罪了晋国，自招后患。"无论宫之奇怎么劝说，虞公坚决不听，还是同意了晋国借路的请求。宫之奇知道虞国危在旦夕，乃带着他的家族出逃他国。

假途灭虢

春秋时虞、虢相邻，晋国想灭虢国，故意派人带上玉璧、马匹给虞君，提出向虞借道伐虢。虞君收下珍贵礼物，并得意地认为，晋国真是太看得起我了呀！马上同意了晋国的要求。虞国大夫宫之奇极力劝谏，以"唇亡齿寒"比喻说明不可借道的道理，虞君不听。果然，晋军灭了虢国，在回来的路上不费吹灰之力灭了虞国。此图出自清末石印本《东周列国志》。

河南陕县上村岭虢国墓出土的战车

虢国是西周时期一个重要姬姓封国,公元前655年,被晋国采用"假虞灭虢"之计所灭。虢国墓是我国迄今发现的唯一一处规模宏大、保存完好的西周春秋时期大型邦国公墓,已出土文物近三万件,其中有虢国大型车马军阵遗址,这些战车即是其中的文物。

双双亡国的深刻教训

晋献公马上派大将里克率精兵四百乘连夜出发。这一年八月,晋军包围上阳,即虢国在黄河以南、今河南三门峡市一带的城邑。虢国很快被晋军占领,虢国公只带着零星随从逃往周邑。晋师在攻灭虢国后,回来又驻于虞国,住在虞都的馆舍中。那天晚上,晋师对虞国发动突然袭击,等虞公清醒过来,晋军已完全占领了虞国。虞公只得投降。晋军一下子灭了虞、虢两国,带着虞公等俘虏和大批战利品得胜回朝。

荀息从虞公宫中取回玉璧、宝马,奉献于晋献公之前。这是公元前655年冬天的事。

虞公不听宫之奇的劝谏,不从"唇齿相依,唇亡齿寒"的谚语中吸取教训,给晋国借道而灭亡虢国,自己因孤立无援而得到了同样的下场。

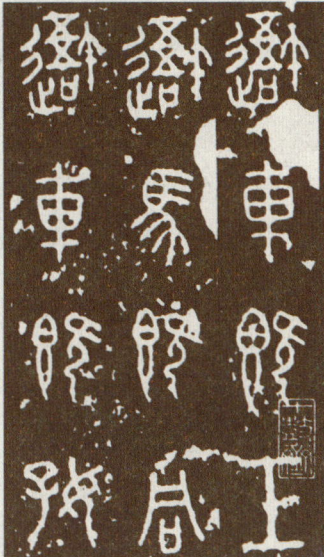

石鼓文
——小篆之祖

石鼓文是唐代初年在陕西凤翔三畤原田野中发现的石刻文字,是我国现存的发现最早的石刻篆书,为刻在十个鼓形碣石上的文字,采用四言体诗,内容是描写秦国国君的狩猎活动。原有700余字,今实存272字。其制作年代,有不同说法。唐人认为是周宣王时的太史籀所写,南宋郑樵推断为战国秦的遗物,而马衡、郭沫若则主张作成于春秋时,学术界多从马、郭之说。石鼓文的字体介于商周金文和小篆之间,起着承上启下的作用,其笔画端庄凝厚,力蓄内心。唐人张怀瓘《书断》推崇其为"小篆之祖"、"楷隶高曾,字书渊薮"。

> 历史文化百科

〔由神祇保证的合同文本:春秋时期的盟书〕

1979年,河南温县出土了五百多片春秋时期的玉石盟书(也称载书)。

盟书是春秋时期非常流行的一种立誓礼仪。与誓的诸侯或卿大夫为了达到彼此信任与结盟的目的,常常举行在他们看来有神圣不可更易威力的盟誓仪式。仪式的程序是:先凿地为坎,接着奉置玉币和杀牲歃血,再将书写好的盟书放在已杀之牲的上面,最后用土把它掩埋起来,表示彼此间的盟誓已受天地神灵的督察。

同样的盟书在20世纪60年代中期、70年代初期于山西侯马大宗出土,与温县盟书相比,其内容、体例基本相似,唯一不同的是,侯马盟书用朱书写,温县盟书用墨书写。

○二三

偏好养鹤误了朝政

卫懿公生于王侯之家，长于荣宠之中，自幼生活安逸，对民间疾苦一无所知，所以在他公元前668年继位后，终日只知淫乐奢侈，大臣与百姓对此都心怀怨恨。

卫懿公有个特别爱好，就是喜欢养鹤。面对鹤的洁净羽毛、修长颈项、火红丹顶、亭亭而立的模样和舞

懿公好鹤

这样的国君匪夷所思，这般地好鹤也匪夷所思。卫懿公因好鹤而丧国实属千古一笑、千古一叹。

动起来的美妙身姿，常常喜不自胜，如醉如痴。俗话说："上有所好，下必甚之。"懿公好鹤，那些想求官邀宠的大小官吏便千方百计驱使百姓捕鹤。由是卫懿公宫中，庭院廊庑，苑囿池榭，到处都养着鹤，足有数百上千只，宫苑不够了，就不断扩建，百姓的负担越来越重。

懿公按品质、体姿，将鹤分成不同品第，依朝廷官员的等级分别对待：上品鹤享卿俸禄，中品鹤享大夫俸禄，下品鹤享士俸禄。卫懿公出游，这些鹤也分班侍从，各依品秩，乘载于华丽车中。于是卫国平白

好鹤亡国

卫懿公好鹤，给鹤分封爵位俸禄，乘大夫所乘的轩车，极尽尊宠。卫懿公对人却不如鹤，不顾国人的死活，一心只在淫乐奢侈上。公元前660年，狄人侵犯卫国，卫懿公准备发兵交战，众将士喧哗鼓噪，说：鹤有爵位俸禄，应该让鹤去打仗。结果，卫国军队不战而溃，狄人杀了卫懿公，灭亡了卫国。卫懿公好鹤，终落得身死国亡，教训惨重。此图出自明刊本《片璧列国志》。

卫懿公爱鹤亡国

卫懿公是个爱鹤胜过爱江山的昏君，他为了养鹤，弄得全国人民民不聊生，怨声载道。最后被入侵的狄人杀死。成为历史上玩物丧志的一个典型。

春秋

前628年
前551年

公元前 628—前 551 年

世界大事记

琐罗亚斯德实行宗教改革，创一神信仰的琐罗亚斯德教，兼善恶二元教义。

卫懿公
懿公好鹤
玩物丧志
昏庸 愚蠢
《左传·闵公二年》
《史记·卫康叔世家》

人物　典故　关键词　故事来源

增加了成百上千的"官"，每个"官"都有各自的侍从，领相应的官俸，并有官的宅第、官的车乘。凡此种种，都需要钱。国库不够，就下令向百姓强征。至于人民春天无粮充饥，冬天无衣御寒，他全然不顾。

北狄王乘隙攻击

卫懿公弄鹤荒政、卫国臣民人心离散的消息传到北狄。北狄王瞍瞒正愁手下数万骑兵无猎可狩，又恨齐桓公平定山戎，想向中原诸侯国报仇，于是率二万骑兵向卫国突袭而来。懿公闻讯大惊，忙下令征兵授甲，出都迎战。都城百姓受够了卫懿公横征暴敛的苦，此时便大声叫嚷说："使鹤去打仗好了！鹤还有俸禄、有官位，我们怎么能打仗？"这些话一传十，十传百，人们对征兵号令全都不理不睬。懿公见状，就干脆派军士四处抓壮丁，抓来壮丁就发给兵器、编入军中，强行开往前线。

民心离散，身死国亡

公元前 660 年十二月，二万余北狄骑兵向卫国军队发起排山倒海般的攻击。卫国军队平时缺乏训练，临时抓来充数的壮丁更无心作战，一冲就散。卫懿公不及撤退，被狄兵团团围住，砍成肉酱，随行的大臣悉数被俘。北狄王瞍瞒将卫国大臣们装进囚车，叫他们向卫都朝歌城中的百姓喊话，要卫国臣民投降。被俘的

黄夫人匜

匜是古代盥洗时浇水的器具。《左传·僖公二十三年》云："奉匜沃盥"，意思是手执匜浇水洗水。匜最早出现于西周中期，流行于西周晚期和春秋时期。春秋时匜形椭长，前有流，后有鋬，有的带盖，多有四足，亦有三足和无足的匜。河南信阳春秋早期黄君孟夫妇墓出土的黄夫人匜，槽流深腹，下有四条扁兽足，后部有龙形鋬，十分精美。

卫臣中有华龙滑和礼孔两位太史，知道狄人特别畏惧鬼神，就对瞍瞒说："我俩是卫国大夫，专掌测问鬼神、祭祀天地之责。劝降卫国臣民，如不先祭天地鬼神，不但劝降难成，还会有不测之祸！"瞍瞒相信了，让他俩先去作祭告礼。华、礼两人急速赶回朝歌城中，通知城中百姓快快躲避。但消息传递迟缓，百姓尚未全部出城，狄军已冲进城来。不及逃避的百姓全遭杀害，尸骨堆满了城郭。狄军将卫国库藏和民间留存劫掠一空。瞍瞒又下令夷平朝歌城墙，然后满载玉帛子女呼啸北去。

由于卫懿公玩物丧志，导致卫国就此灭亡。后来还是齐桓公出兵护送卫公子毁归国重建卫国，都城设在楚丘，即今河南滑县东。卫国从此国力不振，成为小国。

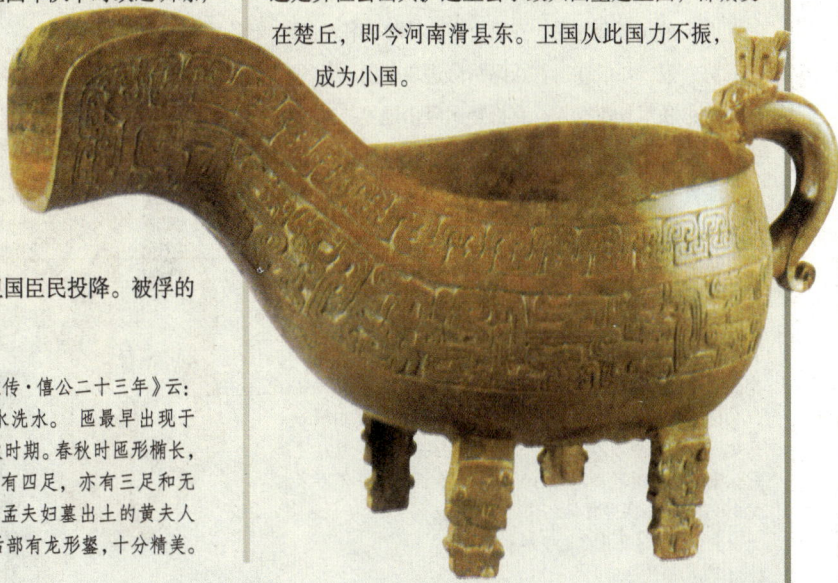

〇二四

齐桓公伐楚

八国联军，声势烜赫

齐桓公划沟礼燕、救邢复卫，名声大振，各诸侯国纷纷结盟归附，唯秦、楚二国对此不理不睬。当时，秦穆公经营陇西、关中，对中原的事不闻不问；楚穆王却虎视眈眈，除了自封为王不算，更于公元前658年发兵攻打郑国，公然向已初步确立霸主声威的齐桓公挑战。郑国不是楚国对手，损兵失地后向齐国求援。

齐桓公与大臣商议援郑事宜，管仲说："齐、楚实力相当，但近年来我们救燕复卫，扶邢助鲁，恩泽遍于天下，各国诸侯归心。楚国恃强凌弱、倒行逆施，致使人神共愤。人心向背已昭然若揭。我们若于此时传檄各诸侯国联手伐楚，正是摧毁强敌奠定我国霸主地位的大好时机。"这一年冬天，齐桓公夫人蔡姬故意在乘舟中摇荡，制造惊吓，齐桓公怒而令其归蔡，蔡姬竟另嫁他人。齐桓公决定拿楚国附庸蔡国开刀。

公元前656年正月，齐桓公亲自挂帅，率齐、鲁、宋、陈、卫、郑、许、曹八国军队进攻蔡国，蔡军一触即溃，联军长驱直入，直抵楚国陉山地界扎营。坐镇郢都的楚成王得报大惊，楚军主力正在郑国前线，留守军队怎能抵御八国军队？于是急令前线主将斗章回兵，又派大夫屈完赴陉山联军大营同齐桓公讲和。

齐国重臣宁戚

宁戚是春秋时期的卫国人，很有才华。他想投奔齐桓公，但又没有旅费，就替商人赶牛车。到了齐国，宿在城外，正巧齐桓公出城迎客，宁戚便一边敲打牛角，一边放声悲歌。齐桓公闻听歌声，觉得宁戚不是普通之人，便召来相见。一谈之下，果是栋梁之材，便封宁戚为大夫，委以重任。此图出自清末《历代名臣像解》。

> 不战而屈人之兵，是为高招中的高招，究其底蕴，大约一在理，二在势。齐桓公采用管仲之计，有理，有势，终于使实力相埒又桀骜不驯的楚国缔结盟约，道义相从。

有理有节，暗藏玄机

屈完持节来见齐桓公，稽首为礼后发问说："我们大王得悉齐侯驾临敝国边境，特派下臣为使节来向齐侯致意。我们大王说，齐楚各领封地，君处北海，我居南隅，风马牛不相及。现在齐君来我楚国，敢问是什么道理？"管仲在旁答道："以前周成王封我齐国先祖太公望于齐时，特赐王命说：'凡天下诸侯有不服天子者，齐国当发兵讨伐，以维王室纲纪。'你们楚国封于南荆，按规定每年必须向天子进贡青茅。你们数年不朝不贡，是何道理？另外，周昭王南征，在你楚国境内失踪，又是何缘故？我们寡君今天亲临楚国，正是想问个究竟！"屈完、管仲的一问一答，

春秋

前627年
前539年

公元前627—前539年

世界大事记

腓尼基人恢复独立,开创新王朝。

齐桓公　管仲　楚成王

《史记·左传·大谷公四年》
《史记·齐太公世家》

正义　谋略

人物　关键词　故事来源

楚共公齐伐兴桓

齐桓公伐楚

正当楚国气势逼人,北进称雄之际,作为中原各国盟主的齐国难以容忍,为了对付楚国咄咄逼人的攻势,公元前656年春,齐桓公率领齐及宋、卫、陈、鲁、郑、许、曹诸国联军南下伐楚,直抵楚国边境。楚王派使者与齐桓公交涉,说:"齐与楚相隔遥远,风马牛不相及,不知齐军到我们这里来有何目的?"管仲提出楚国不向周天子进贡、周昭王南巡之死两大罪状。楚使只承认不纳贡之罪,齐桓公就率联军进兵到陉地,楚王又派大夫屈完到联军请求停战和谈,齐桓公故意排开强大阵势,并带屈完去看。齐桓公面对不屈服的楚使,便答应在召陵与屈完签订盟约修好。可见齐、楚当时力量相当。此图出自清末石印本《东周列国志》。

看似平淡,其实充满玄机。因为周朝礼制规定,对不服规矩的方国进行征讨,只能出于天子。所以屈完的责问,一是指责齐国僭越,二是指责联军攻楚的非正义性。管仲的回答更妙不可言,他一方面论证齐国的"方伯"即霸主地位,一方面指出楚国不朝不贡的非

礼以及与周昭王之死有牵连之嫌的事实,说明八国联军乃是代天子行讨的正义之师。屈完理屈辞穷,只得说:"不朝不贡,是我楚国不对,我们当予补上;但昭王南征失踪,是他船只不坚固,以致中流瓦解而亡,你们可以去实地调查!"说毕,不敢再逗留,回车而去。

屈完去后,诸侯们问桓公为何不跟踪追击,直抵郢都,一决胜负?管仲解释说:"伐蔡而袭楚,原意攻其不备,今楚使大此,显然楚已知我踪迹,必有防备。我若直逼郢都,双方势必一战。彼主我客,胜负难料,一旦形成胶着之局,于我不利。此次出动,原为救郑,现郑危已解,如楚再屈膝求和,我目的已达,何必非战不可呢?"诸侯们听了,个个心悦诚服。

精致的鸟形酒壶

晋国赵卿墓出土,全器形似一只昂首挺立的鸷鸟,鸟背上蹲坐一虎,鸟尾下也有一只小虎,前足撑地,后足顶住鸟身,神态极其生动。更巧妙的是鸟的上嘴唇可以自由启合,倾倒流体时,嘴自动张开;将鸟身复位后,口即闭合。

> 历史文化百科 <

[管仲田税改革:相地衰征]

"相地衰征"是春秋初期齐相管仲推行的一种田税制度。"相",古人解释为"视",译为现代文是"根据";"衰"是"差别"。"相地衰征"完整意思是:根据土地的好坏及产出的多少确定不同等级的应缴税赋。相地衰征的新赋税政策避免了以前的滥征乱收,实事求是地按农民每年的收获收取一定量的合理赋税,有利于调动农民生产积极性和稳定农业生产基本队伍。它是春秋初期齐国强盛的一项根本性的经济政策保证。

至今仍可吹出音律的春秋石排簫

不卑不亢，结盟而还

　　楚成王正在为被迫应战的后果忧心忡忡，忽听探子报来管仲之言，心下大宽，忙令屈完再以特命全权使臣身份去见齐桓公求和。

屈完二次来到联军大营，拜过齐桓公后，齐桓公下令诸侯之师列队而陈，他与屈完乘在车上进行检阅。检阅完毕后，齐桓公对屈完说："以这样众多的军队作战，谁能抵挡？以这样众多的军队攻城，何城不克？"齐桓公在讲话时，带有一种自豪和威吓的语气。但屈完并不认输，他对道："君若以德安抚诸侯，谁敢不服？君若以力进行征伐，则楚国有方城以为城堡，有江汉以为沟池，你军队再多，也不能取胜。"

至今仍可吹出音律的春秋石排箫（左页图）
下寺楚墓群位于河南淅川县，楚国曾经是强国，它的歌舞音乐十分繁荣，而且大多来自民间，这件出土的石排箫即可佐证。它至今仍可吹出动听的音律。

新郑春秋铜编钟出土情况
郑国青铜编钟从二十世纪二十年代至今，已发现 10 余批，约 200 多件。与此同时，还有已腐朽的木质钟架伴随出土。新郑春秋铜编钟的出土，为研究郑编钟的组合、悬挂、演奏方法，寻觅湮灭已久之"郑声"的乐律特征和风格，提供了难得的实物资料。

乙匕

　　长 45.8 厘米，宽 9.2 厘米，形体硕大。匕柄扁平，略呈弧拱。柄后段梯形部分有镂空几何纹饰，前段较窄部分刻铭文为"曾侯乙作持用终"，铭文两侧和镂空花纹都以绿松石镶嵌。

　　齐桓公见威胁不能吓倒楚国，开战恐占不了便宜，乃与屈完缔结盟约，以道义为重，双方各自返回。

　　齐桓公这次伐楚，以和平的方式解决，说明齐楚之间的实力相当，谁也不敢冒险进行决战，春秋时期的争霸局势微妙莫测。

秦国秦公钟铭文

秦公钟（节录）

秦公曰：我先祖受天命商（赏）宅受或（国）。剌剌卲（昭）文公、静公、宪公不家（坠）于上，卲（昭）合皇天，以虩事蛮（蛮）方。公及王姬曰：余小子余夙夕虔敬朕祀，以受多福，克明又（有）心盄圉妥（绥）允（胤）士，咸畜左右，蔼蔼允义，翼受明德，以康奠协朕或（国），盈囿四方。其（格）夙夕，剌剌桓桓，万民是敕（饬）。咸畜胤士，盄盄文武，镇静不廷，柔燮百邦，于秦执事，盄龏（恭）鼎德，受（授）令（命）尃（溥）忽。（略）

〇二五

齐桓公晚年

英雄末路，常令人扼腕叹息。名重春秋的齐桓公落得如此下场，又何止叹息？

春秋

志得意满享清福

齐桓公伐楚归来，于公元前651年，传檄举行葵丘盟会，葵丘地处今河南兰考县境内。各国诸侯都以与会为荣，天子周襄王特派宰孔为使臣，打破王室宗庙胙肉只分同姓的旧俗，赐齐桓公文武胙、彤弓矢、大辂，就是供天子用的大车，并尊称其为"伯舅"，见王不拜，可谓荣耀至极。齐桓公35年来所苦心追求的，于今都达到了，因而心满意足，不再有什么雄心壮志，将政事全部托付给管仲，自己便在宫中享起了清福。

齐桓公素来好色，除正夫人三名、如夫人六名，

齐桓公重用宁戚

这幅杨柳青年画画的也是宁戚扣牛角而歌，后得齐桓公重用的故事（故事详见"宁戚"图注），但因是据《东周列国志》的情节而画，所以与史书记载略有不同，增加了管仲写荐书的情节。画中最左边一人为管仲，中间蓝袍骑马者为齐桓公，旁边牵牛戴笠之人便是宁戚。

又搜罗了二百多名美女充储后宫。他让工匠在后花园里造了一条街，二百多名美女各居一宅，令宫女、太监们在街上做各种生意，自己就整天在街上厮混，一年三百六十五天几乎天天娶新娘。跟着他胡闹的近侍中，有三个最受宠爱的，一个是厨师易牙，一个是太监竖刁，还有一个弄臣开方。

管仲临终嘱咐

这年冬天，天特别冷，管仲病将不起。齐桓公亲赴相府探望，谈起朝事，齐桓公问："仲父万一不起，国政可托何人？"管仲说了些老臣，都不合桓公心思，他只想找个听话的角色，于是问："易牙怎么样？"管仲摇头说不行。桓公说："易牙掌管寡人饮食，寡人因未尝过婴儿之味偶露憾色，易牙烹其初生幼子满足寡人愿望，可见他爱寡人胜过爱自己骨肉，仲父为

最重要的是保护自己不受伤害。竖刁连自身都敢伤害，何论对其他人呢？"桓公顿了一顿，再问："卫公子开方，放弃太子位，来齐国效力，在朝十五年，勤政至忠，未回卫国一次，甚至连父母去世都未去奔丧，可算对寡人忠心耿耿了吧？"管仲仍然摇摇头，答道："父母生养大恩都可弃之脑后，世上还有何恩何德可使他留恋呢？"管仲见齐桓公默不作声，叹了口气说："臣将不久于人世，有一事不得不对主公直言，这三人，主公一定不能重用，他们一旦得势，齐国必乱！"

意志软弱，奸人终于得逞

公元前643年，管仲去世了。接着隰朋、鲍叔牙等同一辈重臣也相继去世或休仕。齐桓公起先对易牙、竖刁、开方疏远了一阵，时间一长，经不住三人的阿谀奉承，又重新起用，且比以前更加依赖。三人便肆无忌惮，公开地干预起朝政来，弄得朝野人心离散。这时，后

齐桓公

齐桓公曾有三位夫人，但她们都没有生下儿子，纳了六位妾，而这六位妾每人都生有一个儿子，齐桓公让郑姬所生公子昭做了太子，其余五子不服气，展开了争夺继承权的大战，其中长子无亏闹得最凶，其母卫姬联合宦官竖刁和厨子易牙，说服齐桓公有了更易太子为无亏的念头。为了控制齐桓公，易牙等人"囚禁"了齐桓公，到最后，齐桓公没吃没喝，饥饿而死。公元前643年十月，叱咤风云的齐桓公惨死在一帮奸佞内臣手中，齐桓公死后，众公子忙着争权，对父王尸体五六十天内无人过问，以至于生蛆。齐桓公如此惨死，不得不让人生出无限嗟叹。此图出自清末石印本《东周列国志》。

何说他不行？"管仲答道："人之至情莫过至亲，他对亲生骨肉如此残忍，怎会对主公有真爱？"桓公又问："竖刁怎么样？他自受宫刑来宫中服侍寡人，总是爱寡人胜过爱自身。"管仲又摇头答道："人生在世，

召伯簋：簋的新特征

与商和西周时期的铜簋相比，这件簋包含了许多新的因素。它有宽而厚实的折沿方唇，三条空足难以截然分开而连成一个完整的簋腹，即所谓的联裆形，足根形似兽类健壮的蹄而不再是直立的柱。这种造型是春秋时期开始出现的新特征。

中国大事记　宋襄公争霸，与楚军战于泓水，坐失战机，兵败身亡。

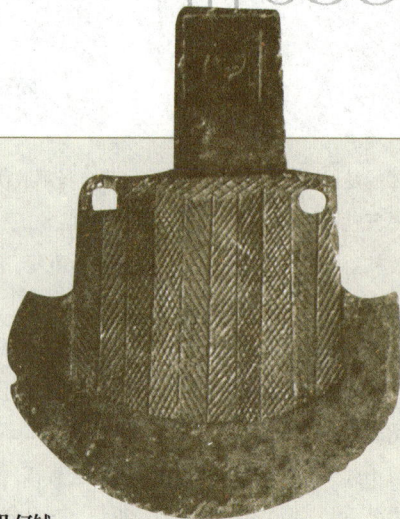

春秋几何钺

钺是古代具有权杖一类性质的兵器。《尚书·顾命》云："一人冕执钺，立于西堂。"郑玄注："钺，大斧也。"春秋几何钺狭体曲刃式，体近扁，刃弧度较大，两肩等长有二穿。钺身几何形图案，组成有规律的纹饰，纯属形式上的变化和结构上的美感。春秋战国之际，几何纹从作为主纹的陪衬而变为主体纹饰。

宫中又因立嗣问题起了内乱。桓公的三位正夫人都未生育，六位如夫人却每人各生一子。桓公原本最喜欢第三位如夫人郑姬所生的公子昭，曾将公子昭托付给宋襄公，嘱将来立昭为太子。可是易牙、竖刁与第二位如夫人卫姬关系密切，三人左磨右说，日夜不停地纠缠，齐桓公又答应立卫姬之子无亏为太子。其他如夫人岂肯干休，于是媚嗔兼施，人人都提出了要求。

俗话说：剑老无芒，人老无刚。老昏了头的齐桓公对她们的要求竟一一答应，这下乱了套，于是个个暗结私党，互相猜忌。齐桓公真正成了孤家寡人。

老而昏聩的齐桓公终于一病不起。易牙、竖刁乘机拥立无亏为君，与卫姬一起坐镇宫中，假传君旨，不准一切人入内探视，同时又断了齐桓公的汤水饮食。过了三天，见齐桓公还没有咽气，他们干脆将在桓公周围服侍的人全部赶走，隔断内外风声，只在墙下留一狗洞般的出入口，每天让小内侍钻进去窥视桓公的生死。

大乱中的悲惨结局

弥留之际的齐桓公，饥渴难耐，呻吟辗转。一个

桓公亲近过的宫娥乘看守疏忽，从洞中钻进宫来，走到桓公跟前。昏昏沉沉的齐桓公问道："我饥渴已极，为什么不送饮食来？"宫娥告诉他易牙等人已占据齐宫，宫内外交通完全断绝了。弥留之际的齐桓公眼睛望着天花板，眼角滚出两颗泪珠，喃喃说道："报应啊！寡人不听圣人之言而亲信小人，真是后悔无及！我有何面目去见仲父于地下啊！"说完拉起床巾裹住自己的脸，叹息几声，死了。

齐桓公死后，无人料理，尸体腐烂，蛆一直爬出户外。诸公子忙于争位，互相攻杀。易牙、竖刁、开方为所欲为，大杀忠臣，局势大乱。齐国一代霸业就此烟消云散。

〉历史文化百科〈

〔先秦丧礼〕

丧礼是春秋时代礼制中一个特别重要的制度，繁复而严格，程序约共22道，依次为1.初终，确定已逝世。2.复魂，俗称招魂。3.帏殓，整理尸身及盖上殓衾，点灯设祭。4.命赴，即向亲友告丧。5.吊唁致襚，亲友来吊，叫"唁"，送给死者的衣被，叫"襚"。6.铭旌，依逝者身份制作明旌，上书"××之枢"，以竹竿挑于堂阶西阶之上。7.沐浴，给逝者沐浴及整理。8.饭含、袭、设冒，"饭含"是把珠玉贝米放在逝者口中，依等级不同，天子含玉，诸侯含璧，大夫含珠，士含贝，庶民含米；"袭"是为逝者穿衣，一套为一称，天子十二称，上公九称，诸侯七称，大夫五称，士三称；"及给死者用填塞耳，用瞑目盖住脸部，加冠履"等；"设冒"盖上新衾，移床堂中。9.设重、设燎，置神主于中庭，燃烛。10.小殓，着衣、收束。11.大殓，入棺，12.成服，家属成员依血缘关系穿上不同程度的丧服。13.朝夕哭、奠。14.筮宅、卜日，请筮师择定墓地与下葬日期。15.即夕哭。16.迁枢，移枢于祖庙。17.发引，枢车启行。18.下葬，成坟。19.返哭，奉神主而回，升堂而哭。20.虞祭，并将原有神主焚毁，另置桑木神主。21.卒哭，新神主入位时的哭奠。22.袝，奉神主于祖庙与祖先一起合祭，祭毕，仍奉神主回家。到此丧礼结束。

春秋

公元前626—前538年

前626年
前538年

世界大事记

新巴比伦王国。

○二六

宋襄公　楚成王

宋襄公

宋襄之仁

愚蠢　屈辱

《左传·僖公二十二年
《左传·僖公二十二年
《史记·宋微子世家
《韩非子·外储说左上》

人物　典故　关键词　故事来源

宋襄公争霸

不知者笑他无由，知之者谓他何求。宋襄公不知乱世尚力，徒托空言，理论脱离实际，焉有不败之理？

"不期之求，必有不测之祸"

齐桓公死后，齐国势力瓦解，各诸侯国呼唤新盟主的出现，担起"尊王攘夷"的时代使命。公元前642年春，宋襄公以桓公付托为据，率兵护送太子昭回齐，打败易牙、竖刁、开方的军队，拥立太子昭登位，史称齐孝公。宋襄公自以为有重定乾坤的功劳，新一代盟主非他莫属，便于公元前639年春，传檄诸侯，约秋天在鹿上（今山东巨野县西南）盟会，结果只有齐、楚两国响应。齐国是谢其复国之德而与会的，楚国响应却别有他图。原来三年前郑国就已倒向楚国，第二年，陈、蔡两国也步郑国后尘求楚保护，四国结成同盟。开始时宋襄公遣使赴楚，希望得到楚国的支持。楚成王接信后轻蔑地直想笑，讥笑世上竟有宋襄公这等不自量力的人。大夫成得臣说："宋君好名无实，轻信寡谋，我们正可利用这一时机进军中原，一争盟主之位。"楚成王觉得甚是，便将计就计，答应与会。与此同时，宋国朝廷上却为盟会之事展开了争论，公子目夷说："列国之交，实力为本，手段为辅。当今天下，即使齐国不算，秦、楚、晋、燕诸国，实力都在宋国之上，卫、鲁、郑等国也不弱于我。我们既无实力为后盾，如何能称霸列国之上？'不期之

求，必有不测之祸。'请主公三思！"公子目夷的话可谓切中要害，获得了许多大臣的附和。但宋襄公根本听不进去，仍然一意孤行。

盟会之时，初次出丑

盟会如期举行。宋、楚、陈、蔡、郑、许、曹七国聚于盂，即今河南睢县盂亭乡。宋襄公兴致勃勃地正想主持盟会，楚国突然发难，事先埋伏的甲兵蜂拥而出，与会诸国除个别国君不知就里外，其他的早已心照不宣，所以各诸侯立刻乘机倒戈，纷纷表示愿唯楚成王马首是瞻。楚成王令楚兵把宋襄公拘押起来，然后指挥五百乘大军浩浩荡荡杀奔宋国。幸亏宋国大臣早有防备，团结民众，坚守城池，才使楚成王灭宋的阴谋未能得逞。楚见宋已有准备，突袭不成，乃释放宋襄公归国。

"仁义"争霸成千古笑柄

争霸不成反遭人污辱的宋

用于指挥号令的乐器

古代铜制打击乐器，史载："两军相当，鼓铎相望"，可知多用于战争中指挥号令。其形制近似椭圆筒形，肩围大而腰围小。无钮，或有环钮、桥钮，或作虎形、马形、龙形、凤形钮。以虎钮鎛为最多见。这件直纹鎛重29公斤，身饰直纹，肩饰蟠虺纹，顶部狭边内饰雷纹。

襄公恼羞成怒。于次年夏天，以郑国不朝天子、反朝楚蛮为由，率宋、卫、许、滕四国军队伐郑。楚军赶来救援，双方遭遇于泓水，即今河南柘城县北三十里处。宋军列阵已毕，楚军正在渡河。大司马公孙固对宋襄公说："楚军正在渡河，过河人数不及一半，请主公下令出击！以我全军击其半军，胜算可握。如待其全军过河，彼众我寡，将于我不利！"宋襄公说："寡人以'仁义'领军，堂堂正正，何用投机取巧？"过了一会，楚军渡河完毕，公孙固又请宋襄公乘楚军立足未稳发动攻击，又被宋襄公拒绝，说："寡人听说，君子将兵，不向未成阵形的敌军发动进攻。"公孙固及众将士闻言都暗暗叫苦。楚军列阵完毕，击鼓进攻，戈矛如林，箭矢如雨，宋军无法抵挡。宋襄公身边的侍卫大夫中箭身亡，虎贲卫士尽数战死。宋襄公也右腿中箭，血流如注，无法站立。宋联军大败，辎重车仗损失无数。第二年夏天（公元前637年），宋襄公伤发而死。他那沽名钓誉、愚昧迂腐的"仁义"争霸，成了千古笑柄。

图霸失败

齐桓公去世，国内变乱，齐国霸业衰落。宋襄公想乘机图霸，联合曹、卫、邾诸国军队伐齐，认为打败齐兵，就可以争当霸主。公元前639年，宋襄公在鹿上（今安徽阜阳）邀请齐、楚会盟，向楚乞求让诸侯尊他为霸主，楚王佯装允许。这年秋天，宋襄公召集诸侯会盟，楚王将宋襄公拘捕，并起兵伐宋。冬季，楚成王在薄（今河南商丘）与诸侯会盟，才将宋襄公释放。宋襄公仍不悔悟，率军与楚军在泓水开战，宋襄公振振有辞地大谈其君子治军原则，结果失去战机，导致宋军大败，自己也受了伤。不久，宋襄公因伤不治而死，图霸梦想彻底破灭。以下三图出自清末石印本《东周列国志》。

〔春秋五霸〕

春秋时期先后称霸（方伯）的五位诸侯首领。学术界有四种说法：一、齐桓公、晋文公、宋襄公、秦穆公、楚庄王；二、齐桓公、晋文公、秦穆公、楚庄王、吴王阖闾；三、齐桓公、晋文公、秦穆公、吴王阖闾、越王勾践；四、齐桓公、晋文公、秦穆公、宋襄公、吴王夫差。

春秋

亡命公子

流亡生涯备尝艰苦，前途渺茫。47岁的晋公子重耳，却能集聚人才，以待风云突变，实属不同凡响。

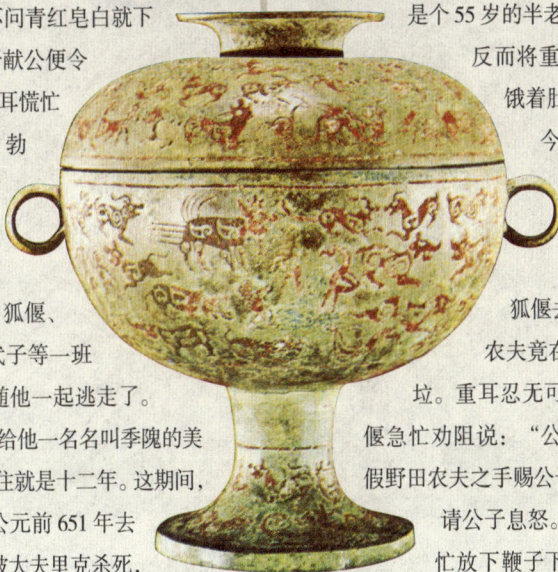

离妻别子逃向齐国

晋文公重耳，是晋献公与狄女所生之子，自少好结交士。献公即位时，重耳已21岁。献公二十一年，太子申生被害后，骊姬又诬告重耳参与下毒，盛怒的晋献公不问青红皂白就下令拿问。重耳逃回蒲城。晋献公便令太监首领勃鞮领兵追杀。重耳慌忙逃向后院，打算翻墙而出。勃鞮追来，拉住重耳衣袖一刀砍去，一段衣袖被砍了下来。跌出墙外的重耳连夜向狄，即他的母国逃去。狐偃、赵衰、介子推、颠颉、魏武子等一班贤臣深感重耳礼贤下士，随他一起逃走了。狄族首领有心结交重耳，送给他一名叫季隗的美女做妻子，一行人在狄地一住就是十二年。这期间，晋国大乱。先是晋献公于公元前651年去世，骊姬子奚齐即位，不久被大夫里克杀死，立公子卓子为君；旋即又杀卓子与大夫荀息，串通秦国，迎立公子夷吾为君，是为晋惠公。晋惠公怕重耳与他争位，便派兵深入狄地追杀重耳。重耳只得离妻别子逃向齐国。

对土坷垃行大礼

重耳一行路过卫国时，想请卫文公帮助。势利的卫文公见重耳已是个55岁的半老头，不仅没给半点接济，反而将重耳奚落了一顿。一行人饿着肚子再往前走，路过地处今河南濮阳县南三十里的五鹿时，看到几个农夫正在田头吃饭。三天粒米未进的重耳让狐偃去向他们要口汤水，不料农夫竟在他们盆里丢了几块土坷垃。重耳忍无可忍，举鞭想打农夫，狐偃急忙劝阻说："公子以天下为任，现在天假野田农夫之手赐公子土地，正是大吉之兆！请公子息怒。"重耳知道自己失态，忙放下鞭子下车拜受。农夫们见重耳对着土坷垃行大礼，不由大笑。

一行人昏昏沉沉又走了十几里路，再也走不动了，只得停下休息，四处找野菜充饥。正在饥肠辘辘、面临绝境之际，忽见介子推捧着一盂肉汤走来，重耳一口气吃光，连说："好吃！"随即疑惑地问："哪里弄来的肉？"介子推支支吾吾说不出来，旁人见他裤

重耳逃亡路线图

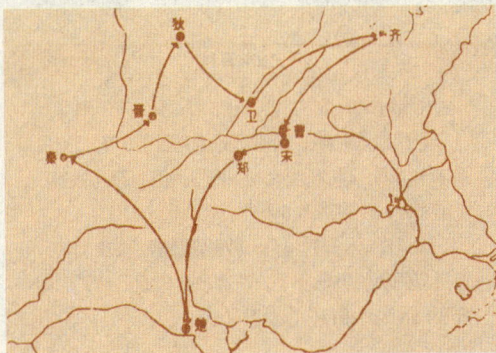

狩猎纹豆（上图）

狩猎纹豆于1923年在山西浑源李裕村出土，高20.7厘米、口径17.5厘米，圆腹，盖可卸置，通体饰狩猎纹，红铜镶嵌，是春秋时代晋国贵族的盛食器。豆盖和圈足上饰以虎、犀、鹿、鸟等飞禽走兽，均作飞跃奔走状，腹部为狩猎纹饰，有二人手持剑与群兽搏斗，若干鸟兽惊慌四处奔逃，下面则有一人正与奔逃的野兽搏斗，整个画面表现了猎人的勇猛和禽兽飞跃奔走的动态。

秦怀嬴重婚公子

晋重耳周游列国

亡命王子

公元前655年，晋献公宠骊姬，杀太子申生，立骊姬之子奚齐，导致晋国内政危机。晋献公次子重耳惧遭骊姬毒手，逃亡奔狄，在狄国娶妻生子，逗留了12年，并聚集了一批贤能之士。公元前644年，重耳为躲避夷吾的追杀，又开始了长达7年的流亡生活，先后到过卫、齐、曹、宋、郑、楚、秦等国，秦穆公想利用重耳对付晋怀公，就将宗室的五个女子给重耳做妻子，其中有晋怀公的夫人怀嬴。以上二图出自清末石印本《东周列国志》。

子上渗出片片血迹，撩起衣裳一看，才知肉汤原来是介子推割下自己腿上的肉煮的。重耳难过得直掉眼泪。

掉入良宅美第温柔乡

　　重耳等千辛万苦终于来到齐国，齐桓公久闻重耳贤名，盛情接待，从宗女中选了位年轻貌美的姜氏嫁给他，并赐府第一宅、车马二十乘和其他陪嫁财物，

久经困顿的重耳一下子掉进富贵乡里，一时间流连忘返，不知所以。狐偃、介子推等见此深觉不安，一天，他们在桑树下商议挟持重耳转赴秦国，再乘隙向晋国发展，不料被在树上采桑叶的使女听到，回家告诉了姜氏。姜氏唯恐泄漏出去对夫君不利，一剑刺死使女。

> ### 历史文化百科

〔先秦时期的系列量器：升、豆、区、釜、钟〕

　　春秋战国时期齐国使用的系列量器，它们的关系依次排列，即：四升为豆，四豆为区，四区为釜，十釜为钟，一钟共计640升。

　　区又作锯，同时也是一种青铜酒器，方或圆口，短颈扁圆腹长方形圈足，两旁多作兽面衔环，形如扁壶，战国时流行作盛酒器。

春秋

当晚对重耳说："大丈夫当志在四方，不能老死在温柔乡里，眼下齐国大乱，公子不若暂避他方以图发展。"重耳感姜氏情笃，不愿离去。姜氏见无法说动重耳，就用酒将他灌醉，由赵衰、介子推等将重耳抬上准备好的车子，化装后直奔秦国而去。

历尽坎坷，天赐良机

车轮滚滚。一行人经过曹国，曹共公听说重耳肋骨并排像一整块，就假意接待，趁重耳沐浴时，拉了一帮谀臣在帘后偷看，重耳大怒。消息传到曹国大夫僖负羁妻子耳里，她对僖负羁说："我看晋公子那些随从，个个都有出将入相的才能，像这么一位得到这么多贤才辅佐的公子，总有飞黄腾达的一天，晋国也必将大治，到时各国诸侯恐怕巴结都来不及，你们今天得罪了他，以后晋公子得势报复，曹国可是首当其冲啊！你还不赶紧去同晋公子结交结交，预先留个退路！"僖负羁一听浑身冷汗，急忙带上礼物去见重耳。

陶瓷史上特殊的品种印纹硬陶罐
这件硬陶罐于河南省固始县侯古堆大墓出土，具备了硬陶的主要特征。侯古堆大墓的主人季子是北方人，随葬的物品多是从北方娘家带来的，而这件硬陶罐颇具南方风格。

僖负羁有个贤明的夫人
僖负羁是春秋时曹国大臣。晋公子重耳得位前曾流落曹国，曹君待之甚薄。僖负羁的夫人认为重耳不是等闲之辈，劝僖负羁以礼相待，为日后留条退路。果然，重耳即位为君后不久就发兵灭了曹国，感念僖负羁当年的恩情，没有杀他。

重耳离开曹国经过宋国，又来到郑国，郑文公根本不把这个日暮途穷的逃亡公子放在眼里，吩咐手下不予接待。上卿叔詹对郑文公说："主公不可小看重耳，以臣愚见，重耳前途无可限量！"郑文公问有何根据？叔詹答道："第一，重耳出之姬姓，极易获得周天子及诸同姓国的奥援；第二，重耳出亡以来，晋乱不止，似乎正在等待贤君出世；第三，跟随重耳流亡的狐偃、赵衰等人，个个都是当世英贤，重耳困厄之中能得这班贤人拥戴，岂是平常之人？所以主公千万轻视不得。以臣愚见，主公不妨以礼厚结之，不然就干脆杀了，以绝后患！"郑文公听了不以为然，说："他是他，寡人是寡人；寡人为何要礼遇他，又为何要杀他呢？"于是下令紧闭城门，不必理睬重耳他们。至此，这位亡命公子前后已流亡了17年。

机会终于来了，在楚、秦等大国的帮助下，重耳在62岁那年重回晋国，登上君位，开始了他辉煌的事业。

话说中国

○二八

重耳归晋

面对英杰，楚成王一片赤诚

重耳一行来到楚国，颇有豪杰气概的楚成王见重耳一行气宇不凡，便下令以国君之礼隆重接待。宴席上，楚成王劝酒不止，优礼有加。重耳一行与楚成王一班君臣谈得十分投机，就在楚国住了下来。楚成王不断以财物相赠，又时常陪重耳打猎游玩，重耳对楚成王的感激之情溢于言表。一天酒酣耳热之际，楚成王戏问："公子一行皆是晋国英杰，今天寡人厚待公子，日后公子接位晋君，何以报答寡人呢？"重耳说："玉帛子女，大王都有；奇珍异宝，楚国更是产地，如大王一定要我说出何以为报，我只能说，如托大王洪福果能回国当政，今后一旦晋楚兵戎相见，我当退避三舍。"

风霜雪剑十九年，焦心苦虑七千天，须发苍苍的晋公子终于等来了这一天。

李唐的《晋文公复国图》（12幅）

晋文公是春秋五霸之一，但其身世却是非常坎坷。在异国流亡了19年，终于在62岁重返祖国，登上王位。这组《晋文公复国图》便是根据《左传》的记载，用像连环画一样的形式详细描绘了晋文公从流亡到复国的艰难历程。作者李唐作为南宋高宗时的画院画家，很明显想通过这画激励宋高宗不计荣辱，像晋文公一样重整河山。

楚国君臣闻言哈哈大笑。如此流连数月后，楚成王正色对重耳说："公子乃非常之人，当以图晋为功，但我们楚国离晋路途遥远，不如秦国与晋接邻，时机一到，便有隙可乘。为事业计，公子莫如赴秦为好。秦穆公为人仗义，定会助公子一臂之力！"重耳觉得楚王一片赤诚，所言极是，于是辞别楚王，来到秦国。

为保得利，秦穆公提出嫁女

秦穆公见重耳到来，不由心中大喜，为什么大喜呢？原来当年晋献公死后晋国大乱时，平定西戎、有意向东发展的秦穆公，曾派人去晋国秘密考察重耳与夷吾。使者回来报告说，重耳为人正派，得王位后不会出卖晋国利益；夷吾则表示如能助他继位，必将以河西之地相谢。秦国因而选中夷吾，发兵帮助夷吾登基，成为晋惠公。不料晋惠公目的达到后，不仅背信弃义，而且恩将仇报，与秦国刀兵相见，秦穆公因而对夷吾恨之入骨。在晋惠公夷吾病重期间，作为人质的太子圉为保君位，竟不辞而别，逃归晋国，更引起

春秋

话说中国

秦穆公的不满。今见重耳一行来到秦国，言谈间有图谋晋国之意，岂不正中穆公心意？

　　穆公安排重耳等人住下后，再使出试探性一招：派人向重耳提亲，意将女儿怀嬴嫁给重耳。重耳大惊，自己已六十有一，与秦穆公年龄相仿，若做了他的女婿，以后晋秦相交，岂不凡事都吃亏三分？再说当年秦穆公为笼络夷吾，已将怀嬴嫁与入秦为质的夷吾之子子圉，现子圉逃回晋国，怀嬴实为重耳侄媳。如今穆公提此要求，如何回

答是好？赵衰长思半晌，对重耳说："听说怀嬴美貌而有才华，穆公及夫人视若掌上明珠，如今提出此议，正是看重公子。公子如拒绝，就无法结好于秦国；不结好于秦国，自然无法得到秦国倾力相助。古人说：'欲人爱己，必先爱人；欲人从己，必先从人。'臣意公子不可拒绝穆公的美意。"重耳为难地说："怀嬴是我侄媳，我怎可乱辈夺爱？"狐偃说："公子今日赴秦，意在图晋，君位尚且可夺，何在乎区区一女子？"重耳想想有理，便依言允婚。

前632年

众人相助，里应外合登君位

穆公见重耳肯俯首做自己的女婿，大喜过望，于是三日一小宴，五日一大宴，令世子与重耳常相来往，亲如家人，同时不断派人去晋国打探消息。公元前 637 年九月，晋惠公病死，子圉继位，为晋怀公。君臣互相猜疑，彼此攻杀，国内大乱。秦穆公乘机发大军四百乘，与晋国大夫栾枝、郤步拓等里应外合，直入晋国都城曲沃，立重耳为国君，即晋文公。晋怀公逃至高梁（晋地），被追兵所杀。

重耳 43 岁出亡，归晋即位时，年已 62 岁。

"龙飞凤舞"造型的秦公簋

从秦公簋的工艺造型设计来看，可谓"龙飞凤舞"。从其悬钮到侧脊，有九条飞龙，中脊有五条飞龙和一只凤鸟。同甬钟不同，簋的形制为椭方形，所以每只簋只能发一个音。因此，簋要比甬钟更具有礼器的性质。

重耳归晋

公元前 636 年，晋国局势更加不稳定，由于晋怀公不得人心，晋国大臣转向重耳，于是秦穆公派军队护送重耳回国，秦军击败前来抵抗的晋军，平定晋乱，流亡在外 19 年的重耳终于回到晋国首都，登上君位，是为晋文公，当时重耳年已 62 岁了。晋文公任用贤臣狐偃、赵衰等人，纳周襄王，救宋破楚，继齐桓公之后，开创了诸侯霸主之业，登上霸主地位。此图出自清末石印本《东周列国志》。

> 历史文化百科

〔先秦文字之一：陶文〕

当时人留在陶器上的文字，一般为直接刻写或用玺印压成。陶文最早见于新石器晚期，到春秋战国时期普遍风行，多为印文，齐、韩、燕、赵、秦、滕、邹等国故城遗址均有发现。陶文内容不一，大体为负责制陶的职官名、陶工及其籍贯，陶器的名称、制作时间、地点和使用机构等。

《左传·僖公二十四年》
《史记·晋世家》
《国语·晋语》

介子推
晋文公

尊严
尊贤

寒食节

人物　典故　关键词　故事来源

〇二九

介子推隐居

中国传统的"寒食节"，产生于春秋前期的晋国，为的是纪念清廉耿介的介子推。

不屑追求名利

晋文公重耳归国为君后，赏赐随从流亡者及拥立有功人员，大的赐予封邑，小的提高爵位和俸禄。一时间，追求功名利禄的习气代替了原先同甘共苦的风尚。歌功颂德、吹拍拉扯之风渐炽，昔日重耳、今日晋文公，开始被一班钻营拍马、党同伐异的人所包围。为人耿介的介子推看不惯这种状况，暗忖再呆下去已属无味，于是在第一次随班朝贺后，便托病居家，奉养老母。

直奔绵上山里

介子推家原本贫苦，自己在外流亡十九年又无积蓄，就只能织屦为生（屦是古时的一种鞋子）。因为他没在朝上露面，晋文公封赏群臣，竟把这位曾割下自己腿上肉做汤救自己活命的人忘了。

介子推的母亲见厨下无米，叹息着对介子推说："儿啊，如今新君登基，八竿子打不着的人都在想方设法邀功请赏。你随新君出亡十九年，忠心耿耿，备尝艰辛。为什么不去求取一官半职呢？"介子推说："献公有九子，数主公最贤。夷吾、子

围无德无能，才给主公归晋提供了条件。现在靠天之幸，主公得以回国继承君位，许多人皆以为是自己之功，实在可笑可怜。我如去同这帮营营苟苟之辈混作一堆，岂不有辱我的人格？儿无求于功名利禄，有生之年能回国奉养母亲，已是天降福祉于我，何必再去求见国君呢？"介子推的母亲听后欣慰地笑了，说："我儿没辜负老身的苦心教导，愿做个廉介之士。我能为廉士之母也感到十分高兴。但在此闹市织屦为生，有碍我儿养性，我们何不归隐山泉，渔樵为生？"

介子推大喜，当天就收拾衣物，背起母亲，直奔地处今山西介休市东南的绵上山里而去。

放火烧山寻找

介子推的朋友见此心有不平，便写了一张条幅："龙欲上天，五蛇为辅。龙已升云，四蛇各入其宇，一蛇独怨，终不见处所！"乘夜

春秋立人陶范
范是铸造金属器物的空腔器，陶范用经过筛选的黏土和砂制成，高温焙烧，接近陶质。用范组合成铸型进行浇铸的方法叫范铸法，春秋时期已有可重复使用的陶范。

相传介子推抱树被焚死后，晋文公为了哀悼他，便以该树制成木屐。

前632年

交龙纹斗

此交龙纹斗腹微鼓，把为略弯的筒形，把上伸出一根细管与器口相连。腹饰宽带状交龙纹、绳索纹和变形交龙纹。

割股啖君

重耳流亡出走，受尽屈辱，在流亡期间，有几个忠心耿耿的大臣不顾危难艰苦，一直追随着重耳，其中有一个就是介子推。有一次，重耳因饥饿晕倒，介子推为救重耳从自己腿上割下一块肉，用火烤熟了送给重耳吃。后来重耳回国做了君主，奖赏原来跟随他的大臣，但介子推不受，带上老母躲进了绵山，晋文公放火烧山，以逼介子推出来，介子推终不肯出，母子相抱被烧死，晋文公失声恸哭，命葬于绵山，立祠祭祀，改绵山为介山，又将绵山之田留作祠田，以旌扬介子推的高尚品德。以下二图出自清末石印本《东周列国志》。

间挂在宫门口。次日上朝，晋文公一见条幅大惊，马上醒悟说："'五蛇'指的是陪寡人流亡的五位老臣，'一蛇'指的是介子推！寡人竟把介子推忘了啊！"于是急忙下令备车去接介子推，回报介子推已不知去向，邻居说可能隐居绵上山里去了。晋文公跌足叹道："都是寡人的错！都是寡人的错！"说罢，亲自率领人马到绵上来找介子推。

晋文公一行在绵上山里转了几天，不见人迹，几位农夫说，前几天曾见一汉子背着老妪往山里去了。晋文公有些不悦地对左右说："寡人漏了子推，接连多日呼寻，已见寡人悔过之心，子推仍避而不见，叫寡人如何是好？"同晋文公一同出亡十九年的将军魏武子说："子推是个孝子，叫他不出，让我放把火，他必然背着母亲逃出山来。"文公觉得未始不是一个

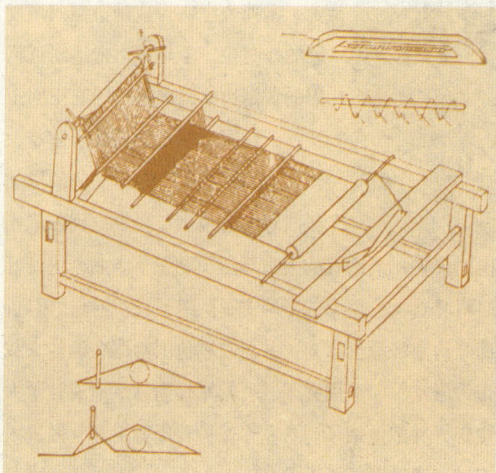

出现较完整的织机

商周时代，织机在原始的腰机基础上有了很大进步，当时织机上已有提花装置，西周时又出现了织锦技术。到了春秋时代，织机逐步完善。汉人刘向《古列女传·鲁季敬姜》对鲁国的织机作有描绘，从中可以推测织机已有了机架、定幅筘、卷经轴、卷布辊、引综棍等装置，还配有清除经纱上的疵点、引纬和打纬的工具，由此可知，春秋时代已出现了比较完整的织机。图为鲁国织机结构复原图和明刊本《鲁季敬姜》插图，以及明代《天工开物》中的花机。

> **历史文化百科**

〔古时居丧之礼〕

古时双亲逝世，儿子须服三年丧礼。居丧期间，不得行男女娱乐之事，同时还得"粗衰，斩，苴经带，杖，菅屦，食粥，居倚庐，寝苫，枕草"。其中粗衰是一种丧服，胸前正中缀有一块长六寸、宽四寸的麻布，称衰。斩是当时五种丧服中最重的一种，用最粗的麻布制成，不缉边，断头外露，以示哀痛不修饰。苴经带也是丧服的一种，即用稻草搓成草绳拴于腰间。杖即孝杖，也称丧棒，居丧时期手拿着。菅屦即草鞋，居丧时穿。倚庐是守丧时住的屋子，搭在家宅中门外的东墙下，倚木为庐，门向北开，用柴草盖成，不涂泥。寝苫指睡在苫草编成的草席上。枕草，居丧时以草或石块作枕。所有这些，构成为古人的"居丧之礼"。

办法，于是下令在山前山后四下放火。

人间始有寒食节

时当初春，林木干燥，大火烧了三天三夜，只烧得野猪狐兔到处乱窜，就是不见人影。等山火熄灭，军士搜山，只见介子推母子怀抱枯树已被烧死。晋文公见此惨状，号啕大哭。于是下令：于绵上立县，取名介休，意为介子推休憩之地；改绵山为介山，并于山下建立祠堂，岁岁祭祀。

晋国百姓为纪念这位廉介君子，用见火忧伤之意，约定俗成清明节前一天，即介子推被烧死的这天为寒食节，先为一月，后减至三天。至今山西南部地区仍有在此节期间"禁火"、"禁烟"之俗，家家预备干粮，门前插柳，或野祭，据说就是纪念介子推的遗俗。

蟠蛇纹鼎

春秋时期鼎的制造工艺已是相当纯熟，其器表装饰性很强。顶部的圈形捉手镂空，盖与口扣合处有三个扁方形卡口，鼎腹较浅，下腹壁大幅收敛，附双耳，三兽蹄足。鼎腹饰绳索纹、蟠蛇纹和蕉叶纹。

> 春秋时代的晋国贤人介子推。

春秋时代第一个中原霸主齐桓公于公元前643年去世了。这使得几个大国之君蠢蠢欲动起来：刚回国当上国君的晋文公其实早有在中原争霸的野心；秦穆公也想在函谷关以东发展；一直被人们视为南蛮之国的楚国也想逐鹿中原。这三个大国究竟谁会得手呢？

计取商密

秦穆公想安顿周襄王，反被晋文公抢先做成了，为向国人有所交待，于是智取商密。

晋文公勤王成功

公子重耳在外流浪了十九年，备受艰辛，回国当上了国君。晋文公即位后一心争霸中原，现在时机终于来临。由于太叔带作乱，逼使周襄王出奔到郑国避难。秦穆公也认为这是秦国向东发展的好时机，于是率军抵达靠近洛阳的黄河边上，准备安顿襄王回王城。诸侯国率军帮助周天子解难，当时称为"勤王"。晋文公的舅父狐偃对文公说："要想得到各诸侯国的拥护，最适宜的大事莫过于勤王了。如今正是好时机！"晋文公便率领了两支军队南下，迅速抵达阳樊，即今河南济源县东南，并派右军包围盘踞在温的太叔带，派左军保卫周襄王。晋右军轻而易举地战胜了太叔带，并把他杀了。晋左军保护着周襄王和眷属进入王城，襄王恢复了天子之位。

晋文公在周朝廷按照礼仪循规蹈矩地向天子行了朝见之礼。周襄王也以礼举行了盛大的答谢宴会，并且赐予晋文公阳樊、温、原、州、陉等地，大约相当于今河南新乡地区的范围，这使晋国的领土向南推进了一大片。晋文公勤王的一招真的十分见效。

善战的山戎

和其他北方少数民族一样，山戎也极善战。公元前6世纪，山戎已发展得颇为强盛，曾入侵过郑国、齐国、燕国，后来被齐桓公打败，其族人也渐渐融入汉族及其他少数民族中。图为北京延庆县发现的山戎某贵族墓葬，其中出土了不少铜短剑和铜马衔。

前605年
前562年

公元前605—前562年

世界大事记

新巴比伦国王尼布甲尼撒二世在世。

秦穆公 晋文公

善思 谋略

《左传·僖公二十五年》

人物 关键词 故事来源

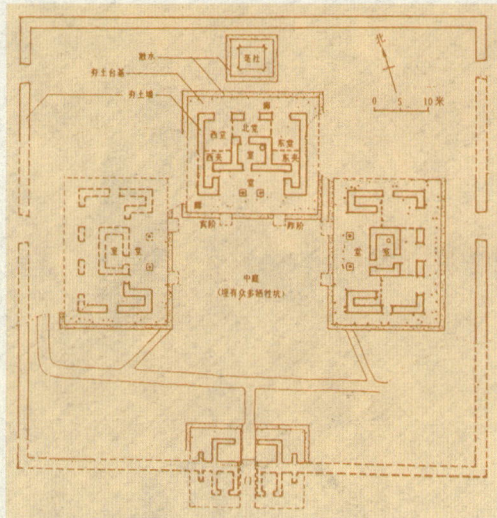

诸侯要按礼制规定祭祀先祖

春秋时期，祭祀先祖是最重要的活动之一，在陕西凤翔马家庄秦故城发现了春秋时的宗庙建筑群，这是三代以来保存最完整的大型宗庙。该庙建于春秋中期，是一个近似方形的院落，总面积近7000平方米。内有三座建筑，分别为太祖庙和昭穆庙，当时秦尚为周之诸侯，按礼制规定，"天子五庙，诸侯三庙"，秦宗庙正与此相合。

秦穆公南下发展

秦穆公眼看着成熟的桃子被晋文公抢先一步摘走了。既然军队已经开拔在外，一事未成，必须做一件成功的事才能班师还朝，于是约定晋文公的军队联合攻打鄀国。鄀国有上鄀、下鄀两国，下鄀在秦国和楚国的交界处，鄀城为商密，约在今河南淅川县西南。上鄀在今湖北宜城市东南。秦穆公要攻打的是下鄀。

下鄀虽然是蕞尔小国，但是对于秦国来说，若取得下鄀，则在向东向南扩张的道路上有了一个据点；对于楚国来说，下鄀是抵抗秦国南侵的前沿阵地。驻守楚国北部边境的申公斗克和息公屈御寇各自率领了一支军队驻防在商密附近，以帮助下鄀抵御秦晋联军。

神出鬼没的战争行动

秦穆公深知斗克和屈御寇率领的申、息之师是楚军中极具战斗力的部队，而自己的军队已是疲师在外，若按常规的正面作战，胜算甚少。于是避开楚军，绕道经过下鄀国的另一个城邑析，约在今河南淅川县西北。在黄昏时分，秦军把自己军队中的部分役卒捆绑起来，假装是已经攻下了析而抓获的俘虏，并"押"着这些"俘虏"包围商密。夜幕降临，秦穆公又主持演出了同"斗克"、"屈御寇"歃血为盟的假戏。商密人看到这种情景，恐惧地说："秦军已经攻取析邑了，帮助戍守的楚人也与秦订立盟约，快要返回了。"于是，商密人打开城门，向秦军投降。商密投降后，秦军连夜偷袭楚军，俘获了斗克和屈御寇。等到楚国的统帅令尹子玉得知两个将领被掳、派军追赶时，胜利班师的秦军已经远去了。秦军未动干戈，未伤一兵一卒，用计取得下鄀国，这说明当时的战争，已尽量避免硬拼硬打，而采取各种诡诈的手段，减少损失，以智谋取胜，这是战争的进步。

秦国攻取下鄀国，其战略地位和收益虽然不能同晋国获得的阳樊、温、原等地相比，但毕竟也是秦穆公在向东向南扩张的过程中所做的一件大事。 》王仁巍

历史文化百科

〔从血缘组织到地域组织：先秦时代的"里"〕

学者认为，"里"是一种基层地域性社会组织，在不同历史阶段内表现为不同的社会内涵。西周时期是"里"的萌芽期，以居民血缘亲族组织为社会基础，表现为地域性和血缘性的双重特性。春秋时期是"里"的成长期，普遍被用作各国城邑中最基层的地域性区划单位，也是最基层的社会组织，同里居民不再同属一个亲族组织。"里"具较强的自治性能，有一定的行政、生产与军事的组织作用。战国时期是"里"的成熟期，虽仍设于城邑之中，但已成为县制度下最基层的地方组织，其主要社会作用为维护社会秩序，保障对居民徭役和兵役的征发，其政治性、地域性的功能最终确立。

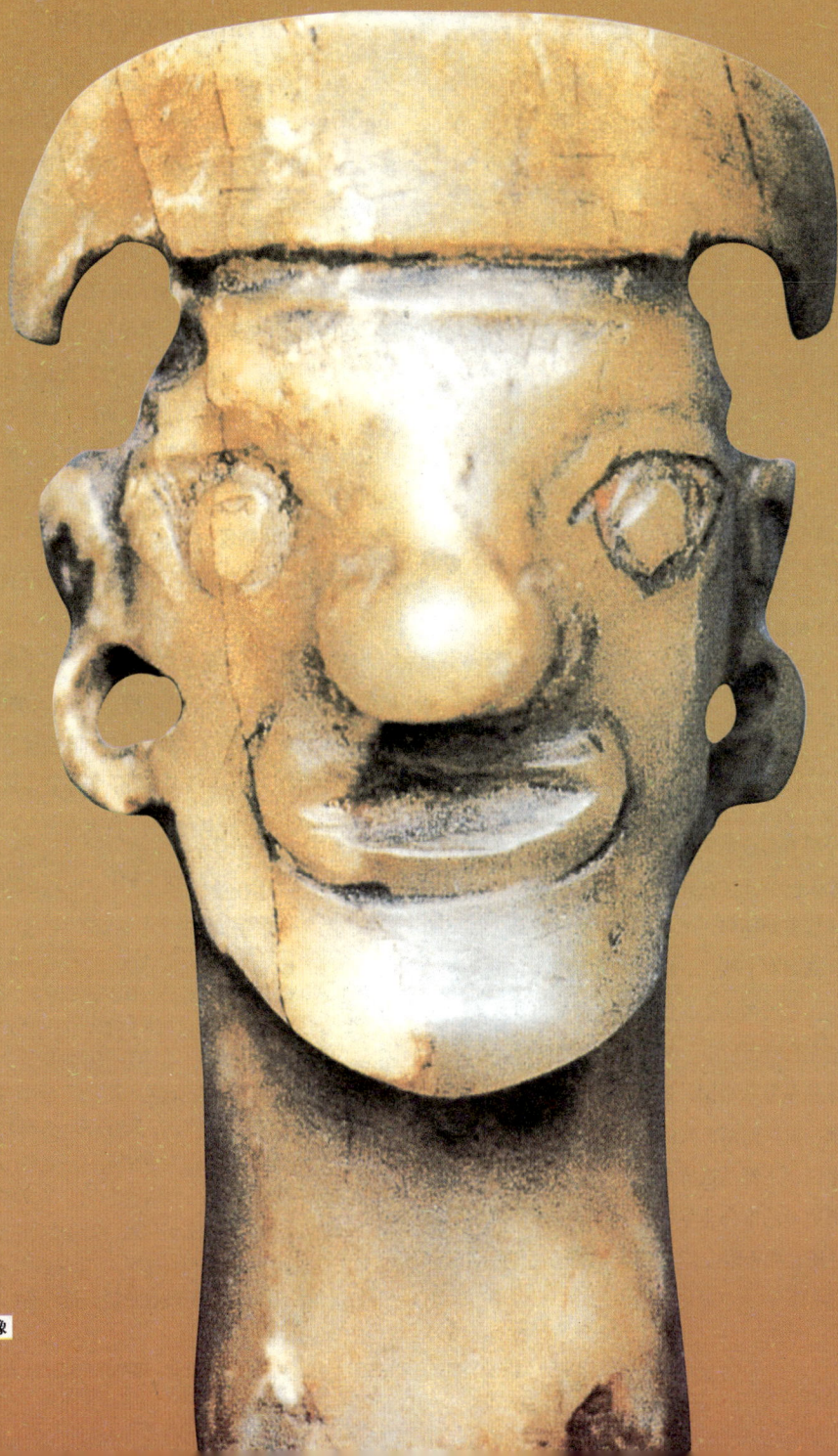

异域民族的造像

前600年 公元前600年

世界大事记 希腊奥林匹亚的赫拉神庙约建于此时。

僖公二十五年、二十八年《左传·
《史记·晋世家》
《国语·晋语》

晋文公 楚成王 退避三舍 韬晦 谋略

人物 典故 关键词 故事来源

○三一

晋文公称霸

楚成王礼遇晋公子，重耳开出了一张"退避三舍"的报恩期票，不料，数年后变成了诱敌深入的死神陷阱。

晋国的崛起打破了原有平衡

晋文公选贤任能、轻徭薄敛、发展生产，晋国由此大治。他又实行睦邻外交，同秦、齐等国修好。公元前635年春，他带兵助周襄王平定王子带之乱，被赐阳樊等地，于是，渐渐地有了齐桓公"尊王攘夷"的盟主风范。

晋国的崛起，打破了列国间原有的平衡，局势剧变。先是楚国为争霸中原，加紧向北扩张；其次是得罪过流亡期间晋文公的曹、卫等国，怕晋文公报复，纷纷倒向楚国，特别是卫国，更同楚国结成通婚之好，以求庇护。而宋国因宋襄公善待过重耳，又恨襄公争霸时遭受过楚国凌辱，继位的宋成公便断绝了同楚国的来往，完全投向晋国。楚庄王大怒，派令尹子玉、司马子西为将，联合陈、蔡、郑、许，出兵伐宋，包围了宋国的缗邑。宋成公遣使向晋国求救。

"报恩、救难、取威、定霸在此一举"

晋文公召集群臣商议。大臣先轸说："晋楚争霸，已势成水火。现在楚国纠集重兵围攻宋国，意在先发制人。于我晋国而言，报恩、救难、取威、定霸在此一举！"狐偃说："我等流亡时，楚王曾有恩于我，直接出兵与楚接仗，情面上似乎有亏，我们避其正面，攻其必救，就可避开这份尴尬。"晋文公点点头，问："那么，其必救何在呢？"狐偃回答说："曹、卫二国就是必救！主公可以当年曹、卫二君无礼于我的名义，发兵攻打。曹、

异域民族的造像（左页图）

商末周初，伯益后人在今河南潢川建立黄国，国君被周朝封为子爵。公元前648年，被崛起的楚国兼并。这件玉雕人头1983年出土于河南光山宝相寺，黄国众多出土玉器之一，玉材呈黄褐色，采用透雕手法刻画出一个高鼻、深目、大下颌的戴冠人头像，双耳和头部有穿，用以系挂。

卫一急，楚国必移师援救，宋国之围不战而解。"晋文公说："计策是好，不过楚国移兵来救，晋楚便直接照面。以实力论，我方难握胜算，如能得齐、秦相助，楚军必败无疑。但又如何向齐、秦开口呢？"先轸想了想，说："不妨先设法使楚国得罪齐、秦，然后再激两国出兵。"晋文公问："可有妙计？"先轸

率先挑战周王权威的楚武王

楚武王姓熊名通，公元前741年，其兄蚡冒卒后，他杀侄子自立为楚君。熊通在位期间，楚国国势蒸蒸日上，对外扩张取得了很大的成就，公元前704年，熊通抛弃周朝的子爵封号，自称楚武王，开春秋时诸侯称王的先河。楚武王在位52年，到他去世时，楚国已经统一了整个江汉平原，打下了北上争霸的基础。

话说中国

103

前627年

公元前627年

中国大事记

秦国趁晋文公新丧发兵东侵，结果回兵时在崤山中伏，全军覆没，正副帅皆被晋军俘获。秦国从此专注向西经营。

春秋

说："第一步，让宋君遣使齐、秦，央齐、秦劝楚退兵。第二步，等齐、秦使者出发，我即发兵攻打曹、卫，将所得之地转送宋国。楚国见劝他不攻宋，而宋竟占领曹、卫土地，必定拒绝。齐、秦被拒，面子全失，那时我再出面邀其一起出兵，齐、秦自然为我所用了!'晋文公一听，连称"妙计!"于是依计而行，楚国果然中计。

先轸的谋略

公元前632年春，晋文公尽发三军，一举攻破曹、卫，活捉曹共公。楚国震动，成王下令移师救卫。主帅令尹子玉派将军宛春送信给晋文公说："晋如恢复曹、卫旧状，楚即解除对宋的包围。"晋文公接信后，一面想起楚王、子玉等对自己的旧情，一面又觉得用已被占领之曹、卫，交换被围的宋，未免吃亏，一时举棋难定。先轸进言说："我看可以答应子玉的要求。试想：我如拒绝楚国要求，宋绝望降楚，楚国势力更加强大，且曹、卫、宋都感激楚国恩德。我却与三国结下怨恨。不如私下答应恢复曹、卫，以此离间二国同楚国的关系，同时扣留楚使，激怒楚国。然后与齐、

商丘古城遗址

公元前632年，晋文公面对来势汹汹的楚军，听取了狐偃的建议，退避三舍（三十里为一舍），随后在城濮大败楚军，并奠定其中原霸主的地位。而晋楚城濮大战的起因是宋国的背楚从晋。公元前635年，楚成王亲率大军围困宋都商丘，宋国便向晋国求救，而这正好给了晋文公称霸中原的绝好机会。图为商丘古城墙遗址。

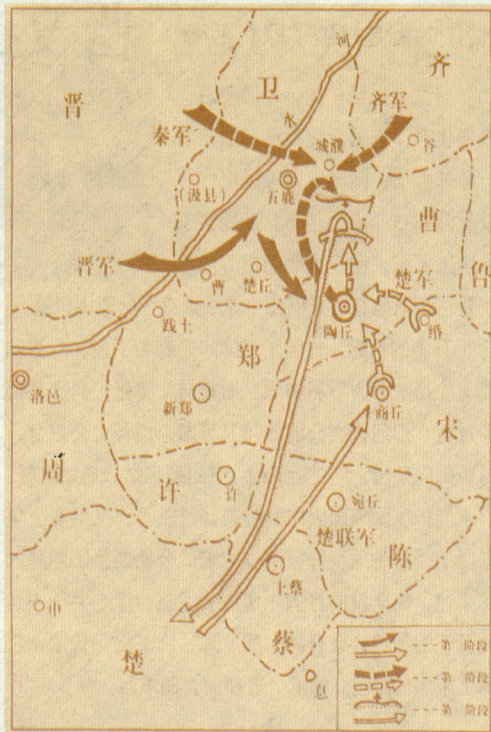

晋楚城濮之战示意图

公元前632年，晋、楚两国正式在城濮（今河南范县）决战，晋军列阵于莘北，胥臣以下军抵挡陈、蔡的军队。楚军子玉将中军，子西将左军，子上将右军。晋胥臣先冲杀陈、蔡联军，陈、蔡联军崩溃，楚的右军也溃退。晋上军狐毛和下军栾枝假装溃逃，诱使楚军追逐，晋先轸、郤溱以中军横截楚军，狐毛等以上军夹攻击溃楚左军，楚军只剩子玉的中军，在兵败回国途中，楚王又逼遣子玉在连穀自杀。于是，晋军凯旋，晋、郑在衡雍结盟，周王到会，又宴请晋文公，并加赏赐，还下诏令晋文公为叔父，令他安抚四方诸侯，惩治不朝的邪恶。晋文公正式被命为侯霸，成为春秋时代第二个霸主。

秦同盟，集中兵力，打垮楚军，完成我称霸的目的。"先轸的一席话，说得人人叫好，文公决定照此办理。

退避三舍，大败楚军

楚成王料子玉不是晋文公等人的对手，让人送信令其撤兵。恰在这时，宛春被押，子玉不禁大怒。

城濮之战，晋文公为了实践他对楚王的诺言，对楚兵退避三舍，一舍是多少距离？

世界大事记

埃及法老尼科二世派遣腓尼基水兵首次环航非洲。

退避三舍

楚国一直做好了向中原大进军的准备，公元前632年，楚国倾国而出，围攻宋国，宋向晋求救。晋文公发兵先攻下楚国的盟国卫国和曹国，楚军见势不妙，不得不撤出宋国。但率领楚国主力军的大将子玉却不听从楚王撤军命令，决定要与晋军一争高下。晋国大臣先轸向晋文公献策：一面暗中允许曹、卫复国，以离间曹、卫与楚的联合；一面扣留楚使，以激怒楚军主帅子玉。晋文公一一照办，子玉大怒，发兵攻晋，晋军后退，晋文公为了实践昔日答应楚王的承诺，晋楚交战，晋军主动退避三舍之地。晋军退到城濮驻扎下来，子玉又带兵前进，于是，春秋时期最著名的一次大战（城濮之战），就在晋军退避三舍、楚军步步紧逼之中发生了。此二图均出自清末石印本《东周列国志》。

曹、卫二君的绝交书也在此时送达，子玉更是火上加油。他暴跳如雷，下令撤去宋国之围，全军北上，欲与晋军决一死战。

晋、楚相遇，楚军排开阵势：楚在中，郑、许在左，陈、蔡在右。晋文公下令后退一舍，古代一舍为三十里。众将领不解，纷纷请战。狐偃解释说："昔日主公在楚，曾对楚王说过：'他日晋楚相争，晋当退避三舍，以报今日之恩。'现在后退，正是主公不失信于人。我军退后，楚军再若相逼，则楚以一名臣

子逼晋一国之君，道理上他们就亏了。我们以君避臣，全军皆有怒气；他们以臣逼君，将士自成骄心。彼骄我怒，请问孰胜孰负?!"大家听了频频点头。

晋军连退三舍，楚军步步进逼，直逼至城濮。晋文公令少量军队佯败，子玉中计，挥师急进，晋军伏兵尽起，与齐、秦、宋军四面合击，楚军大败。子玉受到楚成王的责备，乃自杀身亡。"退避三舍"，原是一份人情，可运用得好，人情变成了陷阱，晋军因此获胜。

举行盟会，朝见周王

晋文公击败了楚国。在获得周襄王同意后，同年五月，晋文公召集齐、鲁、宋、蔡、郑、卫、莒、陈八国，连同晋国共为九国，于践土，即今河南原阳县西南举行盟会。周襄王亲自赴践土，晋文公到践土的王宫朝见周王，献上楚俘，有战车百乘，徒兵千人。周襄王即册封晋文公为"侯伯"，并赐以大辂、彤弓等礼品及虎贲（勇士）三百人。晋文公终于成为继齐桓公之后中原华夏族的又一代盟主。

> 历史文化百科

〔五种军事绝地：五墓〕

春秋战国时期流行的一项军事术语，专指五种容易遭到敌军袭击而有全军覆没危险的五种绝地。它们分别是：天井、天宛、天离、天隙、天枯（树摇之意）。天井指四周高中间低洼地形；天宛指山险环立、易进难出地形；天离指树密草深，行军困难且无从防备地形；天隙指两山之间极为狭窄的谷地；天枯指沼泽密布、泥泞易陷之地。

话说中国

○三二

烛之武智退秦师

秦晋两国大军压境，烛之武智退秦师，晋国也只好撤兵，解救了郑国的危难。

秦晋围郑，危在旦夕

晋文公在城濮之战以后确立了霸主的地位。可是地处中原的郑国有几件事做得不地道：在城濮之战中，郑文公派了一支军队帮助楚国作战；在晋文公向周襄王贡献战利品、行朝见礼时，郑文公竟然以卿的身份辅佐襄王，既对晋文公无礼，并有不服晋国之意；又正在暗底下勾结楚国。周王室也不满郑文公的所作所为，派王子虎召集鲁、晋、齐、宋、陈、秦等诸侯国的使者会盟，要各国出兵讨伐郑国。可是会盟后真正愿意出兵的唯有晋国和秦国。

晋国当然要出兵。一是晋文公要洗雪郑文公的无礼之恨；二是作为霸主之国要带头执行天子的旨意；三是郑国若倒向楚国，就是在晋楚逐鹿中原的天平上为楚国加上一个重重的砝码。秦国为什么要出兵？秦穆公还是要为实现向东扩张的梦想而一搏。

足智多谋，晓以利害

郑国的兵力本来就难以抵抗秦国或晋国一国的军队，更何况现在秦晋两国的大军压境呢！郑国危在旦夕。郑国有大臣向郑文公建议：若让烛之武去见秦穆公，一定会使秦军退去。秦军一旦退走，就能解郑之围。

郑文公就去见烛之武。烛氏却一口拒绝，说："我年轻时就不如人，现在老了，更没有用了。"郑文公听出了烛氏的话中之音，于是道歉说："我不能及早地重用先生，现在遇到危急才想到你，这是我的过错。可是郑国若被灭亡，对先生也会不利的吧。"考虑到国家的危亡，烛之武勇敢地担起了重任，于是在夜晚让守城的士兵用绳子把他吊放到城外。

烛之武拜见秦穆公后，就同他作了一番交谈，当然是为了实现自己退秦军的计谋。首先，烛氏向秦穆公阐明利害关系：攻打郑国，其利在晋不在秦，秦国艰难地劳师动众是在为晋国的霸业添筹加码。第二，烛氏挑拨了秦晋关系：秦穆公曾经出大力先后帮助晋惠公、晋怀公上台，晋国发生饥荒，秦向晋支援了大量的粮食，可是秦国闹饥荒，他们却颗粒不给；他们曾答应割地相谢，可是他们立即筑城，以抵御秦国的接收；晋国的国君是贪得无厌的，若郑国灭亡，成了

刀币

刀币是外形与刀相似的货币，起源于东方渔猎及手工业发达的地区，由一种称做"削"的工具演变而来。齐国刀铭上有"代"字，以"化"（货）为单位，故亦称"刀化"，形制仿青铜刀削，多作凸背凹刃状，且标明地名，如在山东北部不断出土窖藏的一种面文为"齐之法化"、"节墨之法化"、"安阳之法化"、"齐法化"等的刀币，多者一次出土数千枚，少者几十枚。学者研究认为是春秋时代流通的齐国的金属铸币。

春秋

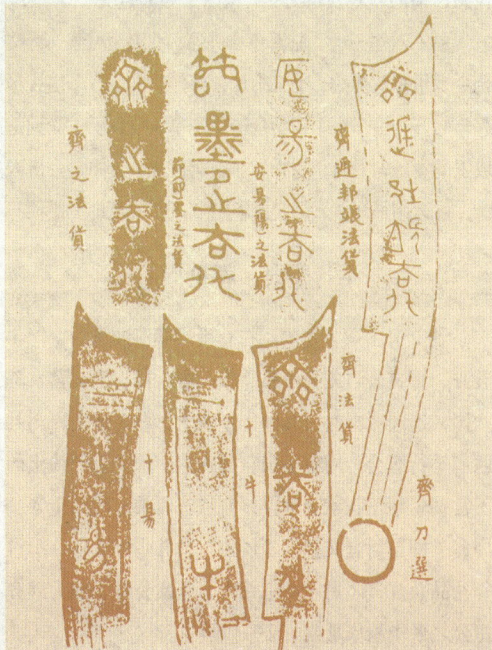

烛之武　秦穆公

谋略　善思

东道主

《左传·僖公三十年》

人物　典故　关键词　故事来源

话说中国

春秋圆鼎

青铜鼎是古代的食器，用于煮或盛放鱼肉，形制大多圆形三足两耳，亦有四足的方鼎和圆形、方形扁足鼎、分裆鼎等形式。在古代社会中，鼎被当作"明尊卑、别上下"的等级制度和权力的标志，古代用鼎制度，按一定的规格陪葬一定数量的鼎。春秋早期鼎的式样承袭西周晚期形制，并稍有变化，中期以后，鼎的形制和纹饰的改变剧烈。春秋圆形鼎的器身一般为盆、盂或缶等之形状，大多为兽蹄足。如春秋早期蟠蛇纹鼎，直口平缘，厚大的斜立耳，腹宽而丰满，矮兽蹄足。春秋早期秦公鼎，口微敛，腹线以下鼓出，器体偏宽，兽蹄足粗大。春秋中期兽目交连纹鼎，为圆底鼓腹兽蹄足式。春秋晚期蔡侯鼎，为直口覆盖附耳深腹长兽蹄足式，平盖圆肩，中央套铸一环，周缘有三个8字钮，兽蹄足上段饰兽面，中段较长，下段为蹄形。这种形式的鼎为长江流域诸国通例。

历史文化百科

[先秦通行证：传、节]

传是春秋战国时期各国普遍使用的一种通行凭证。材质大多为木，也有用帛的。一般木传长五寸，上面画有符信，再用一块板封住，封泥上大多印以御史章徽，以昭凭信。如是帛传，则基本是一式两份，持有人及关隘处各留其一，核对无误便予放行。传通常与节相辅而用，以节为主。

节的材质及形制依持节人的身份不同而不同，所谓"守邦国者用玉节，守都鄙者用角节。凡邦国之使节，山国用虎节，土国用人节，泽国用龙节，皆金也"。此处"金"字作铜解。玉、铜节只是少数，大部分的节都用竹制。

晋国的领土，继而就会肆意地向西扩张，就会使秦国受损。最后，烛氏代表郑国答应秦军撤退的条件：让秦国派一支军队驻扎在郑国，郑国愿意成为秦国向东扩张的"东道主"，向秦军提供粮草辎重。秦穆公参与攻打郑国意图就是想在郑国建立一个据点，既然目的可以如此轻而易举地达到，又何必再让将士们冒矢石、捐身躯呢？秦穆公就欣然接受了郑国的条件，让杞子、逢孙、杨孙三个将领率领一支秦军驻扎在郑国，自己就率军回国了。

孤掌难鸣，三个不利

秦军撤退后，就剩下晋国一国的军队了。晋国的狐偃请以晋军单独击郑，晋文公制止说："不可。晋、秦两国约好共同击郑的，现秦国突然单方面退兵，这样微妙的变化，人的力量是不能达到如此的。用人的力量去故意破败一个国家，这是不仁；失去盟国而单独干，这是不智；以乱之势代替联合出军，这是不武。有这样三个不利因素，我们还是回去吧！"于是，晋国也撤兵归国。烛之武的计谋解救了郑国破败、灭亡的危机。　＞王仁巍

凤纹陶范

陶范法是一种采用陶土制成铸型（范）制作青铜器的方法。此种铸造工艺需要制模、制泥范、泥范阴干、焙烧成陶范后再浇铸等多道工序，费时费力，后世渐少使用。燕下都遗址发现了大型青铜器铸造工场，从中出土了数万件各种形制的陶范，代表了战国时青铜冶铸技术的发展水平。

○二三

春秋

晋文公对流亡时期的恩怨,记得非常清楚。凡有恩者,当给予报答;凡有怨而曾对晋文公非礼待遇者,必予以报复。

晋文公执意报复

公元前630年春,晋文公发兵讨伐郑国,报复流亡时郑文公对他的污辱。大军兵临郑国都城新郑城下,失去楚国依靠的郑文公一筹莫展。晋文公递过话去,要郑文公拆去城上的女墙,使其失去守备功能,以示污辱。郑文公派使者拿了传国宝玉去献给晋文公,请求通融。晋文公想起当年逃亡经过郑国时,郑国上卿叔詹甚至建议杀了他们一行以绝后患,不由怒气难平,对郑国使者说:"不拆女墙也行,回去告诉你们国君,只要把叔詹缚了送来,寡人就下令退兵。"

郑叔詹在劫难逃

使者回报郑文公,郑文公十分为难,自己过去得罪了人,如今却出卖下属,今后如何面对大臣和天下诸侯?叔詹见郑文公为难,就上前一步,主动请求前往晋营。郑文公不答应,叔詹坚决请行,说:"舍臣

交龙纹匜
图为春秋早期的交龙纹匜,短槽流深腹圆圈底,下具四条兽蹄足,后部有龙形鋬,匜身饰交龙纹。

临危自救

危急关头,郑卿叔詹主动前往晋营。临刑前,自忖必死的他直白苍天。想不到因此得到了晋文公的尊重,千钧一发之际救回了自己的生命。

一人而可救百姓、保国家,主公何必阻止微臣前去呢?"郑文公无可奈何,只得答应叔詹的请求。

勇敢与机智救了他

叔詹被押到晋军大营,晋文公下令将他处以烹刑,就是投入鼎镬中活活煮死。叔詹毫无惧色,向着晋文公大声说:"死便死耳,只是请晋君允许臣下把心中的话说出来,然后就刑。"晋文公想听听他说些什么,就点头同意。

临危自救
公元前630年,晋、秦联军围攻郑国,晋军驻在函陵、秦军驻在氾南。郑文公听从大夫佚之狐的建议,派大臣烛之武去游说秦穆公。秦穆公与郑国私下结盟,留杞子等帮郑戍守,自己带兵回国。郑文公又派人到晋军中求和,答应迎立公子兰为郑的太子,又献出谋臣叔詹。晋文公准备烹煮叔詹,叔詹面不改色,慷慨陈言,说了一通仁、智、忠、勇的道理。晋文公听罢,大为称赞,不但没有杀叔詹,而且加礼甚厚。此图出自清末石印本《东周列国志》。

前586年

公元前 5 8 6 年

世界大事记

新巴比伦王尼布甲尼撒二世攻陷耶路撒冷，摧毁圣殿，灭犹太国，大批犹太人被掳往巴比伦，史称"巴比伦之囚"。犹太教基本形成。

《左传·僖公三十年》
《国语·晋语》

勇敢　机智　宽容
晋文公　叔詹

人物　关键词　故事来源

叔詹说："上天降灾祸于我郑国，使我君主像昏聩的曹君一样对晋公子无礼。我曾向敝君主进谏，晋公子虽逃亡在外，但他礼贤下士、德才兼备，随他流亡的辅臣个个都是卿相之才。如果将来晋公子复国为君，晋国必定强盛无敌，那时，郑国必定遭殃。今天，不幸被我言中。微臣作为郑国上卿，能在国家危难之时，以一己生命免生民于涂炭，乃是我的光荣；以一己生命为国君消除祸殃，乃是我的忠诚。"叔詹说罢，看着熊熊烈火上沸水翻滚的大鼎，头也不回地走过去，手攀鼎耳大叫道："从今而后，竭智尽忠报效君王的臣子，都将和我叔詹一样下场啊！"晋文公闻言大惊，急令手下拉住叔詹，撤下鼎镬，不仅不杀叔詹，反而以厚礼相待，释放他回去。

叔詹以自己的无畏与明智，既救了自己，也救了郑国。

莲鹤方壶精美绝伦

青铜壶一般用于盛酒，主要盛行于春秋战国时期。这件莲鹤方壶 1923 年出土于河南新郑李家楼春秋郑国大墓。此壶原为一对，通高 126 厘米，形制宏伟。器身上下遍布各种纹饰，不仅造成异常瑰丽的装饰效果，而且反映了在春秋时期青铜器艺术审美观念的重要变化。壶盖上部为两重向四周翻仰的莲瓣形装饰，烘托出盖心一只展翅欲翔的仙鹤。鹤的形象生动真实，为早期青铜器艺术中所罕见。此壶形制极其复杂，设计异常奇妙，铸作技巧精湛，堪称春秋时期青铜艺术的典范之作。

> ## 历史文化百科

〔美轮美奂的青铜工艺：错金银、鎏金〕

错金银也称金银错，是开始于春秋，至战国中期臻于鼎盛的一种青铜工艺技术。通常做法是在铸造青铜器时，预先在器表铸出浅凹的铭文或纹饰，部分精细的难以在铸造时完成的纹饰，则在铜器铸成后再用工具錾刻上去，形成凹槽，然后在这些凹槽内嵌入金银丝或金银片，再用厝（错）石及其他材料将器表打磨平滑。因金银与青铜发出不同的光泽，使错上去的金银图案或文字看上去异常美观。此种工艺最见之于兵器上，然后开始在青铜礼器上大量使用。采用错金银工艺的器件，也由兵器、礼器向乐器、符节、玺印、车饰、带钩、铜镜等各种生活日常用器上延伸。

鎏金是另一种金属工艺技术。先把锻成金箔的黄金剪碎，放入坩埚中加热至 400℃后倒入汞，通过搅动使金、汞相溶，形成银白色的"金泥"，然后将金泥均匀地涂到器物上用炭火烘烤，金泥中的汞在烘烤中蒸发，器表上只留下了黄金，金泥的颜色也由最初的银白色变成了最后的金色，再经刷洗、压光即完成了鎏金的工艺。此项工艺适用于红铜、银及含铅、锡量不超过 20% 的青铜器。

〇三四

春秋

弦高犒军

人言商贾唯利是图，可郑国弦高却爱国至上，在黑压压逼境而来的秦国大军面前，弦高的那份智慧、自信，使郑国避过了一次大灾难。

秦军秘密袭郑

秦穆公一直想向东发展，但被强大的晋国紧紧卡住，几次试探都失败了。公元前628年冬天，晋文公死了，秦穆公顿时感到搬去了心上的一块石头。这时，穆公派去帮助郑国守备的将军杞子派人回来报告说："郑人使我掌管新郑北门钥匙，潜师而来，郑国可得。"

秦穆公为了不露风声，单车出宫去找老臣蹇叔商议。蹇叔认为袭郑不妥，说："秦、郑相隔遥远，军队尚未到达，郑国已先有防备。以我孤军深入、远途奔袭之师，强攻以逸待劳、据坚固守之郑军，怎能成功？再说，一旦受挫，千里回师尤为大危险！"满怀希望的秦穆公被蹇叔浇了一头冷水，心里很不高兴，心想：古人说"人老无刚，剑老无芒"，果然不错，如此前怕狼后怕虎，还能干什么大事？想到这里就对蹇叔说："机不可失，寡人主意已定。"秦穆公回到宫中，即传令任命百里奚之子孟明为主帅，将军西乞和蹇叔之子白乙为副帅，率军奔袭郑国。

金属货币的产生（上图）

空首布是春秋时期的金属货币，也是迄今发现最早的中国金属货币，分耸肩和平肩两种，大小不一。金属货币的出现反映了当时商品交换的发展。

老臣哭阻无效

大军出发，秦穆公与文武百官到东门外送行。白发苍苍的蹇叔深感这次行动凶多吉少，不由哭着对老朋友百里奚的儿子主帅孟明说："孟儿啊，我今天看着你们出发，恐怕再也看不到你们回来了！"秦穆公听到这种丧气的话大为恼火，不由分说让手下人把蹇叔赶到一边。

秦国大军冒风顶雪，跋山涉水，向东进发，历时一个多月，于公元前627年春天来到滑国，即今河南偃师市缑氏镇。这时正好有个名叫弦高的郑国商人从滑国经过，他赶着一大群在东边买的牛准备赶到西边周地去卖，迎面碰到奔袭郑国的秦国大军。弦高大惊，心想一群牛事小，国家安危事大，郑国君臣百姓对此还一无所知，秦军奔袭过去，郑国岂不生灵涂炭？想到这里，他一面派一名伙计日夜兼程赶去向郑君报告，一面取出几张熟牛皮，又挑选了十二头肥牛，拦在路上，高声大叫："郑国使臣弦高求见秦军主帅！"秦军前哨大吃一惊：我们正想偷袭郑国，郑国使臣怎么已经到了这里？不敢怠慢，急忙报入中军。孟明听到报告也是一惊，原先的那种偷袭的兴奋顿时被一种泄密的沮丧情绪所取代，不知究竟是怎么回事，只好狐疑不定地叫手下传郑使来见。

《史记·秦本纪》
《左传·僖公三十三年》《公羊传·僖公三十二年》

果断 机智 爱国

孟明 弦高 秦穆公

弦高退师

人物　典故　关键词　故事来源

弦高急智救国

弦高整整衣冠，强自镇定地装出一副谦恭的样子上前与孟明施礼说："敝国君主听说秦君派大军来问罪于敝国，敝君知罪矣，特遣下臣远道相迎，并以肥牛十二头作犒师之资。现在郑国军民正整饬纲纪，以自检讨。"弦高一席话，说得秦军上下心中凉气直冒。孟明见计谋已经败露，成功也已无望，不得不随机应变，强露笑容对弦高说："郑君误会了，我军实是东巡走迷了路，才来到这里，与郑国没有干系。"弦高作揖谢过，留下牛

〈历史文化百科〉

〔先秦集贸管理：质正、质剂、质律〕

质正也称质人，是先秦时期各地市廛中掌管交易的平准官，大凡集市里商品交易，如"货贿、人民、牛马、兵器、珍异"等均归质正管辖。质剂是当时买卖双方达成交易之后所用的约券，用木札写上有关文字，分之为二，买卖双方各存其一。买卖人口、牛马用长券，称为质；买卖兵器、珍宝用短券，称为剂。当时管理市场物价的法律称质律。

儿走了。正在郑国北门等待秦军消息的杞子，得知阴谋败露，料自己再难呆在郑国，急忙收拾行李逃走了。

秦军主帅孟明真以为弦高就是郑国的使者，他送的熟牛皮和十二头牛是郑国犒劳秦师的礼品，便对大家说："郑国已有准备，不可能希望速胜。攻它不克，围它又缺乏后继的部队和物资，我们将处于尴尬的境地，还是回去吧！"秦师攻灭滑国，就回师而去。弦高急中生智，扮作郑国使者来到秦军中，消弭了一场灭国之灾，真是一位令人敬仰的爱国商人。

弦高犒军

公元前628年，秦大夫杞子掌管郑国北门锁钥，暗约秦军对郑发动袭击。秦穆公派孟明等为大将，前去偷袭郑国，当秦军行进到滑国时，郑国商人弦高看出了秦军的动机，于是，他一边派人火速回国送信，一边假装成郑国的使者，带上12头牛去犒劳秦军，并说，我们国君听说你们要来，特派我前来慰问。孟明以为郑国早有防备，只好撤军，驻守在郑国的杞子等人也慌忙逃离了郑国。商人弦高的爱国行动，拯救了郑国，后世以"弦高犒军"表示爱国行动。左图出自明刊本《片壁列国志》。右图出自清末石印本《东周列国志》。

○三五

崤山中埋伏

秦穆公不听劝告,主帅孟明心存侥幸,结果崤山中伏,秦军精锐尽数成了绝地冤魂。

晋军丧期设埋伏

秦穆公发兵偷袭郑国的消息传到晋国,引起正处于丧期的晋襄公的不满。郑国是晋国同姓,晋君又是天子所封的盟主方伯,你秦国不声不响出兵郑国,岂非明目张胆向晋国挑战?于是晋襄公立即召集群臣商议。众臣一致以为,秦穆公帮助晋文公,乃是私谊,维护中原秩序,则是公道,公私不能混淆,必须对秦军采取措施。中军主帅先轸献计说:"秦军千里奔袭,依路程计算,初夏时分将经过晋秦交通咽喉之地渑池,渑池西面的崤山是秦军回国必经之路。崤山分东西两峰,相距35里,山高林密,形势险峻,有几处地方车辆无法行走,只能解下马匹推行,我军若于此处设伏,秦军必无逃生之路。"晋襄公依计而行,尽发三军,又函邀附近的姜戎一起出兵,在东、西崤山的前、后山口及左右两翼布满伏兵,自己则统帅晋军主力隐蔽于崤山侧翼,伺机出击。

孟明大意中计

被弦高唬退的秦军,眼看希望破灭,不甘心空手而归,就改变计划攻灭滑国,尽掳滑国财帛子女满载而归。四月十三日,秦军来到渑池。望着脚下的道路逐渐向险峻的崤山伸去,副帅白乙对孟明说:"主帅,崤山形势险峻,家父临行前再三叮嘱,到此务必小心!"孟明抬眼看了看崤山,一边思索一边说:"我军出来已三个半月,将士们归心似箭,过了崤山便进入秦国境界,此时怎肯缓行?近边对我们可能有威胁者唯有晋国,他们正处于文公治丧期,依礼不宜刀兵,何况我穆公又曾有大恩于文公,我们此番又不曾侵扰晋国,想必不会为难我们。"白乙想想也是。就不再疑虑,下令加速前进。

孟明亲自督率前军向崤山逶迤前进。渐渐地,上天梯、堕马崖、绝命岩、落魂涧、鬼愁窟、断云峪等险绝之处一一来临,秦军回乡心切,只顾前行,无奈山道险阻,车辆难行,加上掳掠了滑国的大量财物百姓,使队伍更加冗长。孟明为加快速度,下令士兵解辔卸甲,或牵马、或扶车,整个队伍没了章法,断断续续,零零落落。

军家必争之地

秦晋崤之战发生在古时的三门峡,这儿自古是兵家必争之地。周襄王二十五年(前627年)晋襄公为维护霸业,与来侵的秦穆公展开决战。结果,晋军借助有利地形大获全胜。崤之战遗址就是对这次战争的纪念。

世界大事记

古雅典各政治派别协议，增加执政官为10名。

《史记·秦本纪》
《左传·僖公三十二年》
《左传·僖公三十三年》
《吕氏春秋·悔过》

谋略　盲动　忠言
孟明　秦穆公

人物　关键词　故事来源

于是急令后队变前队，前队变后队，试图撤出险区，退到后面空阔处与晋军交战。但为时已晚，正在秦军掉头之际，两侧山头上鼓声大作，旗幡摇动，埋伏着的晋军一齐出动。首尾不能相顾的秦军顿时被晋军切为数段，滚石檑木、弓箭矛矢如雨点般打来，为躲避晋军的突然袭击，秦军士兵四处乱窜，山谷间一片惨号声。晋襄公见火候已到，下令合围，不过半天时间，秦国的袭郑大军已全军覆没。孟明视、白乙丙、西乞术三帅被晋军活捉。

消息传到秦国国内，秦穆公惊得目瞪口呆，过了半响，穿起丧服，率文武百官来到东郊，向着秦军无归的方向号啕大哭，说："寡人昏聩，不听蹇叔忠告！孟明全军覆没，罪责全在寡人！请苍天保佑他们，所有罪过全由寡人承当吧！"

崤山中伏

公元前628年，晋文公去世，太子雅即位，是为晋襄公。晋国举国为晋文公服丧，这时，秦穆公不听蹇叔之言，派孟明、西乞术、白乙丙领兵袭郑。蹇叔哭着为儿子送行，预言晋军必在崤山二陵之间设伏，秦军"必死是间，余收尔骨焉"。事情果如蹇叔所料，晋襄公穿上墨染的丧服率兵出征，在崤山设伏，大败秦军，俘虏了秦军主帅孟明、西乞术、白乙丙。此图出自清末石印本《东周列国志》。

秦军全军覆没

正行进间，忽闻隐隐传来鼓声。后队来报，晋国军队断了秦军后路！正在赶路的孟明一听，不由倒抽一口冷气，定睛四顾，一边是危峰峻石，一边是万丈深渊。侧翼如有晋国伏兵，滚石而下，秦军即面临灭顶之灾。

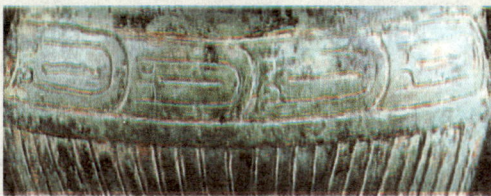

> 历史文化百科

[秦国早期的金器与铁剑]

1993年，考古工作者在陕西宝鸡益门村一座早期秦墓中，发现了二百余件（组）随葬品，其中金器一百余件、玉器八十余件、铁器二十多件。在当时，这是我国先秦墓葬中出土铁器时间最早、数量最多的一次发现。一百余件金器中，包括金柄铁剑、金首铁刀、金泡、金带钩、金环、金络饰等。金器皆由浇铸而成，工艺水平极为精湛。剑的柄部，饰有蟠螭纹、兽面纹，又用绿宝石、天然玻璃珠等镶嵌出眼、角等，还镂以孔洞，使纹饰更显立体感。玉器分璧、佩饰、觿等，雕琢精巧，呈浅浮雕特色，纹饰有虎形、带羽翼奇兽等形象，逼真而生动，充分显示了秦国早期文化的独特风貌。

话说中国

楚成王 潘崇

熊掌难熟

残忍 奸佞

《左传·文公元年》
《史记·楚世家》

人物 典故 关键词 故事来源

中国大事记

鲁文公卒，子宣公继立。此后鲁公室衰弱，大夫势力崛起。

熊掌难熟

楚成王因更换太子而遭弑，在他被弑前想施缓兵之计而吃熊掌，但熊掌难熟，事不宜迟，此计未能成功。

狂放不羁的楚成王

楚成王熊恽聪明剽悍，狂放不羁。他自小崇拜祖父，想当年祖父不堪忍受中原诸侯国的歧视，提兵北上征讨随国，趾高气扬的随国公说："自古征伐自天子出，你怎敢兴兵侵扰？"祖父仰天长笑，大声说："我是蛮夷！世上如有天子，为什么不给我封号？"硬是用武力征服了随国，自封为武王。父亲文王秉承祖父遗志，矢志向中原扩张。可哥哥却是孬种，整日飞鹰走马，不务正业。甚至在奸人怂恿下，赶着要来杀他。他一怒之下逃往随国，许随侯一些好处，借兵奔袭郢都，一剑杀了熊囏，自立为王，即楚成王。

楚成王励精图治，在发展生产的同时积极向中原扩张。但命运对他不公。先是齐桓公九合诸侯，一霸天下，公元前656年逼迫楚国朝贡周天子。好不容易熬到齐桓公死了，楚成王狠狠地在宋襄公身上出了口气，郑、许、陈、蔡、曹、卫等国先后被他收服，偏偏这时又出了个晋文公。本来楚晋势均力敌，尚可一争，可恨令尹子玉没听他的话，轻率地在城濮与晋军决战，结果中了晋文公的计，致使楚军精锐尽失。好在中原诸侯忙着在黄河两岸逐鹿，谁也未想动楚国的念头，但是此时的楚国已不复再有争霸的本钱了。从此，楚成王便心灰意冷地在宫中享起清福。可是想不到，享清福却享出了大祸。

更换太子生祸患

那是公元前627年，楚成王想立个太子，以免百年之忧。就找令尹子上商量，问是否可立长子商臣。子上对商臣印象极坏，回答说："当年先王未立大王，而立王兄熊囏，结果引起内战，直到大王继位楚国始安定。臣以为楚国立嗣以立幼为吉祥。况且王子商臣

熊掌难熟

宋、楚泓之战，楚军大败宋军，威名大振，当时中原各国除了晋、齐、秦、鲁等国以外，几乎都尊楚庄王为共主，楚庄王建立起霸业。楚成王的长子商臣和大臣潘崇，一个为逆子，一个为叛臣，公元前626年，两人率亲兵卫士深夜围攻王宫，持剑要杀楚成王，楚成王说，我已命人在烧制熊掌，俟其熟而食之，虽死不恨。潘崇厉声说，熊掌难熟，你想拖延时间以待外救。说罢用束带将楚成王勒死。一代霸主惨死在逆子叛臣手中。此图出自清末石印本《东周列国志》。

楚人的祭器镂空铜俎（右页图）

俎为古代切肉用的案子。这件铜俎上有镂空的矩尺花纹，无法切肉，应为祭祀时放置肉类祭品的案子。青铜俎出土较少，该俎出自河南淅川春秋下寺楚墓，是楚人的祭器。

楚人的祭器镂空铜俎

国宝级的器物铜黄子壶

黄国是一个始建于夏代的小国，但却历经夏商周三代，顽强地生存了一千四百余年，直到公元前七世纪中期才被楚国灭亡。此壶是在春秋早期黄国国君为其夫人所作的礼器，制作精美，纹饰细密，在当时即是国宝级的器物。

长相凶恶，性格残忍，实不可立为太子。"成王感到子上之言颇多个人感情色彩，为稳定楚国政局，还是宣布立商臣为太子。想不到成王与令尹间的对话被商臣探得，于是设计害死了子上。成王知道后不禁对商臣的毒辣感到寒心，顿生悔意，决定废黜商臣，另立幼子职为太子。不料这个情况又被商臣的心腹插给了商臣。

商臣得讯大急，就去同师傅潘崇商量。潘崇想了想，问商臣说："大王废黜你后，你能臣服于王子职吗？"商臣答："不能！"又问："那你准备逃亡吗？"答："不准备！"潘崇点点头，再问道："那么你敢发动政变吗？"商臣斩钉截铁地说："敢！"于是潘崇急招早已暗中收买好的王宫卫队长，向他交代一切。

缓兵之计未施成

公元前626年十月的一天，潘崇身穿暗甲，仗剑入宫，所率卫队迅速包围了成王的寝宫，守宫卫士悉数被杀。成王大喝："潘崇，你想干什么？"潘崇说："臣下以为大王的王位坐得太久了，早该传给太子啦！"楚成王四周一看，入眼全是叛兵，知道大势已去，急中生智地拖延时间说："寡人就此让位，不过寡人的生命你们能否保证？"潘崇说："旧的不去，新的不来，哪个君王能长生不死？"楚成王想再拖延点时间，就以商量的口吻说："寡人刚才吩咐厨下烧了熊掌，能否容寡人吃了熊掌再死？"潘崇回答说："熊掌难熟，我们没有这份耐心！"说罢，把一条白绫扔在楚成王面前，冷冷地讲："大王自便吧，

齐国巫姜簠、陈曼簠铭文

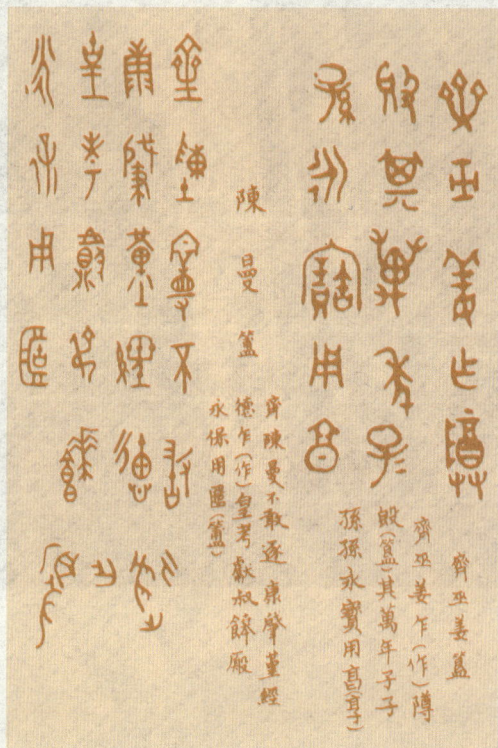

春秋

莫等我等动手时太难看了!"楚成王彻底绝望了,不禁叹了一口气说:"子上啊!寡人悔不该不听你的话!"接着上吊死了。商臣就此继位,为楚穆王。

楚成王因更换太子,造成内乱,自己被弑,这个教训是深刻的。

历史文化百科

〔春秋时期的五种宴飨〕

最高级、最枯燥的宴飨,是天子或诸侯在太庙或宗庙里举行的"飨礼",虽铺陈酒宴,烹调太牢,但只是摆摆样子,牛牲切成一大块一大块,献酒爵数也有严格规定,君臣人等正襟危坐,宴飨不过程式而已。

次高级、但最显荣宠的是"燕礼",燕礼在寝宫中举行,烹狗设席,随意珍肴,主宾交流情谊,无拘无束,开怀畅饮,一醉方休。

第三种称为"大飨",一般在天子款待诸侯,或诸侯间互相来往时举办。地点设在中堂,乐声伴奏,主宾间相互祝酒,次序及曲目也有一定的礼仪规定。

第四种是国君同臣子间的宴饮,称之为"宴礼"。凡有卿大夫完成王命回朝之际,有他国使臣来聘问之际,有外交使臣回国复命之际,及君王高兴的时候,皆可举行宴礼。宴礼进行时有音乐相伴,所谓"钟鸣鼎食",描绘的就是这种情景。

第五种,是国中按时节对一些有特殊身份的老人举行的敬老宴礼。地方或氏族中的尊者、长者,为国死难烈士的父亲及祖父,退休归隐的官员,与曾为地方建设作出过重大贡献的老人,都可列入这一阶层。不同年龄的老人享受不同的礼遇,传统有"六十者三豆(豆系一种装食物的容器),七十者四豆,八十者五豆,九十者六豆"的说法。同时规定"五十养于乡,六十养于国(比乡高一级的城邑),七十养于学(诸侯国所设的公益机构),达于诸侯"。其供养也随年龄而有差异,所谓"五十异粮,六十宿肉,七十二膳,八十常珍,九十饮食不离寝,膳饮从于游可也",并以酒肉音乐及相关的官员,包括天子及其臣下相陪,以示敬贤敬老,毕恭毕敬。

龙虎共处的世界
龙耳虎足铜方壶 1979年于河南淅川下寺遗址的春秋一号大墓出土,口微侈,颈修长,腹扁鼓,有圈足,形体秀丽俊俏,与西周时期铜方壶相仿,而其附设配件和花纹,则具有鲜明的时代特点。壶之双耳加饰两条回首伏龙,圈足下为两只立体伏虎,圆浑雄壮,生动逼真。

〇三七

秦穆公杀三良

秦穆公去世，以三良殉葬，引起国人的悲哀，以及君子的抨击。

秦穆公于公元前621年去世，秦国有170人从死，即为秦穆公殉葬，其中有贵族子车氏的三个儿子奄息、仲行和针虎，这三人因为品德高尚，才能出众，当时被称为"三良"。三良的从死事件引起了一场轩然大波。

国人赋《黄鸟》表示哀悼

三良为秦穆公殉葬，首先是秦国的贵族和平民都为他们感到悲哀，于是创作了诗歌《黄鸟》，随处吟咏，以悼念三良。《黄鸟》共三章，每一章写一人，其首章云："交交叫着的黄鸟，落在小枣树里。谁为穆公殉葬？是子车氏的奄息。可怜这个奄息，是上百人中的杰出者。当面临他的墓穴时，就惴惴地颤栗。"其第二章和第三章是写仲行和针虎的。每章的结尾都用这样的诗句："彼苍者天，歼我良人！如可赎兮，人百其身"，进行反复吟唱。人们怨恨苍天，杀害了具有以一当百才能的贤良。

精美的兽头纹陶范

山西侯马出土的有大量精美的铸铜陶范。"范"是铸造金属器物的空腔器。侯马曾是古代晋国的都城，说明这里曾大批铸造过青铜器。陶范用经过筛选的黏土和砂配制，高温焙烧，接近陶质。侯马出土的包括礼器范、工具范、兵器范等均可铸出精美的花纹，为后世留下大批精美的陶艺品。

若早知道要此三人殉葬，人们宁愿用300人赎回他们。

当时一些有地位有道德的人也抨击了这一事件。他们说："作为一个英明的国君，在临死前应该处置好以下各项事务：要选用圣哲之人为天下楷模，树立良好的道德风尚，并把那些良言遗训写在竹简或布帛上，让人们学习；要制定好法度、法规、法令和各种政策，让人们有法可依，有制度可循；要整顿社会秩序，发展生产，防止见利忘义和贪得无厌。要把一切都安排妥当，然后顺从天命地逝去。可是秦穆公不但没有做这些应该做的事，反而夺走了三良的性命。所以秦穆公不能成为霸主，秦国也不可能再向东扩张了。"

秦穆公难辞其咎

在秦国历史上，武公去世时"初以人从死"，有66人为秦武公殉葬，其中有他的一个儿子嬴白。秦穆公临终前是知道三良会被殉葬的，但并没有任何阻止之意。三良是在穆公死后被主持葬礼者所杀，其主要责任总归当由秦穆公负。

因为残酷的奴隶殉葬制是由国家制定的，进入春秋时代后，不少国家废除了殉葬制，而作为一

春秋

世界大事记

罗马王政时代第六王塞尔维乌斯·图利乌斯约于此时即位，随之进行社会改革，将罗马居民按财产分为五等，分设百人队及百人会议，将罗马的3个氏族部落按地域分成 4 个部落。

《左传·文公六年》《诗经·秦风·黄鸟》《史记·秦本纪》

残忍法制

秦穆公

人物 关键词 故事来源

崇尚简朴的秦公簋

甘肃天水地区古属秦，曾出土春秋时的青铜盛酒器——簋，器内记述秦国祖先在华夏建都已经 12 代，秦景公继承前辈的事业，要永保四方土地的决心，是秦国历史的记载。秦地崇尚简朴，器体上的纹饰也较为简单。

秦公簋铭文

秦公簋于甘肃天水西南乡出土。秦国在周人的故土上发迹，直接继承了周文化，铭文书体有着浓厚的宗周色彩。春秋早期秦人在周宣王时的籀文基础上创造了一种新字体，这种字体方正瘦劲，书写方便，既富有观赏性，又有实用价值。秦公簋铭文就是这一书体的典型作品。

国之主的秦穆公不但不废除这一落后的制度，而且其殉葬规模反而比他的祖父武公大得多。这无论如何都应该说是秦穆公的一个绝大的错误和罪过。

过了二百三十余年，秦献公下令"止从死"，废除了万恶的以活人跟从别人去死的殉葬制度。

功劳卓著，晚节不保

穆公为秦国的发展壮大是有功的，他向东向南扩张受阻后，就向西扩张，成为西戎人的霸主。他曾出大力帮助过晋惠公、怀公、文公，使邻国恢复正常的秩序，也是有功的。晋国多次遭受饥荒，秦向晋输送大量的粮食，有的大臣说："晋国国君都是以怨报德的小人，不足以帮助。"可是穆公说："我支援晋国粮食，不是因为他们的国君，而是为了拯救在饥饿中的晋国民众。"如果说秦穆公帮助三位国君有利用他们为自己向东扩张的用意的话，那么他输送粮食，拯救晋人，是一件没有私心杂念的事，反映了他的气度。在孟明视、西乞术、白乙丙兵败崤山后，穆公能引咎自责，仍重用这几位将领，也得到了人们的称赞。可是他以三良殉葬，晚节不保。 〉王仁巍

历史文化百科

〔先秦丧礼：殡与葬〕

春秋战国时期流行着一种丧礼习俗，即人去世后，先安置于一个地方，也可用土掩埋，称之为"殡"。若干时间后，再迁到另一个地方深埋，称之为"葬"。这一习俗据说产生于原始社会，但明显含有实用的政治因素，"殡"和"葬"间时间的长短有严格的等级之差。《左传·隐公元年》有"天子七月而葬，同轨毕至；诸侯五月，同盟至；大夫三月，同位至；士逾月，外姻至"的规定。其中七月、五月、三月、逾月说的都是死后到入葬的时间间隔。不过从已有考古发掘实证看，这一规定也有一点弹性，往往不到七月、五月就行安葬的屡见不鲜。

〇三八

竹林遗尸

明示仁厚，暗藏杀心

齐懿公商人是齐桓公第四个儿子。桓公死后，先是长子无亏，即位仅三个月就病死了；接着二子孝公，再接着是三子昭公。公元前613年，昭公又死了，传位给儿子舍。舍因生母不为昭公宠

齐懿公为君无德无行，逢迎的笑脸背后隐藏着怨毒的心，终于某天得到报应，灾难落到了他的头上。

爱，长住冷宫，朝内朝外都无势力，一直遭人冷眼，因此性格懦弱，虽继君位，却无威信。商人在桓公去世那年争位不得，一直暗藏雄心，私下结交贤士，爱护百姓，装出一副宽厚仁慈的样子，实际上暗蓄死士，心藏杀机，又经常以小恩小惠骗取百姓的欢心。现在看到新接位的齐君舍软弱无能、孤立无援，他感到时机了。当年十月，商人趁昭公下葬时机，派杀手在墓地上一刀刺杀了舍，取而代之，自立为君，即齐懿公。

竹林遗尸

齐公子商人趁昭公出殡时，杀死太子舍自立，是为懿公。齐懿公还是公子时，曾与大夫邴歜的父亲争夺田地，没有争到手，便记恨在心。即位以后，掘墓挖出邴歜父亲的尸体砍断双腿，以泄私愤，还故意让邴歜为他赶车。齐懿公还把大夫阎职的妻子占为己有，每次带着这个女人出游，故意让阎职坐在车上陪乘。如此君王，实在令人不齿，也在大臣们心目中埋下了仇恨的种子。公元前609年夏天，齐懿公到齐地申池去沐浴，邴、阎二人将齐懿公活活砍死，将尸体丢在一片竹林中，回到家中痛饮一番后，才逃离齐国。此图出自清末石印本《东周列国志》。

一朝得志，原形毕露

齐懿公本性贪横，未即位时假仁假义，现在大权在握，马上露出本性。当年他还是公子时，有一次与大夫邴歜之父争夺邑界之地，官司打到齐桓公那里，齐桓公让管仲评断，管仲判商人理曲，将地判给了邴氏，商人便记仇于心。如今刚一即位，就下令将已死的邴歜之父从棺材中挖出来，重施刖足之刑；又使邴歜给自己赶车。

齐懿公一面是贪横，另一面是淫乱。他泄完了恨，就下令全国广选美色纳入后宫，左拥右抱，笙歌美酒，日夜淫乐。旧的玩腻了便求新的，渐渐无新可求了，就摔酒器发脾气。几个小人被逼急了，便向懿公进言，说大夫阎职的妻子有沉鱼落雁之貌，齐懿公于是下令元旦大庆，所有大夫的妻子都须入宫朝贺。阎职的妻子自然不能例外。齐懿公躲在屏后看得真切，确实貌若天仙。当天晚上就强迫阎妻留宿宫中，派人对阎职说："夫人喜欢上了你的妻子，留她在宫中作伴，你另外去娶个妻子吧！"并令阎职当骖乘，即齐懿公车上的陪乘。阎职气得差点晕过去，可又无可奈何。

春秋

作恶多端终有报

齐都临淄南门外有个叫申池的去处，风景绝佳，清波潋滟，池石温润，兰桂幽幽，竹风阵阵，是夏天消暑避热的好去处。这年五月，天气特别热，齐懿公令邴歜御车，阎职当骖乘，到申池游玩。他酒酣耳热，昏昏欲睡，又令随从取来绣榻，放在竹林凉快处午睡。邴歜与阎职一起在申池中泡凉。早存复仇之心的邴歜故意惹怒阎职，阎破口大骂："刖足囚之子！"邴歜反唇相讥："无妻人！"你来我往，怒火上升。邴歜乘机说："先父被掘棺刖足，我枉为人子；你妻子被人霸占，枉为男子。今天仇人就在林中睡觉，你敢不敢同我一起去把他杀了！"阎职说："你是好汉，我也决非孬种！"邴歜说："那好，说干就干！"

邴、阎二人悄悄摸到懿公休息处，只见齐懿公正鼾声如雷，一个小内侍守在旁边。两人以懿公醒后就要汤水为名，支开小内侍，然后一起扑上去，一个按住懿公，一个抽出懿公的佩剑，一剑砍下脑袋。二人见小内侍还未回来，就将尸体藏到竹林深处，再驾着车奔回临淄，在街上大叫："商人弑君而立，我们奉先君之命诛杀商人。"乘内乱之际，满载族人家资逃到楚国去了。

齐人从卫国接回公子元，公子元是齐桓公的第五个儿子，同年秋，立为国君，即齐惠公。齐懿公作恶多端，被人斩杀，尸遗竹林，真是罪有应得。

春秋瓦胎漆衣彩画壶
瓦胎漆衣彩画壶是春秋时期的文物，这件春秋时期的工艺品向世人展示了当时制陶业的发达，而漆艺的精美也反映出当时漆绘艺术的精湛。

历史文化百科

〔先秦游戏：投壶〕

春秋战国时期流行的一种游戏。其出现可能更早，初期只在贵族宴飨时举行，后逐渐扩散到军中、民间。游戏用具是箭（矢）和壶，箭用未去树皮的柘木或棘木制成，长度分2尺、2尺8寸、3尺6寸三种，分别在室内、堂上和庭中使用。壶为长颈大肚壶，口径2.5寸，颈长7寸，深5寸。投掷线到壶的距离为两箭半，因此室、堂、庭三种游戏场地的距离分别为5尺、7尺和9尺。游戏开始时，参加者每人取4支箭，轮流向壶中投箭，以箭头进入壶口为中，违规连投者无效。以投中多者为胜，负者罚酒。胜者立一马（马形筹码），称一局，一共举行三局，三战二胜制，负方一马归胜方，胜方得饮庆贺酒，游戏结束。

〇三九

一飞冲天，一鸣惊人

在猜疑和互不信任氛围中登上王位，楚庄王别有一套，在放逸与孤独中守望了三年，终于辨清了忠奸，集聚了人心，使楚国重新腾飞。

一个不祥的年份

公元前613年是个不祥的年份。先是前一年天下大旱，从正月到入秋，没下过一滴雨。赤地千里，饥民遍野，周朝宗室的太庙又无故坍塌，人心惶惶。楚穆王、郑文公也相继去世。到了这年春天，周顷王驾崩，周公阅与王孙苏政争，鲁国与邾国因丧仪不和彼此攻伐，齐国商人弑君自立，天下大乱。七月间，史书记载："有星孛入于北斗。"这是我国第一次记载哈雷彗星，被认为是不祥的征兆。就在这种不祥气氛笼罩下，楚太子熊侣继位为王，他就是历史上有名的楚庄王。

楚庄王以静制动

楚庄王熊侣是个不甘寂寞的人，生性机警、狡黠而又好战，但他面对的却是父亲留给他的一个很不光彩的局面。他的父亲就是逼死楚成王的楚穆王商臣。由于这段残忍的记录，楚穆王在位十二年，一直难以获得朝中贤臣良将们的归心。现在摊子交到了庄王手里，他根本无法从眼前的

蟠蛇纹盏

与西周青铜器大气磅礴的风格有所不同，春秋时期的青铜器则趋向于精致与细腻，其纹饰相当繁复。此蟠蛇纹盏盖的上部为九龙衔环喇叭形扶手，盖面有四个对称环状钮。盏束颈深腹，两侧各附一只镂空兽首形耳。盖面和器腹饰蟠蛇纹、蕉叶纹和绳索纹等。

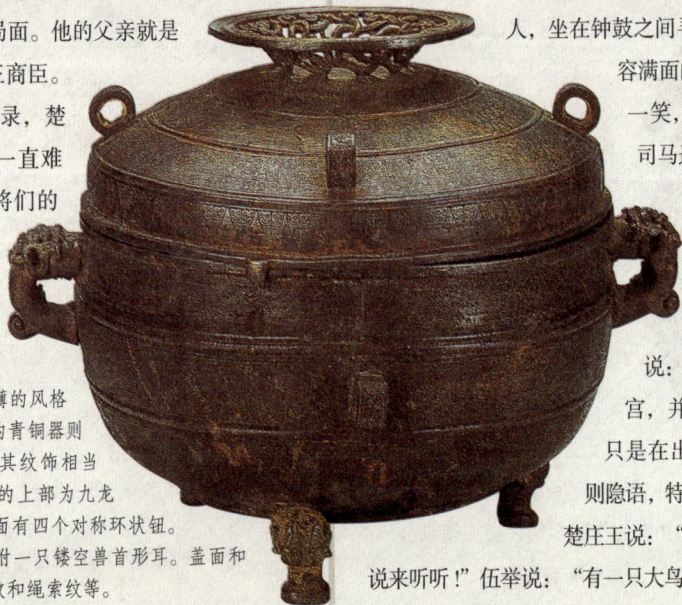

朝臣中分别良莠：先王重用的不一定是贤人，而疏远先王的可能正是他心中渴求的良臣。怎么办呢？楚庄王想了个聪明的办法：假装昏聩。他连续三年不听朝政，只是日夜为乐，甚至悬令于朝门："有敢谏者，死无赦！"

一只身披五色羽毛的大鸟

庄王长期不问政务，楚政废弛。庄王三年，楚国大饥，灾民四处逃亡；山戎乘机攻掠西南，焚掠阜山、阳丘、訾枝；庸国人率群蛮叛楚；麇国人率百濮聚兵于选，即今湖北枝江境内，准备攻楚；原归附楚国的中原各小侯国也纷纷叛离。弄得国都白天不敢开城门。在这种情况下，忠臣良将们终于坐不住了。于是，有一天，一位名叫伍举的右司马怒气冲冲地闯进官来。当时楚庄王正左手搂着秦姬，右手抱着越国美人，坐在钟鼓之间寻欢作乐。见了怒容满面的伍举，庄王哈哈一笑，对伍举说："右司马进宫，是想同寡人一起饮酒呢，还是想同寡人一起欣赏音乐？"伍举参拜之后正色说："大王，微臣进宫，并不为饮酒听乐，只是在出巡边疆时听到一则隐语，特来向大王请教。"楚庄王说："隐语？唔，有趣，说来听听！"伍举说："有一只大鸟，身披五色羽毛，

春秋

《左传·文公十四年》
《史记·楚世家》
《吴越春秋卷三》

尊贤　革新　纳谏

一飞冲天，一鸣惊人

楚庄王　伍举

人物　典故　关键词　故事来源

一鸣惊人

楚庄王刚刚即位时，三年不听政，沉湎于酒色，日夜作乐，并下令说："有敢谏者，死无赦！"大臣伍举入谏，楚庄王左抱秦姬，右抱越女，坐在钟鼓间，伍举问："有鸟在于阜，三年不飞不鸣，是何鸟也？"庄王回答："三年不飞，飞将冲天；三年不鸣，鸣将惊人。举退矣！吾知之矣！"过数月，庄王淫乐如故，大夫苏从冒死再进谏。庄王这才听从了大臣们的进谏，摆脱酒色，改革政治，诛杀了数百人，任用了伍举、苏从等数百人。庄王是一个有雄心壮志的君王，由于上台时形势不明，只能假装沉湎酒色，以观察内外，一旦时机成熟就"一鸣惊人"，快刀斩乱麻地进行改革。左图出自清末石印本《东周列国志》。右图出自明刊本《片璧列国志》。

降落在楚国高山上，已有三年，可三年来，没人看见它飞，也没人见它叫。请问大王，这是什么鸟？"庄王一听，已知伍举所指，微微点头，心想这个伍举倒是个不怕谏死、有心辅国的贤臣，就笑着回答说："寡人知道啦！这可不是一只平凡的鸟，它三年不飞，一飞必定冲天；三年不鸣，一鸣必定惊人！你下去罢！"伍举再拜而退。

三年淫乐，一朝振奋

一晃数月过去，楚庄王越发淫乱了，边疆急报纷至沓来。大夫苏从再也按捺不住，这天冒死冲进宫中，伏在殿下放声大哭，要楚庄王停止淫乐，挽楚国于既倒。楚庄王对伏在殿下的苏从厉声说："难道你没见到寡人贴在门口的禁令吗？"苏从说："这条禁令微臣已看了三年，今日进谏，自知已犯必死之罪。但臣下不忍楚国就此灭亡，所以大哭于王庭，求列祖列宗在天之灵明鉴！臣下虽死，死得其所！大王执政三年，荒于酒色，不理朝政，不亲贤良，使大国虎视于外，小国离乱于内，民怨沸腾，蛮夷造反。大王误国之名，也必将同臣之死一起流传后世。臣言已毕，请借大王

佩剑，让臣自刎于王庭之前，以证大王禁令之森严！"

楚庄王闻言起立，悚然向苏从致礼。他等了三年，前数月伍举入宫，他已心动，但伍举为武将，庄王担心独木难支。今日苏从闯宫，由此文武兼具，终于等到了今天！三年不飞，一飞冲天；三年不鸣，一鸣惊人，现在时机成熟了。想到这里，楚庄王仰天长笑，然后向站在他面前请求自裁的苏从三揖为礼，回头吩咐侍从撤去女乐，上朝听政。依三年来群臣表现，诛杀数百人，拔用数百人；任命伍举、苏从掌管全国军政事务。由此朝野振奋、人心思齐，楚国开始走上大治之路。楚庄王即位初年的奇特举动，预示着楚国强盛时期的到来。

> 历史文化百科

〔美女如云细腰宫〕

楚国的细腰宫，地处巫郡，遗址在今天重庆市巫山县西北。据说楚襄王、楚灵王都特别喜爱细腰女子，后宫嫔妃竞相瘦身减肥，一时成为楚国风尚，细腰宫由此得名。韩非曾有"楚灵王好细腰，而国中多饿人"的描述，后人也因此而有"楚王好细腰，宫中皆饿死"的笑讽，及"西北风来吹细腰，东南月上浮纤手"的诗句。

○四○

刺客撞树

晋正卿赵盾公正无私、忠心耿耿，为昏君佞臣所不容。刺客钽麑宁可自杀，不害忠良。

因拥立意见而得罪

晋国正卿赵盾，是位忠心耿耿、正直无私的大臣。公元前615年，秦军攻打晋国，当时兼任中军主帅的赵盾，推荐韩厥为行军司马，与秦军会阵于河曲，即今山西芮城县风陵渡。双方布阵甫毕，赵盾的车夫突然驾车冲入阵中，横冲直撞。韩厥按律令砍下车夫脑袋。事后赵盾非但未见罪，反而对韩厥大加赞赏。

但是，对于这样一位正直的大臣，晋灵公却恨之入骨，一心想除之而后快。这有两个原因：一个原因

是，晋襄公去世时，将后事托给赵盾。赵盾认为面对楚国的压力和秦、齐的窥视，年幼而又轻浮的太子夷皋无法胜任晋国的重任，主张迎立襄公胞弟公子雍回国继位。后来由于夷皋母亲的干预，赵盾不愿落下先君尸骨未寒就欺其未亡人的罪名，夷皋才得以继位，成为晋灵公，从此就对赵盾记恨在心。

生性暴虐，决定动手

另一个原因是晋灵公生性暴虐，他曾在花园的高台上俯瞰宫墙外街市上的行人，以弹弓射人取乐，常常打得路人头破血流，四处乱窜。有一次，宰夫（厨师）煮熊掌没有熟透，晋灵公觉得味道不够好，就把宰夫杀了，放在畚箕中，使妇人从朝廷中抬出。赵盾见到这种情况，几次向晋灵公进谏。晋灵公为此更加恼羞成怒，决定提前行动，除去赵盾。公元前607年经过密商，遂叫出早就养在宫中的杀手钽麑去行刺赵盾。

刺客撞树

晋灵公生性残暴，好为游乐，在绛霄楼上用弹弓射人取乐，嫌厨师煮熊掌不烂，拔剑将厨师砍成几段，令人将尸体扔往野外。正卿赵盾在桃园门口拦住灵公进谏，说，放弹打人、纵犬咬人，支解厨师，这是有道之君所不为的。由于赵盾屡谏不听，反而成仇，灵公让屠岸贾买通刺客行刺。钽麑前往见赵盾朝衣朝冠，坐以待旦上朝。刺客为其公忠体国而感动，不忍刺杀，遂触庭槐而死。左图出自清末石印本《东周列国志》。

国宝级的器物铜黄子壶（局部）

《国语·晋语》
《左传·宣公二年》

正义　尊贤

赵盾　晋灵公
刺客（鉏麑）

人物　关键词　故事来源

话说中国

良心发现，自杀明志

　　鉏麑凌晨潜往赵府。到门口一看，只见大门洞开，无人看守，就跨入门去一直来到后院。闪在一棵大树后向卧室张望，见卧室的门也开着，赵盾已穿好朝服等待上朝，因时间还早，此刻正坐在椅上闭目养神。鉏麑虽然是个刺客，干点刀头上舔血的勾当养家糊口，但未泯正义的本性，加之毕竟是一介平民，对清官和贪官污吏的孰优孰劣，有切身的体会。想起平日听到百姓对赵盾的颂扬，对照晋灵公的所作所为，心中不禁暗想："我若杀死这样的好官，无疑是对百姓的犯罪；但若不执行君主的命令，又有抗上违旨之罪。唯

春秋时期的虎形玉佩

古人喜欢在身上佩玉，这不仅是为了装饰，还有着不少象征意义，如以玉质地的纯正，表明主人纯洁正直的品德，或者佩玉以辟邪。这对虎形玉璜构图抽象典雅，具有高度艺术美感与宗教庄严的气息，既显示了主人的高贵身份，又有护身辟邪的作用。

一的办法，只有自杀这条路可走了。"他继而又想："我若在此自杀，天亮后赵盾看到了，也好使他有警惕之心。"想罢，仰天长叹一声，跃身向身侧的一棵大槐树上撞去。

　　鉏麑良心发现，遇贤人不杀，又以自裁示警的义举，使当时的局势出现了转机。

桑下饿人

穷书生受赵盾一饭之恩，危急时刻以一命相报，为的是晋正卿心怀穷苦百姓。

俗话说："阴功积德。"一个人多做好事，很可能在危急时刻，得到受恩人的回报。晋卿赵盾就是因为乐善好施，在晋君将把他杀害时，得到桑下饿人的救助而脱险。

一条凶猛的恶狗

晋灵公派钽麑暗杀赵盾，结果钽麑仗义撞树而死，晋灵公不甘心，又想了个办法：让心腹找来一条獒，就是一种特别凶猛善斗的狗，身高四尺，牙爪森森，据说一般狼豹都非其对手，又在后宫扎了个草人，穿上赵盾正卿的服色，训练猛獒扑击他的要害。公元前607年九月，眼看猛獒已训练成熟，晋灵公便假意请赵盾进宫饮酒，于四周布下甲兵，只待灵公一声令下，猛獒和伏甲就一齐出动，届时看你赵盾怎么插翅而逃？这一天，赵盾冠冕齐整后入宫叩见晋灵公，于是君臣对坐饮起酒来，他哪里知道自己生命已危如累卵。

一饭之德

也许是善有善报，赵盾命不该绝，站在晋灵公身侧侍候酒宴的宫内事务总管示眯明曾受过赵盾的救命之恩，赵盾对此事早已忘掉。那是数年以前，贫困外出游学谋生的示眯明三年学成回乡，因无钱购买食物，连续饿了几天，终于倒在一棵桑树下。出巡的赵盾经过这里，见树下躺着一个年轻人，问后得知是一名落魄学子，心中不忍，就让随从取出食物给他吃。示眯明真是饿坏了，食物到手几大口就吃掉一半。突然间，示眯明像想起了什么，连忙

饿餔觞壶

桑下饿人（上图及左页图）

公元前607年九月，晋灵公设宴请赵盾喝酒，实际上却埋伏下甲兵，要杀害赵盾。官内总管示眯明保护赵盾走出宫殿，灵公放狗来咬他们，示眯明一剑把狗刺死，并奋不顾身用手上的戟挡住众甲兵，救了赵盾一命。原来，先前赵盾在首山桑阴下看到一个饥饿的人，就给他食物。这位相助救赵盾的示眯明对赵盾说：我就是当初桑阴下那个饿人。桑下饿人不忘报德。左图出自明刊本《养正集语》。

春秋时人的食具

春秋时的生活用品，用木精心斫制而成。上面呈舌形，与今天使用的汤匕不同。表面髹朱红漆。柄是一根弯曲的圆短木，用红黑相间装饰。这是一件美观实用的食具。

将剩下的一半食物小心翼翼地包好，藏入怀中。赵盾问他为什么不吃了？示眯明说，家中还有个老母亲，不知在家有没有饭吃，他想把这一半食物带回家去给母亲吃。赵盾听了不禁心酸，感到他是个孝子，就逼他把剩下的一半食物都吃了，然后让随从将自己带出来的食品酒肉全送给了他。示眯明回家后将这些东西拿到集市上换了粗粮，母子以此度过了那年的春荒。赵盾和随从却为此饿了一天，但过后也就忘了，示眯明却没齿不忘。今日见恩人近在眼前，转瞬间就将死于非命，他便暗下决心，豁出命去也要救赵盾脱逃。

以死相报

晋灵公一边劝酒，一边眼睛向四处睃瞄，事情已千钧一发，示眯明连忙跨上数步，借劝酒名义走到赵盾席边，对赵盾使个眼色说："君主赐臣酒宴，三巡之后，礼数已尽，上卿为何还不快快谢恩退席？"赵盾一看示眯明眼色，情知有变，立即起身向晋灵公行礼告辞，回身快速向宫门外走去。晋灵公来不及招呼甲士，急忙一声嘬哨，放出藏在帷幕后的猛獒直向赵盾扑去。赵盾毕竟是中军主帅，武艺在身，一个闪避、格挡，猛獒只撕下赵盾的一只衣袖，赵盾挣脱后快步向台阶下跑去。猛獒一扑不中，凶性大发，转身又向赵盾扑来，同时埋伏在殿侧的甲士也蜂拥而出，情势危险万分。示眯明见状，迅速拔出佩剑，飞身上前，一剑将猛獒刺倒，护卫着赵盾向阶下冲去。这时赵盾早已衣衫破烂，浑身伤痕累累，见示眯明奋不顾身地护在自己身前，边跑边问："壮士何人？"示眯明答了句："桑下饿人。"就催着赵盾快走。

由于示眯明的相救，赵盾终于逃出宫来，不敢回家，一口气奔出都城，落荒逃去。示眯明却力竭不敌，被甲士砍成了肉泥。

〇四二

楚庄王曾陈兵周境,向周王室询问鼎的情况,这在当时是一件震动全国的大事。

问鼎中原

大禹王集九州之金铸成神秘的"九龙神鼎",历夏商西周一千五百余年一脉传承,成了中国统一王权的神圣象征。楚庄王魂牵梦萦,提兵周境。叩问九鼎轻重,意欲何为?

楚国强盛,挺进中原

一飞冲天、一鸣惊人的楚庄王执掌朝政后,杀奸逐佞,起贤任良。清理完国内之后,又带兵灭掉了聚众谋叛的庸国,镇慑住周边小国和荆蛮各部落。然后,一步步实现向中原扩张的战略:庄王五年,出兵围郑,逼迫郑国归附了楚国;六年攻宋,因奖惩有方,将士用命,宋军主力被摧毁殆尽,仅掳获宋国兵车就达五百乘,相当于一个中等诸侯国的实力了。

楚庄王还是不满足,这一方面固然出于边鄙地区对礼仪中心的向往,更重要的是对中原诸侯国狂妄自大的愤懑。楚国始祖名叫鬻熊,博学多才,周文王慕名拜他为师,因助文王创业有功,被封于楚地,赐子爵。由于地处偏远,又非姬姓近亲,此后中原各国都以蛮夷看待他们,将他们视作化外野人。天长日久,

春秋早期蟠蛇纹鼎
春秋早期的蟠蛇纹鼎,直口平缘、厚大的斜立耳,腹宽而丰满,矮兽蹄足。

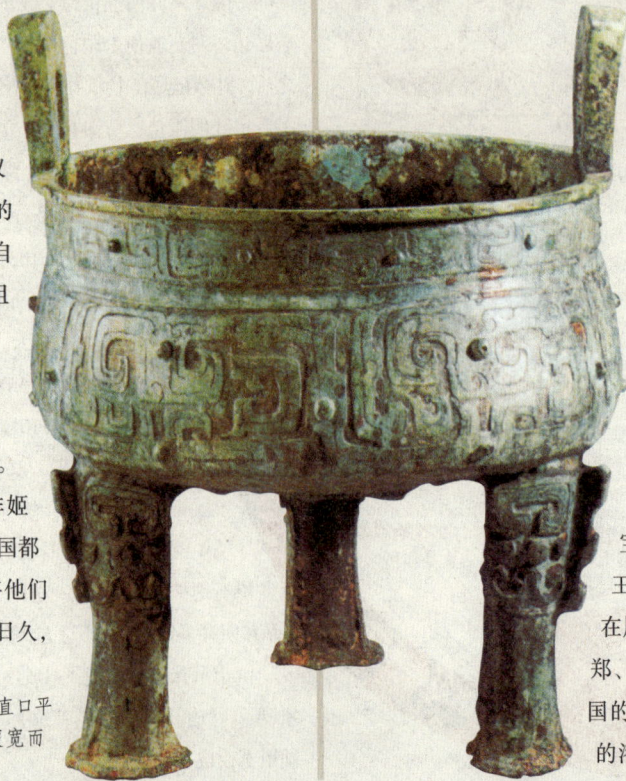

倔强的楚国把这种轻视化成了仇恨。从楚武王自称蛮夷攻伐随国开始,楚国每次向中原进攻都带有一种报复的心理,楚庄王也不例外。

九龙神鼎:为传国礼器

不过,楚庄王除了报复泄愤外,他对中原文物特别仰慕,最使他魂牵梦萦的,便是那天子所据的神秘九鼎。据说大禹治水平定九州后,将天下所贡之金铸成九座宝鼎,每鼎重逾千钧,鼎腹上铸有荆、梁、雍、豫、徐、扬、青、兖、冀九州名号,并各载本州山川、人物及贡赋田土等数字,足耳皆饰以龙纹。因九鼎象征九州,为天子宗庙的重器,从此九鼎成为中国王权的标志和传国礼器,史称"九龙神鼎"。九龙神鼎先由夏王朝继承,商汤灭夏后将九鼎迁往商邑,周武王灭商后又将九鼎迁往洛邑。据说当时征发运鼎的民夫、兵士达十万人之众。每当老臣们绘声绘色描述宝鼎时,孩提时的楚庄王总充满向往之情。现在周王室衰微,陈、蔡、郑、宋等国都已屈服在楚国的王威之下,天子所在的洛邑近在咫尺,看来拥

前560年
前527年

公元前560—前527年

世界大事记　古雅典庇西特拉图实行"僭主政治"。

《左传·宣公三年》
《史记·楚世家》　壮志　问鼎中原　楚庄王　机智

人物　典故　关键词　故事来源

得九鼎也是指日可待的事了。每当想起这些，雄心便像野火一样在他胸中燃烧。

向周探问，挑战王权

公元前606年，新天子周定王为旧天子周匡王落葬，楚庄王趁此发兵攻打陆浑戎，在今河南嵩县及伊川县境，所向披靡，陆浑戎望风而逃，楚国大军直逼天子境内的洛河之滨。周定王听说楚师逼近，大为恐慌，派大夫王孙满去探个究竟。双方施礼后，王孙满先对楚军来到周地，表示慰劳之意，然后询

〉历史文化百科〈

〔古代天子的祭天仪式〕

古人以为天圆，故取圜丘为天的象征。祭天之权为天子所独有，旁人不能僭越。祭天的正日是每年的冬至日，地点在国都南郊的圜丘举行。祭天前，天子与群臣要先行"斋戒"：沐浴、更衣、独居、食素，时间有"七日戒，三日斋"的规定。出戒次日清晨，天子与群臣出南郊，面西立于圜丘东南侧，然后鼓乐齐鸣，天子亲自"以禋祀祀昊天上帝"。具体是在圜丘中央堆放柴草，把用于奉献的牺牲、玉璧、玉圭、缯帛等祭品放在柴垛上，点燃后随烟火而升腾，送达天帝处。祭祀结束后，天子把祭祀用的牲肉分给宗亲、臣下，称为"赐胙"，意为同获天佑，以示恩宠。除祭天外，还有对日月星辰的"实柴祀"，对风雨雷电的"槱燎祀"，与祭天的"禋祀"一起进行。

问鼎中原

公元前606年春，楚庄王率军讨伐陆浑之戎，到达雒水，在周朝境内陈兵示威，周定王派大夫王孙满前往慰劳楚庄王。楚庄王问起九鼎的大小轻重，王孙满一番言语，让楚庄王知道周天子在诸侯中还有相当影响，使其不敢轻率攻周。鼎是古代国家权力的象征，楚庄王问鼎，有取代周室之意，"问鼎中原"成语就源于此。后来，秦始皇"泗水取鼎"，取的就是周室之鼎。《水经注·泗水》载："周显王二十四年，九鼎沦没泗渊。秦始皇时，而鼎见于斯水。始皇自以德合三代，大喜，使数千人没水求之，弗得。"汉画像石、画像砖有《泗水取鼎》故事图。下图出自明刊本《片璧列国志》。

少数民族山戎的饮酒器

在春秋诸侯纷乱的同时，我国北方也活跃着几支少数民族，山戎就是其中一支，他们主要分布在今河北北部，亦称北戎。图为出土的山戎饮酒酒具，从似乎能看出些许北方汉子"大碗喝酒"的豪爽性格。

其来由。楚庄王直奔主题，开口便问："神龙九鼎，寡人神往已久。今日冒昧进入周境，敢向大夫请问鼎之大小轻重？"王孙满肃然答道："楚君差矣！神鼎之义，不在轻重大小，而在天命与道德。我周成王承天应命，定鼎洛邑，卜世三十、卜年七百，可见福祚绵长。现在虽然王室衰微，但离天命所定之年世尚远，谁又能问神鼎之大小轻重呢？"

楚庄王问神鼎轻重大小，或许纯粹出于好奇与向往；但王孙满理解为是明目张胆觊觎周室的王权，这是必须义正辞严加以驳斥的。他知道楚人狂妄，力胜为王。所以利用楚人特别信奉鬼神的心理，以卜祝之语加以警吓。果然，楚军中顿时交头接耳，是啊，神巫预言周祚七百年，即从周武王登基算起，迄今也不过440年，还有二百多年福祚可享，我们怎可造次呢？楚庄王无话可说了，于是班师回楚。

楚庄王问鼎中原的故事流传千年，被后世演绎为挑战王权、攘夺中央最高权力的意思。

楚庄王之子所用编钟（下图及右页图）

王孙诰编钟 1978 年出土于河南淅川县仓房公社下寺第二号楚墓内。根据墓葬内包括编钟在内的青铜器铭文及其他遗物，可以判断下寺二号墓是春秋时楚国令尹子庚墓。令尹子庚又名王子午，是楚庄王之子，此套编钟当为墓主生前用物。

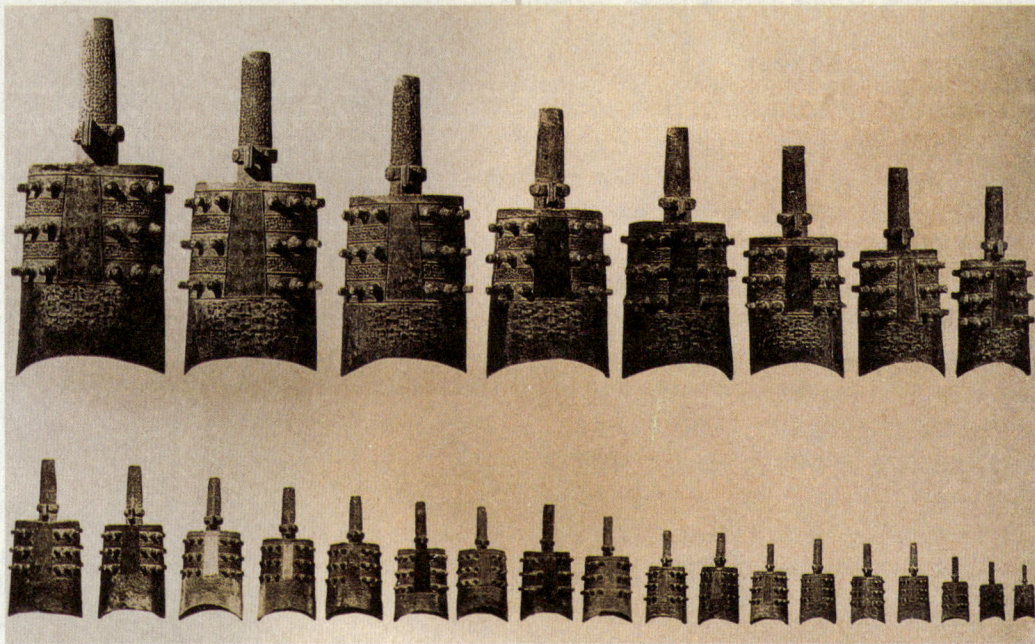

话说中国

楚庄王之子所用编钟

○四三

狼子野心

楚司马子良生了个儿子，"长相如熊虎，声音似豺狼"，人言将有灭族之祸。

俗话说："人不可貌相。"意即不能以一个人的相貌来判断他的品德和才能。然而，人的相貌有时确实能反映他的性格和品行。楚庄王时就发生过这样一个"狼子野心"的故事。

伯父看相，痛哭流涕

楚国司马子良生了个儿子，取名子越椒。伯父令尹子文上门探望，抱过婴儿看了一会，摇头皱眉地对弟弟说："这孩子要不得，弄死算了！你看他长相如熊虎，声音似豺狼，正是俗话说的'狼子野心'，你不杀了他，长大后必给家族带来灭族之祸！"子良不愿，

形制独特的赵卿墓车马坑

车马坑位于赵卿墓的东北方向不远处。平面呈曲尺形，由车坑和马坑两部分垂直交会组成。其中总共发现了 44 匹马的遗骸和 15 辆单车。此墓坑的形制有别于东周时常见的长方形或长条形，而车、马分坑又与当时四马一车或二马一车成组配套排列迥然不同，反映了三晋地独特的文化习俗。

没听子文的话。子文始终耿耿于怀，临终前，将全族人召集在一起，对大家说："哪天越椒参政，你们赶快离开楚国避祸，切记，切记！"说罢，痛哭流涕而死。

果然杀人叛乱似虎狼

子越椒渐渐长大，体格魁梧，膂力过人，又刚愎多疑，权欲极强。子承父职当了司马后，即勾结工正芳贾，在楚王面前中伤令尹子扬。害死子扬后，子越椒升为令尹，芳贾升为司马。但他并不以此为满足，继续不断扩张自己的势力。这样，楚庄王和大臣，甚至包括芳贾都对他产生了防范之心。

公元前 606 年，楚庄王率大军北上讨伐陆浑戎，让芳贾留守监国。子越椒对此大为不满，偏偏芳贾对他又避而不见，子越椒与芳贾的矛盾便急剧激化。咽不下这口恶气的子越椒决定铤而走险。他把族人召集起来，宣布了自己的决定，然后率领全体族兵突然袭击芳贾。芳贾猝不及防，逃到轑阳，在今湖北江陵县境，被子越椒追上杀死。按照当时楚国法律，擅杀大臣罪在不赦。子越椒干脆一不做、二不休，把人马带到烝野，准备等楚庄王回兵时中途伏击，举兵反叛。

两箭射向楚庄王

楚庄王问鼎中原回来，得知国内有变，命军队兼程前进，在漳澨，即今湖北省江陵县河溶镇与叛军相遇。庄王军队人疲马乏，只得派大夫苏从同子越椒谈判，赦其擅杀司马之罪，并愿以三位王子作人质，同子越椒讲和。但是子越椒不答应。无奈，庄王便于公元前 605 年七月九日，在皋浒，即今湖北枝江市，与子越椒决一死战。子越椒在阵前见庄王亲自击鼓督战，便拉开强弓，一箭射去，只见箭矢如惊雷闪电，穿透

春秋

前554年
前489年

公元前554—前489年

世界大事记　古雅典统帅米太亚得在世。

楚庄王　子越椒

狼子野心

邪恶　权术

《左传·宣公四年》
《史记·楚世家》
《左传·宣公五年》

人物　典故　关键词　故事来源

话说中国

车辕，再穿鼓架，然后"当"地一声撞在庄王脚边"鸣金收兵"时敲击用的"丁宁"上。左右见了急忙用盾牌遮住庄王。子越椒见一箭不中，又射一箭，这箭又穿透车辕，从庄王头上掠过，射穿车盖而去。庄王军队仓皇后撤，进行调整。众人将那两枝箭取来一看，只见比普通箭长一半，用鹨羽做翎，豹齿做镞，锋利无比。

技穷兵败而被杀

出师不利，庄王发现军心有些动摇，便派使者在军队中宣传说："当年先祖攻占息国时，得到三枝神箭，取回供在宗庙里，后被子越椒偷走了两枝，就是今天他射的那两枝。现在箭已射完，不必再怕他了。他连射两箭都没能伤到大王，说明天意护佑大王，他必败无疑。"如此一说，军心才稳定了下来。稍作休整，两军再战。子越椒以为刚才两箭已射破了庄王的胆，因而放松警惕。而庄王方面以为子越椒没有了神箭已黔驴技穷，反而增加了勇气。庄王军中原有一名神箭手，名养由基，能百步穿杨，百发百中。这回主动请缨，养由基一箭就射穿了子越椒的咽喉。

记载征战与厮杀的铜矛

这件出土于河南南阳的铜矛，刃似长条叶片，较薄，骹细长，骹之上方有人面形饰。东周时期，群雄逐鹿，这寒光凛然的用于冲刺的兵器，记载着征战与厮杀。

庄王全军出击，叛军折了主帅，顿时作鸟兽散。

灭全族而留一口

楚庄王回到郢都，下令将子越椒所属的若敖氏全族男女老少全部处死。当时，若敖氏一族中的箴尹、前令尹子文的孙子克黄正奉命出使齐国，归途中听说家遭灭族之祸，随从劝他赶快逃走，克黄说："我奉楚王之命出使齐国，理应将出使情况向楚王汇报，背君弃命之事，我不屑为。再说，君命如天，我又怎么逃得出去呢？"于是加紧赶路，回郢都复命，他独自一人到掌管刑法的司败（即司寇）处自首。庄王知道了，感其忠勇，下令免其一死，官复原职，以延续子文一脉香火。

具有"狼子野心"的子越椒，横行不法，不仅毁了自己，还灭了全族。这件事，千百年来，人们经常议论着。

> 历史文化百科

〔古代天子的祭地仪式〕

在古人"天圆地方"的观念中，大地是方的，故古人祭地的场所称作"方丘"。因大地为万物之源，人类生活的依赖，所以古人的祭地典礼同祭天一样隆重。有"天父地母"之说。祭地之权也唯天子独有。正日是每年的夏至之日，地点在国都北郊水泽当中的方丘上举行（寓意地方，四周是海）。祭天是架柴焚烧，以烟腾而达天庭；祭地则在地上挖坎，将奉献用的牺牲及其他祭品埋入地下，让地祇能够品尝。另外，还有一种用牺牲之血滴地的"血祭"，祭祀社稷、五祀和五岳。"社"是土地神，也称"后土"，最初的原型是上古共工氏的儿子句龙。"稷"是谷神，也称"后稷"，原型是周的始祖弃。社稷并称后来成为国家的代名。"五祀"是后土加上四季神，它们是春神句芒、夏神祝融、中央后土、秋神蓐收、冬神玄冥。五岳同于今日。此外，还有一些把牺牲与玉帛埋入地下、沉入水中的祭祀。

祭地与祭天一样，都在郊外进行，所以又统称"郊祀"。

染指之祸

子公说自己的食指有特异功能，有吃必跳。郑灵公不甘当陪衬，盛宴群臣就是不给他吃，结果酿成君臣血案。

为了一点小事而意气用事，闹得互相残杀，这是很不值得的。春秋中期在郑国宫廷中，因为食鼋羹而造成郑灵公和公子宋的矛盾，二人都惨遭杀害，令人触目惊心。

让人半信半疑的特异功能

公元前 605 年春天，楚国送给郑灵公一只大鼋。第二天早朝时，子家（即公子归生）和子公（即公子宋）相遇，子公忽然觉得自己的食指无缘无故跳动起来，不由哈哈大笑。子家问他笑啥，子公笑着说："我们今天要有口福了！"子家不解地问："你怎么知道今天会有口福？"子公答道："因为我的食指跳动了。"子家听了，更是莫名其妙，食指跳动与口福有什么关系呢？子公见他一脸茫然的样子，就解释说："我上次出使晋国，路上食指乱跳，结果当天席上吃到了石花鱼；后来出使楚国，食指又跳，结果又吃到了天鹅和合欢橘，次次如此，无不应验。今天不知又有什么奇珍异味可尝了！"子家对他的话仍是半信半疑。

郑灵公偏不让子公食鼋羹

两人进得宫来，见宰夫正在杀那大鼋，不由会心地大笑起来。郑灵公见两人模样，觉得奇怪，就问："你

染指之祸

公元前 605 年，楚国人给郑灵公送来一只大鳖。郑国大夫子公和子家去见晋灵公，在路上，子公的食指忽然禽禽自动，子公对子家说："只要我食指跳动，必定会吃到异味。"进宫以后，果然看见灵公的厨师在杀鳖，两人相视发出会心微笑。灵公问他们笑什么，子家就说出了实情。等到品尝鳖羹时，灵公只把子公叫到跟前，却不给他鳖羹品尝。子公十分气愤，用手指在鼎中蘸了一蘸，尝了尝鳖羹，冲了出去。灵公大怒，想杀死子公。这时子公先与子家商议如何杀死灵公，子家不赞成，子公反而说子家的坏话，子家十分害怕，只好顺从子公之意。这年夏天，两人联手谋杀了灵公。此图出自清末石印本《东周列国志》。

> ### 历史文化百科
> **〔等级社会中的平民称谓：小人、匹夫〕**
> 小人的称谓，先秦时期包括四种人：1.贵族统治者对一般平民的卑称，也称小民；2.仆人与奴隶；3.与人交往时的自谦之词；4.道德品质低劣者。
> 匹夫指一般百姓或庶人。据史书记载，那时士大夫以上都有成群的妾媵，而庶人只能一夫一妻相匹配，所以称之为匹夫或匹妇。

春秋

世界大事记　波斯征服米堤亚，波斯帝国（阿契美尼德王朝）建立。

子公　郑灵公　染指之祸　轻佻　残忍　《左传·宣公四年》《史记·郑世家》

人物　典故　关键词　故事来源

带烟筒的青铜炉灶

青铜在春秋时期，被用来制造各种生活用具。这件晋国赵卿的青铜炊具，由灶体、釜、甑和烟筒共七个部件组成，总高160厘米。灶体内壁有许多小凸齿，用来搪灶挂泥，既可使炉膛热量集中，提高燃料利用效率，又可以防止炉灶烫伤人的身体，这种方法至今在许多地方沿用。

们笑什么？"子家就把子公的话一五一十地说了一遍，子公在旁满脸得意。郑灵公今天原本是想请各位卿大夫同尝鼋羹，现在见子公如此得意，心中不由恼怒，想：寡人请客倒为你的灵异验证了！就对子家说："你别吹得神乎其神，到底应验不应验还得看寡人的心情呢！"

中午时分，内侍布置好席位，郑灵公招呼卿大夫们一一入席。众人都坐好了，唯独子公被冷落在一旁，在他惶惶四顾间，郑灵公发话了："子公，你说你的食指如何如何灵验，寡人今天偏不请你，看看到底是

你的食指灵，还是寡人的赏赐灵！"说话间，内侍们正在把鼎内煮好的鼋羹盛入食器端上宴席。子公受不得如此奚落，只觉血往上冲。他不管三七二十一，冲到鼎前，伸出食指，沾了点鼋羹就往嘴里尝。郑灵公见他当着众卿大夫的面，如此放肆，不由火冒三丈，吩咐左右把子公拉下去杀了。众卿大夫急忙劝解，才平息这场风波。

意气之争酿成相杀之灾

自此君臣关系恶化。郑灵公虽然心存芥蒂，总还不至于因一钵羹而杀大夫，而子公却对郑灵公恨之入骨，渐萌杀机。这年夏天，子公趁郑灵公秋祭斋宫之际，派勇士潜入斋宫，将装满沙土的皮口袋压在灵公身上，使他窒息而死。次日，子公宣称灵公中夜暴毙。灵公死后，其弟襄公继位，灵公之死的真相渐渐暴露。襄公岂能甘休，于是下令尽杀子公一族。第二年，参与策划暗杀的子家一族也被逐出郑国。

处理无原则的小事当以"和为贵"，郑灵公的不给食和公子宋的怨而杀，都是不可取的。

原始青瓷鼎

这是一件春秋古淹城的瓷鼎。瓷鼎是一种罕见的鼎器，该鼎三粗短足，略外撇。腹部饰三周S形曲折划纹，肩两侧饰一对竖耳，腹部饰一对竖条状扉棱，扉棱上有压印。施釉均匀，呈青黄色。整个造型古朴大方，体现了极高的艺术境界。

○四五

威义相济

楚庄王雄才大略，击败郑国后用了怀柔政策，瓦解了晋、郑联盟，然后转身同宿敌晋国在邲展开殊死决战。

在春秋的历史上，楚庄王是一位有勇有谋的君王。他既用武力攻伐，又以道义服人，因而归附他的国家愈来愈多。楚庄王成为继齐桓公、晋文公之后，春秋时代的第三位霸主。请看他服郑胜晋的策略。

郑国——通向中原的道口

楚庄王向中原扩张，首先必须降服处于通道要口的郑国。公元前 604 年，楚庄王乘郑襄公新立，国内政局尚未稳定之际，发兵攻郑。郑国向晋国求援，楚国自忖难以取胜，只得回兵，接连三次都是如此。郑国为了自保，遂于公元前 598 年与晋国结成军事同盟。

消息传到楚国，楚国上下震动。事情明摆着：如楚国认可这一同盟，北进计划从此泡汤；如楚国拒绝这一同盟，就必须乘盟约新成，郑晋两国步调还未完全一致之前，迅雷不及掩耳地粉碎这一同盟。楚庄王选择了后者。

征服即可，何必灭亡?

公元前 597 年，楚庄王亲率三军讨伐郑国，围攻新郑，日夜轮番攻城，攻了整整三个月，死伤惨重的郑国终于抵挡不住，城池被楚军攻破，郑襄公被迫投降。按当时的习俗，投降者赤裸上身，手中牵羊，亲自在城门口拜迎胜利者。楚庄王在矛戈如林的甲士簇拥下走近城门，郑襄公赤着膊拜在门前尘埃里，叩首谢罪说："孤不德，未能服事上国，以致君王震怒，问罪敝邑。这是在下的错，在下知罪矣。现在生杀予夺，悉听君王之命。君王若以在下为战俘，流放江南；或将在下赐与诸侯为家奴，在下唯王命是从。君王如不忘敝国先人与楚国先人的友谊，不忍断绝其香火，赐给在下些许不毛之地，让在下有服事君王的机会，既是在下之福，也是君王对在下的恩赐！"围攻新郑百余天的楚军将士早已怒火万丈，听不进亡国之君的甜言蜜语；且楚军也死伤累累，正想狠狠地报复一番，所以纷纷对楚庄王说："大王，我们为了攻打郑国，

以力胜人

辰陵之盟后，郑又附晋，楚庄王认为要征服郑国，非打败晋国不可。于是，公元前 592 年，楚再次伐郑，包围郑国国都整整三个月，最后破城而入，郑襄公去衣露体，牵着羊去迎接楚王，向楚请求不要灭掉郑。楚庄王采用了怀柔政策，退兵三十里，允许郑国讲和，楚、郑结盟，从此郑国屈服于楚。晋国得知郑国被围，派荀林父为大将，先縠为副帅，出兵救郑，这样，晋、楚之间发生了城濮之战后又一次大战：邲之战。由于晋军将领不和，指挥不统一，晋军无斗志，当楚军全面向晋军进逼进攻时，晋军即告溃退，主帅荀林父慌了手脚，命令晋军撤退过河，这样一来，晋军更加混乱，纷纷争船渡河，人多船少，已上了船的士兵用刀砍攀在船沿的士兵的手，被砍的手指多得成堆。楚国取得了邲之战的胜利，从而奠定了楚庄王在中原地区的霸业。此二图均出自清刊本《东周列国志》。

春秋

前550年

公元前550年

世界大事记

缅甸仰光瑞德宫佛塔建于此时。

《左传·宣公十二年》
《史记·楚世家》
《史记·郑世家》

宽容 勇敢

楚庄王

人物 关键词 故事来源

《道德经》绘意图

《道德经》第四十二章："道生一，一生二，二生三，三生万物。万物负阴而抱阳，冲气以为和。"

复的念头无时不在。现在楚军伐郑胜利，正当士气高昂之际，楚庄王毅然决定回师迎击。

两军在邲，即今河南省郑州市东相遇。庄王亲自擂鼓，满怀复仇怒火的楚军将士像潮水般向晋军发起猛烈攻击。投降的郑国军队也从侧面助攻，正在渡河的晋军猝不及防，顿时像雪崩一样全线崩溃。楚国城濮战败的耻辱终于得以洗雪。

几次三番，死了多少人，费了多少劲，才得到今天的胜利！郑国人出尔反尔，朝附暮叛，大王切勿听他的甜言蜜语，就此把郑国灭了罢！"楚庄王想了想，说："寡人讨伐郑国，就因他们不服从寡人，现在他们的国君已表示屈服，何必再加苛求呢？"于是下令后退三十里，接受郑国的投降求和，盟毕，班师回楚。

回师击晋援军

在此以前，晋国曾接到郑国的求救信，晋景公为慎重起见，召集群臣反复讨论多次，结果耽误了时间。等到派荀林父为主帅，率领三军前往救援，抵达黄河岸边时，方知郑国已被迫投降，楚军已经南去。这给荀林父出了个难题：是继续南下逼郑国重新归附晋国呢，还是就此回朝？最后荀林父决定渡过黄河，继续南下。楚庄王听说晋军追来，不由触动了心中的隐痛。三十五年前城濮大战，虽然不是发生在他的手里，但那次大战给楚国带来的巨大死伤和奇耻大辱，每个楚国人想起来都会泪如泉涌。楚庄王更是刻骨铭心，报

以力胜人与以义服人相结合

楚国既降服郑，又击败晋，取得了双胜利，这显然与楚庄王的决策有关。试想，如果当时灭了郑国，子女财帛掠了一大堆，全军将士势必心似箭，谁还愿意在享受胜利果实之前把命丢了呢？所以，楚军的降郑败晋，可以说是楚庄王以力胜人、以义服人、威义相济决策的胜利。

> 历史文化百科

〔神奇的广袤猎场：云梦泽〕

云梦泽，今已湮没。据汉、魏时人记载，先秦时的云梦泽，大体区域在今江陵以东，云杜、沌阳以西的江汉之间，范围并不很大。晋以后，人们将古时的云梦泽越说越大，把八百里洞庭都包括在内。经专家们考证，我们现在古书中看到的云梦泽，事实上泛指春秋战国时期楚王的游猎区，大致范围包括整个江汉平原及东、西、北三面部分丘陵山峦。

〇四六

庄王葬马

楚庄王对马有感情，爱驹死了伤心万分，想予厚葬以寄托自己的哀思，不料引起大臣们的非议。

楚王爱马欲用大夫葬礼

楚庄王时，楚国有个出名的乐工优孟，不过他的出名，并非由于演奏如何美妙，而在于他能言善辩，经常能在谈笑间给君王以劝谏。

楚庄王特别爱马，有一次好不容易得到一匹宝马，于是视若掌上明珠，给它穿上马衣，上面绣满好看的花纹；住的是特别建造的华丽房屋；睡的是特制的床；吃的是去了核的枣脯，跑得快了怕累坏，走得多了怕掉彩，于是这匹宝马越来越肥，终因患"肥胖症"而死。

楚庄王伤心得昏了头，竟然要群臣穿上丧服为宝马送葬，马棺之外再套马椁，甚至要用葬大夫的礼仪葬这匹马。有个大臣提出非议，认为马不过是一匹畜牲，畜牲与贵族同礼有失体统。楚庄王一听大恼，说寡人

葬马爱如何葬就如何葬，钱是寡人的，马也是寡人的，岂用你来指手画脚？一气之下，下了一道命令："有敢对葬马提出非议者，杀无赦！"

优孟哭泣请求赐恩

优孟听说了这件事，就入宫来见庄王，入殿时仰天大哭。庄王正在为大臣干预葬马的事生闷气，忽然看见优孟仰着脸号啕大哭着走上殿来，奇怪地问："为何如此伤心？"优孟一边哭泣一边说："宝马乃是大王的至宝，实为罕见。至于那些大夫，以堂堂楚国之大，一抬手就能招他十个百个，所以用大夫礼葬宝马实在过于轻薄，不够隆重，臣请求大王赐恩，用葬诸侯王的礼仪葬它！"楚庄王一听，问："如何葬法？"优孟答道："里面用雕花的玉棺，外面套刻有图案的木椁；让最有才华的文人题写诔辞；派三军将士为它挖坟；令四野百姓们背土，请齐、赵王公导灵，韩、魏使节扶后；给宝马建庙，祭祀享天子太牢之礼；划万户之邑作供奉庙产。只有如此，天下诸侯方能知道大王是何等轻贱人才而尊崇畜牲啊！"

春秋

> ## 历史文化百科

〔先秦葬礼〕

葬礼分陵寝、棺椁、随葬三部分。春秋之前，并无丘墓一说，有"古也，墓而不坟"的习俗，以后为辨认祭祀的方便，春秋中期开始出现墓，并越堆越高，至春秋晚期，已有高达15米的。战国中期开始，君王坟墓开始称为"陵"，并形成严格的等级制，不得僭越。

棺椁，里边装殓尸体的称"棺"，棺外隔一定空间再加一层的称"椁"。依死者身份的不同，棺椁的厚薄、材质、彩绘、层数也各不相同，所谓"天子棺椁十重，诸侯五重，大夫三重，士再重"，庶民则有棺无椁。

随葬的差别极大。春秋战国时沿袭商周遗风，流行厚葬，因当时人相信人死之后到另一个世界继续生活，所以随葬有极力铺陈的。随葬品分人殉、物殉二种。从目前的考古发掘看，几乎死者生前享用的一切，皆可随葬。但随社会文明程度的进化，人殉制度渐趋式微，而由木俑、陶俑替代。

印章源起于春秋中晚期

春秋中晚期以后，玺印成为一种信物的凭证。为了谋取商业利益，在频繁的交易中，国君和地方官吏或官场同僚之间的交往中，都需要这种凭证。随着应用与需求，官印与私印流行于各个领域各个阶层。甫易都右司马印为官印中的一种。

《史记·滑稽列传》

纳谏 忠言 幽默 尊贤

楚庄王 优孟 优孟葬马

● 人物 ● 典故 ● 关键词 ● 故事来源

更葬爱马于口腹之中

优孟的一番哭诉，无异于一番辛辣的讽劝，楚庄王是位雄主，岂有不领悟之理？立即想到当此列国纷争之际，人才乃立国根本，轻贱人才重视器玩，无异自掘坟墓，拿自己的江山开玩笑。想到这里，楚庄王不由出了一身冷汗。他重重叹了口气，扼着手腕说："寡人的错误性质竟然这么严重！现在应该怎么办呢？"优孟鞠了一躬，破涕为笑说："希望大王以人间六畜

繁而不俗的兽面纹玉饰

繁复的兽面纹与蟠螭纹通常多见于商周时期的青铜器，而在玉器上则不多见。这件在河南出土的玉器由于常年浸蚀后呈乳白色，不过其精良纯熟的雕琢技艺，还是没有因此磨灭，其纹饰布局从容，繁而不俗，不由得让人叹为观止。

之常礼葬之：以炉台为椁，用铜锅为棺，加一些姜枣，用兰木为柴，以稻草作引，让火焰成为它的衣裳，最后葬入大伙的口腹之中。让天下人都知道，大王爱宝马，但更爱人才！"楚庄王一听，马上传令照办，同时下诏规定，以后所有马匹，都归有司管理，自己再不插手。

中国大事记

鲁国季孙、孟孙、叔孙三家三分公室，瓜分了鲁君的土地与民口，作三军，各得一军。公元前537年，又四分公室，季孙得二，余各一。

〇四七

优孟表演

艺人优孟有德行，虽处弄臣地位，楚相孙叔敖却予托孤之信。

相国临终的嘱托

楚相孙叔敖为官清廉，知道艺人优孟是个人才，在位时就与他私交很好，后来一病不起，临终前对儿子说："我一生为官清廉，家徒四壁，我死后，你的生活一定贫困。如想得到帮助，不妨去见优孟，只要对他说'我是孙叔敖的儿子'就可以了。"说完就咽了气。

孙叔敖死后多年，儿子确实十分贫穷，一家子靠打柴为生。有一天，他背着一捆柴饥寒交迫地走在路上，正遇着优孟，他想起父亲临终前的嘱咐，就对优孟说："我是孙叔敖的儿子。家父临终前嘱咐我：'贫困时可以找优孟。'"优孟见他一身破衣烂衫、面黄肌瘦，吃力地背着一大捆柴禾，心中十分不忍，就收留了他。

模仿死人进谏

优孟回到家中，让人给他做了一套孙叔敖生前常穿的衣冠，日夜揣摩、练习孙叔敖的语气和体态，整整一年过去了。一天，优孟悄悄地将楚庄王身边的几位侍从请到家里，自己化装后出来与他们相见、寒暄，侍从们竟无法分辨究竟是优孟还是孙叔敖。优孟放心了。

过了些天，正逢楚庄王生日，宫中大摆宴席，优孟上殿为庄王祝寿。优孟穿上孙叔敖的衣服，戴上孙叔敖的头冠，模仿孙叔敖生前的样子，缓缓走来，楚庄王一见，不由大惊失色、目瞪口呆，以为孙叔敖又复活了。知道内情的左右忍不住笑了起来，楚庄王这才明白过来，执意要拜优孟为相，优孟说："臣得回家去同妻子商量一下，三天后给大王答复。"庄王答应了。三天后，优孟入宫，庄王问："你妻子怎么说？"优孟模仿自己的妻子，尖声尖气地说："还是省力点好，至于楚国的相，那更没有干头。你看孙叔敖作楚相，清正廉明，尽心尽力，辅佐楚王成就了霸业，可死后怎么样？他的儿子穷得无立锥之地，破衣烂衫，靠打柴活命。"说罢，优孟就表演起来，他唱道："家住在偏僻山里，耕种几块薄地，终年劳苦，不得温饱。忽有一天当了官，品格低下者贪赃枉法，家富累万，可是终究有罪在身，整日惶恐不安，就怕一旦泄露抄家杀头。做个好官吧，奉公守法、不干坏事，可结果又怎样呢？

最早的水利工程：芍陂

芍陂是我国见诸文献最早的渠系水利工程，也是古代淮河流域最著名的水利工程，在今安徽寿县的南部，相传是春秋楚庄王时期的孙叔敖所修建，隋唐后改名为安丰塘，至今仍发挥着显著作用。

春秋

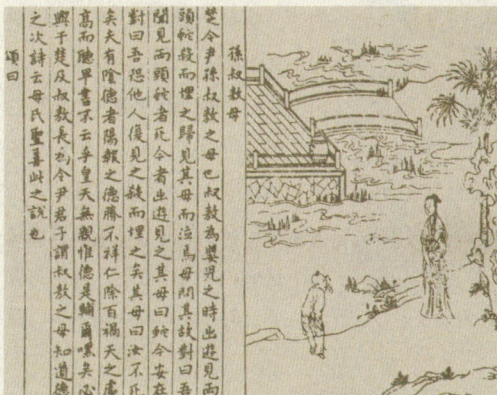

艺人进谏

楚相孙叔敖是当时楚国名臣，他非常尊敬艺人优孟，病重临死时，嘱咐自己的儿子日后陷于贫困，便去找优孟。后来，贫困交加的孙叔敖之子遇到优孟，就说自己是孙叔敖的儿子。优孟化装成孙叔敖进宫给楚庄王祝寿，楚庄王一见，大吃一惊，以为孙叔敖复活了。优孟说，孙叔敖为楚相，尽忠为廉以治理楚国，楚庄王得以称霸中原，如今他死了，他的儿子却连个立锥之地都没有。接着唱起一首歌，大意是楚相孙叔敖持廉生死，方今妻子穷困负薪而食，这样的廉吏安可为也！楚庄王听了心感惭愧，向优孟道歉，又召来孙叔敖的儿子，封他寝丘之地四百户，以奉其祭祀，后十世而不绝。上图出自明刊本《古列女传》插图。下图出自清末石印本《东周列国志》。

没看到楚国宰相孙叔敖吗？一心为公，守廉至死，可如今妻贫子困，打柴为生，这样的好官又有什么当头？"

楚王猛醒酬功劳

优孟一边歌唱，一边表演，演到孙叔敖妻子落魄处，泪如泉涌，满朝文武都低下了头。楚庄王是个硬汉子，也禁不住红了眼圈。等优孟表演完毕，楚庄王

站起身来，毕恭毕敬地向优孟施了一礼。第二天就下令召孙叔敖的儿子进宫，封寝丘四百户为孙叔敖邑，在今河南固始县，以延续其一脉香火。从此，孙叔敖子孙摆脱了贫困。

小小桌案上的"动物世界"

俎是古代用于祭堂前或厨房里盛放食物的桌案。这张战国时期的俎，俎面呈长方形，两端上翘，边沿起棱，可防止物品滑落。这种制式在后世的桌案上屡见不鲜。俎面髹黑漆，其余部位则在黑漆底上用朱漆描绘各种禽兽图案，总共42只禽兽无一雷同。

〉历史文化百科〈

〔人有十等〕

春秋战国各国变法之前，旧秩序将人分成十等，依次为王、公、卿大夫、士、皂、舆、隶、僚、仆、台。王为最高统治者，下面一级服从上一级。十等人中，前四等为贵族，一般采用嫡长继承制。后六等为奴隶，主要为贵族的家内奴隶。家内奴隶主要由破产的贫民或战俘组成，但如获得战功或对主人有杰出贡献，可免除奴籍而获得平民身份。专家认为，上述人有十等的划分表明了当时社会等级制的状态，并不能包容所有的社会人口，如占人口很大比例的"庶人"、"工商"就没计算在内。同时随着社会的发展，战国后期达官显贵家中的"皂"、"舆"已渐渐含有低级官吏及一般吏卒的身份。

话说中国

〇四八

门规森严

楚庄王时，国力强盛，与加强法制建设密切有关。请看当时一个"门规森严"的故事。

楚庄王老了，将什么传给后人呢？借太子犯规之际，庄王告诉儿子，国有三宝：法度、忠臣和尊重人才的政策。

太子犯法与民同罪

有一天，楚庄王因急事召见太子，太子急匆匆地驾着马车赶往宫里，这时天上正在下雨，宫前空地上白茫茫一片积水，一方面为了避雨，一方面为了节省水中跋涉的时间，太子令车夫将马车一直赶到宫门口，想不到被楚国执掌刑法的廷理拦了下来。

当时楚国的法规中有一项"茅门之法"。所谓"茅门"，又叫"雉门"。原来各国诸侯王宫中都有三道门，即库门、雉门、路门，雉门是三道门中的第二道。以此门划界，外面是治理政务的外朝，里边是嫔妃所在的后宫。为了保护君王的安全，楚国特地制订了这项"茅门之法"，规定：群臣大夫及各位公子进入朝廷时，凡马蹄踩到了茅门屋

以鸟为崇拜物的鸟形铜鼎

河北唐山古属燕国，曾出土春秋炊具，因燕地以鸟为崇拜物，全器呈鸟形，流与鋬均作鸟首状，上饰有密集的纹饰。因器体形制特殊，显得较为怪异。

春秋

前546年 公元前546年

世界大事记

《韩非子·外储说右上》

希腊天文学家、哲学家、数学家泰勒斯认为万物生于水，复归于水，并发现五条几何学定理。

识才　法制
楚庄王

人物　关键词　故事来源

王公贵族的聘取场面

这幅《聘礼行迎图》是出土于湖北江陵的一个春秋战国时期的漆奁上的漆画。马车在当时属于高档交通工具，一般只有王公贵族家才有。画中这户人家为了聘娶新娘，动用了马车，就好比现在结婚用高级名牌轿车一样，可见场面之隆重。

檐的滴水处，廷理就应砍断马车车辕，杀掉驾车人。现在太子闯宫，显然触犯了这条法规。廷理对太子说："您车直抵茅门，触犯了王宫之法！"太子自知理亏，不敢强辩，赶忙解释说："大王急召，我等不得积水退走，所以让车夫将车赶到宫门口。"那廷理毫不理会太子的解释，不由分说挥手令卫士上前，击断了车辕，杀掉了车夫。

维护法制，保护守法之臣

太子进宫去向楚王哭诉，要楚庄王杀了那廷理。楚庄王对太子说："法令是保证祖宗神庙得到敬重、国家政权获得尊严的工具，故能维护法制，使国家政权得到保障的人，便是国家的忠臣，怎能惩处呢？反之，那些无视法令，不尊重国家利益的人，和叛臣逆子一样，才是国家最大的敌人和颠覆君王地位的最大隐患。臣犯君上则君主失威，下臣崇尚争斗则君上地位危殆。威失位危，国家政权不稳，我将以什么传给子孙？"楚庄王见太子渐渐领悟了他的意思，又接着说："至于那个廷理，在他的前面有我这个老王，他不看我的情面而放过你；在他的后面，有你

这个将来要继承王位的太子，他也不为了自己的前程而讨好你，这才是我真正守法的忠臣啊！"

太子心悦诚服，廷理得到奖励

楚庄王一番语重心长的话，使太子茅塞顿开，他恭恭敬敬地向楚庄王叩了三个头，退出宫去。他露宿三天后，又北向叩请罪，表示对自己唐突法规的忏悔。楚庄王又对那位廷理升爵二级，以示表彰。

> 历史文化百科 <

〔纸发明前的通用书写材料：简〕

用竹、木制成的书写材料。竹片称"简"，木片称"札"，也有统称"简"、"牒"的，若干片简、札串联后使用称为"册(策)"。简的制作是先将竹烘干，使其定型、防蛀和便于书写，这叫"杀青"。札则需在书写的一面再行磨光。从现有的出土实物考察，竹简一般宽0.5-1.2厘米，札通常在1厘米以上，长度则相对宽泛，有10厘米左右的，也有70厘米以上的。简上文字用毛笔书写，以竹黄为书写面，少数竹青上也有书写，书写有误时则用刀削去重写。把简串联成册的编绳，多用丝、帛制成，极少数也有用牛皮的。编绳道数依简长短分2-5道不等。书写完毕的册以木简为中轴，文字向内卷拢存放，以方便取用和阅读。

〇四九

义释解扬

晋大夫解扬奉命出使宋国，传递救援急信，不料被楚军掳获。他假装屈服顺从，机智地完成了任务，然后甘愿受死。楚庄王念他是个忠臣，毅然释放了他。

在晋楚争霸的过程中，晋国大臣解扬为完成国家使命，机智勇敢、宁死不屈的精神感人至深，在当时广为传颂。

受命出使宋国

楚庄王为了削弱晋国，扩大自己在中原的势力，决定向晋国在中原地区的盟友宋国进攻。公元前595年秋，因为宋国杀害了楚使者文无畏，楚军包围了宋国都城商丘，建造了同城墙一样高的楼车，四面攻城。宋文公急忙派人向晋国求救。晋景公召群臣商议，准备出兵救宋，谋臣伯宗认为不可，他说："楚国兵势正大，我们自援郑大败之后，元气尚未恢复。宋国离楚近而离晋远，实有鞭长莫及之虑。眼下之计，莫如先派使臣稳住宋君，坚定宋国抵抗决心，然后再视局势变化决定进退。"晋景公采纳了伯宗的建议，问群臣谁愿出使宋国。大夫解扬自告奋勇，领了符命，向宋国而去。

被俘将计就计

由晋国到宋国，郑国是必经之地。解扬经过郑国时被郑国守军逮捕。为讨好楚国，郑襄公让人将解扬装入囚车献给了楚庄王。楚庄王问解扬为什么到宋国去？解扬答："奉晋君之命，来向宋致意，让宋国先行固守，晋军后援将至。"楚庄王对解扬说："宋国

义释解扬

公元前595年，楚师围困宋国都城，宋派人至晋求救，晋人邲之战的余悸未消，不愿派兵救宋，却派大夫解扬去告诉宋人不要投降，诡称晋之大军将至。解扬经过郑国赴宋，被郑人抓住献给了楚庄王。楚庄王让解扬劝宋人投降，解扬假意答应，但在登上巢车与宋人对话时，却告诉宋人晋国大军将前来援助。庄王欲杀解扬，而解扬说："我已完成了国君交给我的任务，这才是真正的守信。"说罢请诛，庄王却认为解扬是忠臣不惧死，放他回国。宋国执政华元因解扬传递救援消息，守城益坚，亲自于夜间偷入楚营，把楚军主帅子反从床上拉起，逼他私下订立了退兵的盟约。第二天，子反报告楚庄王，楚庄王命楚军后退30里，宋与楚遂结盟。此图出自清末石印本《东周列国志》。

> **历史文化百科**

> 〔古代审讯程序：三刺、三环、三赦〕
> 三刺是古时审讯遇疑狱而征求众人意见的一种法律制度。古书上记载"以三刺断庶民狱讼之中，一曰讯群臣，二曰讯群吏，三曰讯万民。"专家解释说："刺，杀也。三讯罪定，则杀之。"三环也作三宥、三原，为宽大之意。古时判处死刑须经过三次宽宥，三宥依次为："一宥曰不识，再宥曰过失，三宥曰遗忘。"三赦指幼弱、老年、痴呆三种人犯罪可予赦免的制度。

春秋

世界大事记

波斯王居鲁士二世东征，占领阿富汗北部，并进入乌浒河（今阿姆河）、药杀水（今锡尔河）流域。

《左传·宣公十三年—十五年》
《史记·楚世家》

勇敢 宽容 机智
楚庄王 解扬

人物 关键词 故事来源

楚国士兵的甲片漆皮
春秋末年，楚国便一直想通过武力来消灭周围的其他国家。图为湖南长沙出土的楚国士兵的甲片漆皮。

之破只在旦夕之间，寡人不想多杀人，希望你将晋君之言反过来说，告诉宋君说晋国国内有事，急切间抽不出人来，宋国人绝了念头，必然投降寡人。你若能这样做，寡人定会厚赏你。"解扬听了一言不发。楚庄王等了一会儿，见解扬不吭声，就说："如果你不答应，寡人就杀了你，照样攻城！"解扬心中寻思：我若不答应，必死无疑，使命也无法完成；不如先假意答应，到宋国照实把主公的意见告诉宋国，那时

春秋蟠螭纹方镜
春秋时期的铜镜种类已经非常丰富，花纹种类形形色色，其中蟠螭纹是比较常见的一种。这也从一个侧面反映了中华民族对于龙的崇拜。

再死也无憾了，于是答应了庄王的要求。

忠义行为感动庄王

解扬被押到宋国城下，登上楼车，便大声呼喊道："宋人听着，我是晋国使臣解扬，被楚军所俘，要我诱降你们！你们万万不可投降，我国君主很快将率大军前来救援！"庄王在下面听了，不禁大怒，忙喝令楚兵将解扬从楼车上揪下来，骂道："你答应了寡人，又出尔反尔，如此无信之人，死有余辜！"吩咐左右把解扬拉下去砍了。解扬觉得自己的使命已经完成，死而无憾了。他看着暴跳如雷的楚庄王，平静地说："大王，下臣并未失信。臣听说：'君王以发号施令为信，臣子当以贯彻王命为本分。'臣若听命于大王，必失信于敝君。在下受敝君之命而来，原本已以生命付之，大王要杀在下，在下也死得其所。不过，如有楚国臣子背弃大王命令，谋取他国好处，是不是也可称之为有信呢？大王如认为这种臣子有信，请立即杀了在下，以昭楚国之信。"说完，慨然等死。楚庄王听完解扬一席话，玩味良久，被解扬的忠义精神所感动。于是，下令释放解扬。解扬回到晋国，受到晋景公的特别嘉奖，拜为上卿。

原始青瓷碗（右图）
敞口，口沿外折，圆唇，弧壁浅腹，高圈足。口沿上饰五周弦纹和三个 S 形堆贴。足底涂有一圈黑漆。釉呈黄绿色，厚薄不均。底内有粗犷突兀的旋纹。

话说中国

中国大事记

经宋大夫向戌建议，晋、楚、齐、鲁等十四国会盟于宋，举行弥兵大会，各小国共奉晋、楚为霸主，定期朝贡。史称"向戌弥兵"，此后数十年战事基本平息。

○五○

赵氏孤儿

因奸臣构陷，满门忠义的晋国赵氏惨遭灭族之祸，赵朔之妻庄姬依仗公姐身份遁入宫中，生下一子，家臣程婴巧施调包计，摆脱追踪，远遁深山，苦心育孤，等待复仇的日子。

晋国正卿赵氏这一个大族，曾经遭受灭族之灾。所有赵家的人都被杀光了，只留下了一个遗腹子。然而十五年后，此遗腹子竟使赵氏复兴。这在当时，是一个惊心动魄的传奇故事。

灭门之祸

公元前 607 年，晋正卿赵盾逃脱晋灵公的追杀，还未出境，其弟将军赵穿即袭杀灵公于桃园而迎赵盾回都。赵盾回都后，经与群臣商议，拥立晋襄公胞弟黑臀为君，即晋成公。七年后成公死，其子继位，即晋景公。不久，赵盾去世了。赵

青铜牺簋

这件春秋古淹城青铜器，腹部一端有兽头，兽头有角一对，眼一双，口鼻清楚，形状像牛。兽头面部和颈上部有两条粗弦纹，颈下部饰鱼鳞纹，腹部上两侧饰云雷纹。它充分体现了春秋时期淹城的独特地域文化特征。

春秋

盾一死，晋景公宠上了弄臣屠岸贾，任他为司寇。屠岸贾先有宠于灵公，重新掌权后变得更加刁奸歹毒。他不择手段地培植亲信，势力一天大似一天。公元前 597 年，屠岸贾以赵盾弑君的罪名处赵氏灭族之罪。大夫韩厥得悉大惊，急忙找到赵盾的儿子赵朔，叫他赶快逃走。赵朔不肯，说赵氏为国鞠躬尽瘁，数代忠义，宁做冤鬼，不当亡臣。不一会，屠岸贾率领甲士蜂拥而至，赵朔、赵同、赵括、赵婴齐一族数门男女老幼悉数被杀。赵朔的妻子庄姬是成公的胞姐、景公的姑妈，当时有孕在身，甲士不敢动她，庄姬乘机逃入景公宫中。

大义忠仆

赵盾从前的心腹门客公孙杵臼与程婴惊悉赵家惨遭灭族之祸，结伴来到赵家准备一同赴难，到得门外，听到屠岸贾的亲信在搜寻庄姬，说她有孕在身，不斩草除根，必留下祸患。程婴听了，心里一动，对公孙杵臼说："主公家复兴的希望寄托在庄姬一身，我俩若死去，庄姬无人相助，必难逃死劫。若天佑赵氏，庄姬幸而生男，我们应把他抚养成人，以报血海深仇。"公孙杵臼深以为然。

逃入宫中的庄姬足月后果然生下一个男婴，取名赵武。屠岸贾闻讯入宫窥探，庄姬急迫中将孩子藏在裤中，心中祷告："如苍天保佑赵氏，就让孩子不要出声！"屠岸贾四周溜达，好久不见动静，就转身出宫而去。程婴与公孙杵臼决定当晚将孩子救出，公孙杵臼问程婴："抚育孤儿与慷慨赴死哪个难？"

程婴说："赴死容易育孤难。"杵臼说："既如此，你任其难，我任其易，如何？"程婴问："此话怎说？"公孙杵臼说："我去找一相仿的婴儿，抱入首阳山中，你到屠岸贾处举报，屠贼得到婴儿，以为祸根已除，必不再追究。你另行设法将赵武藏匿起来，抚育成人。"

金蝉脱壳

当天半夜，二人抱着他人婴儿，用绣花的小儿被包裹着，依计向山中逃去。天明，程婴到屠岸贾处装作贪图悬赏的样子，举报赵氏孤儿藏匿于首阳山某处。屠岸贾得报大喜，立即指挥心腹带人前去搜捕。程婴将追兵带到约定地点，公孙杵臼装作十分悲愤的模样，

权力和地位的象征

礼器是用于祭祀和宴会等到礼仪场合的器物。先秦"藏礼于器"，就是通过礼器的大小，数量等方面的不同象征所有者的权力和地位，将宗法制度物化。礼器一般包括食器、酒器和水器，其中鼎是最重要的器物。周礼规定，天子用九鼎，诸侯用七鼎，卿、士大夫等依次递减。图中为虢国国君墓中的陪葬列鼎。

大骂程婴卖主求荣。杵臼与婴儿立时被追兵砍成肉泥。接着，程婴便抱着赵武潜入盂山隐居下来。

进宫任卿

十五年后，晋景公病危，恶梦连连，找来卜师占卜问神。卜师说是冤死的晋国功臣作祟，其后人流离失所，得不到照顾。晋景公请老大夫韩厥进宫商量。韩厥与赵氏私交甚厚，又深知赵家的冤情，现在见时机成熟，便将赵氏遗

赵氏孤儿

公元前583年，因奸臣诬陷赵同、赵括造反作乱，晋国诛杀赵同、赵括，并将赵氏全族都杀戮，并四处搜捕赵氏遗孤赵武。赵家门客程婴与公孙杵臼定计，以程子假冒赵武替死，从而救出赵武，由程婴抚养成人，最终平反昭雪，报了冤仇，赵武当上了大夫，赵氏势力重新恢复。元杂剧《赵氏孤儿》即演此故事。此二图均出自《元曲选》插图。

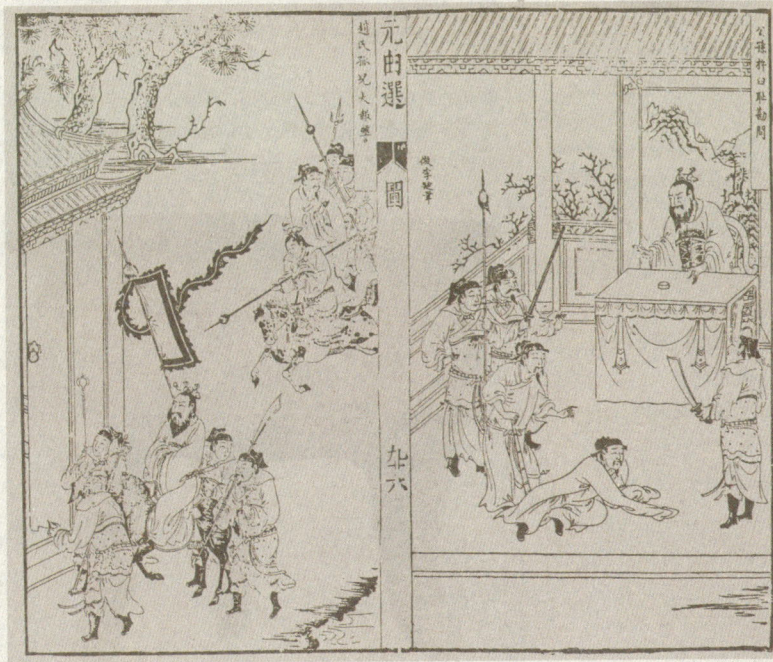

春秋

神兽

出土于河南浙川楚墓，一对，形制基本相同。由龙首、虎身、龟足、蛇尾拼合而成，形象极其怪诞。头上的兽角也是由小龙构成，兽背开孔，可插曲体器架。架上立着的怪兽也是龙首虎身，它的口中还衔着一条吐火曲体龙。全器满饰龙凤纹，并用孔雀石镶嵌。通过环环相套和无处不有的怪兽形象，营造一种神秘奇异的氛围。

> **历史文化百科**
>
> **〔春秋战国时期的山戎墓葬群〕**
>
> 1987年，北京市郊延庆古城发掘出相当于春秋战国时期的山戎部族墓葬群，共有墓葬107座，灰坑25个，石祭坛1处。出土的文物有各类陶、石、骨、蚌器和青铜器千余件。经考古专家对全部人骨的鉴定，在102座墓中，男性49座，女性36座，儿童17座。男性寿命最长者不超过50岁，儿童半岁至两岁间占将近一半，另一半为8岁到11岁。这些情况表明，当时这支山戎部族的社会生活极不安定，条件相当艰苦。

孤的事一一说出。景公笃信因果报应，忙下令召赵武进宫承袭赵氏卿位；同时下令将奸臣屠岸贾灭族，以抵冤杀赵氏一族之罪，希望以此安抚赵氏冤死的鬼魂别再作祟。

如约赴死

待赵武成人，在行冠礼的宴会上，程婴对赵武和大家说："赵氏蒙难，家臣悉数同死。我当时不死，是为立誓要抚育赵氏遗孤。今天赵武已经成人，官复原职，我心愿已了，将下报赵盾与公孙杵臼。"赵武痛哭流涕地挽着程婴的手说："赵武愿像儿子一样服侍您，您难道忍心抛下我去死吗？"程婴答道："我与公孙杵臼有约，他先我而去，我不死有负于公孙杵臼。"说罢，自杀身亡。赵武以养子身份服丧三年，建祠祭祀。

赵氏孤儿的传奇故事，惊险奇特，生动感人。元代、明代以后，戏剧家写了许多这方面内容的剧本，以扬善鞭恶，教育世人。

夹砂陶鼎

春秋时期的鼎器多为青铜铸造，但在江南一带的古淹城却有以陶或瓷制的鼎，充满了古朴的韵味。这件春秋古淹城器物，就很好地体现了这一特点。

公元前 544—前 493 年

前544年
前493年

世界大事记

印度摩揭陀国王频毗婆罗在世。

《左传·成公七年》
怨愤 壮志
疲于奔命
申公屈巫臣

人物 典故 关键词 故事来源

○五一

巫臣教吴叛楚

楚将子重和子反因财产和女色杀了申公巫臣的家人，分了他的家产。而巫臣便要他们疲于奔命而死。

巫臣是楚国申县的长官，故又称申公巫臣；他属屈氏家族，也称屈巫。因为与楚将子重、子反有矛盾而逃奔晋国，然后再出使吴国，教吴各种战术，使其叛楚、攻楚。

晋楚鄢陵大战

公元前 575 年，郑国叛晋附楚，晋厉公十分震怒，为了不使晋国失去在诸侯的霸主地位，晋厉公亲自率军攻打郑国。郑国立即求救于楚国，楚共王率军救郑。晋、楚双方在鄢陵（今河南鄢陵县北）交战。楚军逼近郑军，摆成阵势，从楚奔晋的苗贲皇建议晋厉公分兵去攻击楚的左、右军，然后三军联合进攻楚中军王卒。双方激战中，晋国吕锜射中楚王眼睛，楚军被困于险阻之地，公子茂也被晋军俘获。战斗自晨至暮，楚共王找子反议事，子反酒醉而不能见，楚共王只得乘黑夜逃走，子反酒醒后知道误了战机，自杀身亡，楚军败归。鄢陵大捷，使晋厉公扬威于诸侯，欲霸天下。图为鄢陵大战示意图。

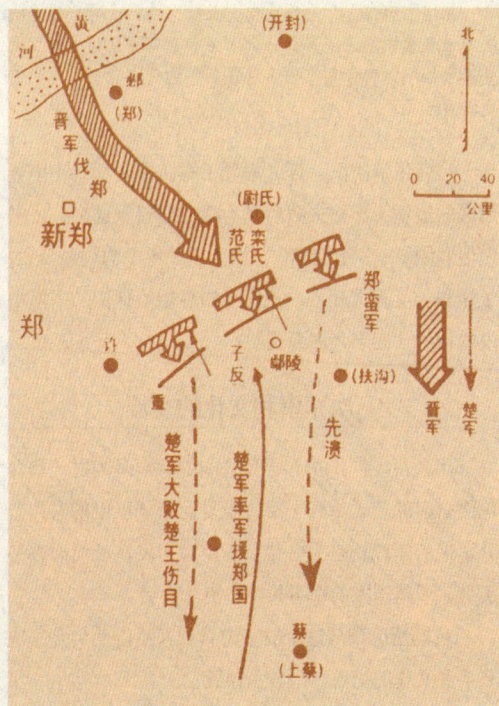

巫臣教吴是春秋后期的一件大事，它改变了当时的形势和格局。

有怨恨立志报复

公元前 595 年楚国大军包围宋国，逼使宋国签订城下之盟。楚军将帅子重（即公子婴齐）和子反（即公子侧）有功，子重请求楚庄王以申、吕之地作为封赏，庄王答应了。申本来是申公屈巫臣的管辖之地，于是巫臣反对，说："楚先王在申、吕筑城邑，是为了抵御北方。若把两地封赏给子重，楚国就缺乏北部的防御，晋、郑的军队就会打到汉水来。"庄王觉得有理，就收回了对子重的承诺。子重因此非常怨恨屈巫臣。

子反想娶郑夏姬为妻。巫臣劝子反别娶，说："夏姬是个不祥之人，娶此女人会对你不利的。"子反听了巫臣的话。巫臣却娶了夏姬逃走了。子反也非常恨巫臣。

楚庄王死，共王即位。子重和子反联合将申公巫臣家族的主要人物杀的杀，抓的抓，分享了巫臣的家产，并把已杀的几个人的家产分给其他大臣。巫臣在晋国获悉后，写了书信寄给他们，说："你们这样滥杀无辜，我一定会报复的，要使你们疲于奔命而死。"

话说中国

中国大事记　公元前542年，郑国子产实行改革，整顿田地与农户，"不毁乡校"，实行民间自由评议政策。

教吴车战，身手不凡

巫臣为了实现报复的目的，就向晋景公请求出使到正在今江苏无锡、苏州一带崛起的吴国，并给予一定数量的战车、善于车战战阵的士兵和一些射手。晋景公之所以会同意这一请求，一方面是由于吴国为周太王之子太伯建立的姬姓国家，另一方面是由于若能帮助吴国强大起来，有能力同楚国抗衡，则有利于晋国。巫臣率领了战车车队和士兵、射手来到吴国，吴君寿梦真是喜出望外。巫臣使出浑身解数，教吴国的将士乘车、在车上作战的本领、怎样列布战阵、怎样战胜楚国等军事问题。巫臣本来就是楚国杰出的将帅，深知楚国的军事，更了解子重、子反两个楚军统帅的战法，现在来教吴国怎样同楚国作战，效果当然特别显著。

巫臣完成使命后，把儿子屈狐庸作为使者安置在吴国，继续帮助吴国训练军队，并督促吴国向西扩张。

吴军伐楚，节节胜利

吴军本来善于水战，现在又掌握了车战本领，真可谓如虎添翼，可以水陆并进。吴国可能出于小试牛刀，就北上攻打嬴姓的郯国，在今山东省郯城县。这一试果然获胜，并逼使郯国签订盟约。

就在巫臣使吴的当年，公元前584年，吴又攻入原服属于楚的州来国（今安徽凤台县）。公元前570年，楚人调集军队攻吴，被吴中途拦击，俘虏楚将邓廖。接着吴人伐楚，又夺取驾邑（今安徽无为县）。公元前559年，楚伐吴，吴又从险道中途拦击，大败楚军，俘获楚公子宜谷。至公元前538年，吴再伐楚，攻入棘、栎、麻，即今河南省永城市和安徽省砀山县一带。这时，楚国对吴开始感到惧怕。

由于吴军攻楚的接连获胜，作为楚军将帅的子重

以长篇错金铭文著名的栾书缶

此缶的主人栾书（？—前573）即春秋时晋国的大夫栾武子。在这个铜缶上，有错金铭文五行，共四十字。错金技法始于春秋中期，一般戈、剑、矛等兵器上的错金铭文都是寥寥数字，而像栾书缶上这样长篇的错金铭文在春秋时期极为罕见。

和子反就像消防队一样，率领了军队去救那些小国或楚国的边境，作战失败后又为活命而狼狈逃奔，史书说他俩"一岁七奔命"。由于在一年中的频繁奔命，子重和子反相继死去。正应了屈巫臣给他们的书信中说的话："疲于奔命而死"。

一次军事和文化的交流

申公巫臣同子重和子反之间的怨恨是为财产和女色而引起的。子重和子反为报复而杀了巫臣的家人，分了他的家产，是为一错。巫臣为了发泄私愤而教吴叛楚，泄露国家的军事机密，更是大错。

我们还应该从这个故事中看到：巫臣使吴是一次军事和文化的交流。　〉王仁巍

春秋

○五二

晋厉公外嬖之祸

晋三郤由于得罪晋厉公宠幸的人，被晋厉公派人杀死。晋厉公因滥杀无辜，又被其他卿大夫所杀。

郤氏积下怨仇，众怒难犯

晋厉公是晋朝历史上一位昏庸的国君。他生活奢侈，身边有许多外嬖。外嬖是指那些得到晋厉公宠幸的士大夫。这些外嬖随着受宠幸程度的提高，野心也逐步膨胀起来。鄢陵之战归来后，他们打算除去其他卿大夫，而封立自己的党羽。

胥童、夷阳五、长鱼矫都是外嬖，他们和郤氏有很深的积怨。郤氏是晋国很有势力的贵族之一，曾执掌晋国军队大权。晋成公时，胥克统领下军，胥克是胥童的父亲，因患上神经错乱症而被正卿郤缺免去职务。从那个时候起，胥、郤两家开始结怨。夷阳五因为他的田被郤锜抢夺去而与郤氏有积怨。至于长鱼矫

则是因为和郤犨争夺田地失败并受辱而与郤氏产生积怨。郤氏不仅在外嬖中受人怨恨，而且一些士大夫也对他们不满，栾书就是其中之一。栾书是晋国的正卿。在晋与楚的战争中，郤至没有采用栾书的计谋而结果击败了楚军，栾书十分妒忌，想把他除掉，自己取而代之。

设计陷害，制造事端

为了达到目的，栾书便暗中与楚国国君勾结。楚君由于郤至的计谋而被打败，对他恨之入骨。两人一拍即合。于是楚国君派楚公子茷来晋国欺骗厉公，说："鄢陵之战，是郤至招来楚军，他打算发动变乱，接纳公子周立为君主。恰好遇上盟国的军队没有到齐，因此事情没有取得成功。"晋厉公把楚公子茷的话转告栾书。栾书便建议晋厉公派人到成周去，暗中核实一下此事情。晋厉公果真派遣郤至到成周。栾书又另派人让公子周会见郤至，郤至不知自己已被人出卖。晋厉公验证了此事，以为确实如此，便开始怨恨郤至。

> 历史文化百科

[春秋时期的服丧制度]

服丧内容包括丧服与守丧二端。丧服分斩衰、齐衰、大功、小功、缌麻五种，服制越重，丧服衣料也越是粗糙，以示哀痛的程度。其中斩衰最重，用最粗的生麻布制成，衣边毛糙不缝合，适用于诸侯为天子，臣为君，子为父，丧期三年，实际是二十五个月。齐衰为次等，用熟麻布，缝边。丧期依逝者及家中情况的不同，分三年、一年、半年、三个月四种。大功用细麻布，丧期九个月。小功用更细密的熟麻布制成，丧期五个月。缌麻用最精细的熟麻布做成，丧期三个月。

话说中国

矛盾激化，三郤丧生

郤至到成周会见公子周这一件事，仅仅是晋厉公怨恨郤至的开始，两人矛盾真正白热化则是另一件事情引起的。有一次，晋厉公外出打猎，正与诸姬妾饮酒作乐，郤至把他猎杀的野猪献给晋厉公，旁边的宦官孟张夺走了野猪，于是郤至拔箭当场射杀孟张。晋厉公非常震怒，以为郤至目无君主，竟欺负到他的头上，对他已构成极大的威胁，遂决心除掉郤氏。

晋厉公将要采取行动之前，胥童为他分析形势，指出郤氏是个权势很大的贵族，容易威胁君主的统治，并且郤氏到处与人结下怨恨，讨伐他们，容易获得别人的支持。这样，就更加坚定晋厉公除掉郤氏的决心。

晋厉公将要诛杀郤氏的事情被三郤知道了，在郤氏当中引起很大的反响。三郤聚在一起商议对策。郤锜主张出兵攻打晋厉公，认为即使战死，也要使厉公损兵折将。与此相反，郤至则主张按兵不动。他始终相信晋厉公不会采取行动，他认为自己不但无罪，反而有功于晋国，如果晋厉公除掉他，将失信于民。并且自己是领受国君的俸禄，假如再聚党叛君，罪将更大。

事情没有按郤至所猜想的方向发展。公元前574年十二月壬午这天，晋厉公命令胥童、夷阳五等带领八百名士兵袭杀

原始青瓷簋

春秋时期淹城的出土器物中有以陶或瓷替代青铜制作器皿的特点，而且样式十分原始古朴。这件青瓷簋，肩部堆贴有五只不等距分布的小鸟和一对绚耳双耳，耳两侧饰附加S堆纹，腹部两侧各堆贴一道扉棱，并有八周细密的锥刺纹。除底之外，满施青黄釉。

三郤。三郤当时正坐在屋里，郤锜和郤犫当场被击毙在座位上，而郤至在逃命的过程中也被击杀。三人死后，尸体都被陈列在朝廷上。

终于自食其果

在击杀三郤后，胥童乘势在朝廷上劫持栾书和另一大夫中行偃，劝厉公杀掉两人。他认为这两人心地险恶，迟早会叛国弑君。但厉公以为一天早上已经杀死了三个卿，不忍心再杀，并恢复他们的职位。不久晋厉公反而被栾书和中行偃囚杀了。这是晋国历史上一场因外嬖而发生的祸乱。国君宠信什么人，可要慎重啊！ > 莫波功

三轮青铜盘

春秋时期古淹城青铜器，通常具有独特的形制，体现了吴越文化的地域特征。盘足下装有三轮，前轮安装在底部向前伸出的一对L兽形器尾部的转角处。盘腹饰一周云雷纹，云雷共五层。前轮两侧上竖的兽体，头部有眼、嘴和角，颈部为鱼鳞纹，背部像有两只羽翅，腹肚为空心，背部下端各有一条尾巴。带有三轮的青铜盘是淹城特有的样式，相当奇特。既美观又方便实用。

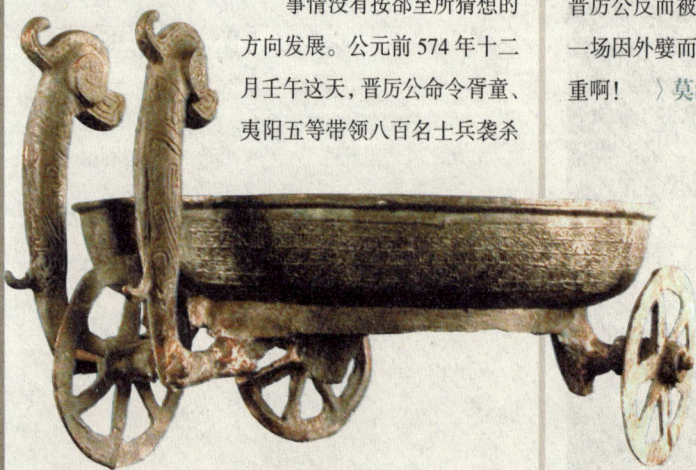

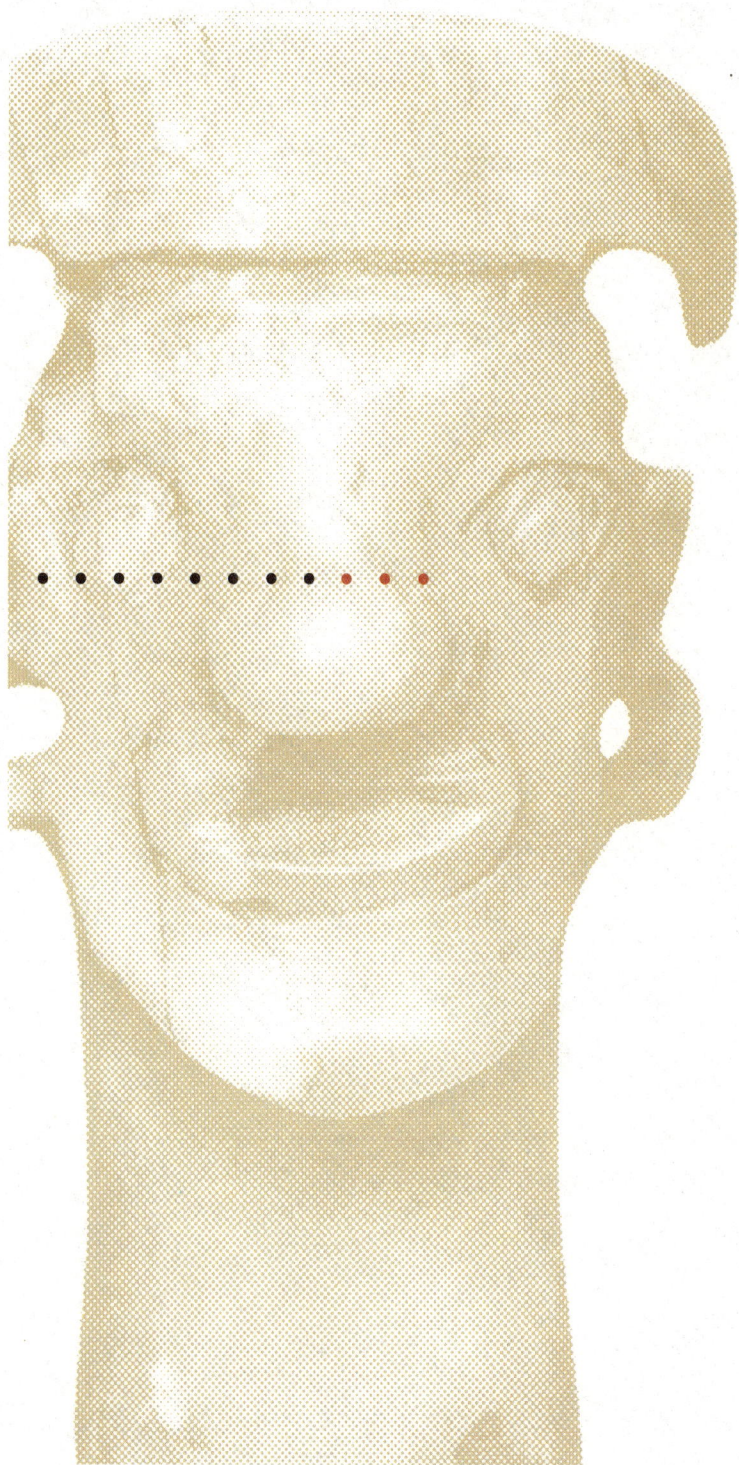

话说
中国

春 秋 巨 人 公元前770年至公元前403年的中国故事

陈祖怀 著

上 海 文 化 出 版 社
上海故事会文化传媒有限公司

下

前540年 > 前468年

公元前540—前468年

世界大事记 耆那教创立者筏驮摩那在世。

魏绛 晋悼公 人物

法制 和亲 关键词

《左传·襄公十一年》《左传·襄公十三年》《左传·襄公十四年》 故事来源

〇五三

魏绛刚直不阿

执法严明的中军司马

魏绛是春秋时期晋国的一位官员，他对晋国的法治和外交政策都作出了重要贡献。

公元前570年，晋悼公与许多诸侯到鸡泽，在今河北邯郸市东进行会盟。当军队走到鸡泽附近的曲

魏绛尽力辅助晋悼公，提出许多积极的建议和措施，使得国力增强，诸戎顺服，因而受到赏赐。

梁时，悼公的弟弟扬干的车马，胡乱在军队中穿行，冲乱了队列，并影响军队的行进速度，这是一种违反晋国军纪的行为。魏绛这时为中军司马，主管军队的军纪。为了严明纪律，魏绛把为扬干驾车的仆人杀掉了。

晋悼公知道这件事后，十分恼怒。晋国在鸡泽与诸侯会盟，是一件荣幸的事情。但魏绛在这时杀人，实在大煞风景，并且是在羞辱他的弟弟。晋悼公认为，如果这时杀掉魏绛，是不算重大过失的。他手下的一个臣子羊舌赤并不同意晋悼公的看法，劝谏说："魏绛对国君忠心耿耿，没有异志。事君不避难，有罪不逃刑。国君不必派人去杀他，他会来说明原因的。"

话音刚落，魏绛便到

最早以蚕桑纹装饰的铜尊

尊高21厘米，口径15.5厘米。尊上花纹分为三组，主体部分即第三组位于器腹，由四片图案化的桑叶组成，叶上布满了形态各异的小蚕。尊口表面也铸有十几组蚕形，每组两条，翘首相对。以蚕桑图案装饰青铜器，在当时尚是首次，它反映了我国家蚕培育已进入桑林放养阶段。

话说中国

前537年

公元前 5 3 7 年

春秋兽形器座

春秋中期兽形器座，当是当时照明用具，一神兽直立于蟠屈8字形的蛇身之上，两前肢和头上两角各擎一枝烛托，上端应有圆盘形灯盏，造型生动，工艺精湛，是春秋文物中的精品，当四灯点燃，左右前后辉映，产生富丽堂皇的效果。神兽形象可能具有一定的神话含义。

来了。他叫人把一封书信交给晋悼公，便准备抽佩剑自杀谢罪。旁边的大臣制止了他的行为。当时晋悼公正在室内阅读着魏绛的书信。魏绛在信中陈述了他自杀的原因，说："军队必须无条件地服从军纪军令，如有违反军纪或官吏不严格执行军法，两者都是大罪。至于杀扬干的车仆，作为军中的司法官在事先不能训告众人，使他们懂得军纪、军法，是我的过失，应当承担责任，接受依军法惩罚。只有这样，才能平息君主的怒气。"晋悼公本来就深信魏绛，得知他杀扬干的原因后，唯恐魏绛自杀，赤足从室内奔出来，对魏绛说："扬干的事情，是寡人管教不严的过错。先生把车仆杀了，是正确的。如果先生因为这件事再被杀，就是加重寡人的过失。"他命魏绛不要自杀。

通过魏绛处理这件事，晋悼公认为他能依法治国，

以法管理民众。盟会结束回到晋国后，晋悼公特设礼食于庙招待魏绛，并命他辅佐赵武统领的新军。

外和诸戎的英明决策

公元前 569 年，有一个叫无终的山戎国，它的国君派了一个使臣到晋国，通过魏绛送上虎豹之皮，请晋国与诸戎和好。晋悼公说："诸戎无情无义，并贪得无厌，不应该和他们结盟，最好出兵讨伐。"魏绛见晋悼公没有和戎结盟的诚意，开始为他分析当时晋所处的形势，指出："晋国刚和诸侯结盟，并与陈国和好不久，他们都在观望晋国，如果晋国是个施行仁德的国家，则和晋继续相好，否则就会关系破裂。现在派军队远征戎人，假如楚国讨伐陈国，就不能救助陈国，实际上是抛弃了陈国。如果这样，华夏诸侯也会离心。况且戎国生产和文化都十分落后，获得戎国而失去了华夏诸侯，是非常不划算的。"接着魏绛以"太康失国，少康中兴"的故事来强调德政的重要，终于使晋悼公改变了态度。魏绛进一步为晋悼公分析

> **历史文化百科**
>
> 〔**先秦少数民族的称谓：东夷、南蛮、西戎、北狄**〕
>
> 中华民族大家庭中，汉族是人数最多的一族，但同时也是个动态的民族开放体。先秦时期中国还没有汉族，居住在中原的是华夏族，范围基本和周天子分封的所有诸侯国相等。华夏族的周围分布着许多少数民族，他们基本属于夷、蛮、戎、狄四族，为方便记忆，人们依居住的方位分别称他们为东夷、南蛮、西戎、北狄。但这仅仅是一个笼统的说法，事实上，这四大少数族不仅内部又分成许多支，如春秋战国时代的山戎、犬戎、狄或赤狄等，他们居住的方位也时有变动，所以史书上常有"蛮夷"并用，"戎狄"统称的。随着时间的递嬗，四大少数族中的相当部分受农业文明吸引，渐渐同华夏族融合，成为后来汉族的共同祖先。

人首蛇身形象的玉饰

玉饰出土时共有两件，大小薄厚相同。但两件玉饰正反两面有差异，耳佩圆环者为一男性，另件为一女性。玉器纹饰精美，玲珑剔透，反映了春秋时期高超的琢玉工艺。黄君孟墓葬出土的这对玉饰在目前出土的玉器中首次见到，此玉饰雕琢的人首蛇身形象很可能与传说中人类始祖伏羲、女娲有关。

原始青瓷杯

这件原始青瓷杯是春秋时期吴越淹城所出，口沿外折，圆唇，口沿下内敛成束颈状，平底。腹一侧偏上出饰一上翘的兽尾状把。除底外，满施黄绿色釉。

和戎国结盟有诸多好处："能使得晋国增加财富，扩充军队的实力；如果诸戎都侍奉晋国，周边的国家肯定会震惊，就能达到慑服诸侯的目的。"晋悼公觉得有理，于是派魏绛和诸戎结盟。

因功受赏的气度

魏绛尽力辅佐晋悼公，使得晋国的国势蒸蒸日上。到晋悼公十一年，即公元前562年，郑国送给晋国乐师、乐器、车马等很多东西。晋悼公因魏绛和戎之后，诸侯九次来会盟，认为这些都是魏绛的功劳。晋悼公于是把一半的东西赐给魏绛，魏绛坚决不受，他推辞说："这些东西只能君主拥有。至于和诸戎结盟，是国家的福气，诸侯九次来会盟，是国君的威严所导致的。"在晋悼公一再坚持下，魏绛才收下这些礼物。

〉莫波功

子季嬴青簋

前530年　公元前530年
世界大事记
"伯罗奔尼撒同盟"形成。
《左传·襄公十年》
专制　怨愤
子驷
人物　关键词　故事来源

〇五四

郑五族作乱

在井田制日益瓦解的情况下，新旧势力为了捍卫各自的利益，展开了激烈斗争。

政权控制在"七穆"手中

郑庄公拉开了春秋争霸的序幕，曾经一度达到"小霸"的地位。可是后来郑国经过一系列的外患和内乱，国力日益衰退。在长期的国内各种势力斗争之后，郑国的政权逐渐控制在"七穆"手中。所谓"七穆"，就是郑穆公儿子中的七个大族。

郑穆公共有十一个儿子，其中以罕、驷、丰、游、印、国、良七族为最强，以后郑国的政权基本上控制在这七家手中，人称"七穆"专权。首先是子良，其次是子罕，接着是子驷，三人分别归属于良氏、罕氏、驷氏。

新旧贵族势力的大拼搏

在子驷执政的时候，与掌管法律的官吏尉止产生了冲突。当尉止带兵出征，将与他国军队作战时，子驷故意减少尉止兵车的数量。战争结束，尉止俘获了敌人，子驷又与尉止争功。子驷压制尉止说："你的战车，不符合礼的要求。"最后为了不让尉止建功，甚至不让他向国君献俘虏和其他战利品。

在压制尉止的同时，子驷又开始整顿井田系统。子驷所处的时代，正是春秋中后期，旧贵族开始衰败，而新兴的贵族逐步强大。新兴的贵族随着势力的增强，开始大量地开垦私田，国人也加入到这个行列。正是由于私田的大量开垦，破坏了原先井田的疆界。于是子驷"为田洫"，即重新整顿田界。在整顿过程中，子驷夺了司氏、堵氏、侯氏、子师氏的田地。这四个人是郑国新兴的贵族，都开垦了大量私田。由于利益受到侵害，便对子驷的行径不满，他们联合了以前

子季嬴青簋（左页图）

硕父是西周厉、宣王时期虢国国君虢仲的儿子，任管理与火有关事务的司或官职，季嬴是硕父的夫人。季嬴青簋由形制相同的盖和器两部分相合而成，盖口沿有兽首形卡扣。器身饰交龙纹和类似波曲纹的变形交龙纹。

被子驷脔杀的子狐、子熙、子侯、子丁的族党，准备发动叛乱。子狐、子熙、子侯、子丁是郑国的公子，他们在公元前565年，曾想以僖公的死为借口，谋杀子驷。子驷先下手，杀了众公子。众公子的族党一直想找机会，为其报仇雪恨。

公元前563年冬天，郑国的大夫司氏、堵氏、侯氏、子师氏、尉止五族人和子狐、子熙、子侯、子丁的族党一起发动了叛乱。他们率领家族的军队，在十月戊辰这一天的早晨，攻入执政在西宫的朝廷，杀了当国执政的子驷、司马子国，还有司空子耳，并把国君郑简公劫持到北宫。司徒子孔因为事先知道这天有叛乱行动，故早就逃避在外而没有被杀。这次参加叛乱的郑国新兴阶层，其社会地位都比较低，没有一个是大夫而都是士，故史官记这次叛乱是"盗"的行动。

叛乱发生后，子驷的儿子子西来到西宫，掩埋好尸体，准备追击叛乱者，发现其家族的男女奴隶大多逃亡，家中的器物也多被抢劫。子国的儿子子产听说叛乱后，严守大门，召集众官，封闭府库，加强防卫，组织其私族军队，得到兵车十七乘。子产先收其父之尸骨，然后进攻叛乱者盘踞的北宫。此时，子蟜率领国家的军队前来相助，终于杀死尉止、子师仆，叛乱者大部击毙，堵女父、司臣、尉翩（尉止子）等向宋国逃去。这次叛乱终于被镇压了下去。

执政者所作的某些让步

这次叛乱是新旧势力的一次较量，虽然没有取得成功，但震撼了郑的统治，使得执政者不得不有所让步，当众烧掉了内容为巩固专权的盟书，以平息众怒。　〉莫波功

话说中国

157

〇五五

高山流水觅知音

这是一个美丽的民间传说，讲述琴师与知音的故事。

伯牙为朋友钟子期精心谱写了一曲《高山流水》，不料登门时已天人两隔。

伯牙与《水仙操》

晋国青年伯牙喜欢音律，投师名门，三年无成。技法虽熟，可心指间总觉一层障碍，为曲枯涩，伯牙苦恼不止。老师方子春知道后，将他送到了东海蓬莱岛，让他在欣赏大自然景色中，体会与捕捉自己的心声。

伯牙独处孤岛，与海天为伍，心神渐趋合一。这天清晨，他照旧来到海边，极目四眺，杳无人迹，天

水难分。忽见一道霞光，划开了天和海，在跃动的万道金光中，一个深红色的火球从天边慢慢升起，一小半，一大半，刹那间整个跳出海面。天地一片欢腾，万顷波涛与漫天云彩变得通红，且不断变幻着亮度、色度。伯牙心神皆醉，思如波涛，他取过琴来，对着美景忘情地弹奏起来。

又是一个下午，伯牙伫立海边，突然阴云密布，海水死一般沉寂，闷得气都喘不过来。只见一道闪电照亮了整个海面，雷声滚滚，暴雨哗哗地泼向海面，狂风

春秋

世界大事记

波斯国王居鲁士二世远征中亚，兵败身死。

俞伯牙　钟子期

友谊　方技　盟誓
高水流水

《列子·汤问》
《乐府解题》

人物　典故　关键词　故事来源

卷着巨浪扑向岸边的岩石，雷声、雨声、风声、海涛声，与身后蓬莱山上的松涛声混成一片，震撼人心。伯牙颤抖着调好琴弦，和着天地间的狂响，挥洒出了激越的旋律。在这天人交融的境界中，伯牙终于成就了一首著名琴曲——《水仙操》。

知音朋友钟子期

回程时，他绕道泰山，行经石峪，雄峻的东岳景色触动了伯牙的情怀，他席地弹起《水仙操》来，无边的山峦与东海波涛重合在一起，浪花四溅，海鸟翻飞，音随意转，似乎化成了一片天籁。正在伯牙弹得出神时，忽听路边林中传出喝彩声。伯牙循声望去，原来是一个清癯的樵夫。伯牙见是知音，当即请他坐下，为他重新演奏。伯牙弹起赞美高山的曲调，樵夫说："真好！雄伟而庄重，就像高耸入云的泰山！"伯牙转调，开始演奏澎湃的大海，樵夫说："真好！宽广浩荡，

高山流水遇知音

伯牙是春秋时期著名的弹琴高手。一天，伯牙弹琴，钟子期在旁边听。当琴曲如高山般激昂时，钟子期赞道："弹得真好啊，就像那巍巍群山。"不一会儿，琴声如流水般细缓，钟子期又赞道："弹得真好啊，就像那潺潺流水。"于是，伯牙和子期成为知音。后来，钟子期不幸去世，伯牙万分悲痛，他砸烂了自己心爱的琴，决定从此不再弹琴。此图为元王振鹏所绘《伯牙鼓琴图》。

鲁国"作丘甲"、郑国"庶民"聚于萑苻之泽（在今河南中牟县），举行武装起义，被郑执政卿子太叔率兵镇压。按地多少出人服兵役。

元王振鹏"伯牙鼓琴图"

描绘伯牙为知音者钟子期弹琴的故事，此局部为钟子期及书童的形象，钟子期低头沉浸于琴声，已入忘我之境，书童则心不在焉。画作用笔圆转流畅，是元代画作中的佳作。王振鹏，字朋梅，永嘉（今浙江温州）人。工墨笔界画（指以宫室、楼台等建筑物为题材，而用界笔直尺划线的绘画）。

好像看见无边的大海，波涛汹涌！"伯牙兴奋极了，连连转换着不同的内容，樵夫竟然都能一一道来，与伯牙所想无不契合！伯牙难捺激动，紧紧拉着樵夫的手说："知音！你真是我的知音啊！"这个樵夫就是钟子期。两人从此成了好朋友。

《高山流水》，人间绝唱

岁月荏苒，伯牙成了晋国的大夫。这年，伯牙奉命去楚国行聘，回晋时特意来到龟山，寻访久无音讯的钟子期。在山民指引下，一路寻到子期居所，不料，触目的却是坟头青青草。那么多年的思念，那么多年的期待，顷刻间已是碧落黄泉。伯牙难忍心中的悲伤，造化为何如此残忍。他默默地取出琴来，席地而揖，然后深情地奏起已不知演奏过多少遍、专为钟子期谱写的琴曲《高山流水》！夕阳光明媚如兰，月湖水温润

似玉。微风拂面，宛如子期在轻轻吟唱："对坐松溪闻鸟鸣，虬枝古木参天齐。峰云绕径迷归路，涧流声声引友行。"伯牙应声而歌："借问卿心有几重，此是文盟？还是情盟？奈何聚散太匆匆，见日春浓，去日秋浓。夜露莹莹映孤灯，怅然暮钟，木然晨钟。难解旧梦化长虹，似作山穷，又作水穷……天地一孤鸿！"唱到此处，伯牙早已泣不成声。曲罢，伯牙站起身来，将心爱的古琴向墓前岩石上砸去，只听"乒"的一声，木花四溅，伯牙将碎琴祭到子期墓前，拜了三拜，转身而去。

据说，伯牙从此终生不再抚琴，留待天上与子期相会。

〔中国原典的本土乐器：八音〕

八音指金、石、瓦、丝、匏、竹、革、木八类乐器。金指钟镈（bó），石指磬，土指埙（xūn），革指鼓鼗（táo），丝指琴瑟，木指柷敔（zhù yǔ），匏指笙，竹指管箫。这八类乐器是我国先民最早掌握的本色乐器，以后随着民族融合的不断深入与对外交往的不断扩大，乐器的种类也不断更新、不断充实。

春秋

前529年
前522年

公元前529—前522年

世界大事记

波斯国王冈比西斯二世在位。

《史记·扁鹊仓公列传》

方技　嫉妒

讳疾忌医

扁鹊

人物　典故　关键词　故事来源

〇五六

春秋末、战国初期的神医扁鹊，是中国历史上最富传奇色彩的人物之一。我国中医搭脉诊断的方法，就出自他的发明。

巧遇神人

扁鹊真名叫秦越人，勃海郡郑人，即今河北任丘市人，年轻时曾任"舍长"，负责驿站传舍的安排。从事这一行当，结识的人自然很多，单说其中有一名叫长桑君的，很有学问，扁鹊对他非常尊敬。长桑君

神医扁鹊

年轻的驿馆舍长善结师缘，苦学成才，开创了中医搭脉诊治法。他悬壶济世，起死回生，成为中国历史上最富传奇色彩的神医之一，结果，却让一个嫉贤妒能的小人给害死了。

见扁鹊聪慧好学，谦恭有礼，也很器重他。一晃十多年过去，有一天，长桑君把扁鹊叫到自己房里，对他说："我有行医的秘方，多年来救过无数病人。现在老了，想把这一医术传授给你，但是有个条件，你不能将这医术泄露给他人。"扁鹊欣然答应。于是，长桑君从怀中取出一瓶药丸交给扁鹊，对扁鹊说："瓶中共有三十粒药丸，你每日一粒，用清泉吞服，连服三十天，就可入门了。"说罢，又把珍藏的秘方书也一齐交给扁鹊，一晃身不见了。扁鹊知道自己遇到了神人。

苦研病理

扁鹊依长桑君的嘱咐服药三十日，睁目四望，据说在暗室中看到了墙外的人！等那人走近，甚至看到了那人体内五脏六腑的症结。扁鹊惊喜交加，又不敢造次，忙静下心来取出长桑君所留的医书仔细揣摩，夜以继日地研究人的病理、医理与药理关系。经过艰苦学习与研究，扁鹊终于学成，开始四处行医。他医术高超、药到病除，很快名声大噪，赵国百姓用传说中黄帝时期神医扁鹊的名字称呼他。从此，世人只知他叫扁鹊，秦越人的真名反而渐渐被人忘记了。

名医妙言

晋国大夫赵简子病势垂危，连续五天不能言语，人也认不出来了，朝中大臣焦急万分，派人来接扁鹊去看病。扁鹊到后仔细诊察，认定是一种罕见的血脉

被忘却本名的神医

扁鹊姓秦，名越人，春秋战国时期勃海（今河北任丘市）人。精通各种治病的方法，是战国一代的名医，先秦医学的杰出代表。他的妙手回春之术，简直可以和传说中的神医扁鹊媲美，后人就干脆把他叫做扁鹊，秦越人这个本名反而被人们忘却了。

话说中国

春秋

立鸟镶嵌几何纹铜壶

1965年江苏涟水里墩出土，高76厘米，口径20厘米，盖钮上立一飞鸟，盖周与器足均饰三飞鸟。肩饰垂环兽首耳，通体错银并镶嵌绿松石。

壅阻之症，三天内自会苏醒。扁鹊将苏醒后会出现的症状以及如何调理的方法，告诉众人，众人看着赵简子的样子将信将疑。不料两天半后，赵简子果然醒过来了，然后出现的症状同扁鹊说的一模一样！众人因此佩服得五体投地。

起死回生

不久，扁鹊经过虢国，见虢国正在举丧，一问，知道虢国太子猝死。扁鹊来到虢国王宫前，照料太子的中庶子接待时悲痛不已。扁鹊问了太子猝死的情形，感到颇像医书中说的"尸蹷"，如真是这样，太子实际上只是假死。扁鹊忙问："太子什么时候死的？"中庶子答："天亮鸡叫时分。"扁鹊又问："收殓了吗？"中庶子答："还没有。"扁鹊说："快去向虢君报告，说我听说太子猝死，特来相救！"中庶子愣了好久才说："死人怎能再活过来？先生这个玩笑可开不得！"他开始不相信，不敢去报。经扁鹊再三说明，才半信半疑地去向虢君报告，虢君一听，急忙迎出宫外，将扁鹊接入宫中虢太子灵前。扁鹊一看虢太子，症状正如他想象的一般，于是不慌不忙地让弟子取出金针砭石，在太子三阳五会间施以医疗。过了好一会，死人一般

> **历史文化百科**
>
> **[我国迄今发现的最古医方和医书：五十二病方及佚书四篇]**
>
> 1973年，湖南长沙马王堆三号墓出土了一批无名帛书。经整理，专家根据帛书内容给它取名《五十二病方》及《足臂十一脉灸经》、《阴阳十一脉灸经》、《脉经》、《阴阳脉死候征》。《五十二病方》记载了103种病例及283个验方，治疗手段包括药物、针灸、砭石和割治手术。后四篇佚书附于《五十二病方》卷前，主要论述人体经脉的运行、所主疾病、灸法与诊治等内容。经专家考定，此书的成书年代要早于战国时期成书的《黄帝内经》，是我国迄今发现的最古医方和医书。

前527年 公元前527年

世界大事记 希腊《荷马史诗》编订。

《史记·乐书》 关键词
师旷 方技 享乐
晋平公 师旷鼓琴

人物 典故 关键词 故事来源

的太子果然慢慢苏醒过来。扁鹊再取其他穴位施以治疗，虢太子竟能坐起来了。虢君夫妇及周围的大臣、内侍，看着扁鹊把死去的太子治得活了过来，人人奔走相告："扁鹊神医，起死回生啊！"扁鹊谦虚地说："我哪有起死回生的本领，只是救活了不该死的人而已。"

讳疾忌医

扁鹊回到齐国，齐桓侯慕名招待他，扁鹊一见齐桓侯便说："大王有病，病在肌肤。"齐桓侯说："寡人好好的，哪有什么病？"扁鹊走后，齐桓侯对左右说：

神医扁鹊

扁鹊是春秋战国时期的神医，《史记》中记述了扁鹊高超的诊断、治疗技艺。中医独特的脉诊方法，与扁鹊有着密不可分的联系。扁鹊的医学观点与治疗技术代表着春秋战国时期"医学"逐渐发展成熟、脱离巫术神学束缚的进步轨迹。右上图为汉代画像石中神化为神鸟的扁鹊形象。

"大凡医生都是这样，见人说有病，好让他赚钱！"左右都笑了。五天后，扁鹊又去见齐桓侯，看了他一眼说："大王有病，病在血脉，若不及时治疗，将日趋严重。"齐桓侯心想："又来了！"只说了句："寡人没病！"便转过脸去。又过了五天，扁鹊再去见齐桓侯，仔细地看了看，说："大王病已进入了肠胃，如再不治，后果不堪设想！"齐桓侯见扁鹊几次三番说他有病，心中实在不悦，便不再理他。再过五天，扁鹊第四次去见齐桓侯，看了一眼，掉头就走。齐桓侯感到害怕了，让人追上去问个究竟。扁鹊对来人说："病在肌肤，用热敷法就能治好；病在血脉，用针石可以去除；病在肠胃，用药酒还可奏效；一旦病入膏肓，大罗神仙也无可奈何了。现在大王病入膏肓，下臣已无能为力了。"来人回报齐桓侯，齐桓侯将信将疑。五天过去，齐桓侯突然发病，来势凶猛，齐桓侯急令人去找扁鹊，扁鹊已不知去向。不几日，齐桓侯就死了。

同行相妒

扁鹊的医术远近闻名：他到赵国，治妇科病；到周室，治五官科；到秦国，治小儿科。秦国太医令李醯自知技不如扁鹊，怕他到秦国抢了自己的饭碗，竟派人将扁鹊暗杀了。

〇五七

师旷鼓琴

晋平公在汾水畔造了座美轮美奂的虒祁宫，请来卫灵公登临观光。乐师师旷在平公再三要求下演奏上古神曲助兴，不料春暖花开后却天崩地裂。

古人认为，音乐具有神奇的力量。在这种思想指导下，许多关于音乐神奇的传说就应运而生，而古代的乐师，如师延、师涓、师旷，以及爱好音乐的国君，如晋平公等，就成了这些传说的主角。

汾水河畔虒祁宫

听说楚灵王造了座美轮美奂的章华宫，晋平公就想造个比他更好的，于是广征能工巧匠，尽发府库，在曲沃汾水畔起造了一座虒祁宫，规模虽不及章华宫巍峨广大，但其精美奢华却远胜章华宫。落成之日，晋平公遍邀诸侯，来参观祝贺。刚继位的卫灵公为获得晋国的支持，接信后就起程前往晋国道贺。

夜半时分的琴声

这天，卫灵公一行来到濮水时，天色已晚，就在驿舍住了下来。夜半时分，尚未成眠的卫灵公隐隐约约听到远处传来琴声，心想：半夜三更，荒山野地，有谁会操琴呢？想着奇怪，于是披衣坐起，侧耳倾听。琴声太弱，不太清楚，

"杯弓蛇影"有前篇

厄是一种酒器。该厄为圆筒形，盖微凸，以子母口与器身扣合。盖上浮雕八条蟠蛇，其中四条聚首于盖顶中央，四条将头探头向盖的边缘。厄身由十二条蟠蛇构成，四条修长，八条粗壮，有规律地排布在厄的周身。全厄共有二十条蟠蛇，但因设计巧妙，显得繁而不乱，极富动感。

但显然是自己从未听到过的新曲。卫灵公叫了随从中擅长琴艺的师涓一起来听。师涓静心潜志地听了一会，说："下臣大体已听清楚，让我花点时间，将这曲子记下来。"为此，他们多待了一夜。

晋平公在虒祁台上设宴款待卫灵公。酒过数巡，晋平公说："寡人喜欢音乐，听说卫国有位师涓，常能谱出动人的新曲，不知今天来了没有？"卫灵公自幼就喜爱音乐，见晋平公有此同好，不觉来了兴头，忙将师涓介绍给平公。平公就请师涓在晋国乐师师旷旁设案，又取出自己喜爱的桐木古琴，请师涓演奏。

一曲鹤降，二曲起舞

师涓调好宫商，缓缓起奏，琴声像泉水一般流泻出来，一会儿如深谷幽泉，玲珑跳跃，一会儿如魔女狂舞，夺人心魄。

平公正听得入神，师旷忽然起身按住了琴弦说："此曲不能奏了，乃是亡国之音啊！"

平公惊问其故，师旷说："殷商末年，师延为纣王谱写了一支靡靡之曲，纣王听而忘政，继而迷性，就是这支曲子啊！周武王伐纣时，师延携琴东逃，淹死在濮水之中。臣听说，自此以后，每有喜欢音乐者路过此处，夜半时分常能听到琴声从濮水中传出。刚才师涓说来晋途中曾得一曲，想必就是濮水边听到的了。"

前525年

公元前525年

世界大事记

波斯征服埃及，埃及二十六王朝结束，冈比西斯自称法老，创立埃及第二十七王朝。

师旷 晋平公	方技 师旷鼓琴 享乐	《史记·乐书》
人物	典故 关键词	故事来源

晋平公说："这么说来，这是前代的乐曲了，演奏一下又有何妨呢？"师旷揖首回答道："音乐虽娱人耳目，

师旷鼓琴

师旷是晋国的掌乐太师，琴艺高超，晋平公最喜欢听师旷弹琴，春秋时琴曲以悲为美。晋平公提出听听《清徵》，师旷说：大王德行还不够格，不足以听此曲。但晋平公坚持要听，师旷无奈，只得弹奏一曲，挥指弹奏，就有十六只仙鹤飞来，再奏，仙鹤伸颈长鸣，翩翩飞翔。晋平公意犹未足，说还想听比《清徵》更美的《清角》，师旷说，大王德行浅薄，听了恐怕有祸害。晋平公说，我已老了无所谓，只想听听而已。师旷迫不得已，抚琴奏弦，一奏，乌云从西北方涌起，顷刻间天昏地暗；再奏，狂风呼啸而来，暴雨倾盆而下，撕裂了帷幕，吹落了瓦片，摔破了礼器，吓得一帮人四处躲逃。晋平公抱头鼠窜，躲在廊室一角瑟瑟作抖，得了瘫痪病，卧床不能动，接着晋国又出现三年大旱，寸草不生。此图出自清末石印本《东周列国志》。

城市规划和宫殿建筑已具相当规模

春秋战国时期，各地诸侯营国，其城市规划和宫殿建筑已具相当规模，各类建筑材料也日益精美，这件陕西凤翔秦都雍城遗址出土的蟠螭纹建筑构件，即可反映当时的建筑水平。

但品位高下、意境淫洁却直接影响人的行止。靡靡之音，放纵人的贪欲，抑制人的良知，还是不听为好啊！"

晋平公说："寡人平生独好音乐，苦于难聆新声，今天好不容易听到一首动人的曲子，何苦打断寡人的兴致呢！"于是让师涓继续演奏。师涓重整琴弦，抑扬顿挫，如泣如诉，一曲终了，晋平公久久才回过神来，回首问师旷："这首曲子叫什么名字？可有比它更感人的？"师旷答道："此曲名叫《清商》，比它更感人的应推《清徵》。"平公问："能否让寡人一闻？"

> 历史文化百科

[乐律阴阳：六律、六吕]

中国古代律制中，用三分损益法将一个八度分为十二个不完全相等的半音，从低到高依次排列，并分别取名为黄钟、大吕、太簇、夹钟、姑洗、仲吕、蕤宾、林钟、夷则、南吕、无射、应钟，统称十二律。其中奇数各律称为"律"，偶数各律称为"吕"，总称六律、六吕。演奏时，五音（宫商角徵羽）的音高用律来确定，黄钟所定的宫音，比用大吕所定的角音要低沉，《管子·地员篇》说："凡听宫，如牛鸣窌；凡听角，如雉登木。"时人因音异而别阴阳，将六律归为阳律，将六吕归为阴律。

师旷说："下臣学艺时，师父反复叮咛，此曲乃上古有德明君所听，当世德薄，不宜演奏此曲。"晋平公说："寡人平生不好女色，不嗜异味，仅有音乐一项爱好，请不要推辞，为寡人演奏一回。"师旷拗不过晋平公，只得援琴而奏。琴音如松泉潺潺，春光融融，恍惚间只觉得百花争艳，凤凰舞鸣。一曲未终，只见南天际飞来十六只玄鹤，纷纷降落于虒祁台前廊庑之间；二曲始发，这群鹤开始引颈而鸣，展翅起舞，此时悠扬、激越的琴声伴和着群鹤的鸣叫声直冲霄汉。晋平公情不自禁地鼓起掌来，台上台下，无不惊讶万分。

狂风暴雨，瓦片纷飞

曲终音落后沉寂片刻，晋平公雀跃而起，为师旷祝酒，连连说："不虚此生。"祝酒毕，回到座位上，晋平公问师旷："世上还有没有比《清徵》更感人的乐曲？"师旷答："有，《清角》比《清徵》更加感人。"平公大惊，急问："能否为寡人一奏此曲？"师旷答："臣不敢！此曲鬼神莫测，自黄帝平定神州，奏乐庆贺之后，无人再敢奏此乐章。"平公伤感地说："寡人老啦，

不听此曲，死不瞑目啊！"师旷无奈，只得再次援琴而奏。虒祁台上原本鸦雀无声，琴声甫起，忽见西方黑云涌动；旋即平地刮起狂风，暴雨跟着如注而至；伴着琴音，暴风雨犹如天神震怒，虒祁台上帘幕被风吹裂，席上俎豆倾覆，屋上瓦片纷飞，廊柱摇摇欲坠，四周侍者吓得到处乱窜，平公恐怖地伏在案桌之下，战栗不止。据说，晋国从此大旱，赤地三年。

打击乐器：纽钟

青铜打击乐器钟的形式是从铙演化而来。钟由舞、钲、枚、篆、鼓、于、铣、甬、衡、旋、干等部分组成。斜挂的钟称之为甬钟，直悬的钟称之为纽钟。西周中期开始出现了直悬的钟，在"舞"面上竖立一门形的梁，称之为"纽"。如春秋中期的三角云纹纽钟，钟体狭而长，纽稍长而宽，枚（乳钉）的分布占腔体高的二分之一，并饰三角云纹。

二十二(左传·襄公

二十三年

《史记·晋世家》

《国语·晋语》

浅薄　怨愤　盲动

栾盈　晋平公

人物　关键词　故事来源

春秋时期,不仅国与国之间进行兼并战争,而且各国内部的卿大夫之间,也在进行倾轧和厮杀。其中尤以晋国内部卿大夫各族之间的斗争,最为复杂和激烈。这里要讲的是晋国卿大夫中的一个大族,栾氏在这场斗争中的兴亡故事。

栾盈兵败绛都

母亲和政敌设下了圈套,无辜的晋大夫栾盈被籍没家产、驱逐出境。冲动的栾盈不计后果,起兵反叛抗争,结果兵败灭族。

树大招风,引来祸患

栾氏原是西周时期的晋国国君晋靖侯的子孙,源远流长,树大根深。到春秋时期,其势力迅速膨胀,人称七世卿相,显赫无比。不过到晋平公时,情况又有了变化。此时,栾氏主要人物栾黡去世,其子栾盈继位为卿。栾盈自幼谦恭下士,仗义疏财,但由于势力过分强大,成为其他家族的威胁,一场算计栾氏的阴谋就在暗中悄悄地酝酿开来。

奸妇设计,诬告儿子

却说栾黡死后,留下寡妇栾祁,是范宣子的女儿。她守不住空房,与管家勾

兵败绛都

公元前552年,晋国发生内乱。晋大夫栾盈的母亲栾祁与家臣州宾通奸,栾祁害怕栾盈对他们不利,就向父亲范宣子诬告说:栾盈将要作乱,大夫范鞅也为栾祁作证。范宣害怕栾盈势力大,就派栾盈到外地筑城,用这办法将其赶走,不久,栾盈逃亡到楚国,范宣捕杀栾氏党人。栾盈悄悄来到晋栾氏的私邑曲沃,带领曲沃的军队,在大夫魏舒的内应下,攻入绛都,范鞅督军迎战,栾氏败退,栾盈逃回曲沃,晋军又攻破曲沃,杀灭栾盈,把栾氏一族全部斩尽杀光,只有栾鲂一人逃奔宋国。下二图均出自清末石印本《东周列国志》。

灭盈城曲　族栾沃

盈栾逐计合臣晋

春秋

搭成奸，消息外泄，栾盈异常恼怒。栾祁怕儿子会杀了他俩，决定先发制人，趁回娘家之际，向时任晋国执政卿的父亲范宣子，诬告栾盈密养勇士，图谋不轨。范宣子将栾祁的"告发"加油添醋地告诉了同僚，又派大夫阳毕去游说晋平公。阳毕便对晋平公说："栾书杀害厉公，栾黡品貌凶狠，至于栾盈，更是暗养勇士，不轨之心昭然若揭。主公如不予制止，晋国大难即在眼前了。"他说的栾书，乃是栾盈的祖父。平公说："栾书虽有杀害厉公的恶名，但先君悼公却是他所立；栾盈从政以来，也没什么差错，怎可无罪而罚呢？"阳毕说："栾书援立先君，不过意在掩盖先前罪行，主公不能以私德而废公仇。主公如不忍无罪加诛，也可另设他法，将栾盈逐出国去。"接着又附耳密语了一番，平公终于点头同意。

众口铄金，栾盈蒙冤

次日，晋平公下令，着栾盈负责著邑筑城事宜，立即出发，不得延误。又过了二日，晋平公上朝，突然对众大夫说："栾书弑君之罪不治，寡人实耻为君，诸位该如何办？"诸大夫早经范宣子串通好了，便异口同声说："逐出国门！"于是，立即由大夫阳毕率甲士搜索栾氏宅院，尽收其采邑田产，将栾氏合族男女，连同正在著邑负责筑城的栾盈一起，驱逐出晋国。栾盈一族只得逃往楚国避难。与栾盈来往密切的箕遗、黄渊、嘉父、司空靖、邴豫、董叔、邴师、申书、羊舌虎、叔罴等十名大夫被范宣子杀害；伯华、叔向、籍偃等人被下狱囚禁。栾氏在朝中的势力被摧毁殆尽。

鲁莽愚蠢，兵败灭亡

次年秋，栾盈转往齐国，受到齐庄公的接纳。齐庄公接纳栾盈，是想利用栾盈颠覆晋国。他听说晋国曲沃守将是栾氏旧臣，极为高兴，经过一番准备，于

次年春天，以送媵妾为由，将栾盈等人易装随行，送入曲沃。行前，栾盈家臣辛俞劝栾盈，说："今天栾氏虽被晋君驱逐，但天长日久，总有一天他会想起栾氏有功之处，终不忍栾氏族人四处流亡。主公如起事，一则难以成功，二则明落恶名，这样一来，将永世难有翻身之日了。"栾盈意气用事，复仇心切，不听劝告。辛俞感到事情不妙，乃潜逃而去。

栾盈潜入曲沃，曲沃大夫胥午自然服从旧主。于是尽发曲沃之兵，向晋国都城绛进发。不料送给绛都内应的信被范宣子截获，预先设好埋伏。栾盈指挥大军刚攻进绛都，范宣子的人马便四处合击，栾盈寡不敌众，兵败退回曲沃，晋军把曲沃团团围住。栾盈苦守月余，死伤过半，经不住晋平公大军围攻，城破被捕，栾氏全族就此被屠戮殆尽。辛俞的话果然不幸而言中。

栾氏这一晋国的大族，由于奸妇的诬告，与执政卿范宣子的矛盾，栾盈在被逐出晋国后，意气用事，不自量力，欲叛乱、颠覆，终因寡不敌众而被歼灭。

古人固定发髻的工具（右页图）
笄是古代最常用的头饰之一，我国在新石器时代就已出现。周代不论男女都用笄固定发髻或冠帽。这支玉笄长16厘米，用青色玉石精心雕琢而成，笄身刻有三周云雷纹带，笄帽同样刻有云雷等纹饰。

> 历史文化百科

〔丝绸之路开辟提前500年：乌鲁木齐春秋丝织物〕

1987年，新疆考古工作者在乌鲁木齐市南山矿区阿拉沟28号古墓中发现一件保存完好、中原出产的凤鸟纹绿色丝线刺绣绢。该墓埋葬年代经碳14测定为公元前642年（±165年），由此表明中原地区丝织物传入新疆地区比张骞通西域早500年。同时，28号古墓周围的墓葬中，也发现中原丝绸织物遗迹及中原地区的各种漆器、铜镜等，表明了当时中原地区与西域间文化、经济交往的密切关系，人们也因此有理由推测，丝绸之路的开辟也许可追溯到春秋以前。

公元前522—前486年

前522年
前486年

世界大事记

波斯国王大流士一世在位，国都苏萨，陪都波利斯。

《左传·襄公二十五年》《史记·齐太公世家》

崔杼　荒淫
齐庄公　邪恶

人物　关键词　故事来源

〇五九

贪色殒命

凤骚女子红杏出墙，贪色男子席上成群。齐庄公不知自爱，追香逐臭，终于引来杀身之祸。

色迷心窍，娶来未亡人

公元前548年，地处今山东平度市东南的齐国棠邑大夫棠公病死，留下一名绝色风骚的妻子棠姜。因棠公妻弟东郭偃原是执政卿崔杼的家臣，棠公死后，崔杼便在东郭偃陪同下前来吊唁。灵堂答礼时，崔杼一见棠姜的花容月貌，不觉心猿意马，回家后便不思汤饭。实在熬不住了，崔杼就将东郭偃叫来说自己要娶棠姜为妻。东郭偃是棠姜的弟弟，听说要娶姐姐，想了一下便说："主公与家姐，同出姜姓一祖，祖制同姓不婚配，此事不妥。"崔杼无法反驳，又不甘心，就让巫师起卦，结果卦象也不吉，崔杼反而铁了心，说："命相犯克，早由她前夫担当去了。"最后还是不顾一切地将棠姜娶回家来。

红杏出墙，齐君当了第三者

齐庄公同崔杼关系亲密，经常来往。一次在崔杼家饮酒，崔杼让棠姜奉酒，不料齐庄公也着了迷。回宫朝思暮想，就用重贿收买东郭偃。这东郭偃原是个势利小人，见齐庄公也看上了自己的姐姐，还愁日后不高官厚禄吗？于是竟不顾廉耻地拉起皮条来，齐庄公从此便常与棠姜乘机私合。这事被崔杼发觉了，心中恼怒异常，却又敢怒而不敢言。齐庄公与棠姜的苟且勾当，益发狂浪，殊不知受他伤害的崔杼暗地里已萌发了杀机。

这年夏天，莒国国君来齐国朝贡。齐庄公设宴款待，早有心计的崔杼装病不朝。齐庄公以为崔杼卧病，这下更可大行方便了，席终之后就直接来到崔府。崔府门官早得崔杼安排，见齐庄公到来，便说："崔相国病得不轻，刚服过药沉沉而睡。"庄公问："睡在何处？"门官答："睡在外室。"庄公一听大喜，就让侍从们等在外面，只身一人向棠姜所居的内室走去。早与崔杼同谋的庄公近侍贾举，紧跟着庄公走向后室，一边走一边将经过的门一道道关上。进入内室，棠姜浓妆相迎，正要亲热，侍女来报，说："相国口渴，请夫人送点蜜汤去喝。"棠姜就跟着侍女走了。

请君入瓮，难逃家兵追袭

留在内室的齐庄公正得意地哼着小曲，忽听屋外一阵脚步声与兵器碰击声，不由起疑。忙起身拉门，想不到已被反锁，叫贾举，贾举也不知去向，他从窗里向外张看，只见廊庑下已站满了甲士。齐庄公心知不好，情急之下，用力撞开窗户向外逃去，甲士听见响动蜂拥追来。庄公慌不择路，逃上一座高台，大声叫道："寡人在此，还不退下！"一名头目模样的人说："我等奉相国之命，来抓淫贼，不知有君。"庄公惊慌万状，无奈之中想了个缓兵计，说："寡人知道错了，那么让寡人到祖庙中去自尽，以谢相国，如何？"头目冷着脸说："晚了！我等奉相国令，今日必取你性命。"齐庄公见已无路可退，只得跃过栏杆抢上一个花坛，奋力向围墙上跳去。甲士们见庄公想逃，纷纷放箭，齐庄公身中数箭从墙上滚下来，甲士们刀戈齐上，顷刻间，一代国君变成了一堆肉泥。

话说中国

〇六〇

范宣子争地

晋国执政卿范宣子为一块地同和邑大夫起了争执，且看这场斗争中的百官表态和如何结局。

执政卿以势压人

晋国执政卿范宣子因一块地的疆界与和邑大夫发生了争执，范宣子志在必得，和邑大夫据理不让。范宣子就把中军尉佐伯华找来，把事情对他说了一遍。伯华一听就明白，范宣子想借用自己手中的兵权去压服和邑大夫，这么做假公济私不说，也是违反国家法规的。伯华便对范宣子说："国家大事分为内外两部分，我负责的是对外防御事务，土地争执属于内务，我若插手与国法不符，请正卿再作斟酌。"

上司面前官场百相

范宣子又找到大夫孙林甫，孙说："正卿之命，焉能不从，但在下是从卫国投奔过来的，晋国的事我不便插手啊？"范宣子再找上军主帅张老，张老说："如有军事行动，下臣随时听从正卿命令，至于民事纠纷，就不属我管的范围了。"范宣子不甘心，再找主管监察的大夫祁奚，祁奚说："公族中有不恭谨的，公室中有言行邪辟的，朝内有办事不公的，大夫有贪赃枉法的，我都能管，唯让我以朝廷监察官的身份去处置私人纠纷，即使我去做了，正卿恐怕今后也要对我心存戒备了。"范宣子见祁奚不答应，又转身找到了上军司马籍偃，籍偃说："我听命于上军主帅张老，执掌军中

春秋时期的农业技术
春秋战国时期，农业技术发展到细作阶段，农作物的产品不仅稳定了，而且随着技术的进步逐渐有所提高，对农作物收获方式及食用品的加工等都在改变传统的作法。图为《耕织图》中的秋收场面。

春秋

世界大事记

重返耶路撒冷的犹太人开始重建雅赫维圣殿，五年后完工。

《左传·襄公二十四年》 《国语·晋语》

法制 忠言

范宣子

人物 关键词 故事来源

创造新的中耕方法

春秋战国时期，在提倡深耕的同时，又创造了熟耘的中耕方法。"耘"即锄。古人"锄下有水也有火"的农谚，说明中耕既能抗旱，又可防涝，是增产的重要措施。图为《耕织图》所绘耘作中的农夫。

侯又来了，对范宣子说："有人说你要对和邑大夫动武，我不相信，眼下众多诸侯对晋国心怀二意，这些事已够正卿费心伤神的了，怎么可能为这点小事去同和邑大夫动肝火呢？这可不是你的要务啊！"司马侯走后，老臣祁午也来了，说："晋国是天下诸侯的盟主。你是晋国的正卿，你的治理如能使天下诸侯归心，晋国谁还会不听你的话？何必为区区小事同和邑大夫争执？还是用大德去平息小怒方是上策啊！"

刑法。张老有令，我即刻执行，张老无令擅自行动，便触犯了军纪，正卿恐怕也不会轻易放过我吧？"范宣子在官场上兜了一大圈，见无人愿意为他出头，最后找到老臣叔向的弟弟叔鱼，叔鱼见平时连马屁也拍不上的执政卿今天亲自找上门来，不禁受宠若惊，一拍胸膛说："我去为您杀了他！"

老臣如数家珍

范宣子东找人，西找人，事未办成，风声却传了出去，老臣叔向听到了，就找上范宣子家，对他说："你为什么不去听听老家臣訾祏的意见呢？訾祏为人朴直，学问渊博，朴直使他能明辨是非，渊博使他能了解世务，作出正确的分析判断。"叔向刚走，司马

> 历史文化百科

〔春秋战国时期的土地制度〕

春秋土地所有制因袭西周，主导形式是领主制封建等级土地所有制，而诸侯土地所有制是其中一个重要环节。春秋时期已有土地买卖存在，晋国"作爰田"便是土地买卖关系和土地私有制渐趋成立的表征，传统意义上的"井田制"开始消亡。战国时期，随着铁农具的使用和社会生产力的普遍提高，土地私人占有的形式进一步发展，各诸侯国先后都实行了相应的田制改革，但多种田制并行的局面伴随兼并战争的进程最后全部统一于秦国的授田制——一种土地国有形态下劳动者个人使用的新的土地制度。

湖北江陵出土的铁农具

　　范宣子接受了叔向的建议，找到已经退休的訾祜，訾祜听完范宣子的叙述，对范宣子说："当初您的祖先隰叔子从周都逃亡到晋国，生子士蒍，长大后先当法官，执法公允，朝廷正气盈盈，没有奸臣；后升任司空，忠心为国，贪污贿赂之事从此绝迹。士蒍传到士会，他也倾心辅佐朝廷，使文公、襄公先后当上天下霸主，因此被提升为正卿，帮助成公、景公，使晋国国力日益强盛。尤其在景公时，士会既是晋军主力中军主师，又兼位高权重的太傅一职，他修正刑法，整理训典，使国无奸民，人人以守法为荣，因此受封随、范二邑。到了您的父亲士燮，同样治国有方，使最蛮横的楚国也与晋国缔结了盟约，兄弟邻国从此得以太平，因此又得到郇、栎二邑的封赏。这几位祖先一以贯之的特点是公忠体国、一心为民。现在你继承了先辈的官位，享受了祖先开创的四海升平、百姓安康、诸侯友好的环境，却忘了列位祖先兢兢业业、小心谨慎的优良传统，去与和邑大夫过不去，想用这件事显示自己的权威，那么，你准备用什么来治理国家呢？"

顿时悔悟

　　老家臣的一番肺腑之言，是范宣子在其他任何地方也听不到的，因此顿时醒悟过来，不禁浑身冷汗淋淋。范宣子站起身来向訾祜深深行了一礼，亲自找到和邑大夫，不仅把侵占的田还给了他，还多给他一些田地以表示自己的气量，二人从此友好如初了。

春秋

春秋时期的科学技术			
农业技术	开始采用铁农具(前500)及牛耕(前600)技术。兴修大规模的水利工程，如楚国的芍陂(约前580)(在今安徽寿县)，可灌田一万多顷，吴国的"邗沟"(前486)，沟通了江淮水系。	畜牧技术	在家畜外形学与家畜繁殖、饲养、管理方面都已有一定技术经验。兽医出现。已有专门的放牧地。(前700)
历法	已有春分、秋分、夏至、冬至、立春、立夏、立秋、立冬八个节气(前500)，用以指导农业生产不误农时。	栽桑养蚕技术	人工栽培大片的桑树经济林。养蚕已有蚕箔、蚕架、采桑筐等成套设施，有专用的蚕室及浴种消毒技术。(前800或更早)
耕作制度与技术	依据土地肥瘠的不同实行连年种植与轮作复种。垄作法日渐普及(前800)。深耕和施肥开始出现。提倡条播与合理密植。	捕鱼业及人工养殖	已出现近海捕捞及池塘养殖，鱼的种类有：鳣、鲔、鳟、鲂、鲦、鲂、鳢、鲨、鳐、鲤、鳖、鲦等。(前800或更早)
园艺技术	人工栽培的蔬菜已有瓜、瓠、菽、韭、葱、薤、蒜、葵、蔓菁、菱、荷、芹、笋、姜等，人工栽培的果树有桃、李、梅、杏、枣、梨、橘、柚、榛、栗等。	生物学	出现了我国古代动、植物分类的初始体系。将生物分为动物与植物两大类。动物又细分为毛(兽类)、鳞(鱼类、蛇类)、羽(鸟类、禽类)、介(龟鳖类)、嬴(人类及猿猴类)。植物细分为皂物(柞、栎一属)、膏物(杨、柳一属)、核物(李、梅等核果一属)、荚物(荠荠、王棘一属)、丛物(萑、苇一属)五类。
林业技术	已出现大片人工植造的桑林、漆树林(前800或更早)。房屋前后，道路两旁普遍植树，成片林区已设有专门保护的官员。		

	还有将动物中的无脊椎动物归为"小虫"类，有脊椎动物归为"大兽"类的。(前800或更早)出现了最初的动、植物保护观念，反对滥伐滥杀。《礼记·曲礼下》
手工业工艺分工	当时官府中已有土工、金工、石工、木工、兽工、草工六种不同专业的分工。同时同一专业下再细分为若干工种，如木工七、金工六、皮革工五、设色工五、刮磨工五、抟埴工二等。(《周礼·考工记》)
青铜器冶铸	•出现器身和附件分别单独作模的分铸法，这为气势雄伟、结构复杂的艺术品的出现奠定了技术基础。(前700或更早)由于有了铁工具，镶嵌技术和画像刻线工艺蓬勃发展起来。(前500)铜兵器铸造技术高超，著名的吴王夫差剑、越王勾践剑等铸造精美，剑锋犀利，二千多年后出土仍银光闪耀，断发如新。
采矿技术	坑采技术有很大发展，出现竖井、斜井、平巷联合开拓的地下开采系统。(前800)
冶铁术	块铁冶炼，并以块炼铁渗碳的方法形成钢，同时掌握了熟铁、生铁的不同冶炼法。其中生铁的冶炼欧洲要到公元14世纪才完全掌握。(前500)
机械	桔槔普遍用于深井打水与提挈重物。(前700)已知杠杆原理：重×本=权×标，比古希腊阿基米德发现杠杆原理早一百多年。(前500)滑轮与轮轴已在采矿实践中使用。
数学	九九乘法表已成为常识。已经掌握了最基本的分数、比例、面积、体积等方面的数学知识及有关简单几何形体的体积计算和比例分配问题的解决。对数的分限分割及无穷概念，点、线、面、体及彼此间的相互关系，圆、线的定义等方面已出现抽象性、逻辑性研究。(前800或更早)
天文学	公元前613年，成功地留下了哈雷彗星的最早记载，公元前687年，最早的天琴流星雨记载。共记载有37次日食记录，经现代科学测算，表明绝大多数是可靠的。
地理学	已有画着符号的山川城郭图，山川险阻，地形地物，道路远近，名都废邑之规模大小，都已有数理上的反映。(前800或更早)对黄河、长江、淮河流域等主要居住区的河流、山脉、地貌形态分类描述的专业名词已达六十多个，植物名称一百三十多种，动物名称一百一十余种，气象名称近二十种，每种之下又分若干种。此外，在物候、方位、矿物及其勘探，土壤、植被与植物生态等方面都已有完备、详尽的分类记载。(前500)
物理学	•力学方面已熟练运用尖劈和杠杆原理制造某些器具，利用斜面、轮轴机械提取重物。运用弹力积聚原理发明弩，在弓箭制作杆、矢、羽三部分构造与比例中初步接触到空气动力学。对排水量与浮力关系进行理论探讨。利用重力下垂与重心转移原理制造器物。(前500或更早)热学方面，依据金属冶炼时的蒸汽颜色判断炉火的温度。(《考工记》)声学方面，已形成五声音阶、七声音阶和十二律的完整理论体系。声音共振开始应用于军事方面。(前800)光学方面，已实行物体成影、光反射、小孔成像、平面镜、凹面镜、凸面镜成像的实验。以墨家为代表的几何光学理论比古希腊欧几里得所著《反射光学》早一百多年。(前500)
医学	传统中医开始脱离巫医成为一门独立的学科。利用植物、矿物、动物的不同属性进行不同配伍治疗人们的疾病。(前500或更早)已有内科、外科、儿科、妇科、五官科的不同分别，运用汤药、敷、针灸、推拿导引等不同手段进行综合性治疗。注重预防与养生，气功及模仿动物的体操已产生广泛的影响。开始运用"阴"、"阳"、"风"、"雨"、"晦"、"明"六气来解释疾病的原因。(前600或更早)

话说中国

○六一

灭门之灾

齐国右相崔杼荒乱家政，引起了儿子间的纷争。左相庆封伪装好人，乘机挑拨，最后将崔氏满门斩杀，朝中大权也落入他的手中。

俗话说："善有善报，恶有恶报。"恶人所做坏事多，冤家也多；恶人与恶人在一起，总会互相算计，遭遇不测。这里要讲的是，心术不正的齐国执政卿崔杼，被人满门斩杀的故事。

宠新人家庭不和

崔杼杀掉齐庄公后，拥立庄公同父异母的弟弟杵臼为新君，即齐景公。景公封崔杼为右相，庆封为左相。崔杼因拥立有功，独掌朝政，势力不及崔杼的庆封乐得逍遥，整日饮酒作乐。

崔杼与原配生有崔成、崔彊两个儿子。后娶棠姜为妻，又生一子崔明。棠姜过门前，与前夫棠公曾生有一子棠无咎。也许是爱屋及乌，崔杼对棠无咎与棠姜之弟东郭偃都分外垂青，让他们当了崔府的左右"相"，十分得势，人称"二相"。

依嫡长继承制的习俗，崔杼的爵位和家产应由崔成继承。但崔成天生残疾，崔杼不愿定崔成为嗣子。崔明生后，子以母贵，崔杼将满腔挚爱都放到了崔明身上。崔成自母亲死后，父亲对他兄弟俩日见疏远。有一天，考虑了很久的崔成瞅个机会对崔杼说，愿将嗣子之位让给三弟崔明，自己只想继承祖业崔邑以养老终年，崔杼答应了。不料"二相"知道后坚决反对，说："崔邑是祖业根基，只能跟着嗣子走。"

露缝隙奸人下蛆

崔成满腔懊恼地找胞弟崔彊倾诉，说："嗣子之位我已自愿让出，如再把崔邑让出，叫我们兄弟以后

如何生活？"兄弟俩商量后，决定去找一向对他俩不错的左相庆封，请他出面主持个公道，庆封满口答应。待崔氏兄弟走后，庆封忙召心腹谋臣商议，谋臣认为，崔氏之乱是庆氏之福，正好利用这一机会大做文章。

几天以后，崔成兄弟又到庆封府上讨确信，庆封看着崔氏兄弟对棠无咎、东郭偃咬牙切齿的样子，便说："你们兄弟是崔氏正宗、公侯子弟，棠无咎、东郭偃算什么东西？要在以前我们连看都懒得看他们一眼，现在狗仗人势，竟然欺负到主人头上来了，这还了得！你俩若有胆子，把他们一刀一个杀了，无非宰了两条犬而已，别人又能怎样？你们可以从我府中选些武艺高强的甲士带去，一定马到成功！"一番话说得崔氏兄弟热血沸腾。当天半夜，崔氏兄弟带着庆府几名精干甲士，悄悄潜回家中，埋伏于内院棠无咎、东郭偃必经之处。

起内乱自毁藩篱

次日一早，棠无咎、东郭偃像往常一样来崔府执事，刚入内院，甲兵突出，毫无防备的棠无咎、东郭偃没出声息就被砍倒了。崔氏兄弟一不做、二不休，干脆带着甲士在家中四处搜寻棠无咎、东郭偃同党，

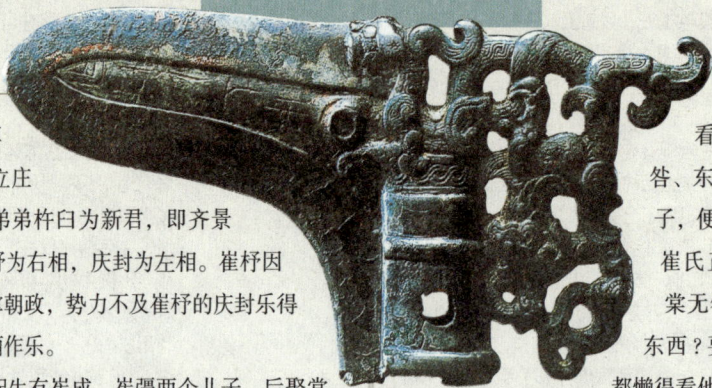

装饰有鸟兽图案的邗王是野戈（上图）

先秦时，今江淮之间曾有过一个邗国，春秋末亡于吴国。邗王戈舌形短援，援末下垂有胡，戈内呈镂空的鸟兽状，援的两面共有八字铭文：邗王是野，作为元用。

春秋

前518年 公元前518年

世界大事记 大流士一世巡行埃及，改行宗教宽容政策与发展经济政策。

人物	关键词	故事来源
崔杼	嫉妒	《左传·襄公二十五年》
庆封	谎狡骗诈	《史记·齐太公世家》
	愚蠢盲目蠢动	

凤鸟纹盉

盉是古代的盛酒器。或说是古人调和酒水的器具，《说文解字·皿部》云："盉，调味也。"形状多样，一般是深腹圆口，有盖，前有流后有鋬，下有三足或四足。青铜盉出现于商代早期，盛行于商代和西周。春秋时代出现扁圆体腹，下有长方形圈足，如春秋早期凤鸟纹盉，方口平唇，上覆凤形盖，容器呈横向椭圆形，流和鋬饰于器的中腹，器身饰凤鸟纹，承袭西周晚期凤形盖盉的遗韵。

环节多、纹饰繁的绝世之宝多节佩

这件玉佩是春秋战国时期工艺水平最高、环节最多、纹饰最为繁复的玉器。整个玉佩由5块整玉雕琢成26节组成，均由活环套接。佩身的纹饰由镂空与浅浮雕样式的蛇纹、鸟纹、蚕纹、云纹和绳纹等构成，其工艺之精湛，堪称绝世之宝。

见一个杀一个，顿时崔府中乱成了一锅粥。崔杼闻变大惊，急忙叫人备车，去找庆封商量。

崔杼来到庆封府，庆封佯装不知，说："我们老兄弟情逾手足，你的事就是我的事。逆子如此猖獗，不加惩治成何体统？你如想教训他们一下，我当尽力而为。"崔杼见庆封肯为自己办事，很高兴，就让庆封马上派人把两个逆子抓起来。庆封召来手下将士，俯耳吩咐一番。甲兵列队来到崔府门前，对崔成兄弟说是奉左相之命来助其一臂之力。崔氏兄弟不知是计，马上打开府门，庆府甲兵一拥而入，见人就杀，见物就抢，崔氏兄弟还没醒悟过来，已被甲兵砍下了脑袋。棠姜见大事不好，唯恐受辱，在房中自缢而死。庆府甲兵将崔氏一族满门抄斩，洗劫一空。

转瞬间满门死难

崔杼谢过庆封，乘兴而归，来到家门口一看，只见门户洞开，死尸累累，棠姜吊在梁上还未放下来，两个儿子身首分离。崔杼大惊，急欲转身回去问个究竟，后面跟来的庆府甲兵已将他四面围定。心胆俱裂的崔杼只得也上吊自杀了。崔杼的小儿子崔明逃到鲁国避难，齐国的大权从此落到庆封手中。

话说中国

> 公元前550年，齐庄公袭莒，齐大夫杞梁被俘死。其妻孟姜迎丧于郑。传说她哭夫十日，城崩，投水死。

175

公 元 前 4 9 6 年 >

吴王阖闾伐越，越王勾践率军迎战，双方会战于槜李，阖闾负伤去世，子夫差即位。

〇六二

鲁三分公室

"三桓"是鲁桓公后代的三个家族，随着他们的力量日益壮大，便瓜分了鲁公室的权力和财产。

春秋中后期，许多国家公室逐步衰落，卿大夫势力在不断增大，有的卿大夫抛开国君，逐渐地掌握了国家的军政大权。同时，这些卿大夫在井田制瓦解的情况下，千方百计与公室争夺土地和人民。诸侯军政大权旁落，卿大夫专权局面的出现，激化了公室与私家的斗争。鲁国"三桓"的三分公室，是卿大夫夺取国家政权的典型表现形式之一。

"三桓"的由来

"三桓"指鲁桓公后代三个发展壮大的家族孟孙、叔孙、季孙。鲁桓公有四个儿子，长子同继承王位，即庄公。庄公同母弟庆父，排行第二，为仲氏、仲孙氏；同母弟叔牙排第三。公子友排第四，叫季友或成季。庄公末年庆父和庄公夫人哀姜私通，勾结叔牙，谋夺君位。季友假奉庄公的命令鸩杀了叔牙，立叔牙的儿子公孙兹为他的后代，以叔孙为氏。庆父接连弑杀庄公继位的儿子斑、公子开。季友依靠齐桓公支持，拥立庄公少子公子申，即

嵌红铜兽纹豆

豆是古代的一种食器，用来盛肉酱一类食物，《说文解字·豆部》云："豆，古食器也。"基本形状是上有盘，中有长把，下有圈足，大多有盖，盖上有捉手或环钮。豆也是一种礼器，常以偶数组合使用，故有"鼎俎奇而笾豆偶"的说法。青铜豆出现于商代晚期，盛行于春秋战国。春秋的豆，腹侧常铸双环，把也加长，数量大增，制作十分精致，多以错金银、嵌红铜为饰，如嵌红铜兽纹豆；有的并装饰有狩猎图像，如上海博物馆收藏的狩猎纹豆。

僖公，逼杀了庆父，然后由庆父的儿子公孙敖为他的后代。因庆父接连弑杀两君，公孙敖认为这种冒天下之大不韪的恶行是非常耻辱的，便改以孟孙为氏。而季友那一支，则称为季孙氏。鲁桓公后代这三支兄弟大族，后来成为左右鲁国局势的强大力量。

用手段日益壮大

"三桓"长期在国内立君、立族活动中起着举足轻重的作用。并分别在自己的封邑修筑城池：季孙氏以鲁僖公赐给的费邑（今山东费县）作为根据地，孟孙氏以成（或作郕，今山东宁阳东北）为封邑，叔孙氏的封邑在郈（今山东东平东南）。

"三桓"能够不断壮大自己的实力，与其拥有杰出的政治家和注意笼络人心是分不开的。季文子自己以上卿的身份辅佐鲁国君治理国家，并且经历了宣、成两个朝代，已是一个非常有名望的老臣。虽然季文子有地位有家产，但家中的妻妾不穿绢帛做的衣服，马棚中的马匹不用粮食喂养，治家节俭。他把食物和衣服分给封邑内挨饿受冻的民众，用这种手段笼络人心。另外，在他执政时，"作丘甲"，对兵赋实行了改革，加强鲁军的实力。

"三桓"不仅在政治上扩大权力，在经济上也不断扩展私田，以至于公室的井田收入日益减少，鲁宣公时只能实行"初税亩"，承认私田的合法性，不论公私田一律收税。这就加快了鲁国井田制的瓦解，促

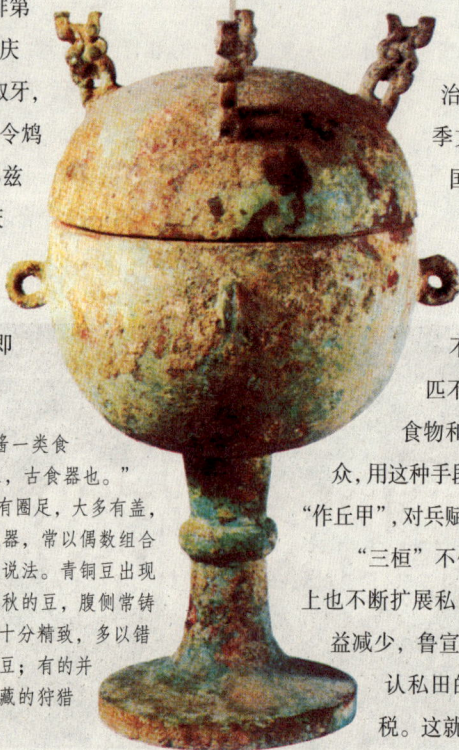

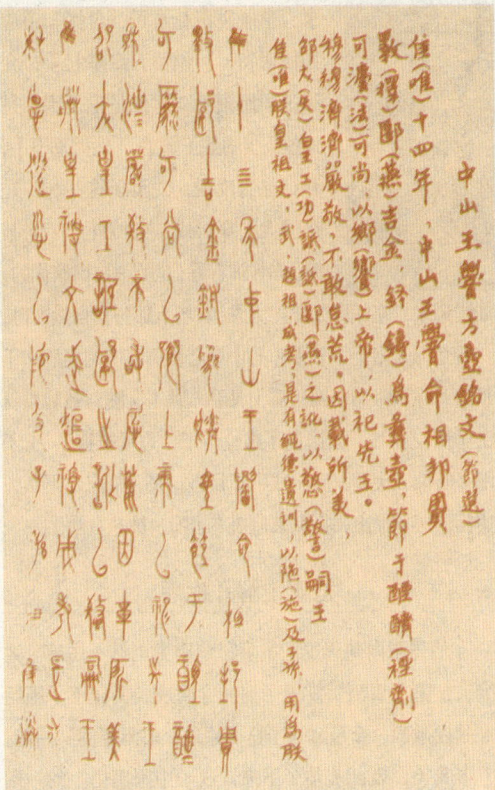

前515年

公元前515年

世界大事记　大流士一世进攻多瑙河流域，占领色雷斯一带。

《左传·襄公十一年》

季友　谋略　革新　季文子

人物　关键词　故事来源

中山王䚓方壶铭文（节选）

隹（唯）十四年，中山王䚓命相邦賙，敳（择）郾（燕）吉金，䤾（铸）为彝壶，节于禋䣈（醴），可灋（法）可尚，以飨上帝，以祀先王。穆穆洯洯（济济），严敬不敢怠荒。因载所美，邵（昭）大夫，皇王䣈（德）考，是有䚓惠遗训，以施（施）及子孫，用为至（典），隹（唯）䣈（德）可考。（赵祖武，邵（昭）郾（燕）之讹以䜴（教）䚓王嗣王，䣈（德）考，武）

中山王䚓方壶铭文

进了私田的发展，使得"三桓"力量更加壮大。

抢夺瓜分权力和财产

随着"三桓"实力的壮大，他们对公室愈来愈不放在眼里，而要把公室的权力和财产进行瓜分，据为己有。到鲁襄公十一年（前562年）时，季孙氏、孟孙氏、叔孙氏把鲁公室的军队一分为三而各自执掌一支军队，各自把原来的私家车并入。鲁公室由于实力对比明显处于劣势，也只好听之任之。

"三分公室"后，"三桓"都进行了改革：季孙氏要求他的兵员都把他们的土地、财产投入进来，这样可以不征兵赋，否则要加倍征赋；孟孙氏对其兵员，

一半采用子弟兵制，一半则征收兵赋；叔孙氏对其兵员，全部采用子弟兵制。

到鲁昭公五年（前537年）时，"三桓"又"四分公室"，其瓜分办法是：季孙氏独占四分之二，孟孙、叔孙各占四分之一，他们都采取在所辖范围内征收兵赋的办法。从此，公室丧失了全部军队和征兵赋的权力。鲁国公室与私家的斗争是在内部进行的，即私家只瓜分国君的财产和权力，而仍保留着国君的称号和有名无实的地位，这与齐、晋两国有着明显的区别。

〉莫波功

春秋早期玉冲牙

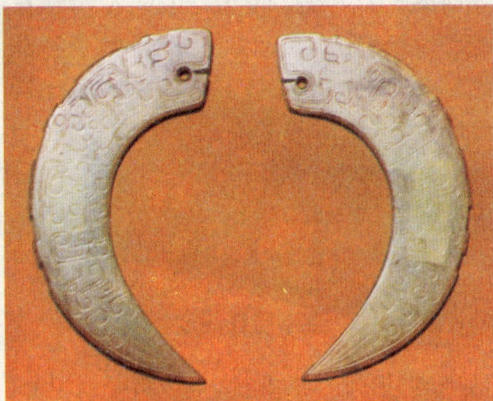

〉历史文化百科〈

〔神秘的巴蜀文化〕

有学者认为，古蜀国是以叟族为主体建立起来的地处西僻的文明古国。叟族应包括在氐羌系统内，是氐族的一个分支，与中原夏商周王朝关系密切。学者认为，蜀国后被巴人所灭，原先的蜀文化逐渐被巴文化融合。原先所谓巴、蜀同源、"巴人戍蜀"等学说不能成立。

但也有学者提出，巴、蜀为同一文化系统，其来源主要为四川盆地及鄂西部分地区的土著文化与江汉平原入迁民族，此外还有西北氐羌民族及夏商民族中迁移扩散而入居者。

话说中国

上下其手

楚国王子围与大夫穿封戌争功，官司打到楚康王处，楚康王让太宰伯州犁评断，伯州犁居然当众玩起了"上下其手"的官场把戏。

成语有"上下其手"，意思是玩弄手法，暗中作弊，这个故事就发生在春秋时代的楚国。请看他们是如何上下其手、玩弄花样的？

王弟抢冒战功

公元前 547 年，楚康王兴师伐吴，邀秦国一同出兵。秦楚联军浩浩荡荡向吴国进发，直抵雩娄，即今河南商城县东、安徽金寨县西。吴国大军坚壁清野、严阵以待，秦楚联军无计可施。因恼恨郑国叛楚附晋，楚国军队便转攻郑国，包围了郑国的城麇(jūn)。城麇守将皇颉出城应战，不敌被擒。楚大夫穿封戌将皇颉装入囚车，班师回楚。一同出征的楚将王子围欲争功，驱车上来抢夺皇颉，穿封戌当然不给。王子围见抢夺不下，便抢先回楚，向楚康王报告，说自己擒住皇颉被穿封戌夺去了。不久，穿封戌也回到郢都向楚康王报功。二人各执一词，康王无法定夺，便让太宰伯州犁裁定此事。

太宰受任裁定

伯州犁感到有些为难，他虽已从出征将士口中得知皇颉实为穿封戌所擒，但王子围乃康王嫡亲胞弟，平日宠信有加，伯州犁怎肯为此事得罪这位王弟？他想了好久，终于想出了一个办法。他对穿封戌、王子围说："此事不难，皇颉是郑国大夫，不是那种目不识丁的糊涂人，谁擒住他的，问一下皇颉不就明白了吗？"

貌似公允，实同儿戏

于是，伯州犁将皇颉叫到庭下站好，请穿封戌站在皇颉右边，即一般礼节上被看作下手的地方；再请王子围站在皇颉左边，即上手的地方。然后正色对皇颉说："现奉楚君之命，裁决王子围、穿封戌争功之事。皇颉是识礼君子，自然知道应如何对待。"说罢，高举起手，介绍王子围说："这位是王子围，是地位高贵的楚王嫡弟。"然后垂下手，介绍穿封戌说："至于这一位，是楚国大夫穿封戌，方城外的一名县尹。你仔细看看，是哪一位擒获你的，如实说来！"皇颉既是郑国大夫，官场上那一套自然懂得，一看楚国太宰上下其手，心中早已领悟其中的奥妙。于是故意睁大眼睛向两边看了又看，瞅了又瞧，最后指着王子围说："下臣遇上了这位王子，力竭被擒！"王子围一听仰天大笑，穿封戌听了目瞪口呆，恼怒之下从旁边兵器架上抽出一把戈来追杀王子围，被左右劝住。

楚康王解开疙瘩

伯州犁向楚康王汇报后，楚康王也忍不住哈哈大笑，忙下令置酒犒赏王子围和穿封戌，又让王子围给穿封戌敬酒，算是解开了这个疙瘩。伯州犁徇私曲庇，上下其手，就此流传了下来，成了中国历史上的一则典故。

> 历史文化百科

[我国最早的金属弹簧]

1989 年，河南省考古工作者在光山县城关镇一座春秋古墓中发掘出约一百余件金属弹簧，弹簧形状呈螺旋线左旋圆柱体，长约 1.4 厘米，共 5~7 圈，分粗细两种，粗型外径 0.5 厘米，细型外径 0.4 厘米。经有关部门测定，这批弹簧金属成分以锡、铅较多，并含有少量铜、铁、锑、铋。与弹簧一起出土的，还有 28 件箭镞。据专家推测，这批金属弹簧的用途与箭镞使用有关，可能是利用其弹力提高弓箭的射杀力。这是迄今为止我国考古学界第一次发现的时代最早的金属弹簧实物。

春秋

陈灵公荒淫失政

国势衰颓的陈灵公不思兴邦之策，反而迷上了一个风流寡妇，结果身亡国灭，追悔无门。

醉酒行乐糊涂虫

陈灵公与楚庄王同一年即位，也像楚庄王一样，即位之初不飞不鸣，终日行乐醉酒。三年后，楚庄王一飞冲天，励精图治，可陈灵公依然醉酒行乐，依然故我。他手下有两个宠臣，一个是大夫孔宁，一个是大夫仪行父，这两位宠臣的最大长处，就是整天围着陈灵公转，逗陈灵公高兴。

君臣淫乱杀忠臣

这一年，陈国大夫夏御叔死了，留下寡妇夏姬与十二岁的儿子征舒。夏姬不仅美貌，而且淫荡。因为是贵族之后，十二岁的征舒被送去学习，夏姬则移居城外采邑株林。夏征舒在城中与贵族交游、互访，孔宁、仪行父在与夏征舒的交游中同夏姬有了接触，一来二去，这几块臭肉就勾搭在了一起，二人先后都同夏姬发生了淫乱关系。这两个无耻的家伙，竟拿着夏姬留在他们那里的内衣裤，在陈灵公面前绘声绘色地描述自己的艳遇。无聊空虚的陈灵公一经勾引就上了钩，经两人的撮合，不多久

陈灵公也成了夏姬的房中客。老臣泄冶实在看不下去，劝谏陈灵公说："君臣淫乱，给百姓树立什么榜样呢？且名声不好，君还是把那内衣收起来吧！"陈灵公不仅不听劝谏，反而将他的话告诉了孔宁和仪行父，两人对陈灵公说："此人竟敢攻击君主，何不杀了？"陈灵公听了也不加拦阻，数天后，孔宁、仪行父收买刺客，刺杀了泄冶。

身死国亡惨下场

泄冶一死，朝臣无人再敢进谏，陈灵公三人益发肆无忌惮。有一天，三人在夏姬家饮酒，酒酣耳热之际，污言秽语连连不断。陈灵公指着屏风后面的夏征舒对孔宁、仪行父说："征舒长得真像你俩，莫不是你俩生的吧？"

孔宁两人也轻佻地回敬说："哪里，看他的样子，更像主公，难道不是主公的种吗？"

错金银铜壶

1982年江苏盱眙县南窑出土，高24厘米，口径12.8厘米，通体金错银，颈部线刻图案，腹部外接梅花络套，络套外接横箍，箍上交替焊接铺首，兽形耳各四。口沿内侧，圈足内外侧皆刻有铭文。

灵公连连摇手，两人又凑趣说："夏姬的男人实在太多，或许征舒的父亲是谁连她也搞不清楚呢！"说罢三人抚掌大笑。屏风后面听得此言的夏征舒羞愧莫名，怒火攻心，平日里稍有耳闻，只是指指点点；今天这三人公然如此无礼地污辱自己和母亲，年已二十、血气方刚的夏征舒再也忍不住了，他悄悄跑出后门，拿出弓箭，伏在陈灵公回府必经的要道旁。待陈灵公等三人罢酒出来，夏征舒伏在马厩门旁，用弓弩射杀灵公。孔宁、仪行父见状大惊失色，马上逃到楚国避难去了。

陈灵公死后，陈国内乱。次年十月，楚成王伐陈，杀征舒，将陈国编为楚国的一个县。后来虽经楚大夫申叔时劝说一度恢复了陈国，但最终还是在公元前 479 年将陈国灭了。

实战中开始用弩

弩是弓发展而来的射远兵器，由弓、木质弩臂和铜弩机三部分组成，其命中率比弓大大提高。弩又可以用足蹬张弦，故尔比弓射得更远，在步兵野战布阵、设伏和防御作战中，发挥出良好的作用。我国在春秋晚期实战中开始用弩，到战国时，弩被大量使用。图为山东武梁祠足蹬施放图，弩和弩机结构图。

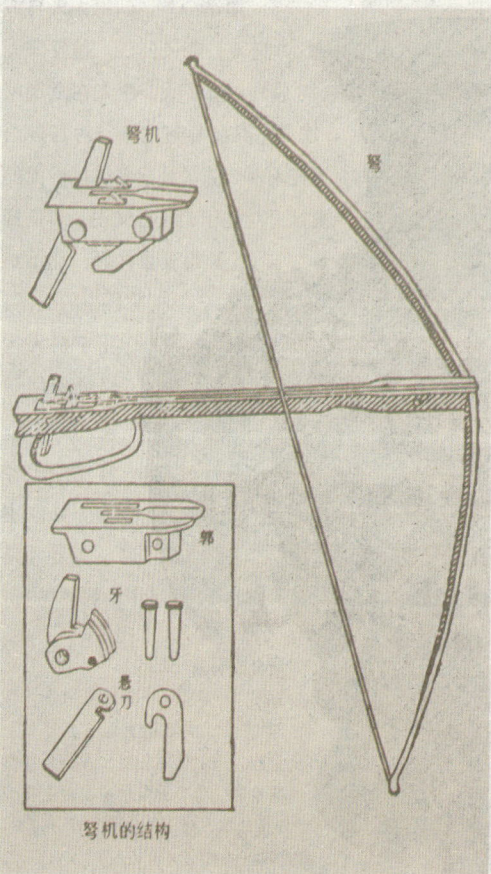

弩机　弩

弩机的结构

历史文化百科

[春秋时期的新型地方组织：书社]

书社是春秋战国时期的地方组织。铁工具与牛耕技术的普遍推广，使生产力获得巨大发展。以"井田制"为基础的"公田"日趋凋敝，而新兴地主及自耕农的"私田"蓬勃发展。为增加财政收入，各诸侯国纷纷将以前的"三年一换主（土）易居"变为"自爱其处"，推行"履亩而税"新政策，即按农民实际耕种的土地多寡征税，将传统农村公社的全部人民、户口、土地数字书于版籍、制成清册，称"书社"，定期上缴于各国统治者，作为对公社农民征税与调发力役的根据。

专家认为，一"书社"大体为原来的一"里"，约二十五家左右。

〇六五

晏子使楚

齐相晏婴奉命使楚，楚王欺他身材矮小、其貌不扬，屡出难题，恣意侮弄。晏婴智谋迭出，终于折服楚国君臣，获得了楚王的尊重。

列国之间的外交往来

晏子，名婴，字平仲，夷维（今山东高密市）人。他在齐国当了灵公、庄公、景公三朝的官，历任卿相，常常为重要事务出使他国。晏子的一个主要特点，是他能够明察形势的变化，提出改革的措施，指明发展的方向。特别是他能够鉴貌辨色，善于辞令，故出使他国常能不辱使命，出色地完成齐君交给的任务。

当时楚国强大，令各国生畏，于是纷纷派遣使者，向楚国示好，送礼物的、修书致意的，不绝于道。齐景公为了在列国争霸的多边关系中争取有利地位，也派卿相晏婴为使臣，赴楚都郢城递表修好。

欲辱他人，反自受辱

狂傲的楚灵王原本就想杀杀齐国的威风，听说晏婴是个身高不满五尺的矮子，心想正好借此羞辱他一番，出出齐国的丑。于是连夜派人在城门边另开了一个高仅五尺的小门洞，叫来几个人，如此这般地布置一番。几天后，晏婴到了郢都，见城门紧闭，只有旁边一个小门洞开着，城上防军喊道：

"请齐国来使从小门进入。"晏婴见状，心下已有几分明白，就停下车马，对楚都门将说："我是齐国使臣，请你们转告楚王，你们在墙上开的只是个狗洞。如果我出使的是狗国，就从狗门入。现在臣出使的是楚国，不当从此门入。"楚灵王听到传报，哭笑不得，尴尬地说："寡人原想羞辱他，不想反被他奚落了一番。打开城门，让他进来罢。"于是，接待者便领着齐使，改道从大门进入。楚王第一着想要羞辱齐使晏婴的计策失败了，反倒被人骂了自己的国家是"狗国"，心中真有一股说不出的倒霉劲。

不肖之臣到楚国

晏婴来到楚国王宫，登上大殿，谒见楚灵王。楚灵王高高地坐在上首，傲慢地问："齐王派你出使我国，是齐国没人了吗？"经过初次较量，晏婴已有了高度警觉，如今见楚王又不怀好意，他不动声色，等楚王问罢，作了一揖，朗声答道："大王差矣！我们齐国都城临淄，居民三万户，街上行人摩肩擦背，走起路来，后边人的脚尖会踩到前边人的脚跟，众人举起衣袖，就能遮挡阳光变成阴天；众人一同挥汗，就像天降大雨，怎么会没有人呢！"楚灵王听了，看了一眼晏婴，语气夸张地问："啊！那为什么派你这么一个矮子当使臣呢？"晏婴听了并不生气，从容

长得矮小但善于辞令的晏婴

晏婴（？—前500）即晏子，字平仲，春秋时齐国人，历事齐灵公、齐庄公和齐景公三世，皆为卿。虽然人长得矮小，但善于辞令，关心民事，节俭力行，尽忠直谏，名显诸侯。现在流传的《晏子春秋》一书，乃后人集其行事言论编著而成。此图出自清末《历代名臣像解》。

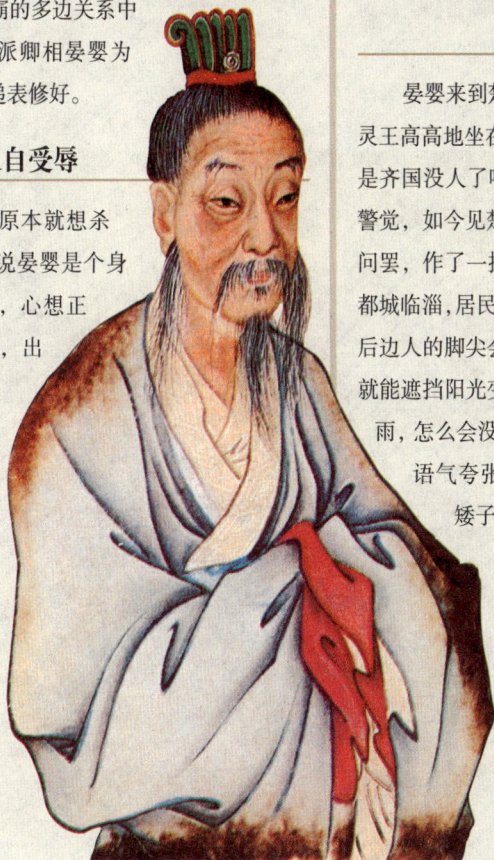

不迫地说："我们齐国派遣使臣有个规矩：贤人出使贤明的君王，不肖之人出使不肖的君王。我是最不肖之人，所以被派到楚国来了。"楚灵王一听，气得说不出话来，只得窘迫地挥挥手，令侍从置酒款待齐国使臣。

南橘北枳

正劝酒间，楚人布置好的又一出污辱齐国使者的戏剧上演了，只见几名武士缚着一个因犯从殿前阶下经过，楚灵王问："押的什么人？"武士答："齐国人！"楚王问："什么罪？"武士答："偷盗罪！"楚灵王得意地转过脸来，对晏婴说："看来你们齐国人好像特别喜欢偷人家东西。"晏婴一听，从座位上站起身来，躬身施礼说："臣听说，橘生于淮河以南是橘，移到淮河以北就变成了枳，看上去相似，其实味道不同。为什么会这样呢？原因是水土不同。齐国人在齐国都不偷不盗，到了楚国就变成了盗贼，大概是楚国的水土会使民变成盗贼吧！"楚灵王听罢，情不自禁地大笑起来，对晏婴的大胆、机智反而起了敬意，脱口赞道："你真是个智谋过人的使臣，寡人本想羞辱你们齐国，不料反被你占了便宜。看来，齐国有人，不可轻侮啊！"

于是，楚王下令给晏婴以最好的礼遇，并修好回书，送晏婴回国。晏婴不辱使命，在完成出使任务的同时，出色地维护了齐国的尊严。

春秋时已成熟定型的职业士农工商

士（做官）、农（务农）、工（手工业者）、商（经商）这四种基本职业早在春秋时期便已成熟定型。从职业的排位来看，做官是最上等的职业，但不是一般人都能做到的，因此自给自足的务农是当时尚处于农业社会的老百姓所能从事的最好的职业；当然，也可以退而求其次，做一个手工业者。倒是经商最不被人看好，因为一方面老百姓没有经商的本钱；另一方面，由于经商的流动性使得政府难以管理，再加上"无商不奸"会带坏社会习气，所以似乎政府也不大鼓励经商。此图为清末年画。

春秋

世界大事记

古雅典克里斯梯尼改革，推进平民政治建设，以十个地域部落取代原先富有贵族政治色彩的四个氏族部落，确立公民会议为最高权力机构，进一步削弱贵族会议权力，开始了雅典的民主政治历程。

晏子　齐景公

愚蠢　谋略　权术

二桃杀三士

《晏子春秋》卷二

人物　典故　关键词　故事来源

○六六

齐相晏婴一向以讲究礼仪、道德著称，看不惯那些横行不法的勇士，当时流传着他曾经用两枚桃子杀了三个勇士。这究竟是怎么一回事呢？

二桃杀三士

齐景公宠爱三位勇士，不料三人恃功傲物、紊乱朝纲。晏婴巧用三人争胜好勇、耻于人后的弱点，以两只桃子作文章，使三人先后自杀身亡。

三勇士横行朝廷

喜欢热闹的齐景公罗致了一批奇人异士随侍左右，以优厚的礼遇将他们养在宫中，其中最出名的是田开疆、古冶子、公孙接三位勇士。田开疆身如铁塔，勇冠三军，在齐国同晋国争夺势力范围的蒲隧一战中，他身当锋锐，连杀晋国数将，一个人就俘虏了晋国甲士五百余人，为齐国确立东部地区霸主的地位立下了汗马功劳。古冶子轻功非凡，一次同齐景公一起渡黄河，突遇狂风巨浪，一只大鼋从水中冒出，一口从齐景公身边叼走了一匹马，情势十分危急。古冶子奋身跃入河中，与大鼋血战，力斩大鼋首级。公孙接身高一丈，面如靛染，双目突出，力举千钧。一次陪齐景公在山中打猎，一只猛虎忽然扑向景公，公孙接奋不顾身，赤手空拳与虎搏斗，将猛虎活活打死。这三人勇猛有加，却不明事理，结为异姓兄弟后就互相标榜，挟勇恃功，自称"齐国三杰"；上朝时傲慢无礼，下朝后更是跋扈张扬，狂傲不可一世。久而久之，成了朝野间的一个毒瘤。相国晏婴看不过去，决定找机会惩治他们一下。

宴鲁君别具用心

这天，鲁国国君来齐国行聘修好，齐景公设宴款待，晏婴自然以相国身份出席作陪。可是公孙接等三人也佩剑坐于廊下，指手画脚，一派目中无人的样子。酒过数巡，晏婴奏道："园中蟠桃已熟，是否采几枚来佐酒？"景公同意，晏婴便带着随从亲自到园中摘了一盘桃子回来。这种蟠桃品种十分稀贵，结桃不多，但个个大如海碗、色若红玉，异香扑鼻。齐、鲁二君吃后赞不绝口。见盘中还剩下两枚桃子，晏婴建议景公赏给有功勇士，以示犒劳；同时，趁鲁君在此，让他一睹齐国勇士的风采。

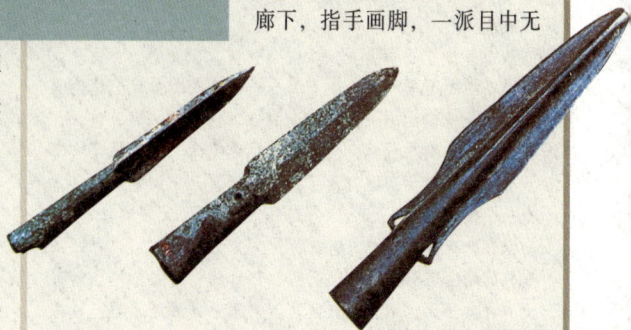

弹指间三人自尽

齐景公就将公孙接等人传到殿上，指着两枚桃子说："你们当着鲁君的面自陈功绩，由相国当评判，功大者食桃一枚！"景公话音刚落，公孙接一步跨出，说："我陪主公出猎，有一斑斓猛虎欲伤主公性命，被我双拳打死，救下主公一命，这个功劳可否吃一枚桃子？"晏婴说："保驾毙虎，功劳实在大，当然应赏美酒一爵、蟠桃一枚！"古冶子一见，忙说："且慢！打虎确实不易，但我跳入黄河与妖鼋搏斗，保驾平安，

春秋铜矛（上图）

春秋

二桃杀三士

齐景公身边有三个勇士，名叫公孙接、田开疆、古冶子，他们不把相国晏子放在眼里，晏子叫齐景公给他们送两只桃子，让他们比功劳，功劳大的可以吃桃子。公孙接说，他曾连杀了两头猛兽，应该吃桃，说完拿了一个桃子。田开疆说，他曾为齐国打败了敌人的三军，也该吃桃，又拿走一个桃子。古冶子说，我护送齐景公渡河，大鳖咬住马腿、马受惊把车拖向深水，危急之下我杀死大鳖，救出齐景公，这样的功劳应该吃桃。公孙接、田开疆觉得很惭愧，功劳没有古冶子大，取桃不让是贪，再不去死更是无勇，说完双双拔剑自杀。古冶子也很悔恨地说，他们死了而我独活是不仁，夸耀自己是不义，恨自己事情做错而不死是无勇。说完也拔剑自刎了。汉画像石多有表现这个故事的图像。

功劳如何？"齐景公插口说："当时河上波涛汹涌，妖鼋鼓浪而来，一口将寡人身旁的一匹马拖下水去，又返身冲向寡人，若无古冶子，寡人命将不保！该赏，该赏！"晏婴听了，忙取酒一爵、蟠桃一枚赏给古冶子。一旁的田开疆按捺不住了，跨上一步说："我领军出征，破晋克徐，由此促成主公盟主之位。毙虎杀鼋，不过是个人小事，我血战千里，功在社稷，反而不能得赏，这岂不分明折辱我于齐、鲁二君跟前，今后有何面目见人？"说着就拔剑自刎而死。公孙接、古冶子见状大惊，说："我等结拜为兄弟，誓同生死；现在却因我俩得赏致他于死命，我俩又有何脸面苟活世上？"说罢，也双双抽出宝剑，自刎身亡。

千古君王权谋术

晏婴是否有意用两只桃子杀了三个勇士，似已无从考证，但"二桃杀三士"从此成为封建统治者对付臣民的一种权术，这是确确实实的。

楚国文化的代表作：彩绘漆内棺

这件彩绘漆棺是楚文化的代表作，棺盖与棺身用子母口扣合，棺口四角以铅锡抓钉加固。除底面外，棺的其余五个面均为黑漆地上满饰彩绘，彩绘以黑、红、黄为主色，辅以褐、白、灰等，整个图案面积达4平方米以上。图案既有蛇等动物，也有大量如执戟神兽、龙、凤等神话形象，充满神秘气氛，体现了楚国文化的强烈影响。

○六七

金壶箴言

> 留心处，事事皆学问。晏子借题发挥，向齐景公说明正确理论或行动指南的价值，在于落实而不是收藏。

争论八字丹书的含义

齐景公到地处今山东寿光市南纪台村的纪国故地去游览，无意间得到一个金壶，打开壶盖，见里面装着一简丹书，取出一看，上面写着八个字："吃鱼不翻，劣马不乘。"大伙正在琢磨这八字丹书究竟是什么意思，齐景公拍掌说："寡人知道它的意思了，吃鱼不翻，是免得腥味四溢；劣马不乘，是说劣马不能走远。"晏子沉思一会，说："臣以为可能另有含义。"齐景公要他说来听听，晏婴说："吃鱼不翻，是劝诫人们鱼吃了一半就当适可而止，如身为人君，就不可对百姓的赋税过于苛刻，当留一半让百姓过日子。劣马不乘，是告诫人们不要接触品质不良之人，如身为人君，就不要重用品德卑劣的奸臣。"晏子这一番解释，随行大臣纷纷附和。

把嘉言忠告铭于何处

齐景公想了一想，说："这么讲来，这份金壶箴言实在是一件宝物了，可是拥有丹书的纪国为何又灭亡了呢？"晏子说："原因十分清楚。臣听说，君子得到嘉言忠告，总是书写了挂在每天都要经过的里巷的门上，以起到经常督促、告诫的目的。而纪国呢？得到这份箴言，却封在金壶之中深藏起来，这样，岂有不灭亡之理？"

齐景公听了，连连点头称是。晏婴总是通过各种机会来告诫齐景公，晓以应该如何做国君的深刻道理。

合二为一的礼器

簠为盛食的礼器，通常作长方形，口外侈，四短足。有盖，盖与器大小形制相同，合上成为一个整体，分开则为两件。这一特点，在古器物学上称为"却立"或"却置"。叔朕簠传共三件，器内有6行共36字铭文，意为叔朕在十月第一个吉日选用上好的铜料作簠，向神进贡，祈望人寿年丰。

金壶箴言

齐景公巡游纪地，获得一只金壶，里面有丹书写道："食鱼无反，勿乘驽马。"景公只是从字面上去理解，而晏子却借题发挥，阐述治国之道，认为是告诫不要耗尽民力，不要让小人呆在国君身旁。晏子还进一步认为治国既要有正确的主张，又要将这些主张告知百姓，付之行动。图为汉画像石《晏子见齐景公》。

> 历史文化百科 <

〔惠及世界的智慧发明：围棋〕

下围棋亦称弈，我国春秋时期广泛流行的一种智力竞赛运动。据说，围棋运动在尧舜时已经产生，《世本·作篇》记载"尧造围棋"，《博物志》说："以教子丹朱，或云舜以子商均愚，故作围棋以教子。"不过古书上的这些记载迄今还没实物佐证。战国时期，围棋已成全国性的竞技运动，《孟子·告子上》载，出现了"通国之善弈者"。

围棋运动唐代时传入日本，然后渐次向欧、美传播。

前 **483** 年

公元前 4 8 3 年

〇六八

鲁国"用田赋",进一步承认土地私有而征收赋税。

结交越石父

晏子爱人才,他结交越石父更体现了他为人谦逊、善待下人的高尚品德。请看他结交越石父的故事。

走投无路的越石父沦落为奴,晏子珍惜人才,亲解驾车之马为他赎身。

为奴仆赎身

有一次,晏子去晋国办事,回来路过中牟县,看见一个头戴破帽、反穿皮衣、背着一捆干草的男子,坐在路边休息,从模样举止看像是个有文化的人,就让手下过去打问:"先生怎么称呼?"那人说:"我叫越石父。"晏子这时也走了过来,接口道:"敢问如何落到这步田地?"越石父回答说:"生活没有着落,到中牟来投靠人家,做了仆役,现在要回去了。"晏子听了觉得奇怪,投靠人家又何至于要做奴仆呢?就又问道:"何以要做奴仆呢?"越石父回答说:"为了不被冻饿而死,故而当了奴仆。"晏子问:"当奴仆多久了?"答:"已经三年。"晏子听了心中不忍,想帮他一把,就问:"可以赎身吗?"越石父说:"可以。"晏子就将自己车乘的左骖,即左边驾车的马解下来,送给越石父去赎身,然后载了越石父一起回到齐国。

口出怨言要绝交

到了家门口,晏子没有招呼越石父,自管自就走进家门。越石父顿时大怒,请求与晏子绝交。晏子让手下人问越石父:"您给人家当了三年奴仆,我为你赎了身,对你总算不薄吧?为何口出怨言,要同我绝交呢?"越石父回答说:"读书人最难受的是别人的不理解,最高兴的是遇到知己,所以君子从不因自己曾帮助了别人而在人格上轻视他,也不会因别人帮助过自己而奴颜婢膝。我给人家当奴仆,他们不了解我,您给我赎身,应是了解我的人。先前您乘车,不与我交谈,我以为是您忘了!今天到家

您又不与我招呼,这同把我当奴仆看待有何差别?如果这样,我还是去当奴仆,请您到市场上把我卖了吧!"

察觉过错,即刻改正

晏子在里边听见越石父这番话,连忙走出来施礼,说:"先前我只看到先生的外表,现在看到先生的意志了。我听说,对已觉察自己过错的人就不必揪着不放,对已经改正自己错误的人就不必计较他先前的冒失。能否请先生收回绝交的话,让我改正自己的错误?"于是下令洒扫门庭,更换礼席,用古代隆重的醮礼来迎接越石父。越石父急忙阻止说:"我听说,最恭敬的礼遇不扫庭,最尊贵的接客不用候相。先生如用这么重的礼待我,我不敢当。"晏子于是把越石父尊为上宾。

乱世中立于不败之地

晏子礼遇越石父的事传播出去,世人赞叹不已,有位长者说:"一般世俗者一旦有功于人就自以为有德,于是居德而傲。晏子有功于人,使他人免除奴役之苦,却又能屈己下人,他实在是一个杰出的人,这正是他在乱世中永立于不败之地的道理啊!"

> ⟩历史文化百科⟨

〔奴隶还是平民?:"皂隶牧圉"别解〕

古文献中春秋时期皂、舆、隶、僚、仆、台、圉、牧,过去通常都被认为是奴隶或家内奴隶。有学者经考证提出,这些都是当时王室百官属下的职事人员。因王室百官众多,所以即使同一称呼也有从事不同职事者。他们有家室、有田地、有房舍,对国事有发言权,有某种程度的人身自由,同庶人工商并列为"民",可见具有"国人"的基本特征,是平民阶层的组成部分之一,与当时官府及家内奴隶有本质上的区别。

春秋

前500年 公元前500年 ＞

世界大事记　小亚细亚希腊城邦爆发米利都反波斯起义。

《晏子春秋卷一》 故事来源
纳谏 爱国 关键词
晏子 齐景公 人物
忠言
晏子 齐景公

〇六九

这是一个十分感人的故事。晏子作为齐相，他的不计私利、爱国为民的高尚品质，再一次得到充分体现。

君不顾灾，享乐依旧

齐景公时有一年，齐国暴雨成灾，一连下了十七天，泥坯垒砌的墙脚都泡酥了，倒塌的民房越来越多，漫漫苦雨、阵阵寒风中，不时传来屋倒人伤的凄惨哭声。灾民中甚至出现了冻死、饿死的人。

一向喜欢饮酒的齐景公，既然不能出宫去玩，就整日整夜地在宫中搂着美女饮酒取乐，置灾情、灾民于不顾。相国晏子接连三次请求景公接见，商议开仓救济灾民，都遭到齐景公拒绝。景公非但不关心国事，反而派近臣柏遽四处寻找善于歌舞的乐伎美人，以满足自己的需求。

民为邦本，失职请辞

晏子知道了这事，十分难受，他想了一下，吩咐家人把家里的粮食拿出来分给灾民，并将装粮食用的器皿也放在路边，任灾民取用。做完了这些，晏子步行入宫，对齐景公说："大雨已连续下了十七天，现在平均每个

辞官救民

持续不断的风雨形成涝灾，凄叫声、房屋倒塌声此起彼伏，齐景公不听劝阻，夜夜笙歌。忧心如焚的晏子散尽家财后辞官回乡，使齐景公幡然悔悟。

春秋早期玉鸟纹环（上图）

乡都有几十户人家房屋倒塌，每个里就有数家人断粮，年老体弱的没有御寒的衣服，饥饿的妇女小孩吃不到一口粮菜，老百姓已经走投无路、求告无门。而主公却不恤百姓，日夜饮酒作乐，还下令全国选送乐伎美女，无休无止。马吃府库中的粟米，狗也吃饱了肉食，三室的小妾宫女，粱肉美食应有尽有。古人说：'民为邦本'，如果主公与百官只知自己享乐，不顾百姓死活，社会岂能稳定？国家怎会昌盛？我身为一国之相、百官之长，上无以劝谏君王，下无以安抚百姓，我的罪过太大了！请主公免去我相国的职位吧！"说罢，深深一拜，转身就走。

景公认错，追回晏子

忘乎所以的齐景公一听相国要辞官，不觉慌了，这可不是闹着玩的。来不及叫侍从备车，齐景公徒步就从宫里追了出来。晏子走得很快，加之路上一片泥泞，看看追不上了，景公令侍从们迅速驾车，齐景公跳上车子连声呼叫："快追，快追！"一路追到晏子家，只见晏子家门户洞开，所有的粮食早已分光，器皿放在路边。景公问路人："相

話說中國

缀有美丽 S 纹的瓷罐

世界大事记

印度人约于公元前6世纪求出$\sqrt{2}=1.414215$。

国呢？"路人说："相国走了，他说不再做官，回老家种地去了。"景公一听晏子果然当真了，急令车夫沿着大路追去。车行快，人走得慢，不一会就追上了晏子，齐景公不敢再坐在车上，下了车跟在晏子后面步行，一边走一边对晏子说："寡人有罪，先生不要遗弃寡人。先生不愿辅佐寡人，难道能舍下国家和百姓不管吗？万望先生原谅寡人一次，寡人愿意取出齐国的食物财富分给百姓，分多分少，全由先生做主！"说罢，抢到前面去拦住晏子，深深施礼，请他回宫。

停止享乐，灾民受惠

晏子被齐景公请回宫后，立刻下令柏遽及所有地方职守停止选美，分别巡视灾民：家有种子而无粮吃的民户，发一月粮食；家中颗粒全无的民户，发一年

郢爰

1982 年江苏盱眙县南窑出土，长 12.6 厘米，宽 8 厘米，楚国黄金货币。郢，地名，楚国首都。爰，一说货币名称，一说称量单位。

粮食；缺柴的发柴，倒屋的发钱。凡需救灾济困的事情，一一详细统计上报，限三天内完成。对巡视不力、统计不周的官员，以渎职罪论处。至于齐景公宫中，晏子也照样下令：景公搬离后宫，撤销宴饮；马匹只能吃草料而不能吃府粮，猎狗不能吃肉粥；宫女减少吃肉，取消对陪景公饮酒近臣的赏赐。

三天后，各地巡视上报：倾家荡产的灾民一万七千余家，分发用粮九十七万钟，柴草一万三千车；房屋倒塌的灾民二千七百家，发放救济金三千金。事毕，晏子下令：景公搬回宫内，减少食用，不弹琴瑟，不击钟鼓。经过齐景公同意，晏子又下令裁遣后宫舞女三千名，限时离宫。

晏子减少了许多人的锦衣玉食，却将许多灾民从死亡线上拉了回来。晏子在齐国的功德将永载史册，为后人所敬仰。

>历史文化百科<

〔简朴生活写照："布衣栈车"、"脱粟之食"〕

晏子任齐相时，生活非常简朴。史书上说他"衣缁布之衣，麋鹿之裘，栈轸之车，而驾驽马以朝"。又说他"衣十升之布，脱粟之食，五卵、苔菜而已"。这里的"缁布"指黑色的布。麋鹿之裘指用麋鹿皮缝制的外衣，泛指用粗糙兽皮做成的衣服。栈轸之车指用竹木搭制的有棚马车。十升之布指疏的布，那时，纱线八十缕称为一升，一般官员朝服是十五升的细布，当然，一般平民还有穿七升之布的。脱粟之食指粗粮。五卵、苔菜指蔬菜清淡，连盐都不舍得放。

缀有美丽 S 纹的瓷罐（左页图）

溜肩、鼓腹、青绿色的平底瓷罐，肩腹部缀饰五道堆塑匀称的 S 纹。既实用又美观，制作技术较前代有了明显的提高。浙江松阳县大石村出土，浙江松阳县博物馆藏。

〇七〇

景公三问

齐景公向晏子请教治国之道，晏子尽力作了回答，只可惜答错了对象，徒落得后人扼腕叹息。

晏子虽然衣饰简朴，其貌不扬，但他高德睿智，获得了满朝文武的尊敬，齐景公也很敬畏他，遇到难题总要向他请教。这天下雨，公务清闲，散朝后，齐景公留下晏子陪自己聊天，聊着聊着，君臣俩谈起列国兴亡的事情来。

莒鲁两国，哪个先亡？

景公问晏子："依你看，莒国与鲁国哪个先亡？"晏子思考了一下，答道："据我的观察，莒国小民反复多变不讲信义，性格贪婪喜欢作假；君主崇尚勇敢而鄙弃仁义；士子熟习武艺，急功近利。这样，举国上下团结难以持久。君王既无能力教养百姓，百姓也不会忠心侍奉君主。上下脱节，各行其是，这样，国家巩固的根本就丢失了。所以，臣以为莒国将先灭亡。"景公听了连连点头，又问："那么鲁国如何？"晏子答道："鲁国的君臣尚能讲究礼仪，百姓也尚安分守己，所以君王能教养百姓，百姓们也能侍奉君王，国家尚有稳定的基础，得以长久存在下去。但鲁国有一个致

命弱点，就是在外交上依附错了对象。主公试想：邹、滕等野鸡一飞即可出境的小国，得以久存，在天下人前称公称侯，就因他们找对了足可依附的强国，以致别人不敢欺负他们。可鲁国不依附强大的齐国，却亲近弱小的宋国，又远望晋国的帮助，一遇急难，远水难救近火，

景公三问

晏子，名婴，字平仲，春秋时代政治家，是齐国与管仲齐名的贤相，曾历事齐灵公、齐庄公和齐景公，以爱国忧民，节俭朴素闻名诸侯，他屡劝齐景公减轻剥削，省去刑罚，听取臣下不同意见。《晏子春秋》记录了晏子的"礼治"和"薄身厚民"的政治主张，以及有关晏子的言论和事迹。图为明刊本《晏子春秋》书影。

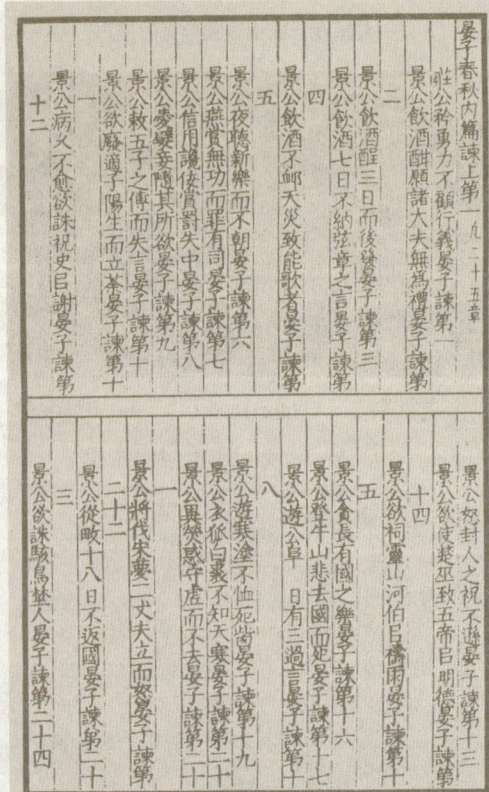

春秋早期的典型玉器青玉虎形佩

春秋玉器在继承商周玉器的基础上继续发展，特别是表现在纹饰上，春秋早期的玉器纹饰已开始由简到繁，纹饰往往布局繁密，几乎不留一点空隙。这件玉虎采用了双阴线刻划法，周身布满纹饰，为春秋早期的典型玉器。

前500年
前449年

公元前500—前449年

世界大事记　希波战争。

《晏子春秋卷三

晏子　齐景公

忠言　平庸

人物　关键词　故事来源

灭亡即为意料中事。一旦时机与条件成熟，这两个国家恐终将成为齐国兼并的对象！"

齐国后世，谁人拥有？

晏子侃侃而谈，为齐景公出谋划策，然而齐景公却不是一个英主，虽然有小聪明，偶尔也能礼贤下士，作一些貌似明君的举措，但对一些带根本性质的问题往往视而不见，难以抓住。这一回涉及到了国家存亡的利害，景公专心了，想了一想又问晏子："莒国、鲁国的情况，寡人知道了，寡人的德行也薄，然而后世谁会拥有齐国呢？"这个问题实在太尖锐了，一般臣子往往会王顾左右而言他，但这不是晏子的脾气，而且他知道自己年龄已大，对君王直抒胸臆的机会越来越少，因而沉默了一会，便答道："田无宇的后人可能会拥有齐国。"景公听了大吃一惊，田氏只是自己手下的一姓贵族，怎会拥有齐国呢？不管多么大度的君主，想到自己的江山要被他人取代，心里岂会好受？于是脱口而问："什么原因呢？"晏子说："田氏广设义仓，春夏之交，民饥之年，他们借出去用大斗，收进来用小斗，一进一出白给百姓许多好处，百姓谁不感谢？田氏与士子来往，凡困难者有求于他，无不倾力相助。国人携其子女，像江水东流般向他家涌去。一旦全国的人都得到过他

透雕云纹禁（上图）

禁一般用作尊、卣、甗类酒器的器座，存世很少，此禁更是其中的精品。它的四边和侧面均装饰着多层立体透雕云纹，四周有十二个立雕怪兽，禁足是十只蹲伏的虎形兽，形成群兽拱卫的气势。透雕纹饰繁复多变，瑰丽奇特。这也是我国现存最早的采用失蜡法铸造的器物之一，反映了我国冶铸工艺的发达。

的好处，死心塌地地拥护他，谁还能阻止他成功呢？"

说者白说，听者白听

齐景公问了莒国，问了鲁国，也问了自己，从以后的历史发展看，晏子的回答基本上都说对了，遗憾的是，齐景公未能从晏婴的谈话中吸取经验教训。特别是晏婴谈到，齐国将会被田氏夺取政权，景公虽然感到有些惊讶，但他依旧尽情享乐，对百姓剥削苛重。这原因很清楚，他们谈的是非常之事，只有非常之人以非常之计，方能促进非常之事的成功，而平庸之辈，只能落得说归说、听归听，说了也白说，听了也白听的结局。

> 历史文化百科

[探索宇宙及社会万象本质、根源、构成及其变化规律的学术流派：道家]

春秋战国时期最主要的学派之一。该学派以春秋时期老子关于"道"的学说为理论基础，并以此说明宇宙及社会万象的本质、根源、构成及其变化。道家学说的核心内容，是以老子的"道德自然"为基点，主张人们在思想上遵循"生而不有，为而不持，长而不宰"、"清静无为"的"道"理；政治上主张"无为而治"、"小国寡民"、"不尚贤，使民不争"；伦理上主张"绝仁弃义"，认为"夫礼者忠信之薄而乱之首"；行为上主张顺乎自然、守雌守柔、以柔克刚。由于各自阐发重点的不同，战国时期的道家分化成若干派，其中以庄子学派、杨朱学派、宋尹学派和黄老学派最为著名。道家学说对后世影响极深，并成为中国传统文化的基干之一。

話說中國

〇七一

陈氏争取民心

齐国陈氏通过施恩于民的策略，使民心归顺，力量不断壮大，为"田氏代齐"奠定基础。

春秋中后期，有些国家的政权发生急剧变化，主要是私门与公室的明争暗斗，最终一些卿大夫取代旧诸侯，开始掌权。在东边的齐国，陈氏为了争夺政权，不惜采用一切手段，施恩于民，争取民心，笼络贵族。

立足齐国，谋求发展

田氏亦即陈氏，原来是陈国的贵族。由于陈国发生了内乱，公子完投奔到齐国，受到当时齐国君桓公的礼遇，让他为卿。陈公子完以为自己无尺寸之功而受此高官，并非一件好事，就婉言谢绝。齐桓公改授工正的官，公子完接受了。这是田氏在齐立足的开始。工正是掌管各种手工业及其工人的职务，地位虽然不算高，但容易致富。齐国本来就是一个靠渔盐之利和其他手工技巧而强盛的国家，纺织、缝纫、制陶、冶炼等手工业很发达。陈公子完选择了工正，表面上是一种自谦，实质上是挑选了一个容易使自己的家庭富裕起来的职务。经过五代人的努力，陈氏真的壮大起来

了，达到足以同齐国原有旧贵族平起平坐的程度。

家量贷公量收，笼络百姓

陈氏第五代的代表人物是陈无宇，谥桓子。他以"家量贷，公量收"的方法施恩于民，争取民心，笼络贵族，展开与齐公室的较量。

原来齐国的量器有五种，叫做升、豆、区、釜、钟。其中四升为一豆，由豆到釜是四进位制，但由釜到钟则为十进位制。田氏私自将自己的豆、区、釜三种量器都加大了四分之一，并且他用自己家的大量器把粮食借出去，而用公家的小量器收回来。这样，就使得许多贫穷缺粮的百姓受到了恩惠。与此同时，田氏将山上的木料运到市场上出售，价格却不高于山上，也就是不把运输费加到消费者头上；将海边的鱼、盐、蜃蛤等产品运到都城的市场上出售，价格却不高于海边。田氏通过这些方法，笼络了老百姓，并为自己树立了威信。陈无宇之所以能做到施惠于民，同他的家庭富裕是密不可分的。

齐国君严刑苛法，使履贱踊贵

陈无宇正在积极地笼络人民，而昏暗的齐景公不但没有任何警觉，而且还加重对民众的剥削。他将百姓所得的三分之二掠归自己，百姓只剩下

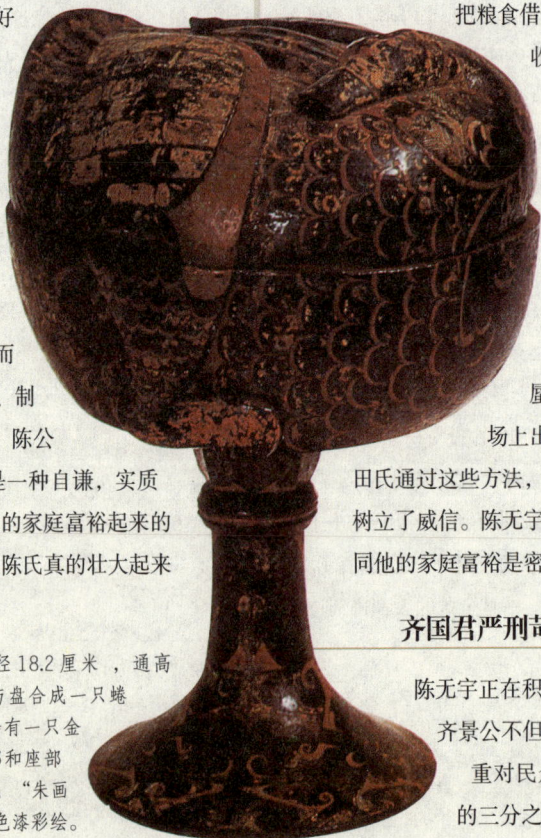

精思妙想成漆豆
湖北江陵雨台山出土。盘直径18.2厘米，通高25.5厘米，盘深而柄短。盖与盘合成一只蜷伏休憩的鸭子。鸭尾两侧各绘有一只金凤，作回首站立状。豆的柄部和座部绘三角云纹和卷云纹。依通例，"朱画其内，墨染其外"，用红色和黄色漆彩绘。

春秋

世界大事记　古雅典民主派政治家伯里克利在世。

陈无宇　齐景公
谋略　民本
履贱踊贵
《左传·昭公三年》
《左传·昭公二十六年》
人物　典故　关键词　故事来源

龙耳簋

龙耳簋于山东淄博出土，为侈口圆腹曲颈龙耳方座式。侈口束颈，折肩圆腹，圈足极低，下连方座，盖捉手透雕花瓣形，其径大于腹径，腹有精美纹饰。

三分之一以维持生活。事实上齐国国库积蓄的财物因堆积过多而腐败生虫，而百姓却挨饿受冻。由于公室的严刑苛法，对犯有罪过的人施行酷罚，许多人被砍断了脚，以至于市场上鞋子便宜，假肢即踊却变得昂贵起来。"履贱踊贵"成为当时一种奇特现象。齐国

> 历史文化百科 <

〔农家丰登与兴旺的企盼对象：五谷、六畜〕

　　五谷是先秦时期我国居民五种主粮的泛称，因南北地产不同，五谷一称就有了不同的内容。最通常的说法是"稻、黍、稷、麦、菽"。菽是豆类总称。其余因地而异，北方无稻而有麻。比五谷更早还有一种"九谷"的说法，则将粟分成稷（粟）与秫（黏粟）两种，将麦分成大小麦，豆分成大小豆，以及增加粱、苽二种。

　　六畜之称，南北一致，古今无异，指牛、马、羊、猪、狗、鸡。祀奉祖先时作为"牺牲"，毛色纯净的称牺，肢体无损的称牲。

　　在漫长的农业社会中，五谷、六畜给人们提供了最基本的保障，所以"五谷丰登，六畜兴旺"一直是中国数千年流行不衰的良祈良颂。

君的暴行，达到一种令人发指的地步，逼使许多民众衣食无着，离乡背井。

民归陈氏如流水，络绎不绝

　　但陈氏却采取截然相反的态度，如百姓有疾病和痛苦，陈氏不是对他们施以严刑酷罚，反而厚加赐予，爱护他们就像父母对待自己的子女一样。结果人民归于陈氏，像流水一样，连绵不断，经久不息。陈氏将归依于自己的民众变作佃农，使许多无家可归的民众生活有了着落。陈氏得到了民众的拥护，力量越来越壮大了。　> 莫波功

春秋时已成熟定型的职业士农工商（局部）

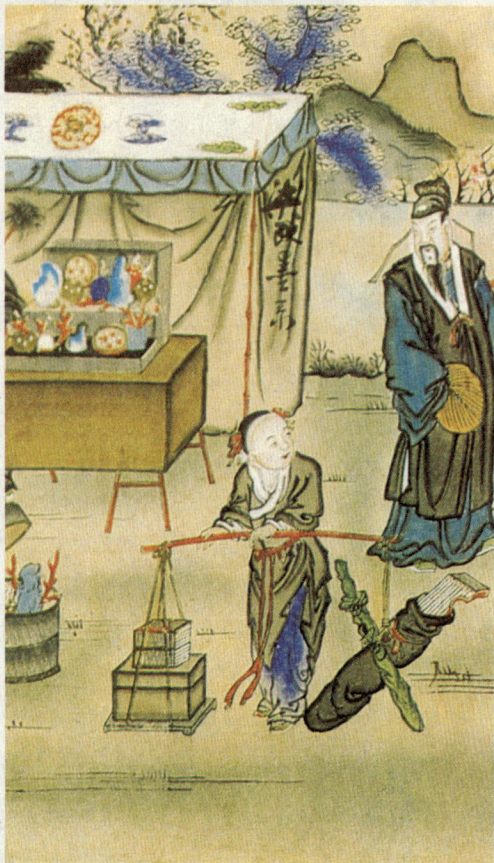

> 冬小麦和小米。　193

田穰苴拜将

国难临头，朝中无将，齐景公只得起用下层士兵田穰苴，不料中国历史上由此出现了一位杰出的军事家。

文能服众，武能克敌

田穰苴是齐桓公时由陈国逃难而来的公子完的后代，陈氏后来改称田氏，穰苴也就以"田"为姓。

齐景公时，政治腐败，国势衰弱，晋、燕等国就乘机向齐国发动进攻。毫无戒备的齐军节节败退，晋军直抵东阿、甄城，燕军也占领了大片齐国土地，兵锋直逼黄河边上。齐景公闻报大惊，急忙召来相国晏婴商议。晏婴向齐景公推荐一位名叫田穰苴的下层士兵。晏婴说："田穰苴虽然出身寒微，但此人文能服众，武能克敌，愿君试用。"

齐景公派人将田穰苴请进宫来，和他讨论用兵之道，田穰苴应对如流，妙论百出，齐景公心中大喜，当天就拜田穰苴为将军，率师北上抗击晋、燕军队。穰苴说："下臣出身卑贱，主公提拔我率师出征，权位在大夫之上，可事起仓促，人心未服，请主公派一向为朝野尊重的大臣出任监军，军令方有保障。"景公点头，便派庄贾为监军。田、庄领命而去。走到朝门外时，穰苴对庄贾相约说："定于明日正午祭旗发兵。我在军门中等你，务必不要迟到！"

第二天午前，穰苴先到军中，令手下军士立木设漏，以等待庄贾。立木就是在营前竖一木杆以测日光，日影正中即为正午；漏是古时的一种计时工具。然而这位庄贾，一向为齐景公宠信，又兼出身贵族，不把平民出身的田穰苴放在眼里，自以为监军为国君

特使，军中谁敢怠慢？再者即将随军离城，一班亲朋僚属纷纷把酒话别，故对穰苴的约定全不当回事。

临命忘家，临阵忘亲

阳光照在立木上，渐渐已到正午，三军静候多时。还未见庄贾前来，穰苴只得独自登坛，调兵布军，宣布军纪。一切完毕，日已近偏西，这时，才见庄贾姗姗而来。穰苴站在军坛上问庄贾："监军为何迟到？"庄贾满嘴酒气，趾高气扬地说："送行的人太多，应酬不过来，来晚了。"穰苴正色说："战争乃国家生死存亡的大事。一旦君命下达，将军受命之日即忘其家；临军约束之际即忘其亲；击鼓进攻之时即舍生忘死。现在敌国兵锋已侵入我纵深之地，将士血战于边境，君主忧虑于朝廷，逃难的百姓充塞于路途，怎容得我们慢条斯理，把酒应酬？"穰苴说到此处，厉声喝道："军正官！"

承上启下的军事家田穰苴

田穰苴是继姜尚之后一位承上启下的著名军事家，曾率齐军击退晋、燕入侵之军，因功被封为大司马，世称司马穰苴。后因齐景公听信谗言，田穰苴被罢黜，未几抑郁发病而死。其事迹流传不多，但其军事思想却影响巨大，司马迁赞曰："闳廓深远，虽三代征伐，未能竟其义。"

春秋

田穰苴拜将

齐景公在位时，晋国和燕国联手大举攻齐，齐军前往抵挡，被打得一败涂地。齐景公为此十分担忧，晏子向齐景公推荐田穰苴，说他文能服众，武能威敌。齐景公召田穰苴进宫，谈论军事，对他十分满意，立即下令任田穰苴为将军，率军抵挡晋、燕两国之军。田穰苴治军有方，军令如山，一斩监军庄贾，二杀王使仆从，严了军令，振了军威，整肃了军纪，如此治军，自然无敌于天下了。故尔士气高昂，一举击溃晋、燕两军，收复所有失地。齐景公便尊田穰苴为大司马。此图出自清末民初马骀的《马骀画宝》。

军法规定，迟到者当如何处置？"军正官大声回答说："当斩！"庄贾一听，酒醒了一大半，见势不妙，马上派随从快马飞报齐景公求救。

军令森严，军法无情

穰苴令左右拿下庄贾，推出辕门斩首。齐景公接庄贾随从飞报，急令官员持节去军中赦庄贾一死。使节不知此时庄贾的首级已悬挂在辕门上了，驱车来到军中，穰苴问明来意后说："将在外，君命有所不受！"说罢，转身问军正官："军法规定军中不得驰车，今使节冲突军营，该当何罪？"军正官答："依法当斩！"使节吓得面如土色，浑身发抖，高举节杖，叫道："下臣奉君命而来，并非有意冲撞军营。"穰苴说："既是君主所命，自当免死，但军法不可妄废！"说毕下令拆毁使节轺车左边的夹车木，杀掉拉车的左骖，以代使节之死，并遣使者如实向齐景公禀报。

身先士卒，乘胜追击

穰苴率大军向西北挺进。一路上，穰苴早起晚睡，身先士卒，与将士同锅吃饭，遇有生病的士卒，穰苴亲自问医端药，将朝廷规定给他的特供，取出与士兵共享，全军为之感动，人人表示愿同敌军决一死战。晋、燕两军听说了穰苴的行为，自知难敌，不战而退。穰苴率军乘胜追击，把敌军占领的土地全部收复。

齐军凯旋之日，齐景公率满朝文武出郊相迎，拜穰苴为齐国大司马。从此人称司马穰苴，成为中国历史上有名的军事家之一。

> 历史文化百科

〔作战指挥工具：金、鼓、铃、旗〕

金、鼓、铃、旗是古代战争中的四种指挥工具。通常情况下，击鼓就前进，再次击鼓便发动攻击；鸣金就停止，再次鸣金就后退；摇铃是提醒全体注意，将帅将要发布命令；旗向左边挥动军队就向左攻击，旗向右边挥动军队就向右运动。如果特殊情况下实行奇兵，上述号令就取相反意义。另外，鼓声不同，含义也不同，击鼓一次走一步为慢步前进；击鼓一次走十步为快步前进，不断击鼓是命令连续不断、迅猛冲锋。万人之将用大鼓，发高音；千人之帅用中鼓，发角音；百人之长用小鼓，发细音。三鼓齐擂则万众齐心，勇不可当。

〇七三

君王和国家的祸害

大凡奸佞之臣，在君王身边花言巧语，为图自己的飞黄腾达，他搬弄是非，陷害忠良，为君王制造麻烦，给国家带来祸害。在春秋后期的楚平王身边，就有一个奸佞之臣名费无忌（一作费无极），他诡计多端，心狠手辣，凡他看不顺眼的，无不千方百计加以陷害，于是，朝中冤案一个接着一个。最近，他又把矛头指向了太子建。楚平王任命伍奢为太子太师，任命他为太子少师。伍奢是个一丝不苟的正人君子，太子对他十分尊重，而对费无忌时常露出鄙夷之色。费无忌对此妒火中烧，心想一旦太子继位为王，岂有自己的好处？因此便想了一条陷害太子的毒计。

为太子娶妇竟给楚王

公元前523年，费无忌以太子少师的身份，向楚平王建议："太子年届十八，已到论婚年龄。依臣愚见，最好能与秦国联姻，这对楚国有利。"平王觉得有理，就任命他为求婚使，前往秦国行聘。

费无忌来到秦国，秦哀公也有同楚国交好之心，便决定将国色天香的长妹孟嬴许配给太子建。聘礼过后，秦哀公派公子蒲随费无忌送孟嬴如楚完婚。

公子蒲与费无忌一行车近楚国，费氏借口先走一

奸佞费无忌

楚平王时的奸佞之臣费无忌，阴险毒辣，两面三刀，为一己私利，他陷害太子，又把政敌伍奢打入牢中。他坏事做尽，搞得楚国鸡犬不宁。

步向楚王报信，快马加鞭回到郢都，直趋楚平王跟前，绘声绘色地渲染孟嬴之美。原本好色贪婪的楚平王不由心动，费无忌看在眼里，挥手屏退左右，俯身对楚平王说："大王何不自娶入宫？"

楚平王期期艾艾地说："此女为太子所聘，寡人娶之，恐为外人所笑吧？"费无忌说："此女虽以太子名义相聘，但未正式结拜。大王娶之入宫，名正言顺。至于太子，可令他更求他女。"色迷心窍的楚平王竟然同意了。

赶出都城，发配边境

生米煮成熟饭后，楚平王生怕太子生事，下令太子不得入宫。费无忌做成了这桩事，虽然得意，但心里并不安宁，担心有朝一日太子登基，事情如何了结？忧久成恨，恨久变毒，一日，他又想出一条毒计，乘机向楚平王进言："何不将太子派去镇守边关？一则可以巩固边防，二则可以结交诸侯。"楚平王一听，二话未说，就下令太子戍守边邑城父，在今河南宝丰县东。

难得的艺术珍品青玉虎形佩（上图）

河南光山宝相寺黄君孟墓是春秋早期墓葬的代表，此虎形佩从玉材和玉器表面切痕上看，当为一块玉料琢成，从中切割而成两件玉饰。玉虎的纹饰繁密不留空隙，另面光素无纹，器型新颖、造型生动，是难得的艺术珍品。

前493年

公元前493—前462年

前462年

世界大事记
印度摩揭陀国王阿阇在世。

楚平王　费无忌　伍奢
荒淫　奸佞　猜疑
《左传·昭公十九年》《史记·楚世家》《吴越春秋卷三》

人物　关键词　故事来源

世子　楚越遼　楚平王

诛僇憺憂　无谤氏

诬告太子欲反叛

太子被"发配"边鄙，其母蔡夫人早已失宠。自从孟嬴生下一子后，楚平王更是疏远了太子。费无忌一不做，二不休，更进谗言说："自从大王娶了孟嬴后，太子常常口出怨言，大王多加提防才是！"又说："太子虽身处边陲，但握有兵权，听说他在城父常同各国诸侯书信来往，传闻还有率军回都的打算，不知大王可知此情？"楚平王听了，又惊又恼，便把太子太师伍奢叫进宫来责问。伍奢知道又是费无忌在背后搞鬼，就耐心地对平王说："大王怎可以一臣子的谗言而疏远自己的骨肉呢？"伍奢走后，费无忌从屏风后转出来，对楚平王说："大王再不决断，恐日后要后悔都来不及了！"于是，楚平王下令囚禁伍奢，诱捕太子建。太子闻报，星夜逃往宋国去了。

奸佞费无忌

楚国太子建有两位师傅，太师伍奢，少傅费无忌，太子建对费无忌没有好感。费无忌向楚平王建议为太子娶亲，迎娶秦国美女嬴氏，不料费无忌极力劝楚平王纳嬴氏为妃，楚平王将儿媳占为己有。费无忌害怕太子将来威胁到自己，就向楚平王进谗言，说太子建和伍奢要率军叛乱。楚平王立即逮捕伍奢，下令杀太子建。费无忌用卑鄙手段去掉政敌，导致楚国发生内变。最终为令尹子常诛杀。此二图均出自清末石印本《东周列国志》。

>历史文化百科

[古代婚姻的六道礼仪程序]

古代婚姻要经过纳采、问名、纳吉、纳征、请期、亲迎等六道程序，称为"六礼"。纳采即男方派媒人去女家提亲，女方同意后，男方再派人送彩礼。问名，即向女方的姓氏，后世有加向"八字"的习俗，以卜吉凶、合否。纳吉，即是将占卜后得到的吉日通知女方。纳征，也称纳币，世俗所谓"下聘礼"，女方接受后，标志着双方婚姻关系的正式缔结。之后，男方派媒人到女家问明结婚日期，称为请期。亲迎即迎娶。

话说中国

前**479**年

〇七四

伍子胥逃难

一封诱捕信

楚平王欲捉拿太子建，太子太师伍奢也就成了应被铲除的对象，很快伍奢被打入大牢。费无忌觉得这样还不放心，就对楚平王说："伍奢还有两个儿子，现在城父，听说都很能干，如不除掉，后患无穷，不如以伍奢为人质，将他们召来！"楚平王言听计从，从牢中提出伍奢，让左右给他笔简，对他说："你教唆太子谋反，该当死罪，念你先祖有功于楚国，不忍加诛。现寡人想召见你的两个儿子，你即写信叫他们回来，他们来了当可免你一死！"伍奢看了一眼平王，平静地回答说："要我写

楚太子太师伍奢遭奸臣陷害被投入狱中，接着，他的两个儿子又面临诱捕。长子伍尚虽知是计，囿于礼训，决心去郢都陪父亲一同赴难；次子伍子胥不甘束手待毙，突围逃亡。

信可以，大儿子伍尚或许会来，小儿子子胥则肯定不会来。"楚平王问："为什么？"伍奢答道："伍尚为人慈温仁信，见我相召，必定冒死前来。子胥为人机智多谋，从小研习文治武略，志存天下，知道来后必死，怎会来呢？"虽然如此，

伍员杀府

这幅《伍员杀府》的杨柳青年画描写的是小说《东周列国志》的一段故事：春秋时，楚平王囚禁了伍奢，又写信欲将其二子伍尚和伍员（即伍子胥）骗至京城，想斩草除根。伍员因疑心有诈，未去，只伍尚一人进京，结果父子同遭毒手。平王又派军队捉拿伍员。伍员只得出逃吴国，并立志报仇。画中"武员"即伍员。

春秋

在费无忌怂恿怂愿下，楚平王还是令伍奢写了书信。

楚平王派使者带着伍奢的信，驾着四匹马拉的华丽的车来到城父，对伍尚说："令尊因挂念两位，特令在下捎来书信一封，请拆阅。"伍尚接了书信，看完后到后院找伍子胥，说："大王有使者来，免父亲一死，父亲有信叫我俩回去一次。"说罢递上伍奢的信。

兄弟间的争议

伍子胥将信仔仔细细地看了一遍，摇头对伍尚说："现在太子尚逃亡在外，楚王要我们去一趟，依我看是个圈套！"伍尚看着子胥，迟疑地说："可父亲来信如何解释呢？"子胥说："父亲忠于楚王，唯恐我俩犯下不忠罪名，所以手书相召，以绝后患。"伍尚皱起眉头，叹了口气说："父亲既有信，我等不去必加重父亲罪名。"子胥见哥哥仍未识破平王的

春秋时期的符节
符节是古代使臣出使他国时所持用来作为凭证的一种用具。之所以称之为"节"，是提醒使臣在异国他乡随时随地都要保持气节，不辱国威。图为春秋时许国使者手持符节的情景。

计谋，焦急地说："楚平王想杀父亲，又不放心我俩，如我俩前去，只能加速父亲死亡；不去，他们或许还不敢动手！"伍尚听了，急得流下了眼泪，哽咽着对子胥说："父亲如今被关在大牢之中，我怎能安心？即使此去刀山火海，也义无反顾啊！"子胥见劝不回伍尚，不禁仰天长叹一声，说："君子尚义，是兄长本色，但此去同父亲一起冤死，有何好处呢？兄长如一意要去，弟当就此诀别了！"伍尚想了一想，毅然说："听说父亲能免死而不去，是为不孝；父亲被人冤杀而不能报仇，是为无能。我若此去不死，是老天保佑；如同父亲一样被害，也是尽我孝心，贤弟来日就为我们报仇吧！"子胥知道已无可挽回，就向伍尚拜了四拜，拜罢，操起弓箭奔出门外，见到楚平王的使者，大声怒喝："父亲有罪，还要召他的儿子，用心何在？"拿起弓箭就要射，被伍尚急忙劝住。

历尽艰辛，到达吴都

伍尚随使者回到郢都，立即被关入牢中，数天后，

历史文化百科

〔2500年前的南国乐园：楚国章华宫遗址〕

1989年，湖北考古人员在潜江发现春秋时期楚灵王所建章华宫遗址。这是一座就章华台依势而建的多层宫殿基址。从清理出的两层台基看，第一层为黄色夯土筑成，夯层9-10厘米。第二层台基的房屋建筑系平地起建。在两层台基之间为红砖砌成的宫墙，残高1-1.1米，厚0.5-0.7米。墙内有大型柱洞，每隔5米有一方形柱洞，直径1.45米。其他还分布有圆形、长方形柱洞等。遗址内出土有瓦当、吊线楔形砖、铜门环及陶豆、盂的残片和大量碎瓦。瓦有筒瓦和板瓦两种，泥质灰色，手制，纹饰有绳纹、菱形方格纹、篮纹等。据史书记载，章华台行宫是当时楚灵王打猎、宴饮和练兵习武的场所。

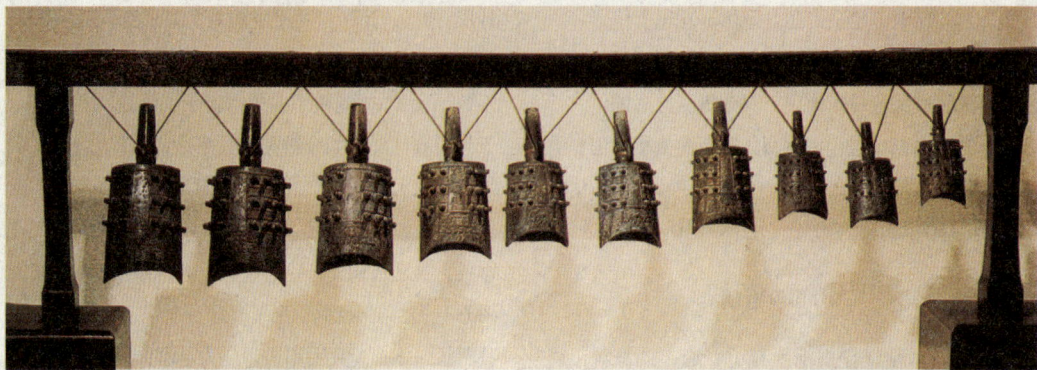

春秋

铸钟的故事与祈愿

郘钟每钟的铭文相同，皆分铸于正鼓部之两侧，全篇八十六字，叙述铸钟者郘黛，作为翼公的孙子，郘伯的儿子，尽力侍奉国君，狩猎也很勇武，用优良的铜做了八肆编钟和四堵编磬，并且配以鼙鼓，用这套乐器来祭祀祖先，以祈求得到长寿，并要子孙后代永远将此套乐器作为宝器传下去。

父子俩一起被杀。伍奢临死前，仰望苍天说："子胥逃走了，楚国的灾祸在后头呢！"费无忌奏过楚平王，派甲士四处追捕伍子胥。伍子胥奔突流窜，他先往东北逃至宋国，因为太子建在那里。正好遇上宋有华氏之乱，伍子胥乃与太子建一起向西奔往郑国。在郑国，太子建因有间谍之嫌而被诛杀，伍子胥又与建子胜一起往东南投奔吴国。到楚吴交界的昭关，遇到楚人的追逐。伍子胥得到江上一渔父的帮助，让其渡江而得脱。未至吴都，伍子胥疾病缠身，一路乞讨为生。经过千辛万苦，长途跋涉，伍子胥终于到达吴都，得见吴王。那时已是公元前522年。

伍子胥逃难

楚平王听信费无忌谗言，一面遣人追杀太子建，一面强逼关在监狱里的伍奢写信召回在外的两个儿子伍尚和伍子胥，企图一网打尽，伍尚明知此去凶多吉少，要弟弟伍子胥逃往吴国避难，将来为父报仇。伍奢和儿子伍尚做了楚平王的刀下鬼，伍子胥乔装改扮，混出了吴楚交界处昭关，在老渔父帮助下渡过长江，来到吴国。此图出自清末民初马骀的《马骀画宝》。

剑赠渔父
乙丑伏日邗江沈鱼父画

前490年 公元前490年

世界大事记

马拉松战役，以雅典为首的希腊军队击败了强大的波斯军队。

《史记·吴太伯世家》
《左传·襄公十四年》
《吴越春秋卷二》

心许不以死背
正直 谦虚
季札

〇七五

人物 典故 关键词 故事来源

他坚辞不就。于是寿梦死后，诸樊只能以嫡长子身份主持国政，但他牢记父亲遗言，尽量为季札继位创造条件。一年丧服期满，诸樊就援引古代"禅让"习俗，让位于季札。季札坚辞不就，但吴国朝野都表示拥戴，季札见状，毅然离家出走，在山野另辟草屋，耕地而食。诸樊不得已，只得收回成命，另发一道命令，将延陵，即今江苏常州一带封给季札，从此，人称"延陵季子"。

向往中原礼乐

十三年后，诸樊病死，临死前对馀祭、夷昧说，

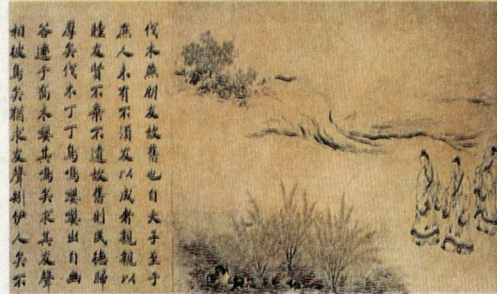

吴王寿梦的小儿子季札，为人厚道，品德高尚，后世流传着他的许多故事。

贤良不就王位

公元前561年，吴王寿梦病重，临终前将诸樊、馀祭、夷昧、季札四个儿子叫到跟前，对他们说："我们吴国自太伯、虞仲创业，历经艰辛，现虽祖业有成，但民生艰难，非贤能不足以光大基业。你们四人虽同为良材，但季札更为翘楚，我想传位于季札，你们以为怎样？"年龄最小的季札听后推辞说："王位继承，礼制有明确规定，废弃礼制必有隐患，不利于吴国的长治久安。"

延陵季子

虽得父兄遗训，吴季札却屡次谢辞继承王位，致力于优秀文化的传承与国民道德的建设，成为中国古代的文化名人

鹿鸣之什图

南宋宫廷画家马和之的《鹿鸣之什图》，是为了配合宋高宗赵构书写《诗经》而画的代表作品，取材于以《鹿鸣》为首的《诗经·小雅》中的前十篇。《鹿鸣之什图》是以简劲飘逸的"马蝗描"勾取轮廓，赋彩淡雅，清雅圆融，受到后代画家的高度评价。

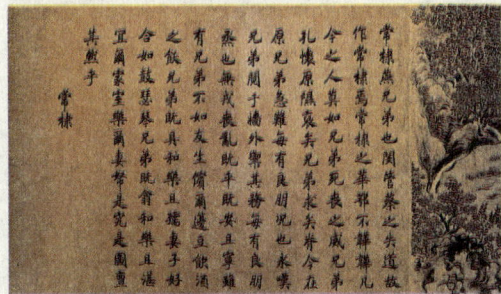

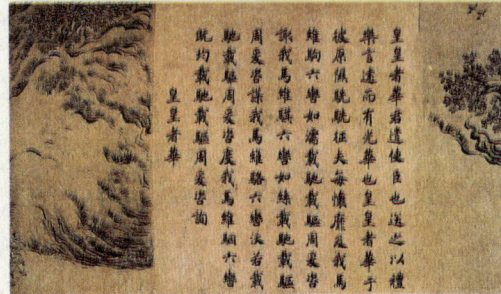

话说中国

> 季札。他在鲁国观看周代乐舞，感叹《大韶》"观止矣"。 201

你们必须以兄终弟及的方式将王位传给季札，实现父亲的遗愿。公元前544年即馀祭继位的第四年，季札负笈北上，到华夏礼乐保存最完善的鲁国去"观礼"。鲁国的礼乐使季札如痴如醉，他在中原流连忘返，先后访问了齐、郑、卫、晋、徐等国。经过徐国时，徐国君极为欣赏季札的佩剑，又不便开口。季札看出他

延陵季子

季札是吴王寿梦的第四个儿子，十分贤良，寿梦欲其为嗣，但季札坚决辞让，于是立长子诸樊。寿梦死，诸樊欲让位于季札，季札不受。"吴人因立季札，季札弃其室而耕，乃舍之。"后来季札封于延陵，故号延陵季子。季札老死，葬于延陵，孔子亲题其碑云："有吴延陵季子之墓。"彩绘季札挂剑图漆盘绘季札挂剑徐君冢的故事，清人马骀亦有季札挂剑图。此图出自清末民初马骀的《马骀画宝》。

吴国贤人季札

吴王寿梦第四个儿子，多才多艺，仁德谦让。屡次为回避君位而出走，在历史上传为佳话。此图出自明嘉靖年间王圻父子合编的《三才图会》。

历史文化百科

〔江南先民寻祖：吴、越源流考〕

古吴族是江南土著民族，肤色浅黑，有断发文身、黑齿雕题、裸身而饰、喜食水产蛇肉等习俗。古吴族祖先为九黎族，九黎族首领即是蚩尤。

越人是先于楚人居于江汉流域的古居民，西周末年渐渐被南下的楚人统治与融合。越国从无余立国至勾践为王，前后已达1500年，与中原夏朝大致相当。进入农业社会后，越族先民以稻粟黍麦豆等为食，烧煮干饭、稀粥及磨粉做饼。蔬菜有竹笋、葫芦、花生、芝麻等，衣料有葛、麻、丝、棉及动物毛皮，颜色有白、赤、黑、青灰、棕、土黄等。上衣偏小，两袖短，下身不穿套裤。居住房屋分干栏式、半地穴式和地面建筑三种。文身纹样主要为云雷纹及几何纹等。

春秋

的意思，但因下程还要访问晋国，使臣不带佩剑是失礼的行为，所以不能把剑送给徐君。等季札访晋归来再过徐国时，不料徐国君已经病故。季札十分伤心，祭奠一番后，便将宝剑系在坟头的树上然后离去。随从不解地问："徐君已死，这剑挂在坟头他已得不到，还有什么意思？"季札对他说："心许不以死背。"这话的意思就是：当初徐君有意时，我心里已愿意赠送给他，现在人虽然死了，但我不能背弃对他的承诺。

坚守清白，不同流俗

季札的中原之行，使他对周代礼仪及中国传统古文化的了解大大深入一步，特别当他同齐国晏婴、郑国子产、晋国赵文子、韩宣子、魏献子及其他国家执政大臣们交谈后，对列国政治的黑暗也加深了了解，因而对不道德的政治产生了厌恶情绪。回到吴国后，他就把全副精力投入到学问的研究和个人完美人格的陶冶上去。

耻于争权夺利

徐祭四年，被越俘刺死，王位依次传给夷昧。夷昧即位十七年后去世，临终前想将王位传给季札，季札坚辞不就，说："我的愿望是实行贤人的为人之道：'洁身清行，仰高履尚，唯仁是处'，富贵于我不过如过眼秋风。"说完，怕夷昧纠缠，索性离宫逃回延陵去了。群臣无法，只得立夷昧的儿子州于为新吴王，即吴王僚。吴王僚在位十二年，被诸樊的儿子公子光刺死，光继位自称吴王阖闾。季札耻于争权夺利的血腥杀戮，但也无可奈何。公元前515年，他到吴都承认公子光的政权，又到僚墓哭了一番。从此再不来吴都，死后葬于延陵。

青绿色的春秋青瓷簋

扁圆腹的原始青瓷簋。器表布满规整的小方格纹，造型朴质，制作却十分精良。青瓷簋体现了一种古朴而又繁复的美。

○七六

子产改革的坚强意志

郑国有位改革家公孙侨，字子产，他虽然出身于上层贵族，是郑穆公的孙子，他的家族是赫赫有名的"七穆"，即郑穆公子孙七族中的"国氏"，但他对贵族的贪得无厌、专制腐败表示不满，决心在经济、政治方面作些改革。

公元前543年，子产执政后的第一件事就是整顿田地、房屋，使都邑、郊野都循章法，上下等级按规定执行，田地有界限，水沟、房屋也进行统一安排。对卿大夫中的忠俭者亲近或表扬，奢侈腐化者则进行惩罚。改革三年之后，民众编了歌谣来颂扬："我有子弟，子产教诲他们；我有田地，子产增益它们；子产如果死了，谁来继承！"

过了两年，子产进行第二项改革是"作丘赋"，按照这项改革的规定，原来享有特权的贵族也要交纳军赋了，这当然会遭到一些权贵的反对。但子产坚定地说："如果对国家有利，我死活都要实行它。而且我听说做好事的，要不改变法制才能成功。民不可放纵，法不可更改。

郑铸刑书

刑法本来掌握在特权贵族手中，社会上有些勇敢的改革者把刑法铸在鼎上，公之于众，这需要多么大的魄力！

我是不会变迁的。"一席话，表达了子产坚持改革的决心。

铸刑书掀起轩然大波

由于民众对特权贵族的不满，社会局势的动荡，子产于公元前536年进行又一项重大改革，把国家的刑法铸在鼎上公布于众，要社会上下都照此执行。原来的刑法掌握在贵族手里，他们擅自解释和宣判，横行霸道，为所欲为。现在刑法公布出来，大家都可以根据它来论理，贵族的特权必然受到限制，因此在上层统治集团引起一片哗然。

晋国的大臣叔向特地写了一封书信给子产，对他严厉呵斥。书信说："起初我对你寄予很大希望，现在已经没有了。你当郑国的相，主持朝政，所作所为，引来许多人的责难。制定刑法铸于鼎，想要安定民众，不是很难吗？民知刑法，将弃礼而征引刑书进行争讼，局面将更加混乱。你这样做的结果，郑国将要败亡了！"子产对叔向的书信不以为然，立即写了复信。信中说："侨不才，不能看得很远，我的做法是为了挽救这个世道。我不能接受你的意见，敢忘你的大惠！"信中的"侨"是子产的名。两封书信代表着社会上两种立场和观点的激烈争论。

不毁乡校的公孙侨

公孙侨（约前580—前522），春秋时郑国人，字子产，郑简公时担任卿，相当于最高的行政长官。当时的人们喜欢在乡校（地方学校）里谈论时政，于是有人向子产建议废除乡校，但遭到子产的拒绝，他说："百姓们议论政治好坏，好的我就执行，不好的我就改正，为什么要毁掉乡校呢？"此图出自清末《历代名臣像解》。

春秋

公元前488—前480年

前488年
前480年

世界大事记　斯巴达国王列奥尼达在位。

《左传·昭公二十九年》
《左传·昭公六年》

子产　叔向　孔子

法制革新

人物　关键词　故事来源

对贵族特权的又一次冲击

二十三年后，到公元前513年，晋国的大臣赵鞅、中行寅又在汝水之滨征集大量的铁铸造刑鼎，把执政者范宣子所定的刑书公布出来，要大家遵守。晋国公布刑法，对贵族特权者来说，显然又会受到限制和打击，因而在社会上再次出现强烈的震动，引来众多的议论。

在这次社会争论中，孔子对铸刑鼎一事的看法特别引人瞩目。他说："晋国快要灭亡了啊！因为它失去了法度。卿、大夫以次序相守，民就能尊敬其贵者，贵者也就能守住其业。贵贱等级不乱，这就是法度。今天抛弃这个法度而铸刑鼎，民只知按刑鼎执法，何以尊贵？贵贱无序，怎么治理国家？"这里，孔子站在保守的立场，主张维护贵贱的等级和贵族的特权，贵者恒贵，贱者恒贱，显然是不恰当的。还有晋国的太史蔡墨也出来发表议论说："范氏、中行氏快要灭亡了啊！中行寅是下卿，而干涉上面的法令，擅自制作刑器以为国法，这是法奸。再加范氏，改变祖宗之法，也要灭亡的。至于赵氏，倘若有德，才可幸免。"蔡墨因为反对铸刑鼎，而对主持者进行咒骂。

显示春秋时期礼仪的青铜器铭文

洹子孟姜铜壶，春秋后期容酒器，圆体，长颈，圈足，颈部两侧有兽环耳，颈与腹饰波曲纹。壶之铭文大意是：齐庄公之女，洹子妻孟姜丧亲属，齐庄公命令太子乘车裹告于礼官，以听命于天子。天子说："居丧期间，齐庄公可穿丧服，我不命之以王事。"铭文记述臣子得宠现象，也显示了当时的礼仪。

本来，公布刑法是限制贵族特权、提高民众积极性的措施，但有一些抱着偏见的人极力出来阻挠、攻击，社会总是在冲破保守势力的斗争中逐渐进步。

〉杨善群

〉历史文化百科

〔东周铸铜陶范〕

1993年，山西省考古专家在侯马牛村古城墙南三百余米处，发现了晋国晚期的一个铸铜工地遗址，在六百余平方米的范围内发掘出了数以千计的铸铜陶范，能辨认出器形和花纹的范块约为六七百件。器形以工具与车马器范为主，当卢范是第一次发现。范的纹饰有多种，最多的是蟠螭、陶索、斜角云纹等几十种，其中最典型的为兽形花纹范，在第79号灰坑出土的当卢、鼎足范造型生动，刻纹华美，具有相当高的科学、艺术价值。

遗址内还发现了一个直径约0.7米、残高约0.15米的烘范窑。

话说中国

○七七

兵圣孙武的家学渊源

春秋后期出现过两位最了不起的人物，就是孔子和孙子，后世都把他们称为"圣人"：前者为"文圣"，后者为"武圣"或"兵圣"。孙子名武，他撰写的《孙子兵法》，以其丰富的哲理和绝妙的战略战术，在中国被誉为"百代论兵之祖"，二千多年来无数的军事家都从它那里获得滋养；在世界上已翻译成几十种文字，被誉为"天下第一兵书"。《孙子兵法》为什么能取得如此巨大的成就，一个重要的原因是，作者孙武出生在一个将军世家的家庭，有着深厚的家学渊源。

曾祖父征伐的外交术

孙武的祖上本姓陈，是陈国君主的后代。陈公子完因避乱而逃奔齐国，齐桓公给以厚遇。陈公子完的第四代孙陈无宇，就是孙武的曾祖父。陈氏由于在齐国积极活动，有一套精明的策略，到陈无宇时官至"上大夫"，其地位已经不低。他善于

**《孙子兵法》汉简：
最早的《孙子兵法》版本**
《孙子兵法》十三篇是我国最早也是最著名的兵书，为春秋末齐国人、著名的军事家孙武所著。图中为 1972 年在山东银雀山汉墓出土的汉代竹简本，是目前《孙子兵法》的最早版本。

将军世家的风采

一代兵圣孙武，何以能写出《孙子兵法》如此精彩绝伦的篇章，这与他的出身有关，请看将军世家的风采。

带兵作战，曾参与齐国攻入莱国的战斗；又曾率齐军为争夺郑国与晋对阵，在不利情况下向楚求援，终于转危为安。战争结束，楚主帅还率师送陈无宇。

特别是在齐国复杂的各氏势力斗争中，陈氏有谋略，善权变。原来陈氏因庆氏势力大而联庆氏，后知庆氏在卿大夫中陷于孤立，众人欲攻庆氏，便连忙改变态度，与栾、高、鲍氏联合。陈无宇原跟从庆封在田猎，忽谎称"母疾病"而逃归。陈氏并使其养马人表演滑稽以麻痹庆氏的兵士，终于击败庆氏，杀死庆氏之党多人。陈无宇不仅免于灾难，并在联强攻弱中不断发展。

公元前 532 年，陈无宇又亲自率领本宗族私属军队，联合鲍氏而进攻准备不足的栾氏、高氏。五月庚辰那天，双方战于齐都临淄的稷门外，栾、高氏兵败而逃。陈、鲍氏的军队继续追击，又在临淄城外的庄地大败栾、高氏。栾、高氏在走投无路的情况下，只得出奔鲁国。栾、高二族灭亡了，陈、鲍二氏把他们的田地、房屋、财产全部分割殆尽。

令人奇怪的是，陈无宇在得到那么多田地、财产后，听从晏婴的劝告，把它们上缴给齐景公；又对许多穷困的公子进行周济，

公元前486年

前486年

世界大事记

罗马执政官卡西乌斯起草土地法案，建议将征服土地之半及部分国有土地分给平民，后被指控建立僭主政治而被处死。

陈无宇　孙书　孙武

善思　谋略

《左传·昭公十九年》

人物　关键词　故事来源

话说中国

给予他们土地和粮食。看到陈无宇如此慷慨，敬重自己，齐景公为其精神所感动，在母亲的劝导下，赏给陈无宇高唐一个大邑，即今山东高唐县。陈无宇因此不但得到众公子的拥护，其地盘和实力也进一步壮大。

祖父精明机智的战争技巧

陈无宇的次子

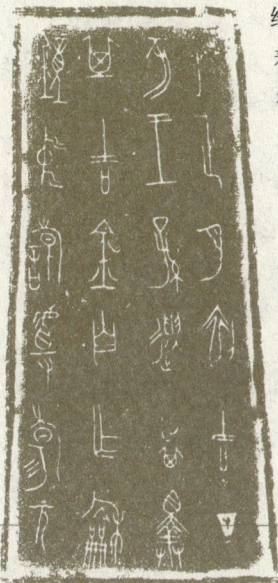

王孙遗者钟铭文

据《商周彝器通考》一书所载，此钟出土于湖北宜都，长一尺五分，甬长六寸六分，凹口有甬把、有干与旋，两侧各有18个钟枚。钟体均饰蟠螭纹，钲部与鼓部铸铭文19行116字。铭文中的"遗者"即《礼记·檀弓》中的徐国"容居"。铭文书体笔画细长，柔美大方，清新秀丽，别具一格，应当是当时的书法高手所为。此铭文对研究徐国历史和春秋书法艺术都有重要史料价值。

>历史文化百科<

〔先秦建筑装饰材料：瓦当、瓦窦〕

瓦当、瓦窦是我国古代的两种建筑材料，至迟在西周晚期已有出现，春秋战国时流行全国。瓦当即筒瓦下端附带的圆形或半圆形部分，因而也分圆瓦当、半瓦当两种，它们覆盖于屋檐椽端之上，既可以遮住风雨保护椽木，又可以起建筑装饰的作用。瓦当除素面外，多有纹饰或文字，并以地方风土人情的不同而互有特征，如洛阳的云纹、临淄的树木双兽纹、树木卷云纹、邯郸的三鹿纹、变形云纹、燕都的饕餮、双龙、双鸟、山云纹等。

瓦窦是装置在地道中的陶制管道，由上下两片合成，用以通烟或排水。在现今发掘的春秋战国城市遗址中多有发现。

陈书是孙武的祖父，又是一位精明机智的将军。公元前523年，齐将高发率师攻伐莒国，莒共公败逃至纪鄣城，在今江苏赣榆县北。接着，齐国又派将军陈书进行追击。纪鄣城守备坚固，不可轻易攻入，陈书乃令部队在夜间悄悄爬绳而登城。在登上六十人后，绳子因经不住长久摩擦负重而断裂。这时，陈书命令在城外的部队击鼓喧嚣，城上的六十人也跟着大喊大叫。莒共公恐慌万分，以为齐军已攻入城内，即启西门而逃。七月丙子日，齐军轻松进入纪鄣城。

由于这次伐莒的胜利，齐景公又赏给陈书一个采邑，在今山东惠民县一带，并赐姓孙氏。从此，陈书改叫孙书，他的子孙也都改姓孙，乔迁到新的采邑居住。孙武的父亲孙凭，也是齐国"卿"一级的将领，他的才能也非同一般。

耳濡目染，青年英才

孙武生长在这样一个将军世家，从小耳濡目染一些战争的事，或者直接聆听过祖父关于战略战术的分析。他的长辈给他取名为"武"，字"长卿"，显然是期望他在军事上建立一番功业。孙武不负苦心，在二十多岁的青年时代就写出了《孙子兵法》这样杰出的著作，在中国和世界流芳万世。　》杨善群

〇七八

鲁季氏发迹

鲁国的季氏家族长期执掌国家政权,它的势力迅速发展壮大。看看季氏的发迹史,会给我们许多启示。

在鲁国的"三桓",即鲁桓公子孙的三族中,以季氏的势力为最大。季氏家族的创始者季友是鲁桓公最小的儿子,何以它的势力能迅速壮大,成为鲁国政权的主要执掌者?请看鲁季氏的发迹史。

出生时的宣传效应

季氏很懂得舆论宣传的作用,因此他们编造了一个季友出生时的故事。据说当季友的母亲文姜怀孕临产时,他的父亲鲁桓公使人占卜。卜人报告说:"是个男的,其名叫'友'。他将来要在周社和亳社两社之间,担任公室的重要辅佐。季氏如果衰亡了,则鲁国亦将败落不昌。"所谓"周社"是周人祭土地神的场所,"亳社"是殷人祭土地神的场所,两社之间乃朝廷执政大臣行使职权之处。听了卜人的报告,鲁桓公自然十分高兴。

待到季友出生,果然他的掌心有纹像个"友"字,遂取名为"友",号为成季。季氏所编的这个故事及其所取的名号,为他日后的发展成就功业增添了助力。

立僖公有大功创下基业

公元前694年,鲁桓公与夫人赴齐会盟,因桓公夫人与齐襄公通奸,桓公怒而被人击杀。鲁人乃立太子同为国君,即鲁庄公。庄公娶齐女为夫人,叫哀姜,无子。哀姜之妹叫叔姜,与庄公生子名启。后庄公又喜欢上了党氏的长女,许立为夫人而生子名般,

又作"斑"。公元前662年,庄公病,问其二弟叔牙:"谁可立为国君?"叔牙欲立其兄庆父。庄公又问其小弟季友,季友知道庄公欲立其爱子般,就说:"请誓死立般为君。"并使人劫持叔牙,令其饮鸩毒而死。庄公去世,季友拥立般为鲁君。庄公的长弟庆父竟使养马人将般击杀,而另立庄公子启,即鲁湣公,又作"闵公"。季友只得出奔至其母所在的陈国。

湣公二年,即公元前660年,庆父又使人袭杀湣公而欲自立为君。这个行动激起了鲁国人的公愤,庆父因恐惧而逃奔至莒国。季友听到这个消息,在陈国的帮助下护送庄公的另一个儿子、湣公之弟申进入鲁国而拥立为君,即鲁僖公;又以贿赂到莒国搜求庆父,令其自杀。僖公元年,季友因有拥立国君的大功而受赏赐,得到汶水北面的大片土地以及费邑即今山东费县作为封地;同时被任命为鲁国的相,执掌政权。从此,季氏有权势,有封邑,在鲁国创下牢固的基业。

以忠廉而相三君

除了会编故事、造舆论,抓住时机为公室立大功外,季氏还善于揭露别族的罪恶,提高自己的威望。原来鲁文公有二妃:长妃生子恶及视,次妃生子俀。当鲁文公去世后,襄仲因与俀有私交,乃杀恶及视而立俀,即宣公。公元前591年宣公去世,季孙行父即季文子在朝廷上公开责骂:"使鲁国杀嫡长、立庶小而失去在天下威信的,是襄仲啊!"这样,使襄仲之

春秋

子公孙归父无法在鲁立足，只得出奔齐国。

季氏还以忠于公室和廉洁无私闻名于时。公元前568年季文子去世，检查其家庭财产：没有穿丝绸的小妾，没有吃谷子的马匹，没有金器、玉器等贵重物品，时人称颂："做了三个国君的相而家无私积，真可谓忠廉啊！"

逐昭公自掌政权

由于贫民多投靠季氏，季氏的势力不断壮大，与公室的矛盾也愈趋尖锐。公元前517年，鲁昭公与郈氏、臧氏联合攻伐季氏，引起"三桓"的其他两家叔孙氏与孟孙氏的联合反攻。昭公终于不敌而逃奔齐国。自此，鲁国的政权主要由季氏执掌，昭公只得在齐、晋之间流浪。至公元前510年，昭公死于晋国的乾侯，其地在今河北成安县东南。时人评论说："鲁君世代安逸享受，季氏世代修其勤勉，人民早就忘记他们的国君了。政在季氏已经历四公，人民服从于他，是理所当然的啊！"由此可见，季氏的强大而执掌国政，是这一家族不断努力的结果。　〉杨善群

楚国盛行黄金铸币

楚国因境内盛产黄金而成为春秋战国时期唯一盛行黄金铸币的国家，现存最早的金币就是楚国的"郢爰"，"郢"是先秦时期楚国都，"爰"则是重量单位或楚国金币的专有名称。币呈板形，币面铸有供分割成小块的印痕，使用时凿下即可。

> 历史文化百科 <

〔是否能标志生产关系的变革 鲁国"初税亩"性质争议〕

鲁宣公十五年（前594年），鲁国宣布实行赋税制度改革，废止原本以井田制为基础的劳役地租，实行以劳动者实际耕作的田亩多少予以征税的新制度，史称"初税亩"。对于这一制度，史学界主流认为它具有划时代的意义，标志着封建地主制度的正式建立。然而部分学者提出不同意见：一种意见认为"初税亩"是"籍"（劳役地租）之外，又加上了"税"（实物地租），是双重剥削，农民负担更加重了，并不是初有地主的现象。另一种意见认为，"初税亩"只是一种征课方式，并不体现生产关系的变革。还有一种观点认为，"初税亩"只是记述了剥削方式与数量的变化，并无所有制变更迹象，剥削的性质、生产关系的类型并没有发生变化。

坐怀不乱的柳下惠

柳下惠姓展名获，字禽，春秋时鲁国人。因为他的食邑在柳下（鲁国地名），死后谥惠，故后人称他为"柳下惠"。柳下惠是一位出了名的正直君子，有一次他因为担心一位女子受冷，便用自己的衣服把女子裹在怀里，然而没有人怀疑他有淫乱行为。这便是成语"坐怀不乱"的出处。此图出自清末《历代名臣像解》。

中国大事记 晋国智氏胁迫韩氏、魏氏合攻赵氏，赵氏经坚决抵抗后成功策反了韩、魏两家联手反攻，灭了智氏，三分其地，赵、韩、魏三家分晋格局初步形成。

〇七九

鱼腹藏剑

春秋末期，在吴国发生了一场宫廷政变，公子光利用刺客专诸，在邀请的宴会上刺杀了吴王僚。这是一场惊心动魄的斗争，公子光因礼贤下士、善于计谋而取得了胜利。

吴公子光为了从僚手中夺回王位，收买了刺客专诸。专诸以厨师身份靠近吴王僚，僚虽护卫环侍，却想不到利刃藏在上桌的鱼腹内。

公子光心怀不满

公元前 527 年春，吴王夷昧去世，儿子僚继位，引起诸樊的儿子公子光不满，他以为，按祖父遗训，夷昧死后应传位给季札，季札不受，依嫡长继承的宗法原则，王位仍应回到长子诸樊这一支，僚是第三房的儿子，怎能轮得上呢？因此日思夜想要夺回王位。

吴王嫁女的陪嫁——吴王光鉴

吴王光即吴王阖闾，安徽寿县出土的吴王光鉴，是盛水或盛酒器，铜鉴内壁有铭文 52 字，说明此器是吴王嫁女到蔡的陪嫁。铜器外体有细密的装饰，但整体仍较为简洁。

伍子胥出谋划策

过了五年，到公元前 522 年，被楚国追捕的伍子胥辗转逃到吴国，吴王僚在宫中召见伍子胥。他见伍子胥两眼目光如电，谈吐雄豪，心下颇为欣赏，但伍子胥在谈及家仇时那副咬牙切齿的模样，又使他犹豫起来，生怕会给吴国带来麻烦。公子光在一旁见状乘机说："伍子胥来吴不过是想借机报私仇而已，不见得对吴国有利。"此话正中吴王僚心意，于是就把伍子胥晾在了一边。公子光私下以厚礼结交伍子胥，伍子胥看出了公子光的用心，便设法予以帮助。

要帮助公子光夺取王位岂是容易的事，吴王僚父子连续为王二三十年，尽多心腹大臣，公子光在朝中却影单势孤，公开较量的路显然走不通，唯一可行的方法就是暗杀。于是，公子光密令伍子胥去民间物色

春秋

伍子胥　吴王阖闾　专诸

鱼腹藏剑

识才　谋略　勇敢

《左传·昭公二十七年》
《史记·吴太伯世家》
《吴越春秋》卷三

人物　典故　关键词　故事来源

杀手人选。

寻访勇士专诸

　　伍子胥离开吴国都城，以隐居为名来到堂邑，即今江苏六合县北，寻访一位名叫专诸的勇士。当年伍子胥逃亡路过堂邑时曾见过这个专诸。那时专诸正要同一大汉打架，伍子胥见他眉骨突出，眼眶深凹，虎背熊腰，声若巨雷，二人正要动手时，忽有一个妇人走来叫道："专诸，不可打架！"刚才还气势逼人的专诸一听这叫声，立即乖乖地转身离去。后来得知这妇人是专诸的母亲，原来专诸不仅是勇士，还是孝子。伍子胥就此留下深刻的印象。这次伍子胥找到专诸，刻意和他交往，过了一段时间，又把公子光介绍给了他。

学做烤鱼听差遣

　　公子光时常带上礼物、玉帛到家徒四壁的专诸家拜访，对专诸的母亲也异常尊敬。由于公子光的不断周济，常常是有了上顿无下顿的母子俩生活终于不愁温饱。如此过了数年，专诸的母亲年老去世。专诸葬毕母亲，对公子光说："主公，这些年来，专诸受主公大恩，当时因有母亲在堂，不便相问，现在家母已死，专诸人子之责已尽，敢问主公有何吩咐？"公子光见专诸诚意相问，不再隐瞒，就把自己的计划一五一十向专诸说了一遍。专诸沉思许久，说："举事当求万全，走兽入套，鱼儿上钩，皆因有其所好相诱。不知吴王僚有什么癖好？"公子光答："喜食美味佳肴。"专诸问："最喜哪种美味？"公子光答："烤鱼。"专诸说："好，我先学做烤鱼，学成之后再来听主公

吴王阖闾葬于虎丘

虎阜即虎丘，在江苏苏州市西北。据史籍记载，春秋时期，吴王夫差葬其父阖闾于此，葬经三日，有白虎踞其上，故名"虎丘山"，有"吴中第一名胜"之美誉。山上的虎丘塔乃苏州的象征。此为明·仇英绘《虎阜春晴图》。

差遣。"专诸来到太湖边上，专心致志学了三个月，技艺学成，凡品尝过他所烤之鱼的人个个赞不绝口。

吴王僚亲自赴宴

专诸以厨师身份在公子光府上住下，等待时机。公元前515年，吴王僚发兵攻楚。国内空虚，正是发难的好机会。公子光取出祖传的"鱼肠"宝剑交给专诸，商定以设宴款待吴王僚为名，由专诸乘机下手。

次日，吴王僚驾临公子光府赴宴。临行前入宫向母亲告辞，其母关照说："公子光一直心气不平，王儿此去要多加小心才是。"吴王僚让手下取来唐猊甲三副，全都穿在身上，又令所有卫士全部随驾前去，甲兵从宫门一直排到公子光府。公子光依君臣礼拜见

鱼腹藏剑

吴国公子光野心勃勃，公元前515年四月，吴王僚乘着楚昭王刚上台的机会，派兵伐楚。公子光认为这是个机会，就派职业刺客专诸刺杀吴王僚。公子光邀请吴王僚赴宴，伏兵藏在地下室。吴王僚的亲兵布置森严，送餐者要在门外更衣，并跪行到桌前上餐，还有两名卫士左右相随。专诸的手段更为高明，他给吴王僚上菜，匕首就藏在煮好的鱼腹中，专诸刺死吴王僚，公子光夺取了政权，成为吴王阖闾。汉画像石"专诸刺王僚"表现的就是这一历史故事。

后，请吴王僚上堂入席，自己陪坐旁侧。宴桌两旁，上百名王宫力士，身佩利刃，不离吴王僚左右。凡上堂献馔者，都先在堂下由甲士搜身，然后膝行而上。吴王僚以为警卫已万无一失。

一击成功，阖闾即位

菜肴一道道有条不紊地上来，看看火候已到，公子光借口离席，来到地窖之中。不一会，专诸捧着烤鱼上来，甲士照常搜身，他们不知道鱼肠剑已被专诸藏在烤鱼腹中。专诸低首膝行而前，诱人的烤鱼香味四溢，吴王僚正喜不自禁，不料专诸突然从鱼腹中抽出宝剑，向吴王僚心窝处扎去，利剑直透三层坚甲，贯穿背脊而出。吴王僚大叫一声，死于堂上，旁边的侍卫力士一拥而上，刀戟齐下，专诸顿时被砍成一堆血泥。

公子光听得大堂上一片声响，知道专诸已经得手，一声令下，伏兵尽出。宫中卫士见吴王僚已死，人心涣散，不一会死伤过半，余者四处逃生。公子光率甲士抢入宫中，召集文武大臣，宣布吴王僚弃约即位的不是，然后自登王位，号吴王阖闾，任用伍子胥辅政，并封专诸之子为卿。

春秋

前484年
前425年

古希腊历史学家希罗多德在世。

话说中国

神兽

〇八〇

干将铸剑

吴王阖闾命干将、莫邪铸剑。干将"采五山之铁精、六合之金英"，用三百童男童女鼓风，可熔炼了整整三月就是不化，关键时刻，莫邪奋身跳入炉内，一片火海中，绝世宝剑灿然显现。

位于今江苏南部、浙江北部的吴国、越国，在春秋时期一向以铸造高质量的剑闻于世。随着铸剑的增多和质量的提高，有关铸剑名师的故事也在民间流传，干将和莫邪就是其中最有名的两位。

铸剑名师，受命出山

酷爱宝剑的吴王阖闾，为防身和提高武艺，派手下四出访求铸剑名师，最后找到了与欧冶子同师学艺的铸剑名家干将、莫邪夫妇。吴王阖闾便命干将另铸两把宝剑。

为铸良剑，爱妻献身

干将、莫邪夫妇领命后遍访天下名山，他们采五山之铁精、六合之金英，等天时地利相合，阴阳同光、百神临观之日，开始升火铸炼。炼铁的焦炭堆得像小山一样高，火焰在炼铁炉中熊熊燃烧。整整炼了三个月，可是炉中的金英铁精却是一点不见熔化。日夜守候在炉旁观察的莫邪担忧地说：

干将铸剑

据《吴地记》等书载，干将铸剑，采五山之铁精、六合之金英，用三百童男童女鼓风装炭，炼了九十天，仍然金银不销，铁汁不下，莫邪问丈夫干将是什么原因，干将称，先师铸剑，师母投身于炉，然后成物。莫邪纵身入炉，铁汁遂出，铸成二剑，雄曰干将，雌号莫邪。干将把雄剑进献吴王，自己收藏雌剑。这记载虽带有神话色彩，但从中可以看到春秋时期冶铁的基本概况。左图出自清末民初马骀的《马骀画宝》。右图出自明刊本《片璧列国志》。

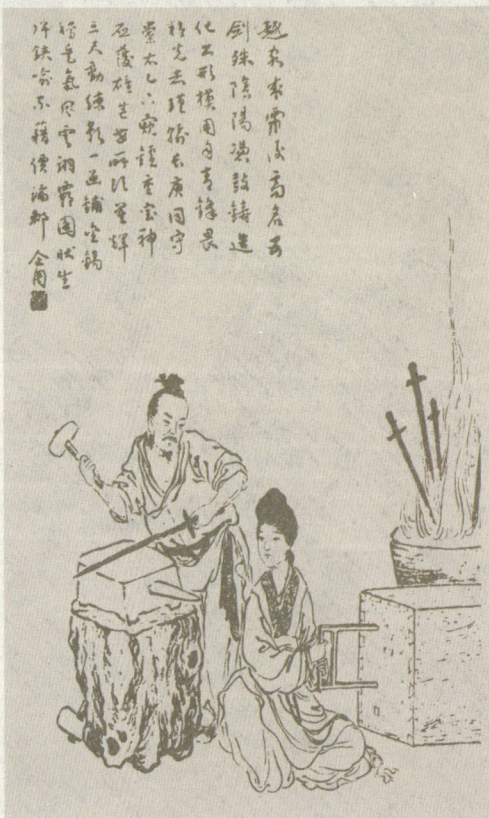

　人们用"泰阿倒持"来比喻把权柄轻易地交给了别人，泰阿是什么？

前483年
前396年

公元前483─前396年

世界大事记　罗马与伊特拉斯坎之间爆发维爱伊战争。

干将　莫邪　吴王阖闾　　方技　坚强　　干将　莫邪　吴王阖闾　干将铸剑　《吴越春秋》卷四

人物　典故　关键词　故事来源

青铜器的铸造

中国古代青铜器的铸造有两种方法，即块范法与失蜡法。商周器物多用块范法（或称土范法），本图反映的是用块范法浇注青铜器的场面，图中来回穿梭的工匠正忙着将已焙烧的、组合好的范趁热浇注，焙好的型范埋在沙（湿沙）坑中（可防止范崩引起的伤害），再将熔化的铜液（1100~1200℃为宜）注入浇口，浇入铜液时要快而平，因此图中的人虽很多，但并不杂乱，有人指挥，还有士兵监工，整个场面显得有条不紊。

"夫君啊，大王闻你大名而派你铸剑，可是现在炉火已整整烧了三个月，铁英就是不化，这是什么道理啊？"干将紧锁眉头说："我也不明白这是什么道理啊！"莫邪想了一下，说出了埋藏在心底的疑虑，她说："大凡神奇的事物臻于成功，都须有人的介入。现在我们久冶不化，是不是正缺少这个因素呢？"干将沉思良久，说："从前，有一次我师傅在一座山中冶炼铁精，也出现过久冶不化的情形。后来，师母跳进炉中，铁英才熔化成形。现在我铸剑鼓冶，铁英三月不化，难道也同样遇上了这种事吗？"说完，焦急地不停摇头叹气。贤良的莫邪见了，安慰干将说："你不要急，既有先师亲自跳入熔炉、

舍身成物的榜样，我们又有什么做不到的呢？"说完这话，莫邪从容地剪去自己的头发和指甲，然后奋身一跃跳入炉中，炉中顿时一片火海。干将看着自己的爱妻这样从容、悲壮地死去，泪如泉涌，他睁大熬得通红的双眼，指挥三百童男童女鼓动皮囊，加炭冶炼，炉中的铁英终于熔化了！化成一汪金黄色的半透明物体，在火炉中缓缓流动。全场一片欢呼声夹杂着叹息声，干将此时已泪流满面，泣不成声。

绝世雌雄剑令人神往

干将终于铸成了雌雄两把宝剑，阳剑取名干将，阴剑取名莫邪，在阳剑背上刻上了龟背的纹理，阴剑背上刻上无规则的纹理。干将把阳剑收藏起来，把阴剑献给阖闾。吴王阖闾接过"莫邪"，信手向路旁石头砍去，只见那块大青石应手裂开，两旁侍卫轰然喝彩。据说今天苏州虎丘山上的那块"试剑石"，就是当年被阖闾砍开的石头。又据说，后来阖闾听说干将把阳剑藏了起来，他担心以后被别人得去克制住自己的阴剑，就派人去向干将索取。阖闾的使臣带着甲士找到干将，逼干将交出阳剑，干将不肯，双方正在争执，忽见那把阳剑从剑匣中自动跃出，化成一条青龙，驮起干将，飞天而去，成了剑仙。

争霸中原的象征：吴王夫差剑

春秋时吴王夫差曾击败越王勾践，争霸中原。此处的夫差剑剑锋锋利，剑身满饰花纹，剑镡嵌饰绿松石兽面纹，近镡处有篆书铭文十字，是一件华丽的武器。

〇八一

要离行刺

吴公子光谋刺王僚成功后，在吴国又流传着义士要离为吴王阖闾谋刺王僚的儿子公子庆忌的故事。这故事，情节曲折离奇，人们纷纷议论着。

吴人要离为了出名，自告奋勇替吴王阖闾去行刺公子庆忌，行刺成功之日，吴王拟赐他高官厚礼，可他在良心发现下却选择了自杀，以洗却自己的无耻与愚蠢。

自告奋勇

吴王阖闾夺得王位后，总有一块心病，就是吴王僚的儿子公子庆忌还活着。这位公子庆忌不仅身材魁梧，力敌万夫，而且武艺高强，党羽众多。自从得到他逃往卫国后到处招纳勇士、交接诸侯、图谋复辟的消息后，阖闾更是如芒在背，寝食不安。伍子胥知道了阖闾的忧

生动活泼的铜鉴
河南辉县曾出土吴王夫差鉴，鉴内有铭文12字，为吴王夫差自作御鉴。铜鉴对立的四方分别装饰两只伸颈的龙头和两只爬向鉴口的神兽，显得活泼有趣，是青铜器中少有的风格。

春秋

虑，向他引荐了一位名叫要离的人。要离自告奋勇地对阖闾说："我能除掉庆忌！"阖闾看了看身体单薄而又矮小的要离，怀疑地说："你怎么能行？庆忌力大无比，机警异常，我的兵用六匹马拉的车追他，都让他逃脱了。你手无缚鸡之力，恐怕拿了剑就提不起手臂，上车又登不上横木，岂是他的对手？"要离笑笑说："士子至关重要的是看他有没有勇气，而并非看他能不能杀人。大王只要能助臣下一臂之力，微臣就一定能办成此事。"说毕，他附耳同阖闾密语了一番。阖闾听后，顿时转忧为喜。

巧施苦肉计

第二天一上朝，阖闾就在朝上大发雷霆，让手下

《吕氏春秋·忠兼》

屈辱 识才 勇敢

吴王阖闾 要离

要离伏剑

人物 典故 关键词 故事来源

吴王夫差鉴铭文

吴王夫差鉴是春秋时代吴国国君夫差所铸青铜器，清代同治年间（1862-1874），山西代州蒙王村出土，器形很大，高37.5厘米，有铭文三行十三字："攻吴王夫差择厥吉金，自乍御监。"鉴，古人用以盛水。《说文》金部云："鉴，大盆也。"鉴又可用以盛冰，《周礼·天官·凌人》云："春始治鉴，……祭祀共冰鉴。"鉴还可以用来沐浴，《庄子·则阳》有"灵公有妻三人，同鉴而浴"的记载。春秋中期随着宗法制的衰落，礼器减少，膳器容器增多，出现了鉴、敦等新器种，看出铜器更向实用方向发展。

宣布要离阴谋叛变、交结外敌的罪证，下令通缉要离。要离假装闻讯逃走，阖闾手下的军士立即包围要离家。阖闾下令烧死要离的妻子和儿子，将骨灰四处抛撒，又描影绘形，大张旗鼓地追捕逃犯要离。要离逃出吴国，昼伏夜行来到卫国公子庆忌处，公子庆忌见要离来投奔，十分高兴，说："阖闾无道，共所共见。如今你侥幸逃出虎口，来到我这里，真是太好了。欢迎你加入反对阖闾的行列。"从此，要离与公子庆忌同吃同住，亲密无间。

在江心下手

过了一阵子，要离对庆忌说："阖闾的暴虐无道愈演愈烈，国内不断传来臣民反抗的消息，看来他已是众叛亲离，我们何不乘机潜回吴国，以便就近图谋大事。"公子庆忌以为有理，就带着手下一班人，择日启程回吴。从卫国到吴国，需横渡长江。当时船比较小，人又比较多，船到江心，风大浪高，船只颠簸加剧，同公子庆忌一起挤坐在船头的要离，趁船身晃动时，乘机拔出暗藏的匕首，向着听到响动转过身来的庆忌胸口猛刺过去。猝然遇刺的公子庆忌，猛挥手臂击倒要离，然后倒提起要离的双脚，向水中倒插下去。提起三次又插下三次，要离已呛得双鼻喷血，浑身脱力。公子庆忌将要离摔在船板上，对气喘吁吁的要离说："以如此手法谋刺我，堪称天下豪士，我今天干脆成就你的名业，你走吧！"

伏剑自尽

要离回到吴国，向吴王报告谋刺成功，阖闾高兴之至，摩擦着双手，考虑如何给要离重赏。要离坚辞不受，他沉痛地对吴王阖闾说："我罪孽深重，上天不容我再在世上苟活下去。"感到意外的阖闾惊讶地问："壮士有何罪？"要离说："罪名至少有三：为了谋求君王的宠信，杀妻害子，乃不仁之举，这是第一罪；为吴国新王而杀害先王的公子，乃不义之举，这是第二罪；成就了君王除去庆忌的愿望，自己却家破人亡，乃不智之举。不仁、不义、不智，三罪俱在，我还有什么面目活在世上？"说罢，伏剑自杀而死。

話說中國

〇八二

孙武拜将

隐居穹隆山的孙武应伍子胥之邀出山，呈吴王兵法十三篇。在损失两名爱妃，完成宫女操练后，阖闾彻底服膺，当下令军士筑坛设祭，拜孙武为将军。

奔吴谋求发展

孙武祖上原姓陈，是陈国公族。陈桓公死后王族内争，兄弟间杀戮不已，陈厉公的儿子陈完为避难逃到齐国，受齐桓公任用，历四世至陈无宇时已官至上大夫。陈无宇次子陈书因伐莒有功，被齐景公封于乐安，即今山东北部惠民、博兴、广饶一带，赐姓孙，从此与陈姓分离。之后，其子孙凭又升为卿。大约公元前535年，孙武就出生在这个贵族家庭里。当时诸侯国间兼并战争非常激烈，各国都讲究武备，整军习武，有家学渊源的孙武18岁时，已深黯军事学的奥秘。然而齐景公昏聩无能，齐国国势每况愈下，

兵家始祖孙武

孙武，字长卿，齐国人，约生活在春秋末期，孙武在吴国为将，曾以3万军队打败楚国的20万大军，是先秦兵家的始祖，其所著《孙子兵法》在中国军事史上极有影响。

孙武为避开齐国国内各派势力的倾轧，审时度势，毅然长途跋涉，来到日益走向强盛的吴国。

吴王阖闾自即位以来，也一直在整军备武，准备同宿敌楚国一决胜负，苦于找不到中意的统兵大将。伍子胥虽然有此才能，但阖闾担心他对楚王仇恨太深，容易意气用事。且对楚的战争，距离遥远，兵力投入巨大，需要一位有更强的组织和谋划能力的将军来指挥。伍子胥知道阖闾的心思，便将自己的朋友、当时隐居穹隆山中研究兵法的孙武介绍给了阖闾。

享誉世界的《孙子兵法》

孙武著作《孙子兵法》，全书分13篇，约6000多字，总结了春秋末期及之前的战争经验，对战争观、战略战术和军事原则等问题，都有精辟的论述，在中国军事史上占有重要地位，在世界军事史上也享有极高声誉。此为是南宋刊本书影。

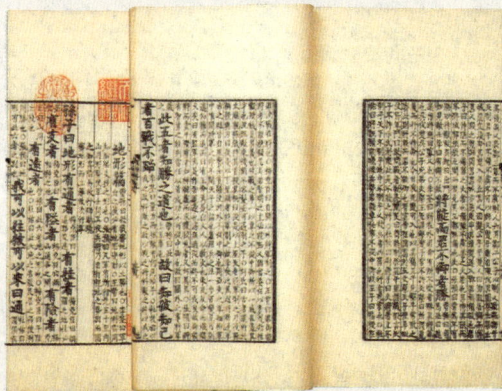

宫女操练

阖闾将孙武接入宫中，向他请教用兵之道。孙武把自己著述的兵法十三篇次第呈给吴王，文章的瑰丽、构思的奇妙以及周密详尽、奇正诡出的论述令阖闾赞

世界大事记

温泉关战役波斯获胜，进而洗劫雅典；萨拉米海战，希腊获胜，薛西斯一世被迫退兵。

孙武（子）
吴王阖闾
伍子胥

识才 尊贤 法制
孙武拜将

《史记·孙子吴起列传》
《吴越春秋》卷四

人物 典故 关键词 故事来源

赏不已。但这只是书面的，实际能力如何呢？阖闾还想测试一下。这天，当孙武讲完最后一篇兵法要义时，吴王阖闾问道："先生兵法说得极好，但不知能不能实际操练给寡人看看？"孙武说："可以，兵法操演，不论贵贱男女都可胜任。"吴王听到女的也可以，来了兴致，马上叫出宫女180人，供孙武演练。

孙武将宫女们分成两队，分别以吴王阖闾的两名爱姬担任队长，全部穿上铠甲，戴上兜鍪，操剑持盾，依次站立。孙武将军队的法规告诉她们，叫她们随着鼓声或前进或后退，或向左或向右，或旋转变阵。安排停当，列好队形，孙武亲自击鼓为号。不料一通鼓响，宫女们个个掩口而笑，东倒西歪不成队形。孙武说：

"约束不明，军令不熟，错在主将！"于是又将军法令规复述一遍。二通鼓响，宫女们依然扭扭捏捏，嬉笑不止。孙武大怒，两目忽张，厉声说道："约束不明，错在主将，三令五申违令依旧，则错在士官！"说罢转首问执法官："该论何罪？"执法官答："当斩！"

孙武拜将

伍子胥将著名军事家孙武推荐给吴王阖闾，孙武献上自己所著的兵法十三篇。吴王为验证孙武兵法，让他训练宫中美女，为严肃军纪，孙武斩杀了担任队长的吴王宠妃两名，宫女因此而进退听命。吴王这才确信孙武的才能，任为大将。孙武为吴国训练出了具有很强作战能力的军队。后来，吴、楚决战，孙武指挥的吴军五战五捷，立下大功，显名诸侯。孙武所著的《兵法》是中国现存最早的兵书，孙武亦被称作中国武学之父。左图出自清刊本《百将图》。右图出自清末民初马骀的《马骀画宝》。

话说中国

孙武立即喝令绑下两位队长斩首示众。

筑坛拜将

　　吴王阖闾在台上看操练，忽见孙武要杀自己的爱姬，忙叫侍者下令："寡人已知将军能用兵了。这两位是寡人的爱姬，如无她们，寡人食不甘味，寝不安席，望先生不要杀她们。"孙武说："臣既已受命为将，当以军法为重，君命有所不受。"两名宠姬被当场砍了头。孙武令站在前首的两名宫女接任队长，重新开始操练，这时，只见军阵严整，鸦雀无声，随着鼓点或进或退，或左或右，旋转变阵，迅速利落。于是孙武派手下向吴王报告："军队已调试整齐，请大王检阅，大王如有进攻命令，军队赴汤蹈火，毫无畏惧！"正为无端失去两位爱姬心痛不已的吴王阖闾，对孙武带兵的能力也已深信不疑了。

　　不久，吴王阖闾下令筑坛设祭，拜孙武为吴国将军。

春秋

夹砂陶鬲

春秋古淹城器物，与春秋时期崇尚华丽繁复的风格相比较，显得十分古朴简洁，极具实用性，令人耳目为之一新。

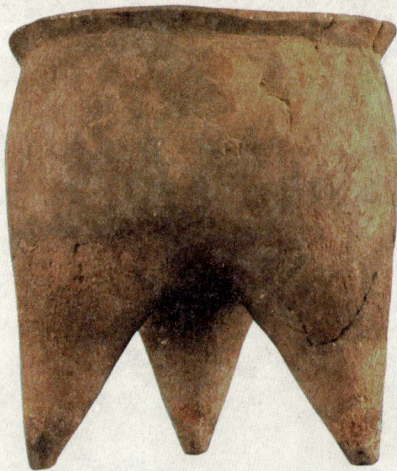

春秋兽面纹龙流盉

春秋晚期青铜器。侈口作钝三角形，短颈，袋腹下有三柱足，下端略粗。流为龙形，龙头张口成盉流之口，与之对应的鋬上亦饰有龙头。盖顶是一个盘旋而出的龙头，盖边和器颈各有一系，应可连系短链。腹部饰兽面纹，细部纹饰多处突起，这是南方地区的东周青铜器所特有的装饰手法。

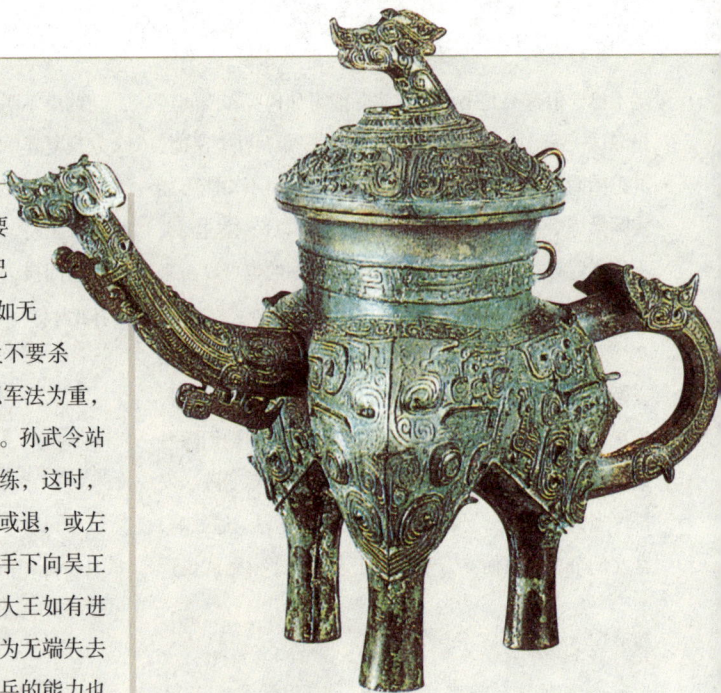

> 历史文化百科 <

〔战神秘籍：《孙子兵法》〕

　　现存我国最早的古代兵书。作者春秋末期齐国人孙武。此书又名《孙子》、《孙武兵法》、《吴孙子兵法》。全书现存十三篇，分别为：《计》、《作战》、《谋攻》、《形》、《势》、《虚实》、《军争》、《九变》、《行军》、《地形》、《九地》、《火攻》、《用间》。该书对当时及前人的战争经验与军事理论作了精辟的总结与开创，对战争、军队、治军、将帅作用、作战、战法等各方面，都提出了极为卓越的见解，被誉为"兵书之祖"，对中国历史产生了深刻影响。18世纪后逐渐被译成法、英、德、捷等文字，引起了全世界军事理论家、军事家的广泛注意。

吴王阖闾
孙武
伍子胥
楚平王　掘墓鞭尸

屈辱　昏庸　谋略

《左传》
《史记·吴太伯世家》
《史记·伍子胥列传》
《吴越春秋》卷四

人物　典故　关键词　故事来源

〇八三

谋伐楚国

　　吴王阖闾得到孙武为将，心中十分高兴，于是采纳伍子胥的建议，组织对楚国的进攻。吴王阖闾三年，吴国出兵伐楚，攻克舒城；次年出兵，攻克六、濳二邑；隔了一年再出兵，又大败楚军于豫章，并一举攻占楚国的居巢，即今安徽巢湖市东北。吴军屡战屡胜，阖闾问孙武何不乘胜追击，彻底打垮楚国？孙武说："楚大吴小，局部战争中吴军训练有素的长处可以充分发挥；但远距离无后方作战，军粮传输与后勤保障都会发生困难。同时，吴国通往楚都的侧翼，是归附于楚国的唐、蔡二国，也足以形成对

掘墓鞭尸

吴军突袭楚国，攻占郢都，伍子胥将已死的楚平王掘墓鞭尸，以泄灭族之仇，冤杀之恨。

吴军后方的威胁。所以，若想彻底摧毁楚国，必须争取唐、蔡同吴联盟，再训练一支可供长途奔袭的水军，如此，就稳操胜算了。"

汉水列阵

　　也合该楚国倒霉，就在吴国策划进攻楚国的当口，昏聩的楚昭王，偏偏将唐侯、蔡侯关押在楚国牢中，向他们逼索玉器、宝马。这样一来，正好将唐、蔡二国推向了吴国一边。公元前 506 年，吴国水师练成，

掘墓鞭尸

公元前 506 年，吴王阖闾以孙武为大将，伍子胥为副将，吴王的兄弟夫概为先锋，出兵六万攻打楚国，吴军五战五捷，直达楚都郢城，楚昭王仓皇出逃。伍子胥为报杀父杀兄之仇，将楚平王墓挖开，鞭尸三百下以泄恨。左图出自清末石印本《东周列国志》。右图出自明刊本《片璧列国志》。

话说中国

就联络唐侯、蔡侯，发动了对楚国的总攻。孙武严密封锁军事消息，将二万精兵藏在数百艘伪装的船中，沿水道向北潜进，溯淮河而上直插淮河上游的蔡国辖境，人不知鬼不觉地越过蔡国，然后弃舟登岸，突然出现在楚国腹地。楚昭王闻报吴军已出现在自己鼻子底下，惊恐万状，忙调楚军应战，双方夹汉水列开阵势。

攻占郢都

吴王阖闾的弟弟夫概侦知自己所率军队的正面是楚将子常的军队，将贪兵弱，徒有虚名。于是率领五千精兵发起猛攻。子常大败，孙武乘势指挥吴军全线出击，还未作好准备的楚军不及抵抗已全军崩溃。阖闾亲率大军昼夜不息向楚军追击，直抵郢都城下。楚昭王见大势已去，只得逃出郢都，向郧城溃退。吴军神速地占领了楚国都城郢。

戮尸报仇

伍子胥重回故地，多少年来的刻骨仇恨总算有了报复的一天。他四处搜索楚昭王不得，转而找到楚平王墓，令兵士挖开坟

军事理论家的经典战役

公元前506年十一月十八日，爆发吴、楚二国最大规模的战争，即柏举之战。这次战役由著名军事家孙武指挥，以3万人对20万人，五战五捷。在十一月二十八日攻克了郢都，是历史上著名的以少胜多的战役。

春秋名将伍员

伍员，字子胥，是春秋末期著名的军事家。本是楚国人，因为父兄惨遭楚平王杀害，逃亡吴国。先后帮助吴王阖闾与夫差灭亡了楚国和越国。后来因为夫差骄傲自大，在勾践的离间计下，被逼自杀。传说他死而含怨，常于钱塘江头张弓射潮，反映了人民对他的无限同情。

墓，打开棺椁，拖出楚平王的尸体，伍子胥仰天大叫："昏君啊！你活着时娶媳逐子，宠信奸佞，残害忠良，家父赤心为国，竟被你夷灭全族！我不能在你生前找你算账，现在你即使死了，也要戮你尸身，以报我父兄于地下！"说罢，举起九节钢鞭，奋力向楚平王尸体打去，一连打了三百鞭，直打得楚平王的尸体肉烂骨碎。

伍子胥鞭尸三百，恨犹未消，想想楚平王任用的那班狗官，没有一个好东西，于是说服吴王阖闾，对郢都实行彻底占领：吴王占据楚王宫，吴军将领、官员以地位高下，分别占领楚国官员的府第与所有家眷，以示复仇。但是，吴国占领军的过激行动，不久就遭到了楚国人民的强烈反抗。

前469年
前399年

公元前469－前399年

世界大事记 古希腊哲学家苏格拉底在世。

申包胥　伍子胥

哭庭借兵　包胥庭哭

坚强　爱国

《左传》·定公四年
《史记·楚世家》
《吴越春秋》卷四三

人物　典故　关键词　故事来源

○八四

哭庭借兵

吴军占领郢都，楚国面临亡国之危，楚大夫申包胥昼夜不息，赶赴秦国求救，扶庭痛哭七昼夜，终于感动了秦国君臣，发兵救楚。

好友不欢而散

楚大夫申包胥是伍子胥的好朋友，伍子胥逃亡时问他："楚平王杀了我父亲和哥哥，我该怎么办？"申包胥很为朋友难过，但一时又不知说什么好，因为申包胥是楚武王的后代，对楚国有深厚的感情，他沉思了好一会，才对伍子胥说："唉！我若鼓动你报复楚国，那就是不忠；若阻止你报复，那就是不义。你走吧，我无话可说。"伍子胥说："昏君无道，滥杀无辜，我与楚王不共戴天，父兄及族人的血海深仇，必报无疑！"申包胥听了说道："报仇是你的心愿，忠君是我的本分。你有本领颠覆楚国，我必能保卫楚国。我们各自努力吧。"两个朋友不欢而散。

细思量赴秦求援

公元前506年，吴军攻占郢都，伍子胥掘墓鞭尸，又四处追捕楚昭王。申包胥派人去对伍子胥说："你报仇雪恨做得太过分了！"伍子胥一听来了气，当时楚平王冤杀我全族，你不置一词，现在却来横加指责！想到这里，忍不住对来人说："你去对申包胥讲，我不恨方法过激，但恨机会太少！"申包胥听了回报，也很恼火，心想："好吧，你既有意灭掉楚国，我就应当恢复楚国。"申包胥思来想去，要救楚国，只有向秦国求救。楚平王娶秦媳逐子，生了如今的楚昭王，现在的秦哀公与楚昭王有一定的亲戚关系，应当有相救的可能。申包胥主意一定，背起包袱就走。

哭庭七昼夜

从楚国到秦国，山路遥远，要翻过终南山和秦岭。申包胥日夜在崎岖的山道上奔走，脚都走烂了，膝盖也跌破了，每走一步都留下斑斑血痕，他撕下衣服包好双脚继续前行。一到秦都，就去向秦哀公求救，请求秦君发兵驱逐吴军出境。秦哀公早已听说吴王阖闾任用伍子胥、孙武文武两臣，国强兵勇，不可小视。因此，对申包胥的请求，支支吾吾，不置可否。申包胥见秦哀公不肯出兵，就进一步陈说秦楚连界，楚国被

申包胥所作的漆瑟

漆瑟周体髹朱、黑漆彩绘，以浮雕装饰瑟体，是迄今发现楚瑟中最为精美的。据铭文，作器者为春秋时期楚国的大夫申包胥，也是伍子胥的知交。据考证此器作于申包胥哭庭救兵前后。

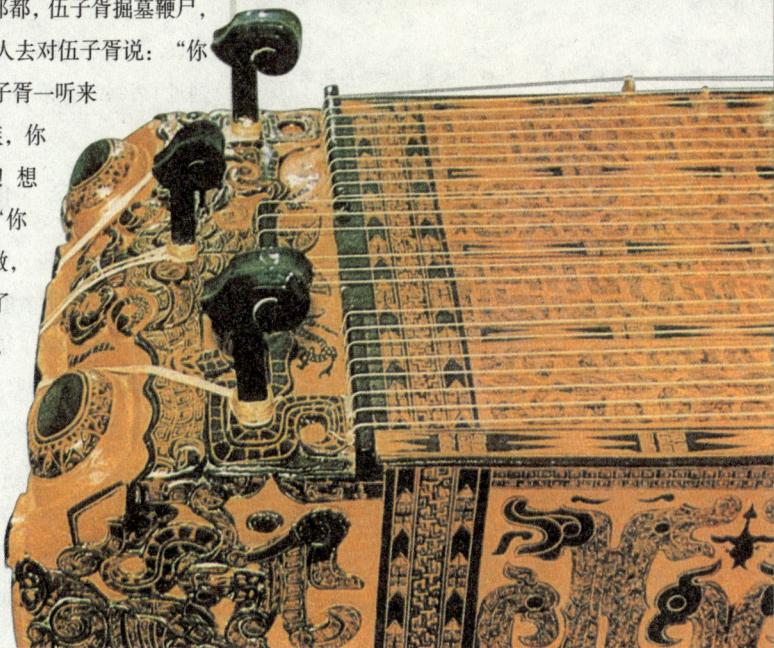

借包庭泣兵胥申秦

哭庭借兵

在吴军攻入郢城时，楚大夫申包胥奉楚王之命前往秦国求兵。申包胥到秦后，秦哀公开始不答应，申包胥为履兴楚之言，就站在秦国朝廷哭了七天七夜，连一滴水都不曾喝。秦哀公看到这种情形，也不由得深为感动，一时叹为忠臣，答应发兵前往救援楚国。此图出自清末石印本《东周列国志》。

〔战斗单位与军赋保障：乘、乘马〕

古时一车四马称一乘。车多指兵车，兵车用四匹马牵引，中间两匹称服，旁边两匹称骖，合称驷。车上载甲士三人，车后率步卒七十二人。史书记载，当时各诸侯国均以土地与人口分配，方六里（或八里）即三百二十四家为一乘，战时即负担一乘的军赋，称乘马。乘数的多寡与国境大小、国力强弱成正比，所以有万乘大国，千乘中国，百乘小国之称，和天子万乘，诸侯千乘，大夫百乘的称谓。

灭，吴国必窥视秦国的利害关系。不想秦哀公仍是一味敷衍说："大夫暂且先在馆舍住下，容寡人与大臣们商议一下再说。"说着，摆摆手就想退朝了。申包胥见秦哀公还是不肯松口，心中犹如汤煮火炙一般，他拒绝了秦国接待人员的劝告，一身破衣烂衫，独自站立在秦国朝廷上，扶着墙痛哭不已，连续七天七夜，一口汤水也不进，只是哭号不止，最后眼中竟滴出血来。

秦哀公得报不由大惊，说："臣子如此急君王之急，真是忠义之士啊！楚国有这样的贤臣，尚且被吴国灭掉。寡人朝廷上找不出这样的忠义之士，吴国怎会放过我们呢？"他不敢再急慢了，急忙召集群臣商议，满朝文武都为申包胥的忠义之举所感动，很快就通过了发兵的决议，派大将子蒲、子虎率兵五百乘火速救楚。

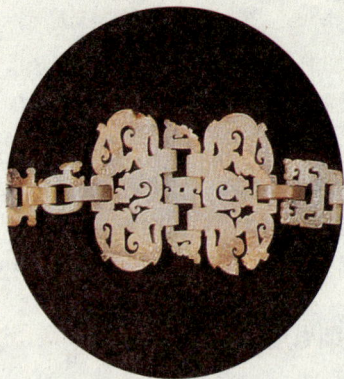

规复楚国

吴王阖闾一班人马，占领楚国后并无长久统治的打算，只是以战胜者的姿态肆意掠夺、欺凌楚国君臣和百姓，很快激起了楚国人民的愤怒。腰丰囊满的吴军将士也已斗志锐减，一心只想早一些带着抢得的财物回家享受。所以当秦军突然出现在面前时，便一触即溃。恰巧阖闾的弟弟夫概又在国内发难，想自立为王。无心恋战的阖闾立即下令退兵，撤回了吴国。

公元前505年九月，楚昭王回到郢都，重新登上王位。申包胥真的实践了他"恢复楚国"的诺言。

春秋

《史记》·左传
《史记》·左传
齐鲁太周定定
公公公世世八五
家家家年年

浅薄
盲动
阳虎

人物 关键词 故事来源

〇八五

阳虎之乱

鲁国三桓架空国君，把持朝政，想不到三桓家臣如法炮制。家臣首领阳虎以辅助鲁君名义发动兵变，战败逃亡。

阳虎是鲁国公族季孙氏的家臣。在那社会秩序异常混乱的年代，阳虎竟然发动了一次震惊鲁国的大叛乱。这是怎么一回事呢？

三家公族联手赶走国君

鲁宣公时，孟孙氏、叔孙氏和季孙氏三家公族把持了朝政，公室权柄开始逐渐丧失。到鲁襄公时，国君的权力已完全被三家公室所分解。

曾侯乙墓里的鸳鸯

曾侯乙墓以出土编钟而闻名海内外，事实上它的丰富墓葬远不止编钟。这只巧夺天工的髹漆鸳鸯，即是一件了不起的艺术珍品，其造型逼真，彩绘细腻。更值得关注的是在腹部两侧所绘的两幅图画，左侧为撞钟击磬图，右侧为鼓舞图，它是我们了解两千多年前春秋社会中王侯贵族生活的难得资料。

昭公二十五年，三家干脆出家兵把昭公赶出鲁国。昭公三十二年逝世，鲁人共立昭公弟宋为君，即鲁定公。

有实力的家臣又架空公族

三家瓜分了鲁国的政权、兵权与财权，鲁定公完全被架空，手下连大臣也没有，真正成了"孤家寡人"。由于三家公族公然践踏国家的法规制度，三家公族的一些家臣，也像公族架空君主一样架空了公族的首领。其中特别突出的是季孙氏的家臣阳虎，此人凭借其勇力过人，又智谋百出，不仅野心勃勃地夺取了季孙氏家政的所有权力，还借口强公室抑私家，公然挟鲁侯而号令三家，企图夺取季孙氏手中的国家权力。鲁定公五年，阳虎竟借故

将季孙氏囚禁起来，季孙氏赌咒发誓地与之订下盟约，才得以释放。孟孙氏见状，也恐慌起来，就借口修整宅院，从家奴中选出300名体健力大的家仆扮作工匠，在曲阜南门外立栅起造宫室，打算作危急时避难之用。

密谋策划发动政变

鲁定公八年九月，阳虎觉得驱逐三家的时机已经到来，派人将三家中不得志的家臣集中到一处密商，议定十月乘鲁君祭祀先祖时发动政变，杀光三家嫡子，扶各家庶子顶替。不料，早有提防之心的孟孙氏用重金收买了参与密谋的阳虎手下，将计划了解得一清二楚，暗中通知了叔孙氏和季孙氏。十月鲁君祭祖这天，阳虎亲自带车队来到季孙氏门前，请季孙氏登车，其弟阳越押后，车的左右两边，除了给季孙氏驾车的林楚外，全是阳虎的心腹。季孙氏将这些看在眼里，装作整理鞋带的样子，俯身下去悄悄地问林楚："你

竹弓：以柔克刚

在冷兵器时代，弓箭是远距离进攻的主要轻器。在春秋战国时期，战车上载乘三名甲士，其中一人即为持弓主射。图为春秋末期的竹弓，其优美的曲线不禁让人想起"以柔克刚"四个字。

能将车赶到孟孙氏新宅去吗？"林楚微微点头会意。车队行至大街，林楚突然挽辔向南，猛抽几鞭，马吃不住痛嘶鸣一声，狂窜而出。林楚挥鞭不止，季孙氏的坐车成了脱缰野马，向着孟孙氏新宅飞驰，押后的阳越一见不对，张弓搭箭就射，但为时已晚。

莽撞蛮干者最终落败

季孙氏出曲阜南门，站在车上大叫"孟孙救我！"早已等候在门边的孟孙氏等季孙氏进来后急令关闭栅门，三百名弓箭手各就各位，伏于栅门后面。不一会，阳越追到，孟孙氏等对方靠近栅门，一声令下，三百弓箭手如飞蝗般将箭射出，阳越顿时被射得像刺猬一般，从车上倒栽下来。

当前导的阳虎，渐近东门，不见后面的车来，急忙转身往回走。这时，阳越的手下逃回来报告，说阳越被乱箭射死，季孙已躲进孟孙新宅。阳虎一听大怒，率领手下冲入鲁定公宫中，劫持定公出宫，路上碰到叔孙氏，也一并拿下。然后，调集鲁定公宫中卫队和叔孙氏家兵，合兵一处猛攻孟孙氏新宅。孟孙氏尽出家兵与阳虎展开激战，叔孙氏一见有机可乘，忙令手下一齐在阳虎阵后大叫："阳虎败了，阳虎败了！"阳虎在不利、战败的情况下，又率领甲士冲入公宫，盗取宝玉、大弓，掠夺大量财物，落荒而逃。他先逃到齐国，再逃到晋国，当了赵简子的家臣。

＞历史文化百科＜

〔先秦居民点：邑、廛里〕

邑是我国古代居民点的统称，大到人烟稠密的都城称邑或大邑，小到不过几户人家的也称邑，所谓"十室之邑"。

此外，有一种居民区却称之为廛里，它的基本特征是建筑物密集，民居众多，而且有官府的邸舍及定期的集贸市场。

春秋

《史记·史记·越国语家家》
《左传·左传·昭公三十二》
夫差 狡诈
伯嚭 勾践 愚蠢
伍子胥 范蠡 谋略

《左传·左传·越王吴·定公》
《左传·国语勾践·吴太哀公》
《越世越元四二年年年》

人物 关键词 故事来源

夫差伐越

吴王夫差为报父仇，日夜练兵。越王勾践抢攻失败，残兵陷于会稽山。是灭了越国还是接受越国的投降，夫差面临决策选择。

吴越成为世仇

越国是大禹的后代，封地会稽，历数十世至越王允常时，国势渐渐强盛，这时北面的吴王阖闾也忙着四处征战，于是两国边境争端不断，怨仇也越积越深。公元前496年，允常去世，吴王阖闾乘机兴兵伐越。新登基的越王勾践率师迎敌，双方布阵于吴越边境的槜李，也称醉李、就李，在今浙江嘉兴市西南。

阖闾伤重身亡

越国兵少，加上越王新丧，明显处于劣势，但兵单势寡的越军善于运用计谋调动敌人。越王勾践组成一批敢死队，列成三排，第一排来到吴军阵前，面对吴军警觉的眼光，大声呼喊着齐刷刷地自刎倒下，然后第二排、第三排。吴军看得目瞪口呆，后面的将士也挤上前来看个究竟。不料第三排刚刚倒下，埋伏在后面的弓箭手突然一拥而上，箭如飞蝗般向吴军射击。因距离太近，挤成一堆的吴军，还未回过神来，已纷纷被箭射中，吴王阖闾被射成重伤。吴军速退七里，阖闾不治身亡。临死前阖闾将儿子夫差叫到跟前，只说了声："记住越国！"就咽了气。夫差回到吴国后，牢记父亲的嘱咐，派专人站在自己门口，每见出入时，就大喝："夫差！你忘记越国的杀父之

越王者旨于赐的矛
春秋时期青铜制品，者旨于赐是越王勾践之子，公元前464－前459年在位，即《史书》所记载之鹿郢。青铜矛上镶嵌金字 越王者旨于赐。矛上金子称为鸟书，即文字上都附有变化多端的鸟形装饰。此种字体是春秋战国时代在越国等南方地区使用的独特装饰字体。

仇了吗？"夫差总是沉痛地回答："怎敢忘记！"就这样过了三年。

灭越的绝好时机

越王勾践听说吴王夫差日夜练兵，图谋复仇，想先发制人，就不听谋臣范蠡劝谏，兴兵伐吴。夫差听说越兵将至，立即调集精兵抢在越军前而发动进攻，在夫椒，即今江苏吴江市西南太湖边打败了越军，然后乘胜追击，把越王勾践的残兵围困在会稽山上。勾践点点自己的士兵，只剩下了五千人，且都带伤挂彩，疲惫不堪。从山上望下去，山下吴军黑压压地像乌云一般把会稽山围得水泄不通。勾践对范蠡说："寡人后悔当初不听你的劝告，如今奈何？"范蠡说："现在只有投降一条路了，我们先以卑辞厚礼向夫差求降，如不行，再以许身为奴为条件，尽人事以待天命吧。"勾践沉默了半晌，就令大夫文种为使，去向吴王求降。

文种来到吴军阵前，"膝行顿首"对吴王夫差说："大王手下败将勾践特遣侍从文种向大王求降！敝国剩余的老弱已不足以劳大王动手，请允许越国将所有宝器、玉帛和子女献给大王，勾践作大王奴仆，勾践之妻献给大王作小妾，唯大王之命是从！"吴王夫差见越王举国投降，心中怒气渐息，正想同意，伍子胥在旁劝阻说："大王不能接受！吴越同处三江之内，世为仇敌，如同一山不容二虎。今天越国被我彻底击溃，这是上天赐给我们灭掉越国的绝好时机，如果放弃，便是违反天意，将来后悔莫及啊！"夫差听了又犹豫起来。

伯嚭贪财好色

范蠡听了文种向勾践汇报，对越王勾践说，坚决拒降的仅是伍子胥，听说吴国太宰伯嚭为人贪婪，又深得夫差信任，不妨走他这条门路试？勾践同意了。当天深夜，文种带着八名美女及一大箱宝物悄悄找到伯嚭，对他说："越国投降，所有宝物都归吴国所有，所有的男子都成了吴国的奴隶，所有的女子都成了吴国的妻妾，为什么非屠光杀绝不可呢？如果吴国坚决

夫差伐越

吴王阖闾在樵李与越军一战中受伤死亡，其子夫差即位，时刻不忘为父报仇，经过三年的准备，公元前494年，吴王夫差带兵攻打越国，在夫椒打败越军，乘势进入越国，越王勾践带着五千士兵守在会稽山，派大夫文种通过吴太宰嚭向吴王求和，伍子胥力谏吴王灭了越国，吴王夫差不听，答应了越国的和议，越国当了吴国的属国。此图出自清末石印本《东周列国志》。

我国历史上最早的战船

公元前485年，吴王夫差派水军从黄海上对齐国发起攻击。这大概是我国历史上最早的水战。图为春秋时吴国战船的模型。

拒降，越国只有杀掉所有的女子，焚毁所有宝物，再同吴国作殊死之战。两者相比，哪个合算呢？"贪财好色的伯嚭见到文种带来的美女宝物，早已迫不及待地将礼物与意见一同笑纳了。

伍子胥的远见卓识

吴王夫差听了伯嚭的意见，权衡之后，觉得伯嚭说的有道理，就同意了。伍子胥急忙又上前劝阻说："勾践是个有心计的国君，文种、范蠡也是有名的贤臣，大王这次不灭越国，将来后悔莫及啊！"夫差听他又是那一套，心中厌烦，掉过头去不再理他。伍子胥无奈地退出营门，仰天长叹道："越国十年生聚、十年教训，二十年后，吴国将被其夷为平地了！"

▷历史文化百科◁

〔春秋特色兵器：吴钩、铁殳、飞钩〕

此系三种兵器。吴钩，形似剑而弯曲。据说由吴王阖闾发明，莫邪制作，最先流行于吴地而得名。秦兵马俑坑曾出土吴钩二柄，刃体弯曲，柄、体合铸。铁殳是一种打击兵器，锋端为三棱锥，可作刺杀作用，锥后装以长柄。据说，商鞅身边的卫士，即持"铁殳、重盾而豫戒"。飞钩专用于攻城，飞钩长八寸，钩芒长四寸，下连长索，攻城时接敌城垣，飞钩而上，一以击敌，二可钩住城壁，攀援而上。

《史记·吴太伯世家》
《史记·越王勾践世家》
《吴越春秋》卷七

谋略　虚伪　愚蠢
勾践　夫差　范蠡
伯嚭　伍子胥

人物　关键词　故事来源

○八七

越王做了奴仆

根据吴越双方和议条件，公元前492年五月，越王勾践同大夫范蠡到吴国去做奴仆，大臣们到浙江边上送行，在江边设案布酒，祭祀路神保佑。文种首先为越王祝辞，劝勉他磨砺意志。勾践抬头向天，泪流满面。范蠡鼓励勾践忍耐一时，预言越国定会复兴。

越国君臣来到吴国，入宫拜见吴王夫差，夫差志得意满地看了他们一眼，侧身对范蠡说："寡人听说，'正派女人不嫁败家之子，贤士仁人不当亡国之臣。'越王无道，国破家亡，他死后越国香火也就绝了，你何必再跟随他呢？到寡人手下做官吧。"范蠡回答："微臣听说，'亡国之臣不敢言政，败军之将不敢言勇。'臣在越国不忠不信，致使越王出兵与大王对抗，落得

勾践服役

越王勾践弃国为奴，在大夫文种、范蠡襄助下，砥砺心志，图谋来日。

今天下场。蒙大王洪恩，我们君臣得以不死，现在微臣只盼能服侍大王，别无他求。"吴王夫差见他如此，就说："你既不改志向，那么，你们就住到岩洞里去罢！"

自古成大事者，皆有磨难

岩洞阴暗而又潮湿，勾践每天天不亮就束着牛犊裤、扎着头巾，开始铡草喂马，他的妻子穿着短袄和毛边的裤裙提水饮马，清除马粪。他们整天在卫兵监视下干活，再苦再累也不敢露出丝毫埋怨的神情，只有到了深夜睡不着时，才敢长长地叹口气。他们知道稍有不慎，就可

装饰精致的印纹硬陶簋

呈灰褐色的春秋印纹硬陶簋。此器肩部有一对对称的锯齿形竖耳，相当独特，通体布满席纹，美观精致。

能引来杀身之祸。一天晚上，勾践望着岩缝中的星光，沉痛地说："我难道就此终其一生吗？"范蠡劝慰道："自古成大事者，皆有磨难，汤被关夏台，文王被囚羑里，齐小白亡命莒国，晋重耳流亡四海，但最后他们都成就了惊天动地的霸业。大王现在的处境又哪知不是福兆呢？"勾践君臣就这样整整过了三年。

身处厄境，不失君臣之礼

有一天，吴王夫差出宫游览，登上高台，远远望见勾践君臣，见勾践及妻子、范蠡分别坐在马粪旁，君臣之间的礼节、夫妇之间的

仪礼依然如故，丝毫不爽，不由回头对随行的太宰伯嚭说："勾践还真是个有节气的人，范蠡更是贤臣，他们身处厄境，仍不失君臣之礼。如此重礼义之人竟沦为奴仆，寡人也为之感到忧伤！"不断收到越国留守大臣送来好处的伯嚭，见夫差动了恻隐之心，就乘机进言说：

美女西施

西施是我国历史上著名的美女加奇女。西施姓施，原是春秋越国苎萝山（在今浙江诸暨南）上一户卖柴人家的女儿。越国被吴国击败后，越王勾践卧薪尝胆，以图雪耻，并将西施献给吴王，以施展美人计。传说越国复国后，西施与越国大臣范蠡偕隐太湖，给后人留下无数美丽的遐想。

> 历史文化百科

〔先秦农具五种：铚、銚、铲、镃、权渠〕

春秋战国时期的农具已十分多样。铚，收割稻、麦使用，类似今天的短镰刀。銚，流行于北方的一种锄，因北方地旱土松，所以它的形制比较大，类同今天的大锄。铲是起土用的农具，板状长方形或方形，上端中间有方銎，装柄用，基本同于现在的铲。镃，是流行于齐地的一种大镰。权渠也作櫂渠，战国时期齐、鲁、宋、魏等地区耙、锄类农具的俗称。

上述几种农具只是一种代表，实际生活中的品类远远多于这些，后世熟知的农具，除水车等少数几种外，其余各种功能的农具于战国时期已大致完备。

春秋

"他们遇上大王这样宽宏大量的君主，实是他们的福分！大王何不就此赦免了他们？"吴王夫差点点头说："寡人也有此意。"

三个月后，吴王夫差想择日赦免勾践了，伍子胥听到这个消息，坚决反对，他对夫差说："以前夏桀囚禁商汤不杀，商纣囚禁周文王不弑，结果天意逆转，夏桀、殷商反被商汤、周国所灭。现在大王囚禁勾践不加杀戮，反要加以赦放，大王难道忘记夏桀、商纣的教训了吗？"一旁的伯嚭抓住话柄，挑拨说："夏桀、

勾践服役

越被吴打败后，越王勾践和大臣范蠡作为臣隶跟从吴王回国，大夫文种留守越国。勾践和范蠡在吴国为吴王服役三年，吴王看到他们两人勤劳服役，以为没有反抗的意思，就放他们回国。此图出自清末石印本《东周列国志》。

商纣都是昏庸暴君，怎能同大王相提并论？从前齐桓公分沟礼燕，名扬天下；宋襄公不击渡河楚军，《春秋》对他备加赞扬。今日大王赦免勾践，正因吴越世仇，更显得大王圣德、伟大，青史垂名更在齐、宋之上！"伍子胥怒目环张，据理驳斥。夫差见二人争执不下，此事就暂时搁了下来。

尝粪祝贺，感动夫差

范蠡一面派人暗中给伯嚭送礼，一面加紧给勾践出谋划策。恰逢夫差沾染时疫，时过三月，算算这种毛病该到好转的时候了，范蠡便向伯嚭疏通，说勾践想探视吴王，正巧夫差也想看看勾践的近况，伯嚭就将勾践带到夫差床前。勾践向夫差行礼，请求允许他看看大王的粪便。侍从将夫差的便桶拿到勾践面前，勾践当着夫差的面，仔细地观察了粪便的颜色，又取出一点放在嘴里尝尝味道，再看看夫差的脸色，最后跪下向夫差祝贺，说："大王的病很快就会痊愈。"夫差见他如此对待自己，十分感动。

不久，夫差的病果然好了，感念勾践的忠顺，就不顾伍子胥的极力反对，终于下令赦免了勾践君臣。勾践就此回到越国。

先进的铸剑技术

春秋晚期吴越之剑天下闻名，湖北江陵出土的越国剑，剑身满布菱形暗纹，剑镡上嵌有蓝色玻璃及绿松石，剑的表面经硫化处理，有一层黑色硫化物保护膜，铜剑至今光亮如新，剑锋寒气逼人。

话说中国

〇八八

卧薪尝胆

被释回国的越王勾践夜睡柴堆，昼尝苦胆，时时刻刻提醒自己勿忘国耻，而吴王夫差夜夜笙歌，朝朝管弦，两国国力悄悄地发生着逆转。

卧薪尝胆是一个古老而具有永恒魅力的故事，它表现了越王勾践忍辱负重的坚强意志，激励人们在艰难困苦的条件下，机智勇敢、不屈不挠，为实现理想而顽强奋斗。

刻苦磨炼，心存复兴

勾践回到越国，一改过去君主的生活方式，穿粗布、吃粝食，早出晚归训练士卒，同时像平民一样，下田耕作。为了使自己不忘记在吴国岩洞中度过的日子，他特意在破旧屋子的地上铺一层柴草当床铺，又在床头上方用绳子吊了一枚苦胆，每天起卧时都舔一舔，然后对自己说："你忘掉求降的耻辱了吗？"勾践的妻子也与他一样，每天采桑织布，"食不加肉，衣不重采"。勾践又采纳文种、范蠡的建议，厚待国内的贤士，礼遇来访的宾客，访贫问苦，济危扶困，轻徭薄赋，团结民心。同时每年又以大量土特产向吴国进贡，厚结吴王左右，窥探夫差的动向，不断以甜言蜜语歌功颂德，让夫差高兴。

促其争霸，加深矛盾

经过两年艰苦准备，越国储备渐丰，人民殷富，皆有带甲之勇。公元前488年正月，日夜想着报仇雪耻的勾践感到时机成熟了，就将手下五位主持政务的大夫召集起来，商议讨伐吴国的事。大夫逄同认为此时出兵伐吴还为时过早，

冶铸技术的代表

春秋时期，青铜兵器发展到全盛阶段。兵器的形制、数量、质量等方面都有提高和改进，冶铸技术已相当成熟。越王矛就是这时期的代表作品之一。

便说："我国实力虽有所恢复，但同吴国相比，仍居弱位。此时如公开整军备甲，必然引起吴国警觉，对我有百害而无一利。俗话说，苍鹰搏兔，必先匿其形。这两年来，我对吴朝贡不断，吴王骄矜日甚，求名之心日切。我们最好进一步助长吴王的傲气，促进其北上争霸，那样一来，吴国同齐国、晋国的矛盾必迅速上升，楚国对吴国的积怨也有增无减，夫差即便争霸成功，业已危机四伏。那时我们可以秘密结交齐、晋、楚三国，促其联合伐吴，我们瞅准时机，猝然一击，定可大功告成。"大家听了，深以为然。

巧施美人计

为了加深吴王夫差的骄横与腐败，勾践还实施了著名的美人计：在国中选出两名倾国倾城的美人，一个叫西施，一个叫郑旦，严格训练后由范蠡送往吴国。吴王夫差见了，不由魂魄皆醉。伍子胥大惊失色，急忙劝谏说：宠妹喜而夏亡，纳姐己而商覆，爱褒姒而周迁。自古以来，美女皆为亡国之物，大王不可接受！勾践自己食不加肉，衣不重采，却不断以玩好女子献于大王，说明勾践心怀叵测，务请大王三思！"伯嚭见夫差脸有不悦之色，马上冷笑着说："伍子胥动辄将大王比于亡国之君，究竟是何居心？所言又每每夸张其辞，危言耸听。难道大王竟是昏君，其他大臣都是奸佞，唯你一人是大忠臣吗？"伯嚭一阵冷嘲热讽，旁边的同党故意哈哈大笑，为人忠耿的伍子胥气得说不出话来，愤然出宫而去。

前460年
前370年

公元前460-前370年

世界大事记

古希腊哲学家德谟克利特在世。

伍子胥 勾践
伯嚭 夫差
范蠡 西施

昏庸 谋略
卧薪尝胆 韬晦

《史记·越王勾践世家》《吴越春秋卷八》

人物　典故　关键词　故事来源

夜夜弦歌的背后

吴王夫差有了西施和郑旦，从此晨昏颠倒，一切政事全部托付给伯嚭，自己则夜夜弦歌，朝朝云雨。嫌姑苏台太小，又特别在灵岩山上建造了富丽堂皇的馆娃宫，宫里设了个"响屧廊"，屧是鞋的木底，响屧廊就是廊下地板中空，穿木底鞋在上面走，会发出各种不同的声音来。另外，凿吴王井，挖玩月池，开西施洞，筑采香泾，作锦帆游。又于洞庭西山明月湾辟消夏宫。整日弦管相逐，歌舞升平，美人计腐

"卧薪尝胆"背后的决心

越王勾践剑于1965年在湖北省江陵县望山一号墓出土。剑上"越王鸠潜（勾践），自乍（作）用剑"八字清晰可见。此剑韧性好而不易折断，是古代铸剑技术的代表作之一。这把剑让我们约略见到勾践"卧薪尝胆"苦心背后的决心。

蚀着吴王的灵魂，而百里之外的越王勾践，正满怀刻骨仇恨，夜夜躺在柴薪铺上舔着苦胆，周密地盘算着怎样实现自己的目的。

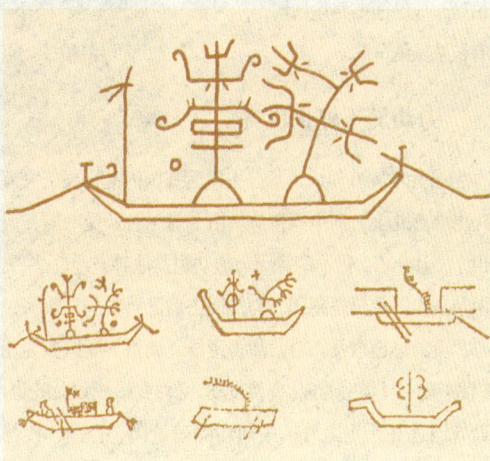

春秋帆船船纹

学术界一直认为东汉时期中国才使用帆船。湖南常德征集到的春秋时期的侧身人像钮铜錞于，底部刻有船纹图形，船上有楫有帆。越錞于船纹，每条船上也都有带点"花样"的帆。珠海高栏岛春秋岩画中的船，中部和尾部各挂一帆。这正好弥补了史书记载的疏漏，我国最迟在春秋时代已经使用风帆。

> 历史文化百科

〔首次发现越国房屋模型〕

1983年，浙江绍兴城外狮子山发现一座春秋时期的越国土坑墓，有阶梯墓道及壁龛。墓长8.2米，宽2.5－5.6米，深2.8米。经清理，共出土鼎、瓿、尊、盉、洗等14件青铜器。器上都铸有精美的花纹如蛇、鸟等富有南方特色的图案，其中一件铜鼎上还有铭文八十余字。特别珍贵的是一座方形的铜质房屋模型，四角，尖顶，顶中竖一根八面直柱，柱端站有一鸟；左右两侧山墙装有对称的格子式大窗；后墙有一小窗，前面屋门敞开，中间树立着两根圆柱，屋内并铸有人物活动场面。古越国房屋模型在当代还是首次发现。

商周青铜礼器用途表

时期 用途	商中期	商后期	西周	春秋
烹煮器	鼎	鼎	鼎	
蒸食器	鬲		甗	
盛食器		簋	簋	簠、豆
容酒器	瓿、尊	卣	方彝	罍
温酒器	斝、爵、盉			
饮酒器	觚	觯		
容水器			壶、鉴	
盥洗器	盘			盘、匜

伍子胥，这个一心为吴国的生存、强盛而费心出力的忠耿之臣，面对昏庸的吴王夫差和贪婪的奸臣伯嚭，他的面前路途坎坷，随时都有被杀戮的危险。

伍子胥之死

日趋昏聩的吴王夫差不听忠告，反以伍子胥为忤逆，在奸臣伯嚭挑唆下杀死了伍子胥，吴国由此栋梁折毁。

力劝吴王停止伐齐

公元前490年，齐景公去世后齐国内乱，吴王夫差决定乘虚北上，向中原挺进。伍子胥尽管备受冷遇，但出于一片忠心，仍不避嫌厌力加劝阻。他对夫差说："吴国最危险之敌仍是越国。勾践回去后卧薪尝胆，收买民心，实力迅速增强。对我甜言蜜语，朝贡不断，实为迷惑我们，一旦势力养成，突然发动，必对我形成致命威胁。而齐国远在千里之外，中间还隔着楚国、鲁国，我挥师北上，即使打胜了，遥隔千里，也无法占领。用千万士兵生命和百姓辛劳积聚为代价打一场无实际意义的胜

仗，有何值得？大王不先对付越国而谋算齐国，岂非荒唐之举？"伍子胥的分析确实入木三分，但他的态度和用语，刺伤了夫差的自尊心，因而对他的劝阻毫不理会，平日对伍子胥也更加冷淡了。

奸臣伯嚭的毒计

越国谋臣范蠡为了进一步促进夫差北上争霸，同时使越国秘密训练的军队得以公开露面，便说服越王勾践带着贵重礼品亲自去吴国进贡，表示越国愿为吴王争霸中原打头阵。范蠡的这一计策又激怒了伍子胥，于是劝谏夫差的口气更加强硬，措词更加激烈；这样一来，夫差和伯嚭等对伍子胥的厌恶日甚一日，甚至逐渐萌生了杀机。

这天，吴王夫差同太宰伯嚭议事，说到伍子胥近日常常面露不满之色，老奸巨猾的伯嚭对夫差说："大王对臣下仁慈，可称天下共见，伍子胥虽多有忤逆之言，但其反迹尚未暴露，大王不妨派他出使齐国下战书，一则为伐齐作准备；二则观察其动向，有否结外国之心。"伯嚭的这一番话，藏着极大的阴谋，他可以派人跟踪伍子胥在齐国的行动，搜罗伍子胥"叛

伍子胥之死

公元前484年，吴王亲率大军伐齐，越王勾践率领群臣来送行，送了丰盛的礼物，吴国君臣皆大欢喜，只有伍子胥深为忧虑，说："这是把吴国当猪来养。"伍子胥谏诤吴王说："越国是吴国的心腹大患，应该先消灭越国，才能安心北上。"吴王不听，伯嚭又在吴王面前诬告伍子胥想勾结齐国来攻打吴国，吴王就故意派伍子胥出使齐国，伍子胥把儿子寄养在齐国鲍氏家，吴王认为他勾结齐国谋反属实，召他回国，赐剑叫他自杀。伍子胥在被迫自杀前预言：三年之后，吴国开始没落，最终越国要灭亡吴国。这位对吴国发展做出巨大贡献的忠臣，就这样被迫害致死。此图出自清末石印本《东周列国志》。

前458年

公 元 前 4 5 8 年 >

世界大事记　罗马实行独裁官制。

《左传·哀公十一年》
《史记·伍子胥列传》
《国语·吴语》
《吴越春秋·卷五》

昏庸奸佞　冤狱　置眼东门

夫差　伍子胥　伯嚭　范蠡

人物　典故　关键词　故事来源

国投敌"的罪证，以便将他陷害。

罗织罪名，恶言污蔑

事情果然如此，伍子胥因深感在吴国处境不妙，便带着儿子一起到齐国，把儿子托付给老朋友鲍氏，嘱其改姓王孙，以一介平民身份存祀伍氏一脉香火。待他回到吴国，伯嚭已为他罗织好了"内不得意，外倚诸侯"；心怀"怨望"，意存"深祸"等等罪名。

构造奇特的荷湖桥

在绍兴的荷湖村有一座构造奇特的荷湖桥。相传春秋时期，荷湖中有一条赤龙兴风作浪，使得村民无法摆渡，便决定造桥。但由于赤龙的捣乱，桥一直无法造好。后来经过著名的工匠鲁班的指点，终于建成了这座九墩十孔的石板桥。

壮观的钱塘潮

春秋时，吴国打败了越国，吴国大臣伍子胥力劝吴王夫差杀死越王勾践，以绝后患。但吴王听信谗言，不但没杀勾践，反而将伍子胥赐死。临终前，伍子胥对儿子说："我死后，你挖出我的眼睛挂在东门上，我要看着越兵打进来；你把我的尸体扔进钱塘江，我要朝暮来潮看着吴国灭亡。"后来，吴国果然被越国所灭。伍子胥死的这天是农历八月十八，后来每年的八月十八，钱塘江便潮水奔腾，其中尤以海宁潮最为壮观。

夫差听说托子于齐一事，不愿再见伍子胥，只派一名使者将一柄叫"属镂"的剑赐给伍子胥，令他自尽。伍子胥在仰天长叹一阵后，愤怒地对家人说："吴国不久就会灭亡。我死后，你们在我的坟头种上梓树，让它可以做棺材；再挖出我的双眼，悬在东门之上，我要亲眼看着越兵进入吴国！"说罢自刎而死。

装皮袋沉江灭尸

夫差听得使臣回报伍子胥的临终之言，又勃然大怒，带着甲士来到伍子胥自刎处，说："令他不得见也。"随即将伍子胥的尸体装入皮囊扔进江中。

吴国百姓感怜伍子胥的忠贞，捞起尸体埋于吴山，把吴山改名胥山，把江也改称为胥江。

话说中国

〇九〇

春秋

北上争霸日，后院起火时

为了北上争霸的需要，吴王夫差在公元前486年，征发民工数万，开凿邗沟，连通长江和淮水。后又向北开凿另一条运河，与沂水、济水接通，这样，吴国大军就能乘船直抵宋、鲁。公元前482年暮春，吴王夫差率数万精兵北上，与晋、鲁等国会盟，以期夺得霸主地位。双方在济水边的黄池（今河南封丘西南）会合。正在这时，留守姑苏的吴国士兵来报，越王勾践突袭吴国，姑苏外城失陷，姑苏台已被焚毁，情况

第一条人工运河：邗沟

邗沟，又称邗江、邗溟沟，是我国第一条沟通长江和淮河的人工运河，为吴国在公元前486年开挖，故道自扬州市南引长江水北经高邮，折东北入射阳湖，再向西北至淮安流入淮河。隋代经改道后，一直发挥着重要作用。

万分危急。这一风云突变使夫差吓得脸都白了，立即下令封锁消息，并斩杀了七个泄密的人。

绝地一搏，誓死争先

夫差将大夫们召集起来，密商对策。大夫王孙雒反复斟酌后说："遇险不能转危为安，陷入绝境不能死

黄池争霸

夫差北上黄池，逼迫晋、鲁等国承认他的霸主地位，想不到后院火起，"十年生聚"的越国羽毛养成，向吴国发动了突然袭击。

里逃生，算不上智慧超群。人的心理大都怕死而贪利，晋国人也不例外。我们正好利用这种心理，在晋国尚不知我底细之前全力进攻，逼迫晋人同我结盟并承认我们的盟主地位，然后以盟主的名义号令诸侯，如此方能摆脱眼下危机，转危为安、反败为胜。因此，大王今晚就可采取行动，勉励全军殊死一战，前进者升官晋级，后退者格杀勿论，务使每位将士都勇往直前，誓死争先。"王孙雒的意见获得了众人的赞同。

三军雷动，激昂雄壮

当天黄昏，吴王夫差下达命令，要将士们吃饱饭喂饱战马，半夜时分全军穿上铠甲、拿好兵器，马套上络头，灶里的火种倒出来灭掉，然后排列阵势：一百个士兵为一行，一百行士兵组成一个方阵；每行的第一人为士官，士官怀抱着前进时敲击指挥步伐的金铎，手举木戟，身边树着狭长的旗帜和犀牛皮做的盾牌；队列中的兵卒一律手持犀牛皮盾和扁诸剑，每十行由一名大夫统领，树起旌旗、带着战鼓，腋下挟着击鼓令进退的鼓槌。十面旌旗组成一个方阵，由一位将军统领，将军身旁树日月旗，立大战鼓，将军执槌击鼓指挥，排成方阵前进。整个军队分成三军：中军将士白衣白甲，手执白色旗帜，使用白色尾羽的箭矢，驾着白色的战车战马，远远望去，像是一片盛开的白茅花。吴王亲执大斧，头顶交绘熊虎的白色战旗，站在方阵的中央。左军将士红衣红甲，手举红色旗帜，驾红色战车，使用大红尾羽的箭矢，远远望去，如同一片熊熊燃烧的火焰。右军将士黑衣黑甲，驾黑色战车，手举黑色旗帜，使用黑色尾羽的箭矢，远远望去宛似一片墨黑的乌云。身披铠甲的三万名将士，鸡鸣时分，

前457年
公元前457年

世界大事记

雅典伯里克利改革，使耦牲级公民有资格担任执政官。

《左传·哀公十三年》
《国语·吴语》
《吴越春秋》卷五

夫差 盟誓
勾践 黄池会 浮华

人物 典故 关键词 故事来源

排完阵势。东方刚一露白，吴王夫差亲自擂动钟鼓，军中的丁宁、镎于、铎同声响应。军乐铿锵，激昂雄壮，三军将士大声吼叫着踏步向前，声势惊天动地。

以残毒手段威吓晋国

刚刚起床的晋军将士大惊失色，被吴军的这种气势吓得不敢出来应战，只是扎紧营盘固守。晋定公忙让大夫董褐去拜见吴王，说："原来说好中午会盟，

黄池会

公元前482年，吴国通知中原诸侯到黄池开会，想与诸侯订立盟约，共尊周室，自己当霸主。黄池会使吴国北上称霸达到了目的，但也标志着吴国霸业的终结。这时，越王勾践率军攻入吴国，吴王闻讯，急忙从北方撤军回国。吴、越形势发生逆转。此图出自清末民初马骀的《马骀画宝》。

现在时间还未到，大军已来到我军营门口，请问是何用意？"夫差答道："王室卑弱，不朝天子，以至先人没有了祭祀。本王奉天行讨，是为了维护周天子的威严。现在陈兵于此，只想讨个答复，究竟是任凭各国自以为是，还是共同辅助周室，平定天下，即在今日一战！何去何从，请使臣回报贵君！"董褐起身欲走，吴王举手示意要他稍留，回头吩咐军吏令少司马兹及五名侍卫来帐中听令。六人进帐，军吏一声令下："向晋使致谢！"六人齐步走到董褐面前，"哗"地一声拔出佩剑，齐刷刷地一起自杀在董褐面前。

董褐回营向晋定公作了汇报，又对正卿赵简子说："我看吴王面带忧虑之色，必定是吴国国内发生事端！小者，可能宠妾、太子暴死，出现内乱；大者，可能越国攻进了吴国。此时，我们如拒绝缔盟奉他为盟主，他必拼死一搏。以吴王的残毒，与其交战对我不利，不如先答应他，要他去掉王号，恢复吴公称谓，这也不失我们尊重天子、维护周朝礼仪的风范。"晋定公、赵简子都同意他的看法，依计行事。

荣耀转瞬即逝

黄池盟会如期举行，吴公夫差成了新一代的盟主。但这时越国攻陷吴国的消息已渐渐传开，夫差怕齐、宋等国趁机向他发动攻击，盟会后便迅速撤军南下。黄池会的风光也随之烟消云散。

> 历史文化百科 <

[传奇人物老莱子]

老莱子是一个非常有趣的传奇人物。相传是春秋末期的楚国人，学识渊博，为避乱世风险，携家隐居于蒙山之阳，自耕而食。老莱子非常孝敬父母，据说年过七十，还经常穿着花衣服扮小儿状，以娱父母。楚王闻其名，想请他出山为官，老莱子不肯去，待双亲谢世后，偕妻儿迁居江南。

○九一

范、中行氏出奔

原来范、中行氏的力量也十分强大，知、韩、魏三家来攻竟未能取胜。由于策略性的错误，使其惨遭败亡。

晋国卿大夫之间互相兼并斗争，发展到后来只剩下赵、韩、魏、知、范、中行六个家族，即所谓"六卿"他们分割晋国的土地，把持朝政，形成六卿专权的局面。而六卿之间，还在互相倾轧，经常产生摩擦，斗争的火花不时迸发。公元前497年，一场大规模的全面战争又展开了。

赵晋阳被围，危在旦夕

那一年，赵鞅先命在邯郸的支族赵午把卫国进贡的民户五百家迁送至晋阳，今山西太原市，赵氏的主要根据地。赵午一族的父兄都说："不可。卫贡民户是为助邯郸，迁往晋阳，会断绝卫国的友好往来。"赵鞅因赵午不服从命令而大怒，把赵午召到晋阳囚禁起来，后因矛

王子午鼎

春秋时期，各诸侯国之间的文化差异开始突显，别具特色的地域文化呈现开来。王子午鼎就是当时楚国制造的、具有鲜明地域特色的器物之一。它在结构上与以往的鼎相似，但是造型上却极度夸张凌厉，多用曲线，形成"一波三折"的效果，增强了器物的动感。鼎足与底部的结合还采用了冷焊工艺，是中国古代冶金工艺史上极其重要的突破。

盾激化竟把赵午杀了。于是，赵午之子赵稷及其家臣涉宾等在邯郸叛乱，招来晋上军司马籍秦对邯郸的围困。

然而赵午是中行寅的外甥，他们之间有亲戚关系；中行寅又与范吉射是亲家，中行寅之子娶了范吉射的女儿，两家十分和睦。范、中行氏约定不参与围困邯郸，并商议作乱，进攻赵鞅。有人告诉赵鞅这个消息，叫他做好战争的准备。赵鞅说："晋国有令，先发动祸乱者死，我还是等他们动手了再见机行事吧！"当年七月，范、中行氏果然开始作乱了，他们首先进攻赵氏在都城的宫室。赵鞅逃奔到他的根据地晋阳，范、中行氏的军队追踪而至，晋定公也派兵参与对晋阳的围困。一旦城被攻破，后果不堪设想。

同盟者来解救，形势急转

原来范氏的一个支庶范皋夷与范吉射有矛盾，欲在范氏内部作乱。韩不信与中行寅关系不好，互相仇恨；魏曼多也与范吉射有宿仇，互相憎恶。同时，知文子荀跞嬖爱梁婴父，欲把他提升为卿。于是，范皋夷、韩不信、魏曼多、知文子、梁婴父五家谋划，将驱逐中行寅而以梁婴父取代；驱逐范吉射而以范皋夷取代。知文子对晋定公说："君

现在人们都用"始作俑者"来形容首开恶劣风气的人，"始作俑者"最初是谁说的？

命大臣，始作乱者死。今范、中行、赵三臣始作乱而单独逐出赵鞅，刑罚已不均了。请把他们全部驱逐。"于是到十一月，知文子荀跞、韩不信、魏曼多三家奉公命伐范、中行氏，没有取得胜利。

范、中行氏听说知、韩、魏三家是奉晋定公的命令来伐的，就把怨恨转到定公头上。于是，范、中行氏甩开知、韩、魏三家而攻伐定公。这是一个策略性的错误，有人分析说："知、韩、魏三家未睦，可把他们战胜。战胜三家，晋公自然会站在范、中行氏一边。只有伐君是不可以的，因为人民不会同意。"果然，范、中行氏伐君的行为遭到国家军队的反对，国人都来助定公作战，范、中行氏败逃。知、韩、魏三家军队进行追击，范、中行氏只得奔到朝歌，今河南淇县暂作安身。

韩、魏两家本来与赵氏私交甚笃。这次赵氏被围晋阳，全靠韩、魏联合知氏等攻逐范、中行氏，赵氏才得以保全。韩、魏两家在这之后，又为赵氏在定公面前说情，请赵氏出来。此年十二月，赵鞅从晋阳回到国都绛，在定公宫廷立了盟约。"

王子午鼎铭文

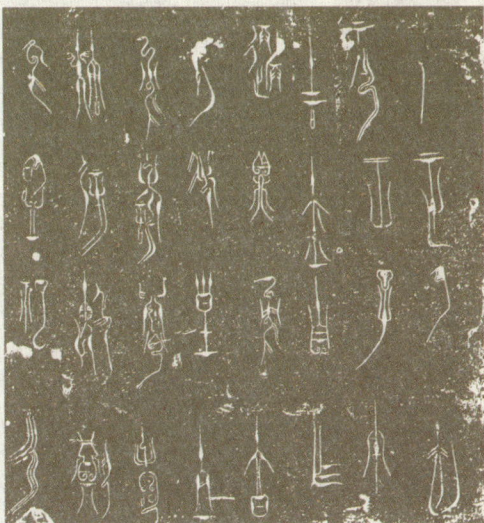

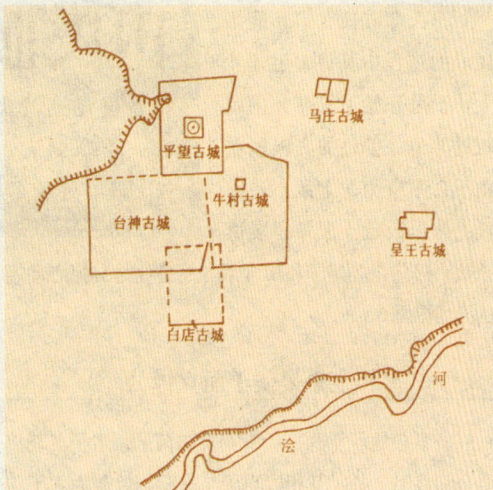

侯马盟誓遗址

春秋时代盛行的盟誓，是当时诸侯卿大夫为了巩固内部团结、打击敌对势力而经常举行的一种具有制约作用的礼仪，其仪式一般为先凿地为坎，再奉置玉币和杀牲，然后将朱笔写就的盟誓书和祭祀所用之牲掩埋于地下。盟书盟誓用血书成，诅咒和卜筮用墨书写就。目前所见春秋时代最具代表性的盟书是侯马盟书。山西侯马市是春秋晚期晋国的遗址，考古学者在此发掘出侯马盟誓遗址和侯马盟书，它不仅是春秋晚期晋国历史的一个缩影，也是东周政治盟誓礼仪的真实写照。图为侯马晋国古城平面图。

势单力孤而最终败亡

立志报仇雪耻的赵鞅，对范、中行氏恨之入骨，与他们势不两立，必欲除之而后快。公元前492年，赵鞅率军围朝歌，其主要兵力在南面。中行寅、范吉射便转移兵力从北门突围而出，奔邯郸。次年九月，赵鞅又发兵围邯郸。十一月邯郸投降，中行寅和范吉射又向北出奔至鲜虞，鲜虞人把他们安置在柏人，即今河北隆尧县西南。公元前490年五月，晋定公发兵围柏人。中行寅、范吉射走投无路，乃向齐国逃窜。

范、中行氏由于战争策略上的失误，使自己在国中陷于孤立，最终败逃而亡。从此，晋六卿中又少了两家，四卿的争夺将更加激烈地展开。》杨善群

〇九二

田氏血腥夺权

在齐国迅速壮大的田氏，将姜氏齐君一个个杀害，终于篡夺得齐国政权。请看他们的阴谋是如何得逞的。

田氏即陈氏在不断笼络民心的过程中其势力迅速壮大，于是开始了篡夺齐国政权的斗争。姜姓的齐国国君由于在军事力量上敌不过田氏，被田氏玩于股掌，屡遭杀戮。田乞杀晏孺子和田常杀齐简公便是最惊心动魄的两场惨剧。

田乞杀晏孺子而立悼公

齐景公太子早死，后有宠姬叫芮子，生子名荼。景公临终时，托付其相国惠子与高昭子以荼为太子。待景公去世，国、高二相果立荼为国君。由于荼当国君时间极短，后人称为晏孺子。荼立为国君引起田乞的不满，因为田乞与景公的另一个儿子阳生相好而欲立他。晏孺子当国君后，阳生见形势不妙而奔鲁。

这时，田乞便玩弄阴谋，进行挑拨。他在上朝时与高、国二相一起乘车，对他们说："诸大夫都不愿立孺子。现在孺子既立，二位作相，大夫皆自危，谋作乱，你们要尽早准备。"至朝，又对诸大夫说："高、国二相是灾祸啊，恃君之宠想要除掉你们，何不及其未作而先发难？"诸大夫皆听从其言。

公元前489年六月，田乞联合鲍牧及诸大夫以兵进攻公室，高昭子与国惠子闻讯救公，战于临淄城内大街上，公师败北。田乞率军追国惠子，惠子奔莒；田乞军便返回杀了高昭子。晏孺子见大势已去，乃奔鲁避难。

在进攻取得胜利后，田乞派人至鲁迎接阳生回国，藏匿于田家。一日，田乞请诸大夫来饮酒，把阳生放在皮囊内而坐于中央。揭开皮囊而显现阳生，田乞即宣告："这就是齐君啊！"诸大夫皆伏而拜见，遂定盟约而立阳生为君，即齐悼公。接着，田乞派人赴鲁捕捉晏孺子回齐并杀害了他。悼公既立，田乞为相，控制了齐国的政权。

田常杀简公而立平公

过了四年，到公元前485年，田乞去世，子田常继为宗主即田成子。同年，鲍牧因与齐悼公有矛盾而将其杀害，齐人共立悼公子壬为君，即齐简公。简公时田常与监止并为左右相，但监止受宠于简公，与田常发生争权矛盾。田常听说传言："监止将诛杀田氏。"于是，田常兄弟四人乘监止在公宫之机闯入宫廷，欲杀监止。这时，简公正与妇人饮酒作乐，田常的行动激怒了简公。田常恐简公要诛杀他，干脆一不做二不休，加紧攻击监止。监止也率领其部队进行还击，因不胜而逃亡。田氏部队即追击监止，将其杀戮。

简公看到监止被杀，知道会祸连及己，马上出奔，逃到徐州，在今山东滕州市南，被田氏部队追及。田常恐简公复立而诛己，便将简公杀死。接着，田常立简公弟骜为国君，即齐平公。平公即位，田常单独为相，更加专权跋扈。

人形柄剑

春秋战国时，东南百越地区在融入中原文化的同时，也延续了自身的文化特色。湖南长沙出土的一把铜剑，剑柄铸成人形，人头顶盘发髻，脑后垂着长发，刻画细腻，形象粗犷，带有浓郁的南方民族风格。

春秋

世界大事记

罗马选出十人委员会,编纂成文法典。

田乞 田常 齐简公　人物

田氏代齐　典故

谋略 残忍　关键词

《史记·田敬仲完世家》　故事来源

田常对齐平公说:"施舍是人们高兴的,请君主持;刑罚是人们厌恶的,由我主持。"实行五年,齐国政事一切都由田常说了算。在这些年中,田常把鲍、晏、监止以及其他较强的公族,全部诛杀殆尽;又割齐国东部的大片土地作为自己的封邑,其面积大于国君平公统辖之地。

齐国之政终归田氏

田常死后,他的谥号为"成子",因为他对田氏强大而执齐政成就最大。其子盘立,即田襄子,作齐宣公的相。襄子使其同族兄弟担任齐各都邑的大夫,并与晋国通使者,俨然已是国君的架势。襄子死后,经庄子、悼子到田和,都作齐宣公的相。齐宣公去世,其子贷立,即齐康公。康公十四年,即公元前391年,因康公沉湎于酒及女人,不听朝政,田和把他迁至海上,最终接管了姜氏的政权。田和因担任田氏的第一代齐君,后被尊为"太公"。

田氏原为陈国公室贵族,公元前672年因避乱奔齐,起初还称陈氏。后来陈氏迅速壮大,大有篡夺姜氏政权之势,如果仍称陈氏,给人一个陈国逃亡者的感觉,甚为不利,遂于公元前480年改称田氏。田氏经过近300年十几代人的努力,终于将齐国姜氏政权取而代之,历史上称为"田氏代齐"。 》杨善群

春秋淹城的青铜鼎(上图)
春秋淹城遗址位于江苏常州市武进,是现存最完整的地面古城池遗迹。此鼎三范合铸,平口、直唇、平折肩、深弧腹、圜底、立耳一对、宽扁足,足端外撇。器表有较厚的烟炱。

楚白公之乱

由于费无忌进谗言，使太子建出奔，其子白公胜欲报父仇，在楚国引起一场灾难性的内乱，其教训是深刻的。

父亲太子建在郑被杀

楚白公名胜，他的父亲名建，原是楚平王的太子。奸臣费无忌为太子建赴秦娶妻，因该女面目姣好，无忌为讨好平王而使平王自娶，为太子建另娶他女。费无忌因此而得罪太子建，恐其一旦登位，对己不利，故常在平王跟前讲太子坏话。太子建母是蔡国女，因年龄大而失宠，故平王对建更加疏远。其后，在费无忌的策划下，平王使太子建居城父守边，其地在今河南宝丰县东。不久，费无忌又日夜谗太子，称其专兵权，外交诸侯，欲入都篡夺王位。平王信以为真，乃派人召太子建想要诛杀他。太子建闻讯，便逃奔宋国。遇宋有华氏之乱，太子建又转而奔郑。

在郑国，太子建受到很好的待遇。为广泛交友，太子建又赴晋国。晋人欲偷袭郑国，请太子建作内应。于是，太子建又回郑居住。晋人派间谍到建那里，约定袭郑的日期而请建配合行动。正在这时，太子建暴虐于其邑里，邑人向上级控告。郑司法机关进行调查，正遇上晋国的间谍，太子建通晋的罪行因而暴露，遂被郑国所杀。

白公胜早年跟从其父守城居边，又逃奔宋国，转而奔郑，颠沛流离的生活使他养成了刚强不屈、疾恶如仇的性格。其父在郑国被杀后，他就向南逃奔吴国避难。

白公回楚欲报父仇

子西为楚令尹，即中原国家的相，听说前平王太子建之子胜在吴，欲把他召回国内。叶公表示反对："我听说胜奸诈而易作乱，不是有害吗？"子西答："我听说胜讲信义而有勇气，不做不利的事。把他留在边境，可作防卫。"叶公还是不放心，说："胜出言必行而求

敢死之士，恐怕有隐私吧！这不是信义和勇气，你要后悔的。"子西不听而召胜回国，把他留在东边的白邑，即今河南息县东，担任守卫，号为白公。

胜任白公后，即向令尹子西请兵，要求伐郑，以报父仇。子西表面上允诺但不发兵，白公心中恨恨。公元前481年，晋伐郑；郑向楚求救。楚派子西救郑，与郑订立盟约，接受郑的贿赂而还。胜听说此事，勃然大怒，说道："郑人在此，仇不远了。"意即子西就是郑人，仇敌即在国内。

一场惊心动魄的殊死战斗

公元前479年，吴军攻伐楚国的慎城，在今安徽颖上县北，被白公击败。白公以胜吴请功为由，要求把作战所得的战利品献于宫廷，让大家观赏。子西应允了。七月，白公胜率领一队人马来到都城宫廷，即开始作乱。白公胜与勇力死士石乞等袭杀令尹子西、子期于朝，接着便劫持了楚惠王。

石乞对白公说："马上焚烧府库、杀了王，不然大事不成。"白公回答："不可以。杀王，不吉利；焚库，没有积聚，将何以守备？"他没有采纳石乞的主意。白公欲立平王子启为王，启说："王孙若安定楚国，匡正王室，是启的愿望，敢不听从？若要倾覆王室，不顾楚国，宁死不从。"于是，白公杀了王子启而将惠王劫持至高府，石乞守门。不料有人从地道进入宫廷，背负惠王逃至昭王夫人宫。白公乃自立为王。

守卫在蔡，即今安徽凤台的叶公子高，闻讯都城宫廷有变，即率领军队前往楚都进行干预。在都城内遇到箴尹固率其部属将归从白公，子高规劝说："白公杀掉子西、子期二位贤能者，楚已经不成其为国家了。你现在弃德从贼，能够确保安全吗？"箴尹固受到启发，

春秋

前451年
前450年

《左传·哀公十三年》
《史记·楚世家》

太子建 费无忌
白公胜 叶公子高

谗言 怨愤

人物 关键词 故事来源

话说中国

便和叶公一起，再联合都城中的惠王部队一起进攻白公。白公终因寡不敌众，知道难免一死，便奔至山间上吊自尽。石乞死硬跟随白公，亦被烹杀。临终时说："此事成则我为卿，不成则烹，如此而已。"

白公之乱虽然平息了，但它对楚国带来的损失是严重的。它与伍子胥引吴兵伐楚一样，都是费无忌

楚王子午的铜浴缶

盖微隆起，上有四个环钮，小口，矮圈足，使腹部空间显得极大。肩部设一对连环耳，腹下部前后各置一环钮。盖内和器口有铭文说明这是楚庄王之子王子午的浴缶。缶起初是人们装物的器皿，后来演变为打击乐器。

在平王跟前进谗言惹的祸。可见奸臣拨弄是非对国家的危害。 》杨善群

〇九四

勾践灭吴

连续数年的消耗后，吴国国力殆尽，勾践乘机发动灭吴战争。求降不得的夫差自感无颜见子胥于地下，用衣袍蒙脸自杀，吴国灭亡。

霸主求降

黄池会后吴王夫差急速回师，因远程来去，师老兵疲，已无力与士气旺盛的越军作战。夫差唤过伯嚭，恼羞成怒地对他说："你一直说勾践如何忠信，怎么会有今天?

勾践灭吴

公元前473年，越王勾践亲率大军攻吴，吴军连打败仗，越军包围了吴的国都，吴王恳求越王让吴国当越国属国，越王不答应，求降不得的夫差羞愧交集，说："我悔恨不听伍子胥的忠言，才落得今天的下场!"说完拔剑自刎。越国灭掉吴国，便北上争霸，成为春秋战国之际最后一个称霸的诸侯国家。此图出自清末石印本《东周列国志》。

现在你带着厚礼去向勾践求和，当年他如何求和的，你也如何向他求和!如果办不成，我用'属镂'等候你!"属镂就是赐伍子胥自尽的那把剑。伯嚭焉能不胆战心惊?他来到越营，趴在地上请罪。勾践同范蠡商量后，自度力量还不足以灭掉吴国，就接受了夫差的求降条件。

围困姑苏山上

吴王夫差在屈辱中苟延。这期间，楚国也来寻衅报复，他无力还击，只得像对越国求和一样，去向楚国请罪。公元前478年，越王勾践再一次率兵攻入吴境，夫差也立即起兵抵御，两军相遇于吴都南五十里的笠泽（今吴淞江）。越军采取声东击西、突然袭击等策略，把吴军杀得落花流水，狼狈逃窜。公元前475年冬天，勾践在几次大胜后已作好充分的灭吴准备，他调集全国精兵大举伐吴。经过几次接触，把吴兵杀得大败，越军乘胜进兵，将姑苏城团团围住。一围就是三年，城中粮尽，

> 历史文化百科

〔千古神兵越王剑〕

继越王勾践剑、越王盲姑剑、越王州勾剑出土之后，有关考古部门又在湖北江陵郢都发掘出土了第四把越王剑——越王鹿郢剑。鹿郢（又名鼫与）为越王勾践的儿子，生于公元前449年，公元前414年去世，此剑为他的佩剑。经测量，鹿郢剑全长65厘米，宽5.3厘米，格宽1.2厘米，剑格上铸有鸟篆铭文"戉王戉王"、"者旨于赐"字样，剑首7个同心圆，鸟篆铭文的空隙处镶嵌有闪闪发光的绿松石。该剑虽埋藏地下两千多年，但出土时剑刃依然锋利异常、寒光逼人，不愧为古代奇珍、兵器国宝。

夫差
伍子胥
范伯嚭

勾践
勾践灭吴

犯豫　屈辱

史记·吴国世家
左传·哀公二十一年
左传·哀公二十二年
左传·哀公二十三年
···
吴越春秋卷十二
越绝书·吴语卷十五

人物　典故　关键词　故事来源

春秋中期兽目交连纹鼎，为圜底鼓腹兽蹄足式

夫差只得突围。勾践率军紧追不放，夫差逃至姑苏山，终被越军追上。走投无路的夫差只得派大夫王孙骆"肉袒膝行"向勾践求和。王孙骆趴在地上转述夫差的降词："臣夫差诚惶诚恐向越求和。以前在会稽山得罪大王，夫差没敢违反天命，于大王不利，而是与大王缔结了和约。今日之姑苏山，就如昔日之会稽山，微臣如获天赐之幸，得蒙大王赦免死刑，愿率全吴国男子常为越国奴仆，全吴国女子常为越国侍妾。"

天命不可违

王孙骆痛哭流涕说的一番话，触动了勾践往日的伤感，他意欲接受吴王夫差的求降。范蠡冷静地对越王勾践说："会稽之战，是上天把越国赐给吴国，吴国未受，致使越国有了报复的机会；现在上天把吴国赐给越国，难道越国也想违背天命，让吴国以后再来报复越国吗？大王二十多年来勤政辛劳，刻骨铭心，难道不正是为了今天？现在终于等到这个机会，岂能放弃？古人说：

'天予不取，还受其咎'，万望大王不要忘了二十年前的困厄！"勾践说："寡人理智上想听从你的劝告，但感情上确实不忍心回绝吴国使者的求告。"范蠡一听，说："那就让我来吧！"说罢拿起鼓槌，亲自擂响战鼓，把吴国使臣赶走。

夫差包住脸面自尽

王孙骆见最后一线希望破灭，只得号啕大哭着走了。勾践可怜夫差，就派人追上去对夫差说："寡人把你安置到甬东（今浙江舟山岛），给你百户人家。"万念俱灰的夫差对越王使者说："我老了，不能服侍大王了！"他跟跄着站起身来，颤巍巍地走到众军士面前，仰天长叹几声，四顾吴国的河山，喃喃地说："我错杀了忠臣伍子胥，死后无颜去见他。"语毕拉起衣袍包住自己的脸面，横剑自尽了，时为公元前473年冬天。

自公元前494年勾践被困于会稽山向吴屈辱求和，经过二十多年的艰苦努力，终于报仇雪耻，灭掉吴国。

夫差称霸的雄心

春秋战国时期铁兵器大量出现，湖北江陵出土的吴王夫差剑，形制精美，外形起脊，下端为鱼尾形，通体有朱字格暗纹，是一件珍贵的铁制兵器。

话说中国

〇九五

狡兔死，走狗烹

范蠡认为勾践可与同患难，不可共享福，决定退隐山林。他写信给朋友兼同僚文种阐述"兔死狗烹"的道理。文种不听，那么等待他的是何种下场呢？

末代霸主

越王勾践灭掉吴国后，乘胜北上，与齐、晋等国会盟于徐州，即今山东省滕州市东南的薛城，并向周天子进贡。周元王派特使赐勾践胙，即祭祀用的肉；命为伯，即诸侯之长。越王勾践成了徐州盟会上的霸主。

只能同患难，不可共享福

兴高采烈的勾践回国后，摆起酒席，庆贺胜利，君臣都沉浸在一片论功行赏的欢乐之中，唯有一人此时比较冷静，就是谋臣范蠡。范蠡明显感到勾践自占领吴国后，以往的平易和谦恭不见了，代之而来的是刚愎和骄慢，以及眼中不时流露出来的贪婪和多疑。根据他二十多年来和勾践的相处，范蠡强烈意识到，勾践是个只能同患难、不能共欢乐的人，于是他顿生去意。经过一段时间的深思熟虑后，便以身心疲惫、功成思退为由，向越王勾践提出辞呈。

范蠡出走

对于范蠡的辞官，勾践大感意外。在自己卧薪尝胆、苦身戮力、十年生聚、十年教训的奋斗岁月中，功劳最大的莫过于范蠡。现在别人都在邀功请赏，而他却提出了辞呈，这不能不令勾践异常震惊。他对范蠡说："寡人正准备与你分享越国，你怎能离我而去呢？你这样一走了之，不怕寡人处死你的妻子吗？"范蠡坚决地说："臣去意已决，怎么处置就听凭大王了。"说罢辞谢而出，回家收拾了衣服细软，带着仆人，乘上小船，出三江口，进入太湖，不知所终。

西施何去？

关于范蠡的出走，除了历史的正式记载外，民间还有不少传说。

一种说法是越王勾践获得吴王夫差的所有遗物，包括助越灭吴有功的美女西施，勾践公然提出要西施像服侍夫差那样服侍自己。西施原本有自己的恋人，这恋人不是别人，就是范蠡，当时为了拯救危亡的越国，西施牺牲一己幸福，强颜欢笑去服侍敌君。而今功成回国，本应回到恋人身边，不料勾践竟然提出如此无理、无耻的要求，西施岂能不愤怒地严加拒绝，结果被勾践下令装入皮袋中沉入

无锡蠡园流传千古佳话
蠡园位于江苏无锡五里湖畔。五里湖又名蠡湖，是太湖的内湖。相传春秋末年，越王勾践复国成功，而作为主要谋臣之一的范蠡则功成身退，与美人西施一起泛舟蠡湖，成为历史上的一段佳话。

春秋

前449年

公元前449年

世界大事记 | 希腊、波斯缔结《卡里阿斯和约》，希波战争结束。

《史记·越王勾践世家》《吴越春秋》卷十

勾践 范蠡 文种 西施

鸟尽弓藏 兔死狗烹

冤狱 猜疑

人物　典故　关键词　故事来源

话说中国

越大夫范公蠡

进退行藏皆有宜

范蠡是楚国人，在他辅佐之下，越王勾践卧薪尝胆，终于得雪亡国之耻，灭亡了吴国。但他察觉勾践不能容人，遂急流勇退，改名换姓，到齐国经商，号陶朱公，成为巨富，被后世商人奉为宗师。事实也正如他所料，和他同时辅佐勾践的文种因为不听他的劝告退位而被越王杀害。此图出自清任颐的《於越先贤传》。

江底。范蠡悲愤交加，怆然离去。另一种说法是吴国灭亡后，西施回到范蠡身边，两人泛舟太湖，不知始终。还有一种说法是范蠡带着西施出走后，隐姓埋名，自称鸱夷子皮，在东海边自耕自食，积财千万。又说他自称陶朱公，经商成了大富翁等等。各种说法不一，唯一的共同点，就是范蠡毅然离开了勾践。

大恩不报，大功不还

范蠡到达齐国后，曾提醒好友文种赶快隐退，给他写过一封信，说："飞鸟尽，良弓藏；狡兔死，走狗烹。知道进退存亡的道理，才是贤人啊！勾践长颈鸟喙，鹰视狼步；可与共患难，而不可共处乐；可与履危，不可与安。"文种未听范蠡的劝告，不久，果然遭到勾践的猜忌。勾践召见文种，对他说："你胸罗九术之策，现在只用三种，就灭掉了强大的吴国，还剩六种未用，你活着，寡人怎能睡得着？所以希望你用剩下的策略帮助寡人地下的祖先，去图谋吴国的祖先。"说罢命卫士把那柄得之吴国的"属镂"剑丢在他的脚下。文种不由仰天长叹说："大恩不报，大功不还，真有这样的事吗？范蠡比我聪明啊！"

年年钱塘潮

文种自刎而死后，葬于卧龙山，在今浙江绍兴市内。当地人为了纪念他，把此山叫做种山。一年后，东海发大潮，冲毁山坡，文种坟茔崩裂，有人看见文种随浪而去。于是当地人便传说：每年钱塘潮，总见文种出没在怒潮之中，述说、发泄着他的无尽悲愤！

云雷纹折肩直腹罐

此罐直筒，微鼓，折肩，周身布满类似青铜器的云雷纹，纹饰规整，质朴典雅。

相传它的作者就是春秋时代越国大夫范蠡。　247

生动活泼的铜鉴

〇九六

扮演喜剧

尊重富贵者而轻视贫贱者，是历史上一种普遍的社会现象。齐相田成子因故出逃，与其门客互换角色，一路上受人尊敬，顺利过关。

主仆颠倒，欲显奇效

鸱夷子皮是齐相田成子的门客。有一次，田成子因故逃往燕国，鸱夷子皮背着过关时要查验的符牒跟在后面。眼看来到望邑，即今河北望都县西北七里处，子皮对田成子说："您听说过干湖之蛇的故事吗？故事是说有个湖泊干涸了，住在湖里的蛇准备搬家，小蛇对大蛇说：'您在前边游，我在后边跟，路人看到了，就会认为是两条普普通通的蛇，不假思索地会将我们打死。如果您背着我，人们一定会感到非常奇怪，甚至会将我们看作神灵，不仅不敢杀害我们，还会诚惶诚恐地向我们敬礼。这样，我们岂不就安全地搬家了吗？'大蛇一听有理，就让小蛇爬到它的身上，一路背着它游，穿过大路时，行人看见了，纷纷让开道、低着头，恭恭敬敬地让它们游过去，口中还不停地说：'神灵啊！神灵啊！'大蛇和小蛇果然安全地搬了家。"说到这里，鸱夷子皮看了一眼田成子，说："现在呢？您穿着这么华丽，气度这么高雅；而我呢？一身陋旧，长得又丑。如果这时以您这身衣着打扮和高贵的仪态，扮作我的门客，那么，我就会被人看作是拥有千乘兵车的一国之君；如您扮作我的手下，那么，他们更会把我看成是拥有万乘兵车国家的卿相；如您扮作我的仆人呢？那效果肯定更是惊人！"

巧过关卡，有惊无险

当时社会等级制度非常森严，一定的服饰代表了一定的地位，地位低贱的对地位高贵的只能俯首听命、恭恭敬敬，不然就视为有罪。久而久之，就形成了一种社会定势。现在的田成子正在逃亡，

他最迫切的愿望，就是平平安安、顺顺利利地逃到燕国去，所以听了鸱夷子皮的话，心想确实有理，如果以平常的身份行路，守关官吏必将会对他们严加盘查；如按鸱夷子皮的计谋，互相调换一下身份，守关官吏就会心存疑惧，不敢轻易得罪，这样岂不就一路顺风了吗？想到这里，伸手就将鸱夷子皮背上的包袱取了过来自己背上，扮作子皮的随从。过关时，鸱夷子皮昂首阔步地走在前面，田成子低首弯腰跟在身后。果然，守关的官兵见了都很恭谨，连符牒不敢细看，做个样子就让他们过去了。傍晚时来到一家旅馆，旅馆主人见了忙不迭亲自出来迎接，献上酒肉款待他们。就这样，鸱夷子皮带着田成子，一路欢笑着向燕国走去。

> 历史文化百科

〔江苏丹徒的吴王余昧墓〕

1987年，人们在江苏丹徒大港至谏壁沿江的北山顶上发现了一座春秋晚期的大型墓葬，经专家考证，确认是公元前527年去世的吴王余昧墓，是我国首次发现有铭文佐证的吴王墓葬。

经清理，共出土文物四百多件，其中一件"余昧矛"刻有铭文："余昧（合文）自乍（矛）工其元用"。另有一青铜鸠杖和青铜悬鼓环，杖镦末端有一裸体跪坐人，其胸、背、臀和腿部均刻有花纹，与古文献中吴人"断发文身"记载相符，这也是该风俗实物形象的首次发现。此外还有虎钮錞于、青铜编钟和精美的尸祭缶、甚六鼎等。缶上有铭文三十余字，记载了吴国三代四王，与史籍记载吴国世系完全一致。青铜编钟仍能奏出清脆悦耳的声音。

〇九七

三次豁免权

家奴浑良夫以巴结女主人而得青睐，又靠出卖国君当上了执政大夫，有着豁免三死的特权，不料卫太子不买账，编织了"四该死"罪名，把他杀了。

卫君赐人"三死无与"，就是可以豁免三次死罪。按理来说，有了这个护身符，人的一生该平安了吧。可是在那罪名可以乱定的封建社会中，"三死无与"者被立即处死。这是怎么一回事呢？

卫太子出奔

公元前496年秋天，卫太子蒯聩出使回国，路过宋国时，听见有人在大街上公开议论他的母亲南子与宋公子朝淫乱的事，他感到既羞又怒对随行的家臣戏阳速说："回家后你看我眼色行事，把她杀了！"戏阳速答应。回到卫国，南子接见他们，蒯聩递了三次眼色，戏阳速不敢动手，提起刀来又放下去。

卫国第一夫人卫灵夫人

一天晚上，卫灵公与夫人坐在官里闲聊，忽然远远听见有马车慢慢驶来，但到了王官附近，马车声听不见了；等马车过了王官，声音又响了起来，然后渐渐远去。灵公便问夫人："你知道这是谁的马车？"夫人道："一定是懂得礼仪的蘧伯玉。"灵公出去一问，果然是蘧伯玉，但他回来故意骗夫人说不是蘧伯玉。不料夫人盈盈下拜道："那就贺喜大王了。"灵公很奇怪："何喜之有？"夫人道："我本来以为咱们卫国只有一个蘧伯玉，不料还有一个像蘧伯玉这样的贤人。这真是大王和咱们国家的福气啊！"

卫灵公
卫灵公夫人

南子发觉不对，夺门就逃，边逃边喊："蒯聩要杀我！"蒯聩慌忙逃往晋国。卫灵公于是废了蒯聩的太子名分。不久，灵公去世，由蒯聩的儿子辄继位，即卫出公。

靠姐姐帮助登上君位

卫国执政大夫孔悝(kuī)的母亲孔姬是蒯聩的姐姐，她总是向着弟弟蒯聩，因而不喜欢侄子当国君。这样一来，就同拥护卫出公的孔悝形成了对立的两派。孔悝的父亲死得早，孔姬耐不住空房，将英俊的家奴之子浑良夫作为贴身心腹，关系暧昧。公元前480年的一天，孔姬派浑良夫去戚城，在今河北濮阳市北探望蒯聩。蒯聩见他是姐姐的心腹，就对他说："你如能助我夺得君位，我就封你为大夫。"同时答应赐他"三死无与"的特权。从一名地位卑下的家奴一跃而为国家的重臣，这实在太诱人了！浑良夫喜出望外地同意了，二人订下盟誓。浑良夫派人请示孔姬后，与蒯聩一起乘着夜色潜回卫都，躲在孔姬房中。

第二天孔姬带着兵器，同几名家丁埋伏在僻静处，趁孔悝如厕时将他劫持到蒯聩面前，强迫孔悝与

公元前444—前429年

前444年
前429年

世界大事记　古雅典伯里克利时代。

《史记·卫康叔世家》
《左传·定公十四年、哀公十五年》

浑良夫　卫庄公

欲加之罪　何患无词

盟誓　专制

人物　典故　关键词　故事来源

蒯聩歃血为盟。自己的母亲既然站在舅舅蒯聩一边，卫出公又是蒯聩的儿子，孔悝无法再挣，只得服从了。孔姬接着便以孔悝的名义集中家丁，拿起武器，直奔王宫。卫出公措手不及，仓皇出逃鲁国。蒯聩便在孔悝等人的拥戴下登上君位，即卫庄公。

欲加之罪，何患无词

卫庄公虽然当了国君，可库府都被卫出公卷走了，于是找执政大夫浑良夫商议。浑良夫说："公子辄毕竟是主公的亲生儿子，主公如能让他回来，被他卷走的库府财宝不也就回来了吗？"卫庄公觉得这未尝不是个办法，二人谈得非常投机。不料隔墙有耳，消息很快传到新立的太子疾那里去了。太子疾不愿公子辄回来抢了他的位子，就模仿卫庄公，也找了几个勇士，趁卫庄公单独休息时，一拥而上，逼着他同自己歃血为盟，条件是两个：一是不许让公子辄回来；二是杀了浑良夫。卫庄公说第一个条件好办，第二个却不行，因为自己当初答应过浑良夫"三死无与"，君无戏言，岂能说了不算？太子疾哈哈一笑，说：

外宽而内直的蘧瑗

蘧瑗字伯玉，春秋时卫国人，卫灵公时曾担任大夫。后人赞扬他的品行"外宽而内直，自娱于隐括之中，直己而不直人，汲汲于仁，以善存亡"。孔子周游列国，几次经过卫国，都寄宿于蘧瑗的家中，可见对其十分欣赏。此图出自清末《历代名臣像解》。

以尸为谏的史鱼

史鱼名鳅，字子鱼，春秋时卫国人。当时卫灵公宠幸弥子瑕，史鱼屡谏不听。史鱼死后，他的儿子遵照父亲的遗命，陈尸户外，不殓于棺中。卫灵公前来吊唁，见状便责问其子，其子答道："因为父亲认为自己'生不能正君，所以死不能成礼'。"卫灵公此时才幡然醒悟，终于不再宠幸弥子瑕了。这便是历史上著名的"尸谏"。此图出自清末《历代名臣像解》。

"'三死无与'不就是赦免他三次死罪吗？要是他犯了第四个死罪，可不可杀？"卫庄公点了点头。

几天后，卫庄公请群臣赴宴。浑良夫同往常一样，穿着狐皮袄，佩着镶宝剑，坐在卫庄公旁边又吃又喝，又说又笑，十分高兴。太子疾见状，马上吩咐心腹武士，抓了浑良夫要推出去砍头。浑良夫大叫："为什么抓我？"太子疾冷笑着说："臣子见君主，必须穿礼服，你不穿礼服，这是非礼，死罪一；臣下上殿陪君主饮宴，不得带兵器，你腰佩宝剑，意在不轨，死罪二；你在君主面前趾高气扬，全无为人臣子的礼仪，这是死罪三。"浑良夫一听，忙说："就算有此三罪，你也不能杀我。当初主公同我有'三死无与'的盟誓。"太子疾仰天大笑："你知道就行！公子辄大逆不道，篡袭君位你竟然想叫他回来，这不是第四个死罪吗？"浑良夫听了顿时目瞪口呆，卫庄公在旁也作声不得，浑良夫就这样被拖下去杀了。

〇九八

春秋

老子出关

老子是中国历史上最具传奇色彩的人物之一，是道家学派的创始人，他为避战乱，一路西行，来到函谷关，写下了名垂千古的《道德经》。

"太上老君"

春秋时期的老子是中国历史上最富传奇色彩的人物之一，说他是中国历史上最充满智慧的人，恐怕也极少有人反对。这位被后世道教徒们奉为教主，尊称"太上老君"的人物，真身原是周朝的"守藏史"——一位管理王室藏书的史官。他姓李，名耳，字聃，所以也称老聃。出生地是陈国苦县厉乡曲仁里，在今河南鹿邑县东。如同他神秘莫测的学说一样，老子的生卒年份已无从查考。

孔子问礼

老子的学问与孔子全然不同。孔子的学说以人类社会为范围，而老子潜心探索的是宇宙、人性的本源。孔子闻老子的名声，曾经到周王室的所在地，老子管理王室藏书的图书室，向老子询问历史上有关礼仪的情况。老子毫无保留，向孔子阐述他一生的学习心得、经验教训，并给孔子许多忠告。他对孔子说："你所谈论的那些有关礼仪的话，说的人他的骨头都已腐朽了，只有言论还在，有什么值得研究的呢？而且君子遇到好的时道则驾车速行，不得

赵孟頫笔下的"老子像"

赵孟頫，宋宗室，作画崇尚唐代与北宋的古意，力主书画同源，将书法用到画法上，对文人画的发展起到很大推动作用。此老子图，风格古雅，运笔以圆润为主，藏秀逸于单纯之中，不刻意雕琢，如春蚕吐丝，有大家风范。

老子写《道德经》的太初宫

太初宫位于河南三门峡市的灵宝县。相传道家之祖老子曾在此写下《道德经》（即《老子》）。

前438年 公元前438年

世界大事记 雅典卫城帕台农神庙竣工，菲狄亚斯用黄金和象牙塑成雅典娜神像。

《史记·老子韩非列传》

老子 博学
尹喜 尊贤
老子出关

人物 典故 关键词 故事来源

服，他对弟子说："鸟，我知其能飞；鱼，我知其能游；兽，我知其能走。至于龙，其如何乘风云而上天，我不能知。我今日见到的老子，他真像龙啊！"

千古流传《道德经》

老子当管理王室图书的史官时，在道德方面能进行自我修养和完善。他的学问要求自我隐蔽，对大自

与今本多有不同的老子帛书

老子帛书出土于湖南长沙马王堆3号墓，分甲乙两种写本，并各附古佚书4篇，甲乙两种写本内容大体相同，和传世今本《老子》对照，次序与今本相反，帛书的章次、文字，与今本也有不同。帛书抄成于西汉初年，是当时流行的黄老思想的重要典籍。

老子骑牛图
春秋时期道家的代表人物老子被后人赋予了很多的意义。尤其是推崇道教的宋代，把老子列入仙籍。其中，他骑青牛、御紫气的形象深入人心，几成共识。这是明代画家张路所画的《老子骑牛图》。

其时则随风转移。我听说，善于做生意的人深藏若虚，静心观察；有高尚道德的君子，容貌若愚，不事声张。去掉你的骄气与多欲，矫揉造作的姿态与淫乱的志向，这些都对你的身体无益。"孔子对老子的教训十分佩

春秋

老子松下授经

春秋战国之际的思想家老子，姓李名耳，字聃，楚国苦县（今河南鹿邑县）厉乡曲仁里人，曾任东周王朝守藏史，掌管图书典籍。为道家学派创始人，被道教徒神化，奉为教主。著有《道德经》，并创立哲学体系，其以"道"为核心，倡导世界本原说、朴素辩证法及认识论，所提出的恬淡虚无、清净无为、抱朴归真的人生观备受后人推崇，成为传统的养生学基本准则。图中描绘出老子在松树下坐在榻上授经的那股仙风道骨，颇具"天尊"的气度。

然各方面的研究，往往无法准确说出它的名称。老子在周王室呆得时间长了，看到周王室的衰败、不成器，乃弃职而去。老子一路西行，来到函谷关。函谷关的关令尹喜却是个饱学之士，且久闻老子大名，长日以无缘师事之为憾。现在见老子骑着青牛，施施然而来，料定老子将从此隐去，怎肯错过这最后的机会？于是坚请老子收其为徒，说："先生将隐居了，请一定为我著书，把先生的主张、学说保存下来。"于是老子著书上、下篇。流传千古的文化经典《道德经》就此诞生，洋洋洒洒足有 5000 字。著完《道德经》，老子向西出关而去，飘然不知所终。

骑青牛出关时的老子（右页图）

老子是道家学派的创始人，传说他在骑青牛出关时，遇见关令尹喜，为之著《道德经》，即《老子》。晁补之，山东人，才高气逸，画风豪放跌宕，劲挺有力，创作时根据需要，中锋、侧锋兼用，由外及内，自上而下，不做修饰，一气呵成。晚年归隐。此老子图也能体现其志向。此为宋晁补之所绘《老子骑牛图》。

> ### 历史文化百科

〔道家学派的宗师：老子〕

老子是我国伟大的哲学家，道家学派创始人。同孔子、释迦牟尼并列为三教（道、儒、佛）始祖之一。据说老子姓李，名耳，字聃，或称老聃，春秋时楚国苦县（今河南鹿邑东）人，为周朝守藏史。史载孔子曾向其问礼。因感周室衰微，天下行将大乱，遂西行函谷出关西去，不知所终。史载，老子出函谷关时，被关令尹喜所阻，请著书相留，因而有《道德经》(也称《老子》)。《道德经》分上、下篇，上篇道经主要阐释天地人世的本体；下篇德经主要阐释人生与社会的本质。但从 1993 年 10 月湖北荆门郭店村一号楚墓出土竹简考察，老聃原本《道德经》不分道经、德经，字数也仅为今本的五分之二。专家认为，出函谷西去的是战国中期的太史儋，现今所见《道德经》为太史儋在原本基础上增补本。详细情况，仍有待学术界进一步研究。

老子语录

道可道，非常道；名可名，非常名。无名，天地之始；有名，万物之母。故常无，欲以观其妙，常有，欲以观其徼。此两者同出而异名。同谓之玄，玄之又玄，众妙之门。

天下皆知美之为美，斯恶矣；皆知善之为善，斯不善矣。故有无相生，难易相成，长短相形，高下相倾，音声相和，前后相随。是以圣人处无为之事，行不言之教，万物作焉而不为始，生而不有，为而不恃，功成而弗居。夫唯弗居，是以不去。

天长地久。天地所以能长且久者，以其不自生，故能长生。是以圣人后其身而身先，外其身而身存。非以其无私邪？故能成其私。

上善若水。水善利万物而不争，处众人之所恶，故几于道。居善地，心善渊，与善仁，言善信，正善治，事善能，动善时。夫唯不争，故无尤。

三十辐共一毂，当其无，有车之用。埏埴以为器，当其无，有器之用。凿户牖以为室，当其无，有室之用。故有之以为利，无之以为用。

大道废，有仁义。慧智出，有大伪。六亲不和，有孝慈。国家昏乱，有忠臣。

绝圣弃智，民利百倍；绝仁弃义，民复孝慈；绝巧弃利，盗贼无有。此三者以为文不足，故令有所属：见素抱朴，少私寡欲。

有物混成，先天地生。寂兮寥兮！独立不改，周行而不殆。可以为天下母。吾不知其名，字之曰道，强为之名曰大。大曰逝，逝曰远，远曰反。故道大，天大，地大，人亦大。域中有四大，而人居其一焉。人法地，地法天，天法道，道法自然。

道常无为而无不为。

上德不德，是以有德。下德不失德，是以无德。

反者道之动，弱者道之用。天下万物生于有，有生于无。

大方无隅，大器晚成，大音希声，大象无形。

道生一，一生二，二生三，三生万物。万物负阴而抱阳，冲气以为和。

圣人无常心，以百姓心为心。

以正治国，以奇用兵，以无事取天下。

治大国若烹小鲜。以道莅天下，其鬼不神。

天之道损有余而补不足，人之道则不然——损不足以奉有余。孰能有余以奉天下？唯有道者。是以圣人为而不恃，功成而不处，其不欲见贤。

天道无亲，常与善人。

天之道，利而不害。圣人之道，为而不争。

孔子诞生

贫苦的家境,使孔子过早地接触社会,并立下匡世济民之志。在以后的岁月中,他十年从政,十年游说,十年颠沛流离,人生道路几起几落。到了晚年,孔子潜心著书立说,兴办教育,使贵族教育平民化。孔子创立的儒学为历代推崇,并称他为"圣人"。

孔子是中国古代非常杰出的政治家、思想家、教育家,现在已成为世界文化名人,被评为世界十大思想家的首位。他是中国人民的骄傲,是中国文化与世界文化沟通的桥梁。他出生于社会秩序混乱、战祸频仍的春秋末年,其具体日期是公元前551年夏历八月二十七日,公历9月22日。

贫寒出俊彦

孔子,名丘,字仲尼,春秋鲁国人。幼年的孔子生活十分孤苦,按照现今的说法就是生长于贫苦的单亲家庭。不到三岁,父亲叔梁纥就去世了,抛下孤儿寡母陷于分家产的争夺中。年轻的母亲颜征在争夺中得不到孔家的承认,只好孤身一人在曲阜故里艰辛地抚育幼子孔丘。穷苦人家的小孩特别聪慧懂事。小小年纪,孔子就对诗书礼乐情有独钟,在慈母的关爱下发愤地吸收一些可以学到的知识。在同邻里小孩玩耍时,孔子会把一些小木块、小泥巴当成礼器,

思想巨人:孔子

孔子,春秋时鲁国人,儒家思想的创始人,著名思想家和教育家,他编订了《诗》、《书》等古代文献,删修鲁国史官所记《春秋》,孔子的言行由他以后的弟子追记而成《论语》,成为了解和研究孔子思想的主要材料。

陈列有致、行礼如仪,在模仿中体会文化的内涵。

贫苦的家境,使孔子过早地接触到社会众生,也迫使他从事过多种底层民众的营生;成人后,又先后给大户人家当过"委吏"(仓库保管)、"乘田"(管理牛羊的佣工)。在这十多年的社会生活中,孔子一直在学习和发扬礼仪。到17岁时,孔子已卓尔不群、名噪乡里。

公元前535年,鲁大夫孟僖子去世,临终前对嗣子懿子说:"孔子目前虽然年轻,但其学问人品已有圣人气象。而我就要死了,无法继续指导你了,你可立即前去拜孔子为师。切记,切记!"孔子大约在30岁左右开始收徒讲学,进行教育活动。

志在匡世救民

当时,周室衰微、诸侯并起,彼此征伐不断,道德沦丧,生活在社会底层的孔子深切地感受到民众的苦难。经过长时期的学习、思考与研究以及积极求问,比如问周礼于老子,"不耻下问"于樵夫等等,孔子逐渐形成了一套完整的社会改良方案。他

"万世师表"的孔子(上图)

孔子是中国著名的教育家。他的"有教无类"与"因材施教"的教育思想,在中国历史中占有重要地位。清康熙帝为北京孔庙大成殿门额题"万世师表"匾,显现了帝王们对这位至圣先师的无比尊崇。

民本 胸怀
革新 仁义
孔子 博学 德政

《史记·孔子世家》
《左传·昭公七年》

人物 关键词 故事来源

孔子见老子图

相传老子掌管周王朝的典籍，孔子心怀天下，苦学经史，传说他曾经问礼于老子。元人所绘的这幅孔子见老子图向世人展示了这一古代佳话。

孔子被加封为王

由于汉代以后历代帝王皆以儒学治国，所以儒学的创始人孔子受到特别的尊崇，被奉为圣人，成为"百世文官表，历代帝王师"，甚至被封为公、王。图为"大清皇帝册封至圣先师孔子五代王碑"。

話說中國

> 历史文化百科 <

〔千秋儒学宗师：孔子（公元前551—前479年）〕

　　孔子，名丘，字仲尼。儒家创始人。春秋晚期鲁国陬邑（今山东曲阜东南）人。伟大的思想家、教育家。破落贵族出身，少年时家境贫寒，成人后曾任委吏（仓库管理员）、乘田（管理牲畜的小吏）。自幼好学，曾问礼于老子，学琴于师襄。公元前501年，任鲁中都宰，次年升大司寇，鲁、齐夹谷之会为（鲁）定公相。公元前499年，因与权臣政见不合离职，周游列国共十六年，终不见用，于六十八岁时回到鲁国，专心治学授徒。孔子从三十岁左右开始收学生，相传共有弟子三千人，著名的七十二人。晚年整理《易》、《礼》、《诗》、《书》，并将鲁国史书《春秋》加以删订，成为我国第一部编年体史书。孔子言论被学生辑为《论语》一书，集中反映了他的思想与主张。孔子开创的儒家学派，被后来历代封建统治者奉为统治思想。

问礼老聃

老子是与孔子同时代的一位大思想家，其言行颇具传奇色彩，他是周王室的图书管理员，知识渊博，通达世理。司马迁说，孔子34岁时曾经到东周都城洛邑（今洛阳）向老子请教有关礼的问题，颇受老子的教诲。孔子入周问礼处，在今洛阳市老城。此图出自明刊本《养正集语》。

以《易经》中"和"的思想为出发点，肯定周礼中尊卑有序、上下有节的社会秩序的合理性，并在其中注入了充满人文精神的"仁"的内核。同时设定以教育为切入口，熏陶并培养人们在力争"至善"的理性原则上成就人间的天堂——理想的大同社会。

经过精心准备，35岁的孔子满怀壮志豪情，踏上了从政以匡世济民的道路。然而在当时诸侯争霸的背景下，以"仁"治国救民的学说是行不通的，孔子受尽了诸侯们的排斥与非难，甚至追杀，因而作为政治家的孔子是不得志的。十年从政，十年游

说，十年颠沛流离只落得"惶惶然如丧家之犬"。但是，孔子"明知不可为而为之"的精神还是很值得学习的。

整理典籍，兴办私学

公元前484年，经在鲁国做官的弟子冉有的说情，68岁、离家二十年的孔子终于回到了故乡。从此，孔子谢绝出仕，潜心整理传统典籍、兴学育人，将希望寄托在理性原则的传承与弘扬上。据说他先后为《易经》撰写了"十翼"，编定了《诗经》、《尚书》和《礼》、《乐》、《春秋》；特别是鲁国史书《春秋》，是孔子亲自一字一句精心编定的，注入了他对社会、政治、经济、伦理等各方面发展建设的主张与理想。这正是后世尊称其为"孔圣"的重要原因。

作为孔子而言，他的主要成就在于教育方面，

孔子入周问礼处

春秋

孔子档案

年份	年龄	主要活动
公元前 551 年		出生于鲁国陬邑，取名丘，字仲尼。
公元前 549 年	3	父亲叔梁纥病逝。
公元前 544 年	8	喜欢陈列俎豆，模仿各种祭祀仪式及相应礼节。
公元前 542 年	10	在外公处受教。
公元前 537 年	15	笃志于学。
公元前 533 年	19	娶宋国亓氏为妻。
公元前 532 年	20	长子孔鲤出生。为餬口计，出任委吏（仓库出纳）。
公元前 531 年	21	任乘田（饲养牛羊）。
公元前 530 年	22	设教于阙里，冉有、伯牛、季路等前来求学。
公元前 528 年	24	母亲颜征在病逝。
公元前 524 年	28	学礼于郯子，学射于矍相之圃。
公元前 522 年	30	道德学问，卓然成家。收孟僖子之子孟懿子兄弟为学生，授以礼。学琴于襄子，问礼于老子。
公元前 517 年	35	任齐国高昭子家臣。齐景公慕名欲封以尼溪之田，未成，恐齐大夫加害，离齐返鲁。
公元前 505 年	47	季氏家臣阳虎专政，欲任用孔子，孔子不就，致力于教育工作，弟子日众，开私人讲学之风。
公元前 501 年	51	出任中都宰。
公元前 500 年	52	先后升任大司空、大司寇。辅佐鲁君参与夹谷之会。
公元前 498 年	54	堕三都，收甲兵，削三桓势力。
公元前 497 年	55	大司寇摄相事，诛少正卯，鲁国大治。齐君惧，送女乐、文马于鲁君。孔子辞官，开始周游列国。
公元前 496 年	56	先往卫国，拟往陈国，受困于匡，只得返回卫国。
公元前 495 年	57	抵宋国，为避桓魋陷害转赴郑国，郑人喻为丧家之犬。
公元前 493 年	59	返卫，不见用。过晋不入。
公元前 492 年	60	再赴陈国。
公元前 489 年	63	受困陈蔡间，断粮七日。脱困后赴楚，转赴卫。
公元前 484 年	68	妻子亓氏逝世。回到鲁国。
公元前 483 年	69	鲁国君弱臣强局势依旧，孔子不愿出仕，遂致力于著书讲学，删诗书、制礼乐、赞易象、作春秋。
公元前 482 年	70	孔鲤去世。
公元前 481 年	71	颜回去世。鲁君西狩麒麟，孔子自知寿限将至。
公元前 480 年	72	子路去世。孔子叹曰："太山坏乎！梁柱摧乎！哲人萎乎！"
公元前 479 年	73	四月己丑日，孔子逝世。

《论语》中记载了很多他与学生的故事。孔子以"六经"为教材，实行"有教无类"的教育方针，将原本属于贵族特权的受教育权利推向了民间。据说，孔子弟子三千之众，通晓六艺的出类拔萃者有七十二人。在孔子的弟子中，除少数出身于贵族与富裕家庭外，大部分都出身于平民或贫寒家庭，有的自称为"贱人"或"鄙家"。可知孔子招收弟子的广泛性，并倾向于社会下层群众。孔子的教育方针对后世乃至现在影响依然深远。

历代崇圣，香火鼎盛

公元前 479 年四月己丑日，孔子逝世，享年73 岁。他创建的儒家学说，因其丰富的人文内涵和人类情感的美好寄托，一直为后世崇尚。封建统治阶级也刻意利用儒家思想作为钳制人民的意识形态工具。汉武帝宣布"罢黜百家，独尊儒术"；唐开元年间，追谥孔子为"文宣王"；宋大中祥符元年（1008 年），加谥为"至圣文宣王"。元大德十年（1306 年），再加谥为"大成至圣文宣王"；明嘉靖九年（1530 年），改称"至圣先师"；清顺治二年（1645 年）定文庙谥号，尊称为"大成至圣文宣先师"；12 年后，又改称"至圣先师"。香火至今不绝。

孔子堕三都

孔子曾有一段当官，在政治上有所作为的历史。他的政治、外交才能在这时充分发挥出来，使人刮目相看。

当中都宰政绩突出

孔子一生中，有几年在鲁国当官。在这些年中，孔子充分表现出作为一个政治家的非凡风采和卓越的治政才能。

公元前501年，当孔子51岁的时候，鲁定公命孔子任中都宰，为一个地方的行政长官。中都在鲁国的西部，即今山东汶上县西。孔子到了那里，把社会秩序治理得井井有条，人民都彬彬有礼。过了一年，四方的人都啧啧称赞，有口皆碑。由于孔子治政有方，政绩突出，定公把他由中都宰提升为司空，相当于现在的建设部长，负责工程建设方面的工作。后来又提升为司寇，相当于司法部长，负责抓捕犯人、纠察坏人坏事等方面工作。

参加夹谷之会不辱使命

就在孔子当司寇的公元前500年，他以鲁定公辅佐的身份参加了与齐景公的夹谷会盟，其地在今山东莱芜县境。当时齐强鲁弱，齐国原想通过这次会盟压服鲁国，

先知先觉人称圣，梓匠何曾读圣书

大成殿是孔庙的主殿。殿内正中是康熙皇帝题的"万世师表"匾额。大殿结构简洁整齐，重檐飞翘，斗拱交错，雕梁画栋，金碧辉煌，藻井枋檩以云龙图案装饰，金箔贴裹，祥云缭绕，群龙竞飞。匾额展现了孔子作为先儒的价值，建筑体现了古代匠人的智慧。

春秋

前430年
公元前430—前354年

前354年

世界大事记
古希腊历史学家色诺芬在世。

《左传·定公十年》
《史记·孔子世家》

坚强 勇敢
孔子

人物 关键词 故事来源

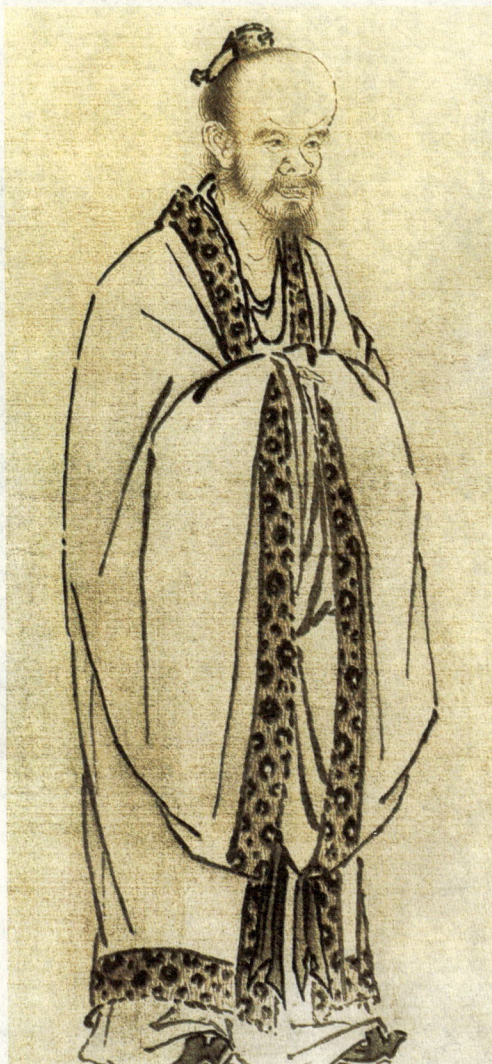

宋马麟笔下的孔子

马麟，宋代大画家马远之子。工人物、山水、花卉，曾为画祗候。此图用笔颇得屋漏痕之美，作画时笔中饱含水墨，线条显得厚重质朴，有力透纸背功力，衣袖纹斑用笔别致，体现出兽毛蓬松之感。

是演滑稽的小丑如群魔乱舞。孔子见此又厉声呵斥："匹夫而惑乱诸侯的，罪当诛，请司仪执行。"齐景公知道己方道义不如鲁国，心中恐惧而愧慊。

最后缔结盟约时，齐人提出："齐师出征，如果鲁国不出三百乘兵车相从，就是破坏此盟！"如按此条盟约，鲁国岂不成了齐国的附庸。孔子见此情状派人回答说："如果齐国不把侵占鲁国的汶阳之田归还，而要鲁出兵车，也是破坏此盟！"这使齐景公很难堪。经过反复考虑，齐景公归还了所侵占汶水以北鲁国的郓、灌、龟阴三地，并向鲁君表示歉意。

在夹谷之会中，孔子从容不迫，义正词严，随机应变，为鲁国讨回失地，充分显示了孔子作为一个政治家、外交家的机智和勇敢。

为强公室、弱私门不懈努力

过了两年，到公元前498年，孔子又向定公提出了"堕三都"的建议，即捣毁季孙氏、孟孙氏、叔孙氏盘据的费、成、郈三个城堡。孔子派子路为季氏的家宰，主持拆毁三都的工作。于是叔孙氏先拆毁郈的城墙。

话说中国

使其听命于齐。在双方以会遇之礼相见后，齐国司仪宣布："请奏四方之乐。"于是刀剑矛戟，鼓噪而至，齐国企图在混乱中劫持鲁君。孔子见如此情形，立即登上盟坛，大声疾呼："我两君为友好相会，夷狄乐舞为何于此？请司仪赶快斥退！"齐景公心中惭愧，挥手示意退去。

一会儿，齐司仪又宣布："请奏宫中之乐。"于

> 历史文化百科 <

〔君子启蒙：《论语》〕
《论语》是儒家经典之一，是孔子弟子及其再传弟子关于孔子言行的记录。内容有孔子谈话、答弟子问及弟子相互间的谈论。为研究孔子思想的主要资料。最初的文本有《古论》、《鲁论》、《齐论》三种，东汉郑玄将其合订为一本二十篇，即今天所见的《论语》。南宋淳熙年间(1174—1189)，朱熹将它和《大学》、《中庸》、《孟子》合为《四书》。

> 《论语》、《大学》、《中庸》、《孟子》，《大学》和《中庸》是《礼记》的两篇。 261

春秋

公元前428年 ⟩

世界大事记

希腊学者阿那克萨哥拉（约前500—前428）提出万物始于混沌，物质最小分子为"种子"，认为事物间存在着普遍联系，提出月食成因和月球反射日光而明亮一说。

将要堕费时，有公山不狃、叔孙辄等率领费人袭击鲁都表示反抗。孔子命申句须、乐颀二人联合国家军队进行还击，费人败北。带头闹事的公山不狃、叔孙辄二人只得逃往齐国，于是季孙氏之费邑的城墙也拆毁了。

最后就剩下孟孙氏成邑的城墙还没有拆毁，成邑处鲁国北境，成邑宰公敛处父对孟孙说："拆毁成邑的城墙，齐人必会从北面来进攻鲁国。而且成邑是孟氏的保障。没有成邑，也就没有孟氏了。你假装不知要拆毁城墙的命令，我将不执行拆城的命令。"这一年十二月，鲁定公因孟孙氏不毁城墙而包围成邑，结果没有攻下，无功而返。孟孙氏成邑的城墙没有被堕，后来费邑和郈邑的城墙也陆续恢复。

孔子堕三都的计划虽然失败了，但在这次行动中他表现出来的强公室、弱私门的执著信念和勇敢精神，永远值得人们称道和崇敬。 ⟩ 杨善群

半部《论语》治天下

《论语》一书主要记载孔子的言行，也有部分记录其弟子的言行，全书共20篇。内容反映了孔子的"仁"、"德"主张，"因材施教"、"温故而知新"等教育思想，是儒家的主要经典，后世有"半部《论语》治天下"之说。本书是明刊本。

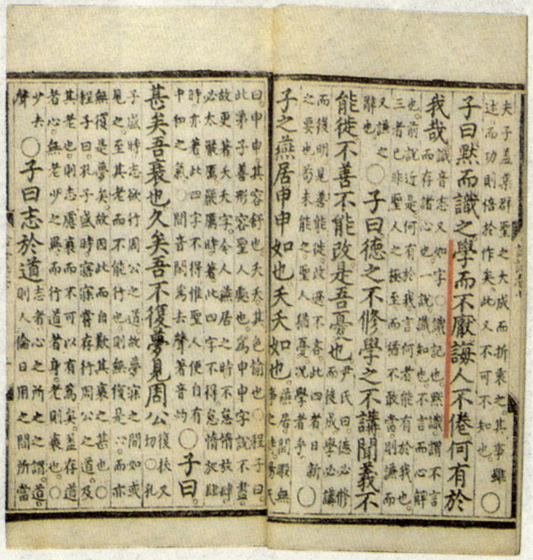

举行祭孔活动的孔庙露台

孔庙建成后，每年都要进行祭祀活动，包括孔门族人的家祭和朝廷规定的春秋两大丁祭，祭祀仪式就在大成殿前的大型露台（见图）上举行，有迎神、初献、亚献、终献、彻馔、送神等仪程。场面宏大，庄严肃穆。

话说中国

⟩ 孔子在鲁国和卫国时，都是6万斗粟的年俸。

孔子曾经对男人因好色而耽误国家大事深恶痛绝，这里有许多耐人寻味的故事。

好德和好色

孔子曾再三发出这样的感叹："我不曾见过好德如好色的人啊！"他为什么要这样说？他有过哪些经历？

季桓子醉心女乐而不听政

公元前497年，孔子由司寇而代理从事"相"的工作，参与国家行政三个月，鲁国的面貌大为改观：市场上价格公道，没有出现斩客现象；男女行走在道路上循规蹈矩，没有越轨出格的行为；道路上丢了东西，没有人来捡，更没有偷、抢的案件；四方

君子之泽

位于山东曲阜的孔陵，是绵延至今的孔氏家族的墓园。漫步在墓园中，苍松翠柏，陵道蜿蜒，让我们想到这位"至圣先师"，这位近乎完人的君子的恩泽。

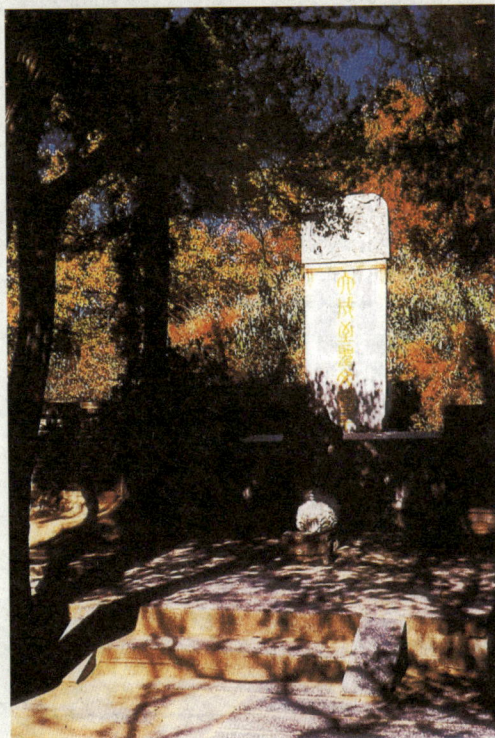

之人来到邑里受到热情接待，有宾至如归的感觉。

齐国人听说这种情况，都在议论："孔子当政鲁国必成霸主，鲁国称霸则我地最近，就要首先为鲁国吞并了。这如何办？"在经过一番策划之后，齐国决定对鲁国统治者采用腐蚀手段：他们在国内挑选美女八十名，都穿着华丽的服装，并能歌善舞，又挑选骏马一百二十匹，都披上色彩鲜艳的绸缎，送给齐国宫廷。

当时鲁国的主要执政者季桓子闻讯此事，乐开了怀，几次穿着便服偷偷来到鲁都城门外陈放齐国美女骏马的地方，观赏终日而怠于政事。子路看到这种情形，便对孔子说："老师可以走了，离开这地方吧！"但孔子对季桓子还有幻想，希望他醒悟改悔，说："鲁国今天举行郊祭，如果仍将祭祀用的烤肉按礼送我一份，我还可以留下来。"

孔子的愿望终于落空，季桓子接受了齐国的八十美女，整天沉湎歌舞，花天酒地，三天不听朝政。孔子忍无可忍，怀着满腔怨愤，弃官离开鲁国。行在路上，孔子还编了歌唱道："彼妇之口，可以出走；彼妇之谒，可以死败。"所谓"谒"，就是请见。季桓子听说孔子的歌，感叹道："夫子怪罪我因一群婢女而荒废政事啊！"

卫灵公与夫人南子的丑态

离开鲁国，孔子向西来到卫国，因为鲁卫是同姓的兄弟之邦。孔子住在子路的妻兄颜浊邹家。不久，有人在卫灵公面前说孔子的坏话，灵公使人带兵器出入检查。孔子恐有不测，就离卫赴陈。在经过匡，今河南睢县西时，匡人把孔子拘禁起来，因为孔子模样像曾作乱施暴的阳虎。后经交涉，孔子终于脱身，再返回卫国，住在贤人蘧伯玉家。

春秋

世界大事记　希腊历史学家希罗多德（约前484—前425），著有西方第一部史著《历史》（《希波战争史》），被誉为"历史之父"。

孔子
卫灵公
季桓子
南子

好德如好色

轻佻
浅薄

《论语·卫灵公》
《史记·孔子世家》

人物　典故　关键词　故事来源

孔子闻韶处

公元前517年，孔子来到齐国都城临淄，耳闻目睹了齐国韶乐的演奏盛况，不禁为之心醉神迷，陶醉于音乐的世界中。《论语·述而》云："子在齐闻韶，三月不知肉味。"据民国九年《临淄县志》载：清嘉庆年间，在临淄古城的大城东南部一个村中掘地得古碑，碑文有"孔子闻韶处"几个大字，并在地里掘得石磬数枚，人们便将此村命名为韶院村。后古碑下落不明，今所见砌在砖墙上的石碑为清宣统三年另立。韶院村曾是齐国的音乐官。

　　几经折腾，孔子心中甚是不快。这时，卫灵公的夫人南子派人来对孔子说："四方的君子欲与寡君为兄弟的，必来见寡小君。寡小君愿见。"孔子听见卫君的夫人南子自称"寡小君"，态度傲慢，本来不想见她。后来恐怕南子来头不小，得罪不起，乃勉强前行。来到宫中，孔子见南子在细纱做的帷帐之中，便致礼叩见。南子也在帐中答拜，身上佩的环玉琅琅作响。

　　子路因孔子去见南子这样一个女人，心中不悦。孔子解释说："我原来是想不见她的，但人家既然来邀请，我现在已经用礼答谢了。"过了一会儿，孔子又发誓说："如果我讲的不是实话，天会厌恶我的，天会厌恶我的！"

　　由于拜见了夫人南子，孔子与卫灵公的关系有所改善。不久，卫灵公邀请孔子一起出游。卫灵公与夫人南子亲昵地乘在同一辆车上，并由宦官雍渠陪同；而孔子则坐在后面第二辆车上作为陪衬。两车一前一后出发，引来众人观看，招摇过市。

孔子的感叹

　　在经历了季桓子沉湎女乐，不听朝政，和卫灵公拿夫人南子当宝贝，任她逍遥享受之后，孔子对这个世道深有感慨，曾不止一次地对人说："我未见过好德如好色的人啊！"如果一个人，爱好道德如爱好女色一样，甚至超过爱好女色，那他就是一个正派的人，道德高尚的人。孔子厌恶卫灵公的"好色"而不"好德"，又离开卫国，去探求理想之路。　　　〉杨善群

> 历史文化百科 〈

〔以"仁"、"礼"平天下的学术流派：儒家〕

　　儒家是春秋末期、战国时期的主要学派之一。创立者孔子，他以六艺为法，借助对传统伦理制度的发掘，推进人文精神建设，以大同社会为理想目标。儒家学说核心以"仁"、"礼"为两端，"仁"的范畴包括所有社会成员，将血缘家庭成员间的彼此关爱衍化为社会普遍行为，所谓"仁者爱人"，从而为社会文明健康发展提供一个融洽的客观环境；"礼"的范畴侧重于界定统治集团间的关系，"礼者绝恶于未萌"，以"礼"的规范约束当权者的贪欲，从而为社会安定提供深层次的道德基础。儒家反对偏执与极端，主张中庸与义、恕，强调教育的重要性，主张"有教无类"，通过教育使全社会都成为道德高尚的人，尤其是社会统治成员，更应是全社会人格修养和智力能力的学习表率。据史书记载，孔子有弟子三千，身通六艺(礼、乐、射、御、书、数)的有七十二人。孔子之后，儒学内部因师承重点的不同分成数派，战国末年，有"八儒"之说。

> ：至圣。后来追加的封号是：大成至圣文宣先师。　**265**

一〇二

对理想政治的执著追求

孔子有句名言，叫"学道不倦"。所谓"道"，就是理想的政治境界，孔子为此不倦地学习，执著地追求。

有一次，孔子来到楚国的叶，在今河南叶县南，即叶公子高的封邑。叶公问孔子："政治应该怎样才好？"孔子回答："要使附近的人都喜悦，远方的人都想来归顺。"

谈起叶公，他就是喜欢做表面文章。据说叶公爱好龙，他的屋里到处都雕刻着龙。龙听说此事就下到他的屋上，探头于窗，拖尾于堂。叶公见了恐慌而逃，失魂落魄，六神无主。叶公问政于孔子，也是装装样子，不准备实行的。

可是孔子对于理想的政治却不是这样，他心向神

学道不倦

孔子作为春秋时代的大圣人，在那样战乱频仍、礼崩乐坏的年代，他的一生坚韧不拔，有着许多感人的故事。

往，到处宣传。又有一次，孔子到卫国，弟子冉有驾车同行。孔子看到大街上熙熙攘攘，就感叹道："人真多啊！"冉有问："人多了，怎么办？"孔子说："要使他们富起来。"冉有再问："富起来了，又该怎样？"孔子答："要对他们进行教育。"

在其他一些场合，孔子还对鲁哀公说："治政要使民众富裕而且长寿。"又说："治理国家，应当节约用财而爱护人，使民服劳役应当在农闲之时。"看孔子对政治各方面想得多么周到！他经常向学生表露，自己是一个"学而不厌，诲人不倦，发愤忘食，乐而忘忧的人"。在春秋时代，这样的精神是多么可贵！

圣迹图

孔子是儒家的代表人物，他曾经为了实现自己的理想奔走不息，周游列国。这幅圣迹图描绘他刚刚到达齐国时的情景。

前427年
前347年

公元前427—前347年

世界大事记

希腊哲学家柏拉图在世。

孔子
子路
叶公

叶公好龙

胸怀 壮志

《论语·子路》
《史记·孔子世家》

人物 典故 关键词 故事来源

鲁国史家左丘明

左丘明是春秋时代鲁国的史学家。相传他是鲁国的史官，与孔子时代相同，人品受到孔子的称赞。他根据《春秋》纪年收集各国的史料，撰成了《春秋左氏传》一书，也称《左传》，此书大大丰富了原书的内容。而且史料详实，艺术性强，成为史学史与文学史上的典范之作。

〔中国第一部完整的编年体史书：《左传》〕

《左传》是中国第一部完整的编年体史书。也称《春秋左传》、《左氏春秋》。传为春秋末年鲁国太史左丘明所作，学术界认为此书应完成于战国前期。同《公羊传》、《谷梁传》完全用义理解释《春秋》(鲁国记事体史书)不同，《左传》多用事实解释，所以保存了许多宝贵的史料，而且文字优美、记事详明，既是史学名著，也是文学名著。

《左传》起于鲁隐公元年（公元前722年），终于鲁悼公四年(公元前464年)，比《春秋》多出十七年，其叙事更至于悼公十四年（公元前454年）。

《左传》与《春秋》合刊，被列为儒家《十三经》之一，历代多有注疏训诂，现今流行本以近人杨伯峻《春秋左传注》为胜。《左传》与《公羊传》与《谷梁传》合称"春秋三传"。

面对隐者的讥讽不改初衷

然而像孔子这样执著地追求理想政治的人，往往会受到别人的讽刺。有一次，孔子在路上遇到长沮、桀溺二人并排耕田，孔子派子路去问渡口在哪里。长沮问："那个车上的人是谁？"子路答："是孔丘。"又问："是鲁孔丘吗？"答："是的。"长沮说："那他自己知道渡口的。"子路又去问桀溺，桀溺反问："你是谁？"答："是仲由。"问："是鲁孔丘的徒弟吧？"答："是。"桀溺感叹："你争我夺，尔虞我诈，天下皆是如此，而谁能改变它呢？"说罢继续耕田，再也不理。子路回去报告，孔子叹息道："如果天下治理得好，我就不会想去改变它了。"

又有一次，子路与孔子走散了，遇到一个背着竹

颜回安贫乐道

颜回生于公元前521年，卒于公元前481年，字子渊，亦称颜渊，鲁国人。拜孔子为师后，一直跟随孔子学习和生活。颜回聪敏好学，安贫乐道，"居陋巷而不改其志"，深得孔子器重。汉代以后，颜回被列为孔门七十二贤人之首。

话说中国

侯、实行理想政治的蠢事了。孔子听出其意，欲下车同他讲理，接舆快速走开了。

经过如此多的讥讽、挫折，孔子并没有灰心丧气，他继续奔波，为实现理想的政治境界不辞劳苦，呕心沥血！

危急关头，讲诵弦歌不衰

公元前489年，楚国听说孔子在陈、蔡之间，便派人来聘孔子去楚国任职。陈、蔡的大夫们商议："孔子是贤者，楚国是大国。如果孔子治政于楚，则陈、蔡就有危险了。"于是他们联合发兵围困孔子在野外。孔子无法行动，粮食吃完了，其弟子大多病倒，不能起立。在这样的危难时刻，孔子犹讲论大道，拨弦歌唱，保持着乐观的精神。子路有怨而问："君子也有穷困的时候吗？"孔子答："君子本来就在穷困中奋发有为，小人穷困就会悲观消极而做坏事了。"

孔子这样的品格，确实是值得称道、难能可贵的。

〉杨善群

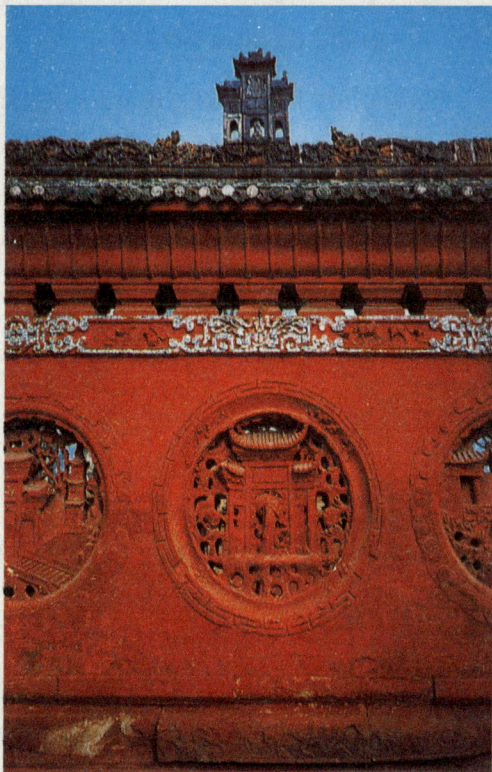

布局严谨的四川资中文庙

四川资中文庙建于清朝道光九年，占地面积 5000 多平方米。整个建筑布局严谨，疏密有致，左右对称，内外呼应。

器的老人。子路问："你见到夫子吗？""夫子"指孔子，是表示尊敬的称呼。老人反问："四体不勤，五谷不分，哪个是夫子？"说罢拿起农具耘田，子路尊敬地立在路旁。次日，子路找到孔子告以情况，孔子说："是个隐者。"子路知道那些隐者看不起他们，便说："不过问政治，是无义的表现，君子进入仕途，是为了行义啊！"

还有一次，孔子来到楚国，有个狂人接舆在孔子的行车前歌唱道："凤啊，凤啊，为何其道德如此地衰落？过去的事情不可以劝导你，未来的事情还来得及补救。罢了，罢了，现在的从政者都是危险的人啊！"接舆此歌的用意是要孔子赶快隐居，不要再干游说诸

〉历史文化百科〈

〔春秋时期的特权教育与大众教育：国学、私学〕

春秋初期，教育制度沿袭西周体制，天子和诸侯在各自的都城开设"国学"，作为王室和贵族子弟接受教育的特权机构，一般庶民被排除在教育之外。国学分大学与小学两种，入学者被称为"国子"，国子依年龄大小和水平高下，分别进入大学和小学学习。当时一般的规定是八岁入小学，十五岁入大学（也有十三岁入小学，二十岁入大学一说）。

春秋晚期，社会生产力的发展使一般民众有了学习的需求，孔子率先打破"学在官府"的陈规，提出"有教无类"，实行开门授徒。从此，私人办学之风渐趋流行，战国时期益发昌盛。儒、墨、名、法、纵横、阴阳等各家学派都有不少人聚徒讲学，学生多的达数千人。私学的兴起有力促进了战国时期百家争鸣局面的形成。

因材施教的良师

孔子不仅是杰出的政治家、思想家，而且是卓有成效的教育家。他曾提出过"有教无类"的主张，即不论哪一类人，不管其等级的贵贱高下，都应该有受教育的权利。在等级森严、门第偏见极深的封建社会里，孔子发表这样的意见，需要多么大的勇气，这表现他胸襟宽阔，具有远见卓识！

各抒其志

作为教育家的孔子，平易近人，循循善诱。他教育、启发学生，有着许多值得借鉴的生动故事。

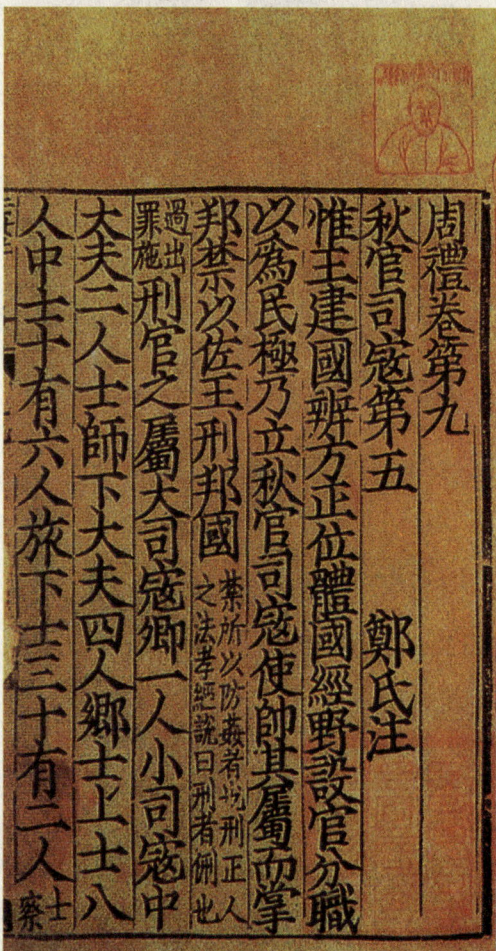

在教育方面，孔子还特别注意到，应该根据学生的个性特点，因材施教，才能取得更大的成效。孔子对于弟子中的各类人才，他们各具有怎样的特色，了如指掌。他曾历数弟子中的杰出者云："道德行为高尚者有：颜渊、闵子骞、冉伯牛、仲弓；擅长言语辞令的有：宰我、子贡；善于从政的有：冉求、子路；擅长文学写作的有：子游、子夏。"因此，孔子总是根据弟子某方面的特长进行开导，以发挥出其更大的优势。

有一次，孔子在景山上游览，子路、子贡、颜渊跟在旁边。孔子说："君子登高，必言其志愿。请弟子们开言，我将引导你们。"子路首先发言说："我愿拿起长枪，率领三军，虎腾龙跃，进救两国之难。"孔子夸奖道："是勇士啊！"接着子贡说："两国相仇，壮士对阵，尘埃冲天。我不持一尺之兵，而用三寸不烂之舌，化解两国之难。"孔子又夸奖道："是辩士啊！"最后颜渊说："愿得小国而作相，主以道制，臣以德化，君臣同心，外内相应。进贤使能，各任其事。列国诸侯，莫不从义，天下永宁。言仁义者赏，言战斗者死，则子路何进而救，子贡何难之解？"孔子大加赞赏道："是圣士啊！大人出则小子匡，圣者起则贤者伏，由颜渊执政则子路、子贡如何施展其才能呢？"

在这里，孔子赞美子路为"勇士"，子贡为"辩士"，而他最欣赏颜渊，称他为"圣士"，并加了评语。可见孔子的教育因人而异，是多么的细致！

孔子思想的中心

孔子的"仁"是社会道德的代名词。孔子的礼是，"人而不仁如礼何"，"礼云礼云，玉帛云乎哉"。他是以仁为中心，以大同的"恕"为核心建立了仁的规范，并将仁与礼、义、智、勇、信等联系起成为一个规范体系，与"性相近习相远"的观点相关，提出了道德渐成和修养的学说。孔子实际是个伦理思想家。图为《周礼》书影。

与学生共同商讨

作为师长，孔子一点没有架子，总是循循善诱地开导学生，与学生一起随便谈论。学生从与孔子的互相交谈中，增长见识，受到教益。有一次，颜渊、子路在孔子旁边，就随便交谈起来。孔子的话题总是请弟子谈谈自己的志向："何不各言其志？"子路就开腔说："愿有自备的车马，穿着轻盈暖和的裘衣，与朋友一起共同欢乐。即使车马损坏了也不感到遗憾。"颜渊则谦虚地说："愿不要夸耀自己的才能，不要津津乐道自己的功劳。"二人讲完，子路就问："愿闻先生的志向。"孔子说："年老的使他们安享晚年，朋友以诚信对待，年少的对他们给以关怀。"孔子的谈话显然比学生们思想深刻、意境高远，他的博大胸

孔子游列国图

孔子是春秋时期著名的政治家。当时诸侯争霸，王室衰落，他身怀匡世济民的政治理想，周游列国，游说诸侯，却始终得不到重用，不得已在晚年讲学著述，成为儒家学说的代表人物。

子贡：集大儒和巨商于一人

名端木赐，卫国人。子贡巧言善辩、机敏聪慧，他一直跟从孔子周游列国，是孔子最亲近的弟子之一。他不仅是在政治舞台上游刃有余，而且是一个极为成功的商人，精于货殖，是典型的儒商。"君子之过也，如日月之食焉：过也，人皆见之；更也，人皆仰之"就是他的名言。

春秋

怀使学生们深深受到感染。

畅所欲言的宽松环境

孔子当老师还有一个特点，就是尽量让学生发表自己的观点，使他们畅所欲言，创造一个宽松的学习环境。一天，子路、冉求、公西赤、曾点坐在孔子旁，孔子便说："不要以我年稍长于你们，而说话有什么顾虑。如果有人要用你们，将会怎样呢？"子路立刻回答："若有小国夹在大国之间，且遭战事和饥荒等灾难，由我执政，只要三年，可使百姓有勇而知义。"孔子听后微笑起来。接着冉求说道："方六七十里的

小国，我来执政，只要三年，可使百姓丰衣足食。"然后轮到公西赤，他谦虚地说："我没有什么才能，愿意学习。宗庙祭祀，会同诸侯，愿做一个小司仪。"

最后该曾点谈了，他犹豫了一下说："我的想法与上面三人相异。"孔子说："有什么关系，各言其志嘛！"于是曾点说道："在晚春，穿上春服，约上一些成年人和青少年，在沂河的温泉中沐浴，在祭天祷雨的台上吹吹春风，唱着先王之道的歌曲，舒畅而归。"孔子听了，感慨地长叹道："啊！我赞同点了。"

曾点的乐观、轻松，引来孔子与其他同学的阵阵欢笑声。 〉杨善群

孔子语录

学而时习之，不亦说乎？有朋自远方来，不亦乐乎？人不知而不愠，不亦君子乎？

不患人之不己知，患不知人也。

为政以德，譬如北辰，居其所而众星共之。

道之以政，齐之以刑，民免而无耻。道之以德，齐之以礼，有耻且格。

温故而知新，可以为师矣。

学而不思则罔，思而不学则殆。

人而无信，不知其可也。大车无輗，小车无軏，其何以行之哉？

士志于道，而耻恶衣恶食者，未足与议也。

君子喻于义，小人喻于利。

见贤思齐焉。见不贤而内自省也。

知之者不如好之者，好之者不如乐之者。

学而不厌，诲人不倦。

志于道，据于德，依于仁，游于艺。

不愤不启，不悱不发。举一隅不以三隅反，则不复也。

发愤忘食，乐以忘忧，不知老之将至……

三人行，必有我师焉。择其善者而从之，其不善者而改之。

笃信好学，守死善道。

天下有道则见，无道则隐。邦有道，贫且贱焉，耻也。邦无道，富且贵焉，耻也。

子在川上曰："逝者如斯夫！不舍昼夜。"

主忠信，毋友不如己者，过则勿惮改。

三军可夺帅也，匹夫不可夺志也。

岁寒，然后知松柏之后凋也。

知者不惑，仁者不忧，勇者不惧。

克己复礼为仁。一日克己复礼，天下归仁焉。为仁由己，而由人乎哉？

非礼勿视，非礼勿听，非礼勿言，非礼勿动。

己所不欲，勿施于人。

自古皆有死，民无信不立。

君子成人之美，不成人之恶。小人反是。

名不正，则言不顺；言不顺，则事不成。

其身正，不令而行；其身不正，虽令不从。

居处恭，执事敬，与人忠。

君子和而不同，小人同而不和。

君子泰而不骄，小人骄而不泰。

志士仁人，无求生以害仁，有杀身以成仁。

人无远虑，必有近忧。

君子不以言举人，不以人废言。

君子谋道不谋食。君子忧道不忧贫。

当仁不让于师。

有教无类。

益者三友，损者三友。友直，友谅，友多闻，益矣。友便辟，友善柔，友便佞，损矣。

君子有三戒：少之时，血气未定，戒之在色；及其壮也，血气方刚，戒之在斗；及其老也，血气既衰，戒之在得。

见善如不及，见不善如探汤。

不降其志，不辱其身。

孔子反对统治者的苛重剥削，同情农民的疾苦，他奔走呼号，斥责开导，有着许多动人的故事。

苛政猛于虎

孔子谴责统治者的贪婪剥削，呵斥不肖子弟的为虎作伥，并对农民的疾苦进行深思，他的行为十分感人。

抗议季康子的横征暴敛

公元前 484 年，鲁国由季康子执政。为了搜刮民财，以供统治者的挥霍和应付战争的开支，季康子欲实行"田赋"，一种大大增加农民负担的征收赋税的办法。

孔子讲学图

中国古代第一个私人讲学的教育家孔子曾经拥有弟子三千，其中有七十二贤人。这幅讲学图表明后人对于这位伟大的教育家的纪念与尊崇。

因为孔子的弟子冉求在季氏当家宰，季康子便派冉求来征求孔子的意见。孔子知道"田赋"这种办法对农民剥削的苛重，表现出一脸的不高兴。冉求三次发问，孔子都默而不答，他用这种沉默不语来表示对统治者横征暴敛的抗议。

过了一会儿，孔子以师长的身份呼唤着冉求的名字进行教育，说："求，过来，你不听说吗？先王制定土地的法则，借民力来耕公田，而协调其远近的差异；以里作为收赋的单位，而要衡量百姓财业的有无；征发徭役以家庭为单位，而要议其老幼，按实际情况

处理。于是有鳏夫、寡妇、孤儿、患病的人可以免役；凡军赋有战争时才征收，没有战争则停止不征。一年中，田一井所征的粮草都有一定的数额，先王以为这样就足够了。"

在述说了先王的制度后，孔子对冉求进一步强调："君子行政事，应该遵照礼制：施舍要取其厚，办事要举其中，赋敛要从其薄。如果按照这个原则，过去实行的丘赋也就够了。倘若不遵礼制而贪得无厌，则虽行田赋又将不够。而且季孙氏欲遵守法度，有周公之法典；倘若欲违法而随心所欲地乱赋，又何必来访呢！"

孔子看出季康子的用心贪得无厌，乃用先王的礼制进行开导，敢于直言而谏，表现了一个政治家的正义感和高尚风范。

斥责冉求的为虎作伥

冉求回到季康子那里，告以孔子反对加赋的态度。他不但没有使季康子回心转意，而且自己还助纣为虐，附和季康子的加赋措施，加紧对农民进行盘剥。季氏已经比公室还富有了，而冉求还在那里做季氏的帮凶，聚敛百姓财物，这使孔子十分恼火。他当着众弟子的面大声斥责道："求，已经不是我的徒弟了。小子们完全可以鸣鼓而攻他！"

在许多场合，孔子曾不断劝导统治者。有一次，鲁哀公问孔子如何施政，孔子答："治政应该使民富裕而且长寿。"哀公又问："如何才能做到？"孔子说："薄赋敛则民富；无事则罪少，罪少则民长寿。"哀公疑惑地又问："如此这般，则寡人要贫穷了。"孔子释疑道："《诗》云：'和乐恭顺的君子，是人民的父母。'我未见其子富裕了而父母会贫困的。"

就是这样，孔子苦口婆心，教育弟子，开导统治者，要减轻对人民的剥削，从而创造一个其乐融融

另类文物——《论语》夹带衣（上图）

在我国古代的科举考试中，《论语》是必考科目。有考试，便会有作弊，图中的衣服便是清代一位考生的作弊工具。他将整本《论语》密密麻麻地用蝇头小楷抄在衣服夹里上，准备考试时偷看，不料被一举抓获。考生的一生功名自然付诸东流，而这件特殊的"小抄"也成为古代科举考试的另类文物。

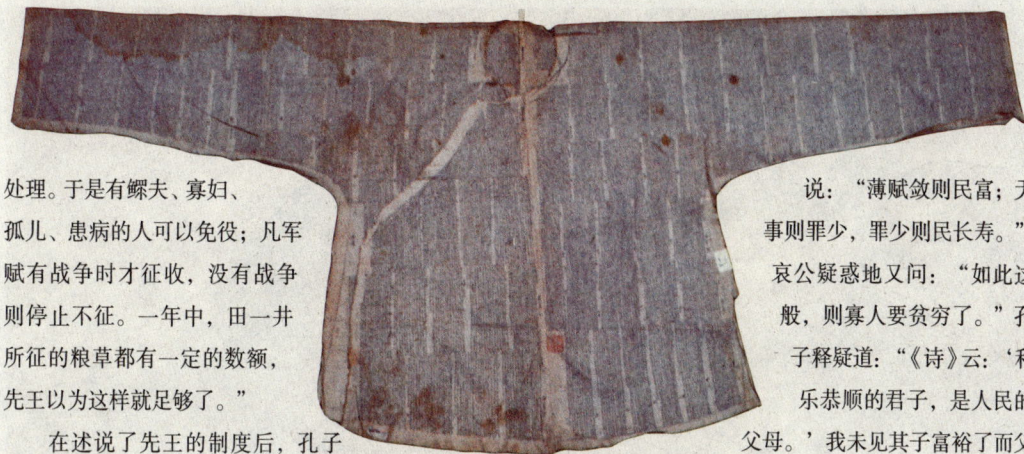

> 历史文化百科

〔劳役制度与管理：徭役、解舍、更籍〕

徭役是春秋战国时期国家对成年男子征发的一种无偿劳役制度。一般有力役、军役及其他杂役。服役期限通常为每年一个月，所以古时有"一月一更"的说法。应役者既可一次服满，也可分几次累计。如应役者因残疾或身高、体重不符合规定标准时，可免于服役，称之为"解舍"。

春秋初期，各国统治相对松散，随着生产力的飞速发展和农业技术的提高，各国统治者先后加强了对民众（主要是农民）的控制，所谓编户齐民、建立"伍"、"什"制，就是这种背景下的产物。秦国在商鞅变法之后，实行户籍制，并规定不得私自迁徙。有确实需要搬迁者，必须到地方主管部门备案、批准，称为"更籍"。

话说中国

春秋

孔门弟子守丧图

孔子于公元前479年逝世，卒年73岁。孔子离世后，弟子守丧三年，门徒子贡则在墓冢旁建房而居，六年后才离去，表示守礼和尊奉先师。

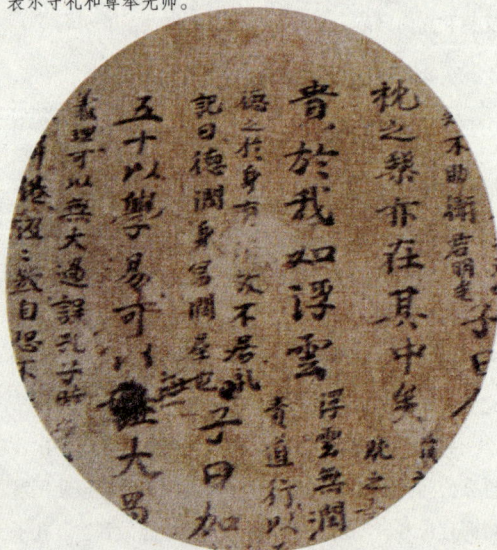

的社会大家庭。

哀怜农妇的深刻思索

　　孔子还经常与农民接触，了解民众的疾苦。有一次，孔子经过泰山，一说是北方山戎一个较偏僻的地方，有一位妇女在路旁的坟墓前哭泣，其声甚为悲哀。孔子便停车而听，派子路去问个明白。子路问："你的哭声好像有重大的忧伤之事，为何哭成这样？"那妇女答："是啊！往年我的阿公被虎咬死，丈夫也死于虎口，现在我的儿子又死了，所以悲哀。"孔子不解地问："那你们为何不离开此地呢？"妇女答："这里没有苛政的盘剥，所以不想离开啊！"孔子听了深刻地懂得了一个道理，乃对众弟子说："小子们听着：政治的不公平和官吏的苛暴，乃甚于虎狼。苛政猛于虎啊！"

　　作为一个政治家、思想家的孔子，面对这样的现实，在认真地思索着，总结这严酷的教训。〉杨善群

子路系缨

孔门高足子路，勇武好强，为人正派。卫国动乱时不思回避，蹈险犯难，救助东家，结果被杀，临死前不忘君子气节，系正衣冠后方才咽气。

当邑宰，急人之难

子路是孔子最心爱的弟子之一，比孔子小九岁，他勇武好强，为人正派，学习勤奋，责任心强，而且性格耿直，看不起那些猥琐小人，有一种"君子忧道"的情怀。公元前480年，卫太子蒯聩发动政变，胁迫执政大夫孔悝赶走卫出公时，子路正担任着孔悝府上"邑宰"一职，即孔氏采邑总管。

结缨就死的子路

子路名仲由，春秋时期鲁国人。他刚直勇猛，是孔子最喜爱的弟子之一。孔子做鲁国的司寇时，曾经派他做季孙氏的家臣。后来，他到卫国做官，因为不肯在篡位的纷争中附和逆乱而被杀害，被杀前从容地将帽带子结好，成为英勇就义、慷慨赴死的典范。

当时子路正在城外，得到消息，急忙往城里赶，路上遇到在卫国当大夫的同学子羔，子羔刚从城里逃出来，见子路匆匆地往城里赶，忙拦住子路说："城门已经关闭了，快逃吧！这是他们卫国的事，你又何必自投罗网呢？"子路说："不行，我食孔悝之禄，就应当为他分忧，怎能在他有难时逃跑呢？"说完也不管子羔有什么反应，独自一人继续向城中赶去。

君子死，不能没有头冠

子路来到城门口，守门人公孙敢认识他，大声对他说："你这个时候入城干什么？国君也逃走了，你快走吧！"子路执拗地说："主人有难，我逃走算什么？我得设法去救孔大夫。"这时正巧有一名使者从城里出来，子路乘机挤了进去。来到羁押孔悝的高台下面，子路高声叫道："喂，我子路在此，快将孔悝放下来！"喊了好一会儿，蒯聩等人露了露头，见他只有一个人，便不去理睬他。子路见喊话没用，就大声说道："你们再不放孔悝，我要在下面放火啦！"蒯聩一听子路要放火，吓了一跳，心想这个子路万一真放起火来，上面的人岂不都要被烧成焦炭？忙叫过身边的两名甲士下去与子路搏杀。两名甲士都是蒯聩久经训练的贴身卫士，武艺高强，又都拿着戈，子路手中只有剑，兵器上明显吃亏不少，再加上甲士都穿着甲胄，子路则是单衣。双方你来我往一阵拼斗，子路双拳难敌四手，被一名甲士刺中了胸胁，刺得很深，另一名甲士刺断了他系冠的缨索。倒在地上的子路感到自己不行了，吃力地说："君子死，不能没有头冠。"挣扎着给自己扶正头冠，系好冠缨，然后才安静地死去。

齐田悼子死，田氏内乱，引起三晋与齐大战，齐战败。齐宣公死，子康公继立。田和子立。

春秋

明·仇英绘《子路问津》

孔子对子路的怀念

　　孔子在鲁国家中听说卫国发生了政变，非常担心地对门生说："子羔与子路遇上这场灾难，子羔也许能回来，子路必死无疑。"门生问为什么，孔子说："子羔取大义不拘小节，他知道权衡利弊，规避危险。而子路以道义自任，不惧危难，所以十有八九会遇难！"不久，消息证实了孔子预言的正确。面对传来的噩耗，孔子不由想起了子路以往的许多事情。有一次，子路问："从政应该如何？"孔子答："应该先引导以道德，使人民信任你，然后再烦劳他们。"子路请孔子再增加些内容，孔子又说："从政应当勤勤恳恳，不知疲倦。"一次，子路又问："君子崇尚勇敢吗？"孔子答："应该以'义'为最重要。君子好勇而无义则乱，小人好勇而无义则盗。"这些话，子路都牢牢记在心上。子路因为体格强壮，又有武艺，故经常担任孔子的侍卫。那些年，孔子周游列国，遇到长沮、桀溺、荷蓧丈人等隐者，都是子路在旁边照顾。孔子曾说："自我得到由（子路名），耳边再不闻恶言。"意即别人再不敢用恶言来欺侮孔子。现在，这么好的一个弟子，竟先自己而去，孔子怎么能不伤心！

　　子路死后，孔子痛哭不已，健康一天不如一天，熬到第二年，也就是公元前479年便死了，享年73岁。

明·仇英绘《子路问津》（左页图）

据《论语·微子》记载，一天，子路与老师孔子一起驾车出游。来到一条河边，孔子派子路去问渡口（津）。正好路边的农田里有两个农夫，子路便上前询问其中的一个，那个农夫反问道："不知道那位驾车的人是谁？"子路道："那是孔丘。""就是鲁国的孔丘吗？"子路自豪地说："就是他。"满以为农夫听说是孔子，一定会恭恭敬敬地告诉他渡口在哪里，不料那位农夫幽默地说："既然是孔丘，那么他应该知道渡口在哪里。他不是什么都知道吗？"

《论语》书影

《论语》一书为孔子弟子对其言行的追述，最能代表他的思想。其后经战国时孟子、荀子的阐扬，儒家学说得以发扬光大。儒学对后世的巨大影响缘自于《论语》的世代流传。

〉历史文化百科〈

〔先秦服饰中的"冠"〕

　　"冠"是笼统的称呼，具体地分成冕、弁两种。它与帽子不同，帽子覆盖整个头部，而冠只是加在发髻上的一个罩子，然后用笄（先秦叫笄，汉以后叫簪）左右横穿与发髻固定。先秦时期的冠依形制分成冕、弁两种。冕是帝王、诸侯与卿大夫所戴的礼帽，后来渐渐演变为皇冠的专称。冕上面是一块前高后低的长方形板，叫"延"，延的前后挂着一串串玉珠，叫旒。礼制规定，天子十二旒，诸侯以下，以爵级递降，最低的玄冕为二旒。弁分皮弁、爵弁二种，前者为武冠，后者为文冠。皮弁用白鹿皮制成，由几块拼接，缝合处饰以五彩的玉石。爵弁颜色红中带黑，与雀头色近，所以也叫雀弁，爵弁顶上有延。冕、弁都是平时戴的，战时还要戴上胄（秦汉后叫兜鍪，再后来叫盔）。冠是古代贵族特殊的服饰，其余小孩、女子、平民、罪犯等都不准戴冠。

　　小孩未戴冠前头发自然下垂，束于顶，称髫。头发长了，一古脑扎在一起叫总发，如分成两股结成小丫角，叫总角。

　　平民不戴冠，在髻上包一块布，叫头巾。帻是巾的改良，用葛布制成，分青、黑二色，所以有称庶民为黔（黑色）首，或苍（青色）头的。由于帻有压定冠的作用，后来贵族也有借用的。

一〇六

惜金丧弟

陶朱公次子在楚国杀了人，陶朱公打算以千金之财去消灾。结果，舍不得钱财的长子出尔反尔，断送了弟弟的性命。

范蠡从越国退隐，来到人口稠密、经济发达的齐国定陶经商谋生，以他的机智、经验和对各地物产的了解，很快累资巨万，人称陶朱公。

千金之财，欲免死罪

这年，有人带信给朱公，说他在外经商的二儿子杀了人，被关在楚国。朱公同家里人说："杀人偿命，理所当然，但据我所知，有时用千金之财可免去死罪。"于是让家人搬出黄金千镒，装入箱中，然后吩咐小儿子速去楚国打点。朱公的大儿子要求让他去，朱公不同意，大儿子争辩说："家父有事，长子代其劳。现在二弟有事，父亲不派我而派小弟，是我不肖，我还有什么脸面见人！"说完就

财神陶朱公

范蠡，字少伯，春秋时楚国人。范蠡在句践灭吴的过程中起了很大的作用。但他认为句践不可同享乐，因此与西施一起泛舟齐国。在陶，他经营商业而成为巨富，自号陶朱公。民间有尊范蠡为财神的。

想自杀。朱公的妻子见了，忙对朱公说："小儿子去能不能救出二儿子还属未知之数，大儿子却先要死了，如何是好？"朱公只得同意让大儿子去。临行前，他交给大儿子一封信，请楚国的老朋友庄生帮助料理这事，特别叮嘱大儿子说："你一到楚国，就将黄金与信一起交给庄生，一切由他支配，你不必插手。"大儿子救弟心切，唯恐钱不够用，又取出自己积蓄的几百金一同带上。

不听忠告，埋下隐患

大儿子来到楚国，找到庄生，见庄生家蓬户柴扉，土墙泥地，一无长物，十分贫穷。大儿子依父亲吩咐，将东西和信一起交给了庄生。庄生看了看，说："好，我收下了，你赶快依原路回去，不要在楚国停留。你二弟被放出来，也不要问为什么。"大儿子答应后转身就走。走了一程，放心不下，为保险起见，他又找到相识的楚国某权贵门上，献上自己带来的几百金，请他帮忙。

庄生虽家境贫寒，但其清廉、正直在楚国是出名的，从楚王到一班臣子，对他无不尊敬。他并不打算真收朱公送来的千镒黄金，只想等事情办好了再还给朱公。他特意对妻子说："这是朱公的钱，你不要动它。"过了几天，庄生找个由头去见楚王，对楚王说："某颗星宿于某个方位，形成了对楚国的祸端。"楚王一向相信庄生，听了忙问："那如何是好？"庄生说："只有施德政，方可避免。"楚王说："那就赦死济困，寡人马上吩咐下去。"朱公大儿子所托的那位权贵得到消息大喜，马上叫来朱公大儿子对他说："大王要下赦免令了！"朱公的大儿子听了自然高兴，这下二弟可以获救了。但是继而一想，这样的话，先前给庄生的一千镒黄金不就白白浪费了吗？越想越不合算，就去找庄生。庄公看到朱公大

大宗交易时使用的银饼与银锭
银子作为一种通用货币，始于春秋战国时期。起初都铸成锭状，也有饼状。因为各地铸造的银锭成色不同，计算复杂，所以一般在大宗交易时才使用。直到明末，始有外国的银圆输入，亦即"洋钱"之滥觞。

儿子去而复返，惊讶地问："你怎么还没走啊？"朱公大儿子期期艾艾地说："心里牵挂着二弟的安危，想打听一下情况，就留了下来。今天听人说二弟可以获赦了，所以特来向老伯告辞。"庄生一听便知来意，就说："那你就将这些黄金拿回去吧。"朱公大儿子也不客气，搬出黄金装车走了。

吝惜金钱，胞弟丧命

庄生虽不贪财，但生平最恨被人捉弄，他想：我想出妙计，刚见效果，这小子就找上门来，出尔反尔，岂不是明摆着耍我？越想越气，于是又来到楚王处，对楚王说："微臣前数日说某星宿于某处，大王要以德行禳之。今天微臣上街，听得满街人都在说大富豪陶朱公的儿子杀了人关在楚国，他家用重金贿赂了大王左右，所以大王赦天下不是出于爱护楚国百姓，而是收了陶朱公钱财的结果。"楚王一听大怒，转头命手下马上去把陶朱公的儿子杀了。隔一天后再下达大赦令。

噩耗传来，陶朱公阖家大小悲痛万分，陶朱公叹了口气说："我料定大儿子去二儿子必死无疑。不是大儿子不爱惜二弟，而是他从小同我在一起，早年的苦日子都经历过，知道生活不易，所以特别爱惜钱财，不忍浪费。小儿子出生时我家已十分富有，不知道钱

财来之不易，用起钱来毫不吝惜。前次我之所以要派小儿子去，就因他能花钱。而大儿子心存惜金之念，所以终于将事情办砸了。大家不必悲伤，杀人偿命，天公地道。这些天来，我一直在等待二儿子的灵柩归来呢。"

陶朱公发财致富

春秋末，越国大臣范蠡帮助越王勾践打败了吴国，但他知道越王是一个只能共患难不能同安乐的君主，因此复国之后，便将家产分给了亲戚，自己辞官而去，与西施隐居起来。后来，他居住在陶这个地方，专营贸易，只要有百分之十利润的生意他就做，很快就成为一个富甲一方的商人。因为他隐居时改姓"朱"，又住在陶地，所以后人称之为"陶朱公"，并将他封为商人之先祖、财神爷；陶朱公也成为后世商人的代称。

> 历史文化百科 <

[基层官员的公务活动：乡、乡师、乡饮酒]
春秋战国时期基层行政组织为乡、里。乡设乡长，总管一乡事务，也有称乡大夫的。乡长下面有三老、廷掾等属吏，分掌各类事务。负责一乡教化的为乡师，古书记载："顺州里，定廛宅，养六畜，间树艺，劝教化，趋孝弟，以时顺修，使百姓顺命，安乐处乡，乡师之事也。"乡饮酒是乡里举办的一种喜庆礼仪。每三年正月，由乡有司召集全乡民众，在乡学（乡级学校）中聚餐饮酒，考察乡学就读人员德行道艺，选取贤能者向国君推荐，并举行饮酒礼，以贤能者为嘉宾，有鼓励后生、崇尚教育、选拔人才的社会意义。

一〇七

知伯的灭亡

晋国执政卿知伯仗势欺人，不知自敛。赵襄子奋起抗击，团结多数，终于反败为胜，彻底消灭了知伯的力量。

得势便猖狂

晋国卿大夫各族之间的兼并斗争，到后来只剩下赵、韩、魏、知四家。知氏后来居上，不仅争夺到执政卿的位置，且兼并得大量土地，领地迅速扩大。公元前458年，知、赵、韩、魏四家瓜分范、中行氏的土地，知氏独得最多。由于知氏在四家中最为强大，其首领称为"知伯"，而其他三家仍称为"子"。知伯以其强大的实力和执政卿的地位，专横跋扈，不可一世，对赵、韩、魏三家造成极大威胁。

逞威风到处索地

公元前455年的一天，知伯瑶与韩康子、魏桓子二卿一起喝酒。酒间知伯狂傲无礼，言语之中伤害了韩康子。知伯的家宰劝他不要不顾后果，说："主公，你如不怕人家为难你，为难这事就会来临。"知伯眼睛一瞪，说："谁敢为难我？"为了逞威风，过了几天，知伯竟让人去向韩康子索要土地。已经受辱的韩康子岂肯给他，家宰段规说："不如给他。他得逞一

次，便会有二次、三次，那时如有哪个大夫不给，他就会动武，矛盾自然激化，我们即可乘机行事。"韩康子一听有理，就派使者给知伯送去一个有上万户的邑。知伯见不费吹灰之力就得到万户大邑，高兴极了，于是如法炮制，又去向魏桓子要地。魏桓子也不愿给，家宰任章说："不如给他土地，让他骄狂起来，到处树敌，我们正好暗中结交反对他的人，同仇敌忾对付他。"魏桓子想了想觉得不错，也给了知伯一个万户大邑。

水淹晋阳城

知伯连连得手，就又让手下去找赵襄子，索要蔡、皋狼两块地方，想不到赵襄子一口回绝。知伯大怒，立即调集韩、魏两家甲兵一起去攻打赵氏，赵襄子寡不敌众，且战且退，一直退到经营多年的晋阳城。此城城墙高耸，异常坚固，知伯驱兵攻城，攻了一年也攻不下来。知伯想出个恶毒的主意：他以执政卿的身份征调全国民役，将晋江上游阻断，另挖新渠，放水去淹晋阳城。

当时正值雨季，山洪骤发，狂暴的晋河水顺着新挖的河渠直冲晋阳城。不多几日，城中房屋倒塌，粮食渐尽，但因赵襄子平时厚待晋阳人民，所以城中军民并未离心。

晋贵族知伯的蟠螭纹鉴

春秋末期制造的盛水器，亦可用做冰镇食物。此鉴内部有"知君子之弄鉴"铭文。知君子当为晋之六大贵族之一知伯，当时属于势力最强大者，后被韩、魏、赵所灭亡。图中之鉴表面纹样以蟠螭纹饰为主，把手铸成兽头形状，1938年出土于河南辉县。

春秋

《资治通鉴·周威烈王二十三年》《韩非子·十过》《史记·晋世家》

尊严　勇敢
骄傲　轻敌
机智　佻皎

知伯　赵襄子

人物　关键词　故事来源

囚犯的伟大发明

篦子据说是春秋时期吴国犯人陈千七发明的，这把彩绘木篦发现于山东海阳，上面手柄部较厚，向下逐渐收敛变薄。六十四个篦齿，厚薄均匀，并顺应了木头的自然纹理，显示了高超的加工技巧。通体髹褐漆，然后用朱漆在手柄部描画花纹。

趾高气扬的知伯叫魏桓子、韩康子陪他登高察看水势，对他俩说："我今天才知水也可以灭亡别人的国家啊！"说罢哈哈大笑。魏桓子和韩康子一听此言，不由脸色大变。原来魏、韩两家的安邑、平阳也有汾水、绛水流过，今天知伯可以决晋水灭赵襄子，明天岂不也可用同样方法灭掉他们！知伯的家臣絺疵注意到两人神色有异，回营后悄悄地对知伯说："韩、魏二家怕要反叛你了！"知伯问他为什么，他就将其中的利害关系说给知伯听。可笑利令智昏、忘乎所以的知伯并未将他的话放在心上。

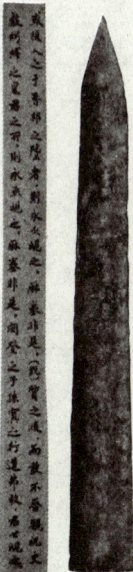

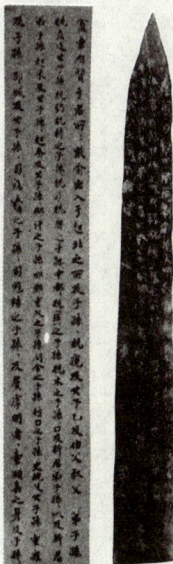

结盟誓反败为胜

当天，晋阳城中的赵襄子派一名心腹连夜出城，悄悄来找韩康子和魏桓子，对二人说："臣听说唇亡则齿寒，赵氏如被知伯灭掉，接下来必定轮到你们两家！"韩、魏二人早有同感，只是一时没有机会，现在赵襄子既已派人来联系，马上一拍即合，于是三家缔结了盟约。次日夜里，赵襄子派兵出城，伪装成韩、魏两家的军士，袭杀了知伯派驻晋河堤坝上的军吏，挖开堤的另一面，晋河水犹如狂暴的野兽，掉过头来直灌知伯大营。知伯的军队正在睡觉，被洪水一冲顿时乱作一团，赵襄子乘着水势从正面发起攻击，魏、韩两家从两翼夹击，已被洪水冲得七零八落的知伯军哪里还招架得住，结果全军覆没，知伯为赵军活捉后被赵襄子处死。这时是公元前453年。

赵襄子将知伯满门抄斩，还不解恨，又将知伯的头骨做成瓢状，外面刷上油漆，专门用来小便，把它叫作"夜壶"。知伯的所有田邑也被赵、魏、韩三家瓜分。

骄横的知伯灭亡了，赵、魏、韩三家不愿再互相攻杀，便瓜分晋国的土地而成立三国，历史也就由春秋进入战国时代。

山西侯马市出土的盟书

20世纪60年代，山西侯马晋城遗址出土了一大批春秋晚期写有文字的玉片和石片。这批玉石文书内容是反映韩、赵、魏三国分晋前夕，晋国世卿赵鞅为战胜敌对势力，巩固内部团结，同卿大夫间举行盟誓时订立的盟约，史称"侯马盟书"。盟书一式两份，一份藏于盟府，一份埋于地下或沉在河底，以取信于鬼神。侯马盟书用毛笔书写，字迹主要是朱红色，有少数黑色。

位序	称号	在位年份	在位年数	位序	称号	在位年份	在位年数
1	鲁惠公	前 768—前 723	46	20	晋定公	前 511—前 475	37
2	鲁隐公	前 722—前 712	11	21	晋出公	前 474—前 452	23
3	鲁桓公	前 711—前 694	18	22	晋敬公	前 451—前 435	18
4	鲁庄公	前 693—前 662	32	23	晋幽公	前 433—前 416	18
5	鲁湣公	前 661—前 660	2	24	晋烈公	前 415—前 389	27
6	鲁釐公	前 659—前 627	33				
7	鲁文公	前 626—前 609	18	1	齐釐公	前 730—前 698	33
8	鲁宣公	前 608—前 591	18	2	齐襄公	前 697—前 686	12
9	鲁成公	前 590—前 573	18	3	齐桓公	前 685—前 643	43
10	鲁襄公	前 572—前 542	31	4	齐孝公	前 642—前 633	10
11	鲁昭公	前 541—前 510	32	5	齐昭公	前 632—前 613	20
12	鲁定公	前 509—前 495	15	6	齐懿公	前 612—前 609	4
13	鲁哀公	前 494—前 467	28	7	齐惠公	前 608—前 599	10
14	鲁悼公	前 466—前 429	38	8	齐顷公	前 598—前 582	17
15	鲁元公	前 428—前 406	23	9	齐灵公	前 581—前 554	28
				10	齐庄公	前 553—前 548	6
1	晋昭侯	前 745—前 740	6	11	齐景公	前 547—前 490	58
2	晋孝侯	前 739—前 724	16	12	齐晏孺子	前 489	1
3	晋鄂侯	前 723—前 718	6	13	齐悼公	前 488—前 485	4
4	晋哀侯	前 717—前 710	8	14	齐简公	前 484—前 481	4
5	晋小子	前 709—前 707	3	15	齐平公	前 480—前 456	25
6	晋侯潘	前 706—前 679	28	16	齐宣公	前 455—前 405	51
7	晋武公	前 716—前 677	39				
8	晋献公	前 676—前 651	26	1	秦文公	前 765—前 716	50
9	晋惠公	前 650—前 637	14	2	秦宁公	前 715—前 704	12
10	晋文公	前 636—前 628	9	3	秦出公	前 703—前 698	6
11	晋襄公	前 627—前 621	7	4	秦武公	前 697—前 678	20
12	晋灵公	前 620—前 607	14	5	秦德公	前 677—前 676	2
13	晋成公	前 606—前 600	7	6	秦宣公	前 675—前 664	12
14	晋景公	前 599—前 581	19	7	秦成公	前 663—前 660	4
15	晋厉公	前 508—前 573	8	8	秦穆公	前 659—前 621	39
16	晋悼公	前 572—前 558	15	9	秦康公	前 620—前 609	12
17	晋平公	前 557—前 532	26	10	秦共公	前 608—前 604	5
18	晋昭公	前 531—前 526	6	11	秦桓公	前 603—前 577	27
19	晋顷公	前 525—前 512	14	12	秦景公	前 576—前 537	40

位序	称号	在位年份	在位年数	位序	称号	在位年份	在位年数
13	秦哀公	前 536—前 501	36	9	宋成公	前 636—前 620	17
14	秦惠公	前 500—前 491	10	10	宋昭公	前 619—前 611	9
15	秦悼公	前 490—前 477	14	11	宋文公	前 610—前 589	22
16	秦厉共公	前 476—前 443	34	12	宋共公	前 588—前 576	13
17	秦躁公	前 442—前 429	14	13	宋平公	前 575—前 532	44
18	秦怀公	前 428—前 425	4	14	宋元公	前 531—前 517	15
19	秦灵公	前 424—前 415	10	15	宋景公	前 516—前 451	36
20	秦简公	前 414—前 400	15	16	宋昭公	前 450—前 404	47
1	楚霄敖	前 763—前 758	6	1	陈文公	前 754—前 745	10
2	楚蚡冒	前 757—前 741	17	2	陈桓公	前 744—前 707	38
3	楚武王	前 740—前 690	51	3	陈厉公	前 706—前 700	7
4	楚文王	前 689—前 677	13	4	陈庄公	前 699—前 693	7
5	楚堵敖囏	前 676—前 672	5	5	陈宣公	前 692—前 648	45
6	楚成王	前 671—前 626	46	6	陈穆公	前 647—前 632	16
7	楚穆王	前 625—前 614	12	7	陈共公	前 631—前 614	18
8	楚庄王	前 613—前 591	23	8	陈灵公	前 613—前 599	15
9	楚共王	前 590—前 560	31	9	陈成公	前 598—前 569	30
10	楚康王	前 559—前 545	15	10	陈哀公	前 568—前 534	35
11	楚郏敖	前 544—前 541	4	11	陈惠公	前 533—前 506	28
12	楚灵王	前 540—前 529	12	12	陈怀公	前 505—前 502	4
13	楚平王	前 528—前 516	13	13	陈湣公	前 501—前 479	23
14	楚昭王	前 515—前 489	27			公元前 479 年	楚灭陈
15	楚惠王	前 488—前 432	57				
16	楚简王	前 431—前 408	24	1	卫庄公	前 757—前 735	23
17	楚声王	前 407—前 402	6	2	卫桓公	前 734—前 719	16
				3	卫宣公	前 718—前 700	19
1	宋武公	前 765—前 748	18	4	卫惠公	前 699—前 697	3
2	宋宣公	前 757—前 741	19	5	卫黔公	前 696—前 687	10
3	宋穆公	前 728—前 720	9	6	卫惠公	前 686—前 669	18
4	宋殇公	前 719—前 711	9	7	卫懿公	前 668—前 661	8
5	宋公冯	前 710—前 692	19	8	卫戴公	前 660	1
6	宋湣公	前 691—前 682	10	9	卫文公	前 659—前 635	25
7	宋桓公	前 681—前 651	31	10	卫成公	前 634—前 600	35
8	宋襄公	前 650—前 637	14	11	卫穆公	前 599—前 589	11

位序	称号	在位年份	在位年数	位序	称号	在位年份	在位年数
12	卫定公	前588—前577	12	21	郑繻公	前422—前396	27
13	卫献公	前576—前559	18				
14	卫殇公	前558—前547	12	1	蔡共侯	前761—前760	2
15	卫献公	前546—前544	3	2	蔡戴侯	前759—前750	10
16	卫襄公	前543—前535	9	3	蔡宣侯	前749—前715	35
17	卫灵公	前534—前493	42	4	蔡桓侯	前714—前695	20
18	卫出公	前492—前481	12	5	蔡哀侯	前694—前675	20
19	卫庄公	前480—前478	3	6	蔡穆侯	前674—前646	29
20	卫君起	前477	1	7	蔡庄侯	前645—前612	34
21	卫出公	前476—前456	11	8	蔡文侯	前611—前592	20
22	卫悼公	前455—前451	5	9	蔡景侯	前591—前543	49
23	卫敬公	前450—前432	19	10	蔡灵侯	前542—前531	12
24	卫昭公	前431—前426	6	11	蔡平侯	前530—前522	9
25	卫悼公	前414—前373	50	12	蔡悼侯	前521—前519	3
				13	蔡昭侯	前518—前491	28
1	郑武公	前770—前744	27	14	蔡成侯	前490—前472	19
2	郑庄公	前743—前701	43	15	蔡声侯	前471—前457	15
3	郑厉公	前700—前697	4	16	蔡元侯	前456—前451	6
4	郑昭公	前696—前695	2	17	蔡侯齐	前450—前447	4
5	郑子亹	前694	1			公元前447年	楚灭蔡
6	郑子婴	前693—前680	14				
7	郑厉公	前679—前673	7	1	曹穆公	前759—前757	3
8	郑文公	前672—前628	45	2	曹桓公	前756—前702	55
9	郑穆公	前627—前606	22	3	曹庄公	前701—前671	31
10	郑灵公	前605	1	4	曹厘公	前670—前662	9
11	郑襄公	前604—前587	18	5	曹昭公	前661—前653	9
12	郑悼公	前586—前585	2	6	曹共公	前652—前618	35
13	郑成公	前584—前571	14	7	曹文公	前617—前595	23
14	郑釐公	前570—前566	5	8	曹宣公	前594—前578	17
15	郑简公	前565—前530	36	9	曹成公	前577—前555	23
16	郑定公	前529—前514	16	10	曹武公	前554—前528	27
17	郑献公	前513—前501	13	11	曹平公	前527—前524	4
18	郑声公	前500—前463	28	12	曹悼公	前523—前515	9
19	郑哀公	前462—前424	39	13	曹襄公	前514—前510	5
20	郑幽公	前423	1	14	曹隐公	前509—前506	4

位序	称号	在位年份	在位年数	位序	称号	在位年份	在位年数
15	曹靖公	前505—前502	4	3	燕穆侯	前728—前711	18
16	曹伯阳	前501—前487	15	4	燕宣侯	前710—前698	13
		公元前487年	宋灭曹	5	燕桓公	前697—前691	7
				6	燕庄公	前690—前658	33
1	吴王寿梦	前585—前561	25	7	燕襄公	前657—前618	40
2	吴王诸樊	前560—前548	13	8	燕桓公	前617—前602	16
3	吴王余祭	前547—前531	17	9	燕宣公	前601—前587	15
4	吴王余眜	前530—前527	4	10	燕昭公	前586—前574	13
5	吴王僚	前526—前515	12	11	燕武公	前573—前555	19
6	吴王阖闾	前514—前496	19	12	燕文公	前554—前549	6
7	吴王夫差	前495—前473	23	13	燕懿公	前548—前545	4
		公元前473年	越灭吴	14	燕惠公	前544—前536	9
				15	燕悼公	前535—前529	7
1	越王允常	前510—前497	14	16	燕共公	前528—前524	5
2	越王勾践	前496—前465	32	17	燕平公	前523—前505	19
3	越王鹿郢	前464—前459	6	18	燕简公	前504—前493	12
4	越王不寿	前458—前449	10	19	燕献公	前492—前476	17
5	越王朱勾	前448—前412	37	20	燕孝公	前475—前455	21
				21	燕成公	前454—前439	16
1	燕哀侯	前766—前765	2	22	燕文公	前438—前415	31
2	燕郑侯	前764—前729	36				

周	姬姓	周天子	雒邑（今洛阳）	陈	妫姓	舜后裔	陈（今淮阳）
鲁	姬姓	周公旦后裔	曲阜	蔡	姬姓	周武王弟叔度后裔	蔡（今上蔡）
齐	姜姓	姜太公（尚）后裔	临淄（营丘）	曹	姬姓	周文王子叔振铎后裔	陶丘（今定陶）
晋	姬姓	周成王弟叔虞后裔	曲沃 迁绛	郑	姬姓	周宣王弟友后裔	郑
秦	嬴姓	相传为颛顼后裔	平阳 雍 泾阳	燕	姬姓	周文王子召公奭后裔	蓟
楚	芈姓	相传为颛顼后裔	郢	吴	姬姓	周太王子太伯后裔	吴（今苏州）
宋	子姓	商纣王庶兄微子启后裔	商丘	越	姒姓	夏少康后裔	会稽（今绍兴）琅邪 吴
卫	姬姓	武王弟康叔后裔	朝歌 楚丘 帝丘 野王				

聚焦：公元前 770 年至公元前 403 年的中国

呜呼！时运之说，岂不信哉！当春秋、战国之交，岂特中国民智为全盛时代而已，盖征诸全球，莫不系焉。自孔子、老子以迄韩非、李斯，凡三百年，九流百家，皆起于是。前空往劫，后绝来尘，尚矣。

梁启超

我们看到（春秋战国时）政治忠诚的迅速改变引起了封建等级结构的崩溃，战争和产业的变化造成了巨大的痛苦和灾难，结果是产生了文化动荡的时代。

胡适

春秋时代之为矛盾时代，是中国史中最明显之事实。……春秋时代之矛盾，征之于《左传》、《国语》者，无往不然；自政治以及社会，自宗教以及思想，弥漫皆是。

傅斯年

当春秋时，大约吴、楚等国称雄的区域，因强国不止一个，没有一国能尽数慑服各国，所以不敢称王，只得以诸侯之长，即所谓霸主自居，……所以春秋时代，大局的变迁，系于几个霸国手里。

吕思勉

春秋时代，周室东迁，王纲解纽，封建体制一变而为列国，霸主制度应运而生。正因王室权威已经陵夷，列国尽力扩张，中原诸国，壤土相接，不可能有多少扩张空间。中原周围的各国，则一华夷杂处，可以兼并不属于华夏系统的各种族群，既有攘夷的借口，又有扩张的实惠。

许倬云

文苑泰斗，学术名家，聚焦于公元前770年至公元前403年的中国。他们以宏观或者微观的独到眼光，对春秋社会的政治经济和社会文化的各个层面作了深入浅出、鞭辟入里的解析。这些凝聚了高度智慧的学术精华，历经岁月洗礼，常读常新，是我们走进中国历史文化殿堂的引路人。

春秋时代，可以说是封建政治全面崩溃的一大过程。其最显著的，无过于各国并吞之祸。

徐复观

"春秋"者，史书之名，而非时代之名，以相沿既久，故循用之。西周之政教，至春秋时，有相沿而未变者，有蜕化而迥殊者，史家著论，多以为西周降至春秋，实为世衰道微之征。

柳诒徵

春秋时代，实可说是中国古代贵族文化已发展到一种极优美、极高尚、极细腻雅致的时代。

钱穆

春秋战国初年，各国的对外政治，大体可以分为三种关系：一是华夏对夷狄，二是诸侯对周天子，三是诸侯对诸侯。

白寿彝

随着大夫权威之继续增长，这些大夫便企图取诸侯的地位而代之。在春秋时，臣弑其君的事情，史不绝书。

翦伯赞

春秋战国在中国的历史上，是一个大大的解放时代。在文学发展史上，有一个明显的事实，那便是诗的衰颓与散文的勃兴。

刘大杰

公元前 770 年—公元前 403 年的社会生活、历史文化百科
（各条目按页码检索）

这是一个人文观念渐次觉醒的时代，先哲为谋国祉民福，提出了极为深刻的社会学说与改革方案，结果却令人扼腕叹息。

288

八、神圣的宗教场面和宗教祭器：

九、文字和文化艺术：

十、巧夺天工的工艺品：

十一、初具规模的农业生产：

典故

春秋时期很多故事，给人启迪、警示和借鉴，形成不少含义深刻的典故。此索引把这些典故分条列出，便于查找。

各条目按笔画排列，按故事编号检索

关键词

许多同类主题的故事集合在一起，更能启发我们的思维，得到深刻的教益，也便于检索和查阅。

各条目按笔画排列，按故事编号检索

图书在版编目（CIP）数据

春秋巨人：公元前770年至公元前403年的中国故事：
全2册/陈祖怀著.--上海：上海文化出版社，2016.3

ISBN 978-7-5535-0494-0

Ⅰ.①春… Ⅱ.①陈… Ⅲ.①中国历史－春秋时代－青少年读物
Ⅳ.① K225.09

中国版本图书馆 CIP 数据核字 (2016) 第 039247 号

责任编辑　顾承甫　李　欣
监　制　蔡明菲　潘　良
特邀编辑　李彩萍　李乐娟
特邀审订　杨善群
特邀审读　王瑞祥
营销编辑　李　群
整体设计　袁银昌　李　静
封面设计　张丽娜
督　印　张　凯

春秋巨人

著　者　陈祖怀
出　版　世纪出版集团　上海文化出版社
出　品　上海故事会文化传媒有限公司
　　　　（ 200020 上海市绍兴路 74 号 www.storychina.cn ）
发　行　新华书店
印　刷　三河市嵩川印刷有限公司
版　次　2016 年 3 月第 1 版
印　次　2024 年 1 月第 3 次印刷
开　本　787×1092 1/16
印　张　18.75
书　号　978-7-5535-0494-0 / K · 065
定　价　70.00 元（全 2 册）